U0514359

陈 潭 / 主编

广州公共管理评论

第 2 辑

GUANGZHOU
PUBLIC ADMINISTRATION REVIEW
(VOL.2)

社会科学文献出版社
SOCIAL SCIENCES ACADEMIC PRESS (CHINA)

学术委员会

编辑委员会

卷首语

　　2013 年 11 月 12 日，中国共产党十八届三中全会在北京审议通过了举世瞩目的《中共中央关于全面深化改革若干重大问题的决定》（以下简称《决定》）。《决定》提出了全面深化改革的指导思想，确立了中国式现代化的指南针、路线图和时间表，明确提出了全面深化改革的总目标是"完善和发展中国特色社会主义制度，推进国家治理体系和治理能力现代化"。很明显，十八届三中全会奠定了"新改革时代"或曰"后改革时代"的到来。如果说十一届三中全会开启了"中国改革 1.0 版"的话，那么十八届三中全会则开启了"中国改革 2.0 版"。在这 2.0 版规划中，"国家治理"成为了中国改革再生产的关键词。

　　"治理"的概念源于 20 世纪 90 年代，全球治理委员会曾于 1995 年对"治理"作出如下界定：治理是或公或私的个人和机构经营管理相同事务的诸多方式的总和。根据这种界定可知，治理是涉及相关利益共同体的公共事务管理，是"众人之治"，是促使不同的利益或者相互冲突得以调和并且采取合作行动的持续过程。治理的权力不以支配为基础，但是有权迫使公众服从法定的正式机构及其规章制度和被认可的非正式安排；不以管制为目的，而是建立在多个主体基础之上经过"讨价还价"而达成的协商共治；不以效率为单一目标，而是更多地注重分享、注重均衡、注重效益的过程。显然，从中国语境出发，与管理的概念相比，治理具有公众性、整体性、协调性、多主体性、非排他性的特点，同时也蕴含了更宽泛、更深刻、更实用的内涵和外延。

　　从治理的层级来看，治理可以分解为全球治理、国家治理、地方治理、基层治理。以国家治理为中心，国家与国家之间、国家与地区之间的全球治理往往会通过联合国、WTO、WHO 等组织来实现，国家内部的省级、市级、县级治理都属于地方治理，而地方治理往往通过乡村和城市两个横截面开展乡村治理和都市治理，社区显然又是乡村和都市的末梢部分，于是社区治理成为了地方治理中的基层治理和微观治理。

从治理的领域来看，治理可以分解为政治治理、经济治理、文化治理、社会治理、生态治理。政治治理着眼于政治公共领域的治理，是解决公共问题和实现公共事务管理的"众人之治"；经济治理着眼于经济领域，是围绕厂商、产品、市场等经济主体、经济行为、经济环节和经济环境的治理；文化治理是立足于文化领域对文化市场、文化服务、文化产品、文化环境诸要素的治理，是文化发展与繁荣的重要手段；社会治理是政府、社会、公众为促进社会系统协调运转，对社会系统的组成部分、社会生活的不同领域以及社会发展的各个环节进行组织、协调、指导、规范、监督和纠正社会失灵的过程；生态治理是立足于可持续发展基础上依靠各种组织和公众开展的生态保护与环境管理活动。

从治理的对象来看，治理可以分解为政府治理、市场治理、企业治理、NGO 治理、NPO 治理、媒介治理。政府治理是政府自身及其对公共事务的治理，目的在于建设法治政府、责任政府、阳光政府、廉洁政府；市场治理是运用法律、政策和经济措施对市场交易活动进行的管理；企业治理即公司治理，按照程序、惯例、政策、法律及机构进行的管理活动；NGO 治理即非政府组织（Non-Governmental Organizations）治理，是相对于政府治理而言，对处于政府与私营企业之间的空间治理的活动；NPO 治理即非营利组织（Non-Profit Organizations）治理，是相对于营利性组织而言，涉及艺术、慈善、教育、学术、环保等不以营利为目的的组织活动；媒介治理（Media Governance）是围绕或利用传播媒介这种"软权力"而开展的自身治理或他者治理。

从治理的手段来看，治理可以分解为教育治理、行政治理、政策治理、法律治理。顾名思义，教育治理是通过思想政治教育手段、通过动员和说教方式开展的治理活动；行政治理是通过行政机构采取带强制性的行政命令、指示、规定等措施进行调节和管理的治理活动；政策治理一般是通过价格、税收、信贷、利率、工资、转移支付等政策杠杆而开展的治理活动；法律治理主要是通过立法和司法、依靠法律的强制力量进行规范的治理活动。

从治理的方式来看，治理可以分解为系统治理、综合治理、源头治理、动态治理。根据对官方文件的分析，系统治理通常是指党委领导—政府主导—社会参与—居民自治的格局治理；综合治理强调道德约束和法治方式规范社会行为、调节利益关系、解决冲突问题；源头治理强调标本兼治、重在治本；动态治理则注重过程，强调动态调整。

如今，治理话语越来越融入了日常生活，让越来越多的学术人感觉到有点"熟视无睹"了。实际上，明确治理的语义和类型对于理解"国家治理体系"具有重要的理论意义和实践意义，也可能对具体的治理指向和内容具有重要的参考价值。我们看到，实践语境和学术语境中的国家治理或地方治理主要聚焦于政府治理、市场治理和社会治理等几种类型上。

首先，政府治理是国家治理的基础。政府治理的前提是建构政府的合理边界，政府治理的目标在于建立服务型政府、法治型政府、廉洁型政府、回应型政府、责任型政府。政府的性质是公共权力机构，受人民委托而代理行使公共权力的。政府是人民的政府，由人民产生并接受人民监督，政府生存于"市场之外，人民之下，阳光之中"，缺位、错位、越位和寻租、被俘获的现象必须被抽离和铲除。因此，改善政府治理需要从行政制度、决策制度、预算制度、监督制度等重要领域进行突破性的改革，需要转变政府职能、推行行政审批改革、剥离负面权力清单、实施简政放权，需要把政府的职责真正落实到制定公共政策、配置公共资源、供应公共产品、提供公共服务、维护公共秩序、处置公共危机上来，需要不断提高科学执政、民主执政、依法执政的能力和水平。

其次，市场治理是国家治理的核心。从理论上来讲，市场经济是自由的经济、公平的经济、法治的经济，但是市场不可避免地存在着"失灵"和"失败"，必然需要市场治理来弥补。市场治理的核心问题是如何处理好政府和市场的关系，如何使市场在资源配置中起决定性作用和更好地发挥政府作用，市场治理的目标在于建构公平、促进生产、活跃流通、保障供给、繁荣经济。因此，从宏观方面来说，改善市场治理的主要任务是坚持和完善基本经济制度，完善产权保护制度，加快完善现代市场体系、宏观调控体系、开放型经济体系，加快转变经济发展方式，加快建设创新型国家，推动经济更有效率、更加公平、更可持续发展。从微观方面来说，改善市场治理的主要任务在于维持市场秩序、保护合法经营、维护正当竞争、保障消费者权益。

最后，社会治理是国家治理的关键。社会治理的目标在于保障和改善民生，促进社会公平正义，促进共同富裕，确保社会既充满活力又和谐有序。因此，改善社会治理的主要任务是深化社会体制改革，改革收入分配制度，推进社会领域制度创新，推进基本公共服务均等化，建构畅通有序的诉求表达、心理干预、矛盾调处、权益保障的社会治理机制，积极培育和发展 NGO、NPO 等社会组织，实现政府、社区、居民与社会组织的良性互动与良好合作，促进居民在城乡社区治理、基层公共事务和公益事业中开展自我管理、自我服务、自我教育、自我监督，维护最广大人民的根本利益，确保人民安居乐业、社会安定有序。

我们知道，"治大国如烹小鲜"的轻佻时代已经远去，"家天下"走向了"公天下"，国家治理的复杂性、曲折性、艰巨性已非昔日可比。显然，国家治理展示的是一个庞杂的函数关系式，自变量和因变量的有意无意增减都需要相应的对应法则去"算计"和"计算"。面对市场化、工业化、城市化、信息化、全球化浪潮的机遇和挑战，面对社会转型和利益分化的流动性时代，面对日益增多的繁杂事务和社会问题，国家治理除了走向制度化、规范化、程序化、法制化的轨道和借鉴古今中外治国理政的经验之外，治理者的执政情商和政治艺术也显得特别重要。同时，随着信息技术的迅猛发展，互联网革命给国家治理带来了一系列的变化图景，顺应信息技术发展趋势和运用科技手段优化治理能力毫无争议地成了推进治理能力现代化的重大课题。

治理的过程需要深化改革，改革的目的在于实现有效的治理。实际上，国家发展过程中的市场失灵、政府失灵、社会失灵都需要通过深化改革和有效治理加以解决。改革开放初期，由于从农村和城市企业等基层率先发动改革，农民、工人优先获益，改革所形成的帕累托最优效应能够放大阶层利益，容易在全社会范围内形成改革共识。但是进入 21 世纪以后，随着改革从生产领域转移到流通领域，从经济领域转移到社会领域，从一般部门向垄断部门和公共权力部门推进，中国改革的风险和成本都在不断地加大。可以说，需要"从下到上"推进的改革领域已经越来越少，需要"从上到下"推进的改革领域却越来越多，而且大多涉及上层建筑的整体性改革，这恐怕是中国改革 2.0 版躲不开、绕不过的"中国结"。

改革的过程是一个寻求最大公约数的过程，是一个达成均衡共识的过程，也是一个异常艰辛跋涉的过程。由于治理要素的复杂化、治理结构的条块化、治理主体的圈子化、治理模式的定式化、治理收益的板结化的可能性存在，政治惯性、经济理性和社会复杂性都将导致改革的难度系数与风险系数不断增大，改革的制度成本、沉淀成本、摩擦成本也会大大增加，改革的议程设置和实践进程远较既往更丰富、更生动、更具象。因此，中国改革 2.0 版既要体现时代性、科学性、规律性和创造性，又要注重系统性、整体性、协同性和策略性；既要铺陈改革伦理，又要优化改革技术；既要进一步解放思想、勇于探索，又要把国家治理的顶层设计和地方治理的自主创新有机地结合起来。惟有如此，改革才能提升全社会的整体性增长和普遍性收益，国家治理的现代化进程才能更坚定、更扎实、更稳健！

陈　潭

于广州市越秀区麓景东路 61 号

2014 年 8 月 28 日

目 录

都市报告

南国书评

行家访谈

学术前沿

比较公共行政新探：研究
趋势与未来议程*

乔迪·菲茨帕特里克等 著 黄 金 译

摘 要：在全球化的语境下，公共行政的研究需要具有比较的视野，才能更好地了解行政改革在不同文化背景的国家里是如何开展的。为了更好地把握比较公共行政研究的发展状况，本文选取了发表于2000~2009年的151篇涉及比较公共行政主题的文献来进行分析。研究发现，相关的文献利用立意抽样，综合运用因果解释的、描述性的与探索性的方法开展理论研究与实证研究。比较研究主要对现有的资料开展定性研究，涉及的主题甚为广泛，但大部分研究对象集中在欧洲、亚洲以及北美等地区的国家。作者倡导增强混合方法的运用，更加重视"文化"这一重要变量的影响，同时整合社会科学的不同研究方法，以鼓励更多的学生、实践者与学者运用对比的思维进行思考与实践。三个从事比较研究的资深学者对这一重要的公共行政话题提出了深刻的见解。

关键词：公共行政 比较研究 混合方法

---

* 本文作者分别为乔迪·菲茨帕特里克（Jody Fitzpatrick，副教授）、马尔科姆·高金（Malcolm Goggin，教授）、塔尼娅·希基拉（Tanya Heikkila，副教授）、唐纳德·克林纳（Donald Klingner，教授）、贾森·马查多（Jason Machado，博士生）、克里斯汀·马特尔（Christine Martell，副教授），均供职于美国科罗拉多大学丹佛分校公共事务学院（School of Public Affairs, University of Colorado Denver）。文章原载于美国《公共行政评论》（第71卷）2011年第6期（Public Administration Review, Volume 71, Issue 6, 2011）。本文在编辑过程中得到了陈潭教授和彭铭刚博士的审校，特此致谢！

公共行政在四个方面变得日益具有国际化视野与比较性特征：第一，国际化视野与比较的研究方法，对于促进公共行政理论的发展，帮助我们了解不同国家治理的差异以及产生的原因，有着不可估量的价值；第二，比较公共行政研究促进了公共行政教育的根本性改变；第三，为了更好地执行公共政策、提高治理水平，公共行政实践需要一系列管理工具与战略，而国际化的比较公共行政满足了这一需求；第四，比较公共行政的理论、研究与教学，在根本上改变了公共行政实践，并指导其不断向"善治"推进（Argyriades & Pagaza，2009）。

如果政府有意改进行政管理能力，那么它必须要对比较公共行政有更好的了解（Jreisat，2005）。比较研究的路径有利于克服在美国公共行政理论、研究与教学中已经泛滥的本位主义（Klingner & Washington，2000）。同时，它帮助学者与实践者认识到治理环境在诸如制度、行政过程与文化等方面的差异给治理带来的机遇与挑战，由此相应地运用"最好的做法"加以应对。事实上，研究表明，"聪明的做法"更有利于适应与维持外生性创新，因为它基于这样的假设，即尽管我们可以从比较研究中学到很多，但是当我们运用这些知识时，必须将不同的行政生态考虑进来（Jabbra & Dwivedi，2004；Robinson，2007；Rogers，2003）。这些研究对于公共行政管理者与公共政策制定者来说相当重要，因为如果不能适应偶然因素，那么他们将会停滞不前，甚至毫无建树（Barzelay，2001；Caiden & Sundaram，2004）。

尽管比较公共行政研究很有价值，但是对其进行综述、整合的文献相当缺乏。所以，本文对 151 篇发表于 2000~2009 年的比较公共行政研究主题的文献进行研究，试图填补这一空白。我们的研究回答了以下问题：第一，比较公共行政研究的框架是怎样的；第二，比较公共行政研究集中于哪些主题；第三，比较公共行政研究采用了哪些方法。通过对这些问题的思考，我们了解了比较公共行政研究在不同时期、不同期刊的状况，找到了对我们非常有价值的结果与建议。

比较公共行政的简史

比较公共行政主要出现于二战后，它旨在寻找更好的全球发展战略，其早期的研究者致力于定义该领域、发展一般性理论、设置研究议程，并概括所获得的经验与教训（Heady，1960；Riggs，1954）。Ferrel Heady（1966）指出，如果公共行政的研究缺乏比较性，那么它就不能离开其特定的研究场景来获得具有一般性的原则，从而就不能算严格意义上的"公共行政科学"（science of public administration）。当然，事实证明要获得一般性原则相当不易。在关于社会科学的方法论争论中，一些学者强调定量研究的优越性（Sigelman，1976），而另外一些学者则关注如何通过更简洁的方法与定性研究手段，使案例研究所得出的结论更具可复制性（Bock，1962，1970）。20世纪60年代至70年代，各国政府与国际金融机构均把西方国家的公共行政技术当作促进第三世界发展的重要手段，比较公共行政因而在这一时间段内得以迅速发展（Kettl，1997，2002；Klingner，2009）。20世纪80年代，因为市场模式与机制取代了政府的干预（包括西方国家在内的世界各地均如此）比较公共行政的发展停滞了，但在20世纪90年代冷战结束后其又复苏了（Dwivedi & Henderson，1990；Farazmand，2001；Huque & Zafarullah，2005；Klingner & Campos，2002；NAPA，2008；Pollitt，2011）。

比较公共行政的关注点与问题

诸多学者已经强调了比较的研究方法在理论建设与知识获取方面的重要性（Dahl，1947；Heady，2001；Peters，1978）。尽管其具有这样的价值，比较公共行政仍然在以下四个方面受到批评。第一，对该领域的定义缺乏共识（Jreisat，2002，2005；Sigelman，1976；Van Wart & Cayer，1990）。第二，许多学者认为比较公共行政与公共行政的整合度不够（Heady，2001；Jreisat，2005；Pollitt，2011；Van Wart & Cayer，1990），与公共行政实践的结合也不够紧密（Farazmand，2009）。Jreisat（2005）认为，从公共行政实践与全球的发展来看，比较公共行政并未与公共行政领域实现有效地衔接。第三，学者们一贯认为，比较公共行政缺乏理论（Heady，1966；Riggs，1962，1964；Van Wart & Cayer，1990），而"文化"的因素应该在理论中占一席位（Eglene & Dawes，2006）。尽管有些学者有意来建构比较公共行政的理论［如Riggs（1964）的"结构—功能"社会学分析模型；Heady（1966）对组织、文化与结构—功能的定义；Werlin（2003）对政治弹性理论的运用］，但是研究者在进行比较研究时仍未采用任何理论。第四，方法论的缺点比比皆是。一些比较公共行政的学者批评现有的研究文献缺乏经验资料与定量研究（Peters，1996；Riggs，1962；Sigelman，1976；Van Wart & Cayer，1990）。其他学者则反映开展跨国的比较研究具有较大的困难与复杂性（Eglene & Dawes，2006；Peters，2010；Pollitt，2011）。

比较公共行政的研究现状

许多研究者也像我们一样，对比较公共行政主题的相关研究文献进行了综述，以了解该领域的研究状况。他们虽然在研究方法上与我们不同，但仍然给了我们很大的帮助。Sigelman（1976）在对 1969 ~ 1974 年《比较公共行政》（Journal of Comparative Administrative）期刊发表的文献进行分析后发现，占最大比例的是一般性研究（essay），约 46%，其他有 35% 是经验研究、非定量研究。文献的主题覆盖面较广，70% 的文献都是在对某个国家内部的公共行政进行研究。他发现这些文献是分散的，而且许多对科层制的微观研究都是由政治学者、社会学者以及其他与公共行政没太多关联的学者开展。Sigelman 认为，比较公共行政的未来走向是在不同的国家之间开展微观层面的研究。

十五年后，Van Wart 和 Cayer（1990）对发表于 1982 ~ 1986 年的 253 篇比较公共行政主题的文献开展了研究。与 Sigelman 的研究结果类似，他们发现这些文献的主题相当宽泛。在理论方面，大部分文献是纯描述性的（占 40%）或主张性的（占 48%），仅有 12% 的文献使用假设检验模型来检验理论。绝大部分文献（占 79%）在方法论方面都是非定量的。然而，作者的研究并没有说明所用的资料收集方法以及所用的论文来源。

Pollitt（2011）在一篇论文中，从研究理论、研究方法、所发表的期刊等方面，对过去三十年里比较公共行政的发展状况进行了分析。结论认为，从 1980 年以来，比较公共行政的研究在数量与主题多样性方面均有着极大的增长，到现在已经具有相当大的活力。他注意到，尽管一些学者把自己专业领域的研究方法借用到研究中来，但是现有的比较公共行政研究仍相当缺乏理论与研究方法。

我们的研究建立在比较公共行政的现有文献基础上，对研究的现状进行分析与评价，并对未来的研究提出建议。

本文的研究方法

我们这样定义比较公共行政研究：在不同国家的两个或两个以上的分析单位（国家、州或者省、市）间开展比较研究，且所阐述的是有关公共行政主题，那些只讨论公共政策或政治科学问题的文献被排除在外。本文的研究对象，是 Van Wart 和 Cayer（1990）所运用的 20 种期刊在 2000 ~ 2009 年刊载的文献，以及其他通过关键词搜索找到的、符合我们对比较公共行政研究定义的文献。最终，我们从 28 种期刊（期刊名见附录）中挑选了 151 篇文献。

我们从以下维度来对文献进行编码：第一，研究的类型，包括文献的类型［一般性研究（essay）、浅显的研究（apparent research）、深入的研究（research）］、研究目的（描述性的、因果解释的、探索性的）、所运用的比较框架（制度主义的、行政过程的、文化的）；第二，所运用的理论，主要观察论文是引用了现有的研究理论，还是在检验或发展一个新的理论；第三，研究的初级与次级主题；第四，分析的单位（大洲、国家、州或省、市）；第五，研究方法的选择，包括资料收集方法、资料来源、分析方法、样本量以及样本选择的逻辑。

六人组成的研究小组通过三个阶段的研究，达到了 82% 的评分者间信度。随后，我们运用 SPSS 的定量以及定性的方法来对资料进行分析。

比较公共行政的框架是怎样的？

为了清晰地描述现有比较公共行政研究的框架，我们从五个方面来进行考察：第一，文献的类型；第二，研究的目的；第三，所运用的比较框架；第四，所运用的理论与经验研究；第五，研究的相关主题与国家。研究结论如下。

所有文献中，大概有 1/5（19%）是一般性研究（essay），即文献只是作者对现有研究与理论的描述，而非收集并分析新资料，或者对现有的资料进行再分析。Van Wart 和 Cayer 对 20 世纪 80 年代的文献进行分析时发现，一般性研究所占比例是 7%，而 Sigelman 对发表于 20 世纪 70 年代的文献进行分析时发现，这一比例则高达 46%。然而，绝大部分（约占 64%）

文献都是经验研究（empirical research），即作者报告原创性资料搜集以及对现有资料进行原创性分析。剩余的文献（17%）可以归类于浅显的研究（apparent research）。与一般性研究不同，这类文献并不只是依赖现有的研究，但作者不给出结论的根据或基础，也不给出任何研究方法与资料来源。尽管这类文献所占比例最小，不足 1/5，但是它们仍然值得我们重视。

和这些文献的作者一样，我们也对诸多问题很感兴趣，如比较公共行政研究如何检验研究假设与理论，其程度如何？论文目的是什么（描述性的、因果解释的，探索性的）等。在 125 篇经验与浅显的研究论文中，绝大部分（47%）是描述性的。然而，超过 1/3（35%）是因果解释的，剩余 18% 是探索性的，后者的作者旨在探寻有助于我们理解一个或多个知识框架的有效变量。最后，接近 1/4（23%）的经验研究是在明确地检验某个理论。

我们考察了在比较公共行政研究中被普遍运用的概念，并参考 Heady（1966）在比较研究中所提出来的框架，将这些概念分为制度类、行政过程类与文化类。文献也许同时包含多个概念，但是我们会根据作者所运用的最核心概念来进行分类。如果文献集中于讨论政治结构与政治设计在公共行政过程中的作用，或者讨论治理安排、行政机构、法律规制等问题，这样的文献就属于制度类（North，1990；Ostrom，1990；Shirley，2008）；如果文献关注行政机构的管理职能，或公共政策在执行过程中的组织程序等，这样的文献就属于行政过程类（Kettl & Fessler 2008），这类文献主要考察行政或管理的功能，如决策、领导、人力资源管理、预算与财务管理、信息系统、政策或项目执行、监管与责任。鉴于许多从事比较研究的学者对文化的重视，我们也有必要考察文化因素到底发挥了怎样的作用（Jabbra & Dwivedi，2004；Jreisat，2005；Pollitt，2011；Robinson，2007）。如果作者论述了一个地区的个人或群体的价值观、观点、规范或者态度，那么此类文献属于文化类。

研究发现，74% 的文献都将制度因素作为研究的最核心部分。相类似地，74% 的制度都将行政过程作为一个核心概念。超过一半（57%）的文献同时阐述了制度与行政过程的重要性。相比较而言，只有 38% 的文献把文化当作核心概念。我们认为，尽管好的研究并非必然同时包括制度、行政过程与文化这三个核心要素，但是，比较研究应当是综合化与集约化的，只有这样，我们才能更好地理解不同国家里制度、行政过程与文化的互动过程，从而提出更有效的分类与理论。

最后，我们考察了这些文献的作者是如何运用理论与经验研究为他们的论文寻找有效的论据，他们的研究是否建立在现有的研究之上。他们是否引用现有的理论来为其论文提供支撑。他们用了什么类型的理论。研究发现，绝大部分（超过77%）文献的研究基础都是建立在某个理论上。令人惊讶的是，深入的研究论文（79%）与浅显的研究论文（86%）比一般性研究论文（57%）更倾向于运用理论，所引用的理论包括新公共管理理论、委托代理理论，以及其他与本学科相关的理论。同时，接近1/3（29%）的文献都有对既有理论进行发展。大部分文献（80%）都引用经验研究来作为其论据。

研究的主题与地区有哪些？

在21世纪的最初十年，比较研究的主题众多且分散。然而，一些新的趋势出现了。如表1所示，最普遍的研究主题是有关改革与问责，超过1/5的文献均以此为内容。尽管科层制与人事管理被用来作为研究主题的分类，但事实上，这部分由于这两个主题在过去的比较研究中较为普遍，现在收集的样本中，该主题的文献不足1/10。Van Wart和Cayer研究发现，人事管理在他们所收集的样本中占最大比例，约30%，对科层制与政治进行研究的文献数排在第二位，大概占12%。比较公共行政许多早期的文献均关注科层制的研究。

有关比较公共行政研究的另一个重要因素是分析单位。传统上，比较公共行政习惯把国家作为分析单位（Heady，2001；Peters，1996），但是，单纯从定义上来看，比较研究可以是在一个国家内的州或省之间、城市之间、地区之间，甚至洲与洲之间。这些单位在我们对文献进行分类时均有考虑。但是，国家仍然是最普遍的选择，约有80%的作者选择国家作为他们最基本的分析单位，其他的分析单位均未超过10%，其中以大洲、市或城镇、州或省为分析单位的文献分别占样本总量的5%、5%与3%。因此，尽管一些学者有意将比较研究限定在国内，或者超越国而扩展到洲之间，但是大量的文献仍然集中在国与国之间的比较。

学者们喜欢对哪些国家进行研究呢？答案是多样的。如表2所示，比较公共行政的研究主要集中在欧洲国家，大概77%的文献至少包含了一个欧洲国家。通常，欧洲国家被用于与包括美国在内的非欧洲国家进行比较，但是，也有许多研究是在欧洲国家之间进行比较。在我们的样本中，研究至少涉及了 31 个不同的欧洲国家，而有关南美、非洲，以及澳大利亚与新西兰的研究则相对较少。在这些研究文献中，美国（37%）与英国（主要是英格兰，占了 24%）往往是学者们最普遍的选择。

表 1　2000～2009 年比较公共行政研究所涉及的常见主题（n=151）

主　题	文献数	占样本总量的百分比
改革	36	24%
问责、绩效监管、绩效评估	31	21%
新公共管理	18	12%
伦理、腐败、公共部门价值	16	11%
预算、公共财政	16	11%
分权	15	10%
发展	13	9%
项目或政策执行	13	9%
地方政府	13	9%

注：一共有 151 篇论文，但有些文献涉及多个主题，故表格中的文献数一栏总和大于 151。

表 2　2000～2009 年比较公共行政研究所涉及的大洲与国家（n=151）

大　洲	文献数	占样本总量的百分比
欧洲与英国	117（英国有 24 篇）	77%
亚洲	75	50%
北美洲	67	44%
非洲	28	19%
澳大利亚、新西兰	15	10%
南美洲	12	8%
频率最高的国家	文献数	占样本总量的百分比
美国	37	25%
英国	24	16%
中国	12	8%
荷兰	11	7%
加拿大	11	7%
法国	10	7%

比较研究肇始于对发展中国家的研究，但统计发现，很多文献都逐渐转移到对欧洲国家的研究上来，且往往是关于欧盟对欧洲国家或后共产主义国家发展的影响。尽管有关发展主题的文献数位居前十（见表1），但是该主题的文献仍然只占样本总量的9%，而且在对非洲或南美国家进行研究时，发展并非是唯一的主题。

什么是比较研究常用的方法？

尽管之前有一些优秀的研究者对于比较公共行政的研究方法进行了总结，但是我们仍然想对这一主题进行更为透彻的考察。如前所言，21世纪的前十年里，讨论因果关系与理论检验的文献比例有所增加，但对作者的资料分析手段与样本选择过程进行考察仍然是十分重要的。我们采用了一个分类工具来对研究方法进行分类，但是事实上，比较公共行政研究所运用的研究方法相对同质化，更多的差异体现在样本选择的逻辑上。

表3 资料收集方法与资源来源 （n=97）

资料收集方法	文献数	占样本总量的百分比
现成的 \ 二手资料	71	74%
访谈	24	25%
调查	14	14%
观察	8	8%
资料来源	文献数	占样本总量的百分比
官方记录（法律条文、政府工作报告、演讲、政府部门的数据、历史记录）	65	67%
已有的研究资料	44	45%
政府官员	32	33%
国际组织	14	14%
专家	14	14%
媒体	6	6%
公民	3	3%
其他	8	8%

表 4 抽样规模与方法（n = 143）

抽样规模	文献数	占样本总量的百分比
2	59	41%
3	28	20%
4 ~ 6	22	15%
7 ~ 9	7	5%
10 ~ 20	14	10%
20 ~ 50	7	5%
50+	6	4%
抽样方法	文献数	占样本总量的百分比
立意抽样：最相似的	59	41%
便利抽样	33	23%
立意抽样：最不同的	31	22%
立意抽样：其他	24	17%
随机抽样	4	3%

注：有些文献不止采用了一种抽样方法，所以文献数一栏的总和大于 143。

资料收集的常用手段包括现有或二手资料、访谈、观察、调查等。如表 3 所示，到现在为止最常用的资料收集方法是利用现有的或二手资料，约 74% 的文献均采用此方法，而其他方法则较少，有 25% 的文献运用访谈法，14% 的文献运用调查法。

通过对资料来源的考察，我们可以了解现有研究中对现有或二手资料的运用情况（见表 3）。现有资料的最主要来源（约占文献数的 2/3）是官方文件，包括法律条文、政府官员的演讲、预算，以及官方的报告。另一个比较普遍的来源是既有研究中所包含的资料或者信息，包括欧盟、联合国、经合组织或世界银行等组织的资料，以及研究者所建立的其他资料库，有 45% 的研究者通过此方法获取资料。有 33% 的文献资料来源于政府官员。

在资料分析方法方面，许多研究文献采用了描述性统计（35%）或者相关性分析（16%），但是定性的研究方法仍然运用最广泛，约 2/3（66%）的文献采用此方法。定性的方法通常是不明确的。仅有 15% 的文献同时运用了多种方法，尽管这一比例相对于 20 世纪 80 年代的 5.6%（Van Wart & Cayer，1990）以及 20 世纪 70 年代的 6%（Sigelman，1976）来说有了较大提升。37%的文献作者宣称他们的目的是寻找因果关系，但是很少有作者运用研究设计或统计分析来建立文章中的因果。

研究方法的选择还与样本量的大小以及样本的选择方法有关（见表4）。研究者通常研究两个国家，或者这两个国家内的其他分析单位（41%）；有20%的研究比较了三个国家。小样本量的研究依赖于对政府文件进行定性分析，虽然这种方法对访谈、观察以及其他资料收集方法运用较少，但是这样的样本规模有利于深度定性研究的开展。仅有3%的论文含有50个及以上的分析单位。

总而言之，近年来比较公共行政研究所运用的方法多为定性研究，这样的研究严重依赖于政府部门的资料或者现有的资料库。分析主要是定性的，样本规模普遍较小，但是大部分研究都有明确的目的性，且作者对于国家或其他分析单位的选择有自己的理由与根据。

我们的研究意义

通过研究，我们了解到比较公共行政近年来的发展状况。这些文献包含一般性研究论文、深入的研究论文，以及描述性、因果解释性和探索性的研究。自20世纪80年代以来，检验理论的论文比例大幅度增加（Van Wart & Cayer，1990），这有利于本学科的发展。同时，许多文献以现有理论为基础开展经验研究。从研究的主题来看，已从最初集中于科层制与人事管理，扩展到公共行政相关的众多领域。换言之，研究们已习惯运用比较而非单一的思维，来思考某一文化背景下产生的理论是否适用于其他文化背景。这也是比较公共行政研究的核心，即认识到在一些环境下产生的概念是否适应其他的环境，同时意识到公共行政的许多实际运作在跨文化背景下的适应性问题。最后，文献的选择应该是立意取样。随机取样不适合比较研究，除非研究者在开展对被雇佣者或民众的随机调查。相反，立意取样允许作者能够认真地选取所研究的国家。

由于其他研究者已经对比较公共行政研究的方法论有诸多阐述，所以我们的研究要想开展得更深入，就不能只停留在对理论的检验与类型学的分析层面上。许多不同的研究路径与方法，需要了解环境、独立变量与相关变量之间的联系与互动，以更好地完善理论（Fitzpatrick et al.，2011；O'Sullivan & Rassel，2003）。结果显示，因果解释的研究有所增加，而描述性与探索性的研究则为因果解释研究的理论完善提供了基础。进一步推进比较公共行政研究的建议之一，就是提高探索性研究的比例。

我们的研究也指出了比较公共行政研究领域普遍存在的方法论方面的局限性，即在采样、核心概念的定义、资料收集方法等方面存在的不足。虽然大部分论文运用了便利抽样，即只选取两个市或州执行某项政策的情况进行比较，但是这一抽样方法对于比较公共行政研究来说是不合适的。比较研究是困难的，而找到合适的国家来开展比较研究则更艰难。我们在选择国家或者其他的分析单位进行比较时，必须根据需要检验的理论与概念来进行仔细考虑。在研究开始前，研究者们必须考虑到，他们是想要比较"最具相似性"还是"最不具相似性"的国家在行政过程或体制方面的不同，抑或两者的结合。Sartori（1994）认为："如果两个实体在所有的方面都相似，那么他们是同一类实体；如果两个实体在所有的方面都不相似，那么他们不具有可比性。我们的比较应该在以上两个极端间开展，即两个实体在某些方面是相似的，而在某些方面是不相似的。"事实上，恰当地取样是比较研究在方法论层面最为重要的部分。有许多从事公共行政、商学以及其他社会科学领域的比较研究的学者，对于抽样的选择有诸多著述（Adler，1983；Peters，2010；Sartori，1994）。可是，很多学者要么没有发现这些著作，要么忽视了这些著作中的建议。

比较公共行政研究存在的一个问题是，习惯把整个国家作为一个分析单位（Heady，2001；Peters，2010；Pollitt，2011；Riggs，1991）。在我们所研究的样本中，有80%的文献都是把国家作为其分析单位的。对于公共行政的宏观层面而言，关注国家层面的研究也许是有用的，但是这些研究几乎不能给那些地区或者区域的管理者以任何帮助，也不能帮助我们理解不同国家的不同地区之间文化的差异（例如 Eglene 和 Dawes 2006 年以魁北克作为分析单元研究加拿大境内以英语为母语的地区与以法语为母语的地区之间的差异）。因此，我们建议将比较公共行政定义为许多不同层次的比较。我们发现了一些有趣的例子，如 De Lancer Julnes 和 Mixcóatl（2006）研究美国犹他州与墨西哥坎佩切州的州长在推行绩效测评方面的作用。类似地，Devas 和 Grant（2003）对肯尼亚与乌干达的基层公民参与进行研究，使我们了解了文化对于基层公民参与的影响。另外一个杰出的例子，是 Andersson 和 Van Laerhoven（2007）用南美四个国家的 390 个市作为大样本，分析基层的政治因素是如何影响市一级的政治参与的，而不论这一国家的政府是集权还是分权的。这些以基层作为分析单位的研究，与那些以国家作为分析单位的研究一样，能让我们了解到影响公共行政产出的因素，而这些因素在国家层面的比较研究中往往被忽略。

除了更精确的抽样方法与更多元的分析单位外，公共行政的学者还需要注意对核心概念进行定义，这是保证研究的有效性的第一步（O'Sullivan & Rassel，2003）。在比较研究中，对核心概念的界定尤为困难，因为这涉及概念的相对性问题，在一个国家内运用的概念，到了其他国家就具有了不同的含义，甚至在同一国家的不同地区也是这样。Jreisat（2002，2005）指出了不同国家对"腐败"一词的不同理解。Eglene 和 Dawes（2006）讨论了"领导"与"利益相关者"这两个词在美国与加拿大讲法语的魁北克地区的不同含义。在所有的研究者都致力于给予核心概念一个可操作性定义时，比较公共行政的研究者们也必须考虑，怎样的定义才能在不同的文化背景中具有普适性。许多从事公共行政比较研究的学者在公共行政的相关领域有专长，如预算、问责、伦理等，但相当多的学者都未意识到比较理论与方法的重要性。研究者们具备比较研究方面的知识后，可以更好地选择分析层次，更好地了解跨文化地区的概念对等性问题，同时把文化作为一个独立的变量来进行考察（Peters，1996；Riggs，1991）。

同时，从事比较研究的学者需要更注重研究方法而非现有的文献。比较研究不仅需要运用多种方法来加深对所研究变量的理解，也需要对所访谈、观察与调查到的政府官员、专家与民众进行更准确的描述。例如，Eglene 和 Dawes（2006）通过访谈获得了有关文化差异的许多关键信息，而这些只通过文件分析是无法发现的。Cheung（2006）运用委托代理理论比较了新加坡与中国香港的授权与预算改革，并在现有的文件、访谈与调查预算官员的基础上得出结论。这些论文表明，资料收集方法的多样性有利于比较研究的开展。对于一些研究而言，对政府官员的访谈给研究提供了重要的资料来源，当官员的数量较大时，调查可以当成访谈的重要补充。

当然，有可能存在的情况是，研究者们运用了混合的方法，并且没有明确地指出研究到底用了哪些方法。正如被我们归入浅显的研究的论文，许多研究者根本不描述他们用了何种研究方法。但是其他读者必须了解这些论文所采用的研究方法，以判断论文结论的科学性，以及该结论在其他场景中的适用性。因此，我们鼓励研究者在文献中明确指出达成研究结论所采用的研究方法，这也有利于评论者与期刊编辑更为便利地获取论文相关信息。

优秀的比较公共行政研究往往包含多种研究类型：因果解释的、描述性的、探索性的；一般性研究与深入研究；大样本量与小样本量的研究；使用复杂的多元统计的研究；定性的研究。但是，概念必须界定清楚，并考虑到不同文化环境中此概念的适用性问题；研究方法必须描述清楚；必须运用多样的研究方法、选取恰当的研究样本与确定合适的研究主题，来得出对实践者与研究者均有用的研究结论。

对未来研究的一些建议

除了方法论方面的启示，我们还有一些具体的建议。第一，比较视角在公共行政领域的应用问题。通过对比较公共行政近十年来研究文献的回顾，我们发现比较公共行政的研究者们所涉及的领域相当广泛，从最初专注于科层制的研究（Aberbach et al.，1981；Heady，1966；Peters，1978，2010），到更广泛的行政体制（Bekke et al.，1996），再到人事管理（Van Wart & Cayer，1990）。如今，我们在公共行政的多个研究领域均可看到比较方法的运用，但是，仍然存在一些不足。比如，尽管学界对于网络化与治理有一些关注，但是，这方面的研究论文相当少。正如我们后面将谈论的，比较视角应该应用于公共行政的所有领域。比较视角引导我们从美国公共行政狭隘的、优越的中心主义的思维限制中走出来，使我们在寻找某一问题的最佳解决方案时能认识到，在理论引进与方法提出的时候必须考虑到理论产生与运用的文化背景，以便更好地达到预期结果（Heady，2001；Pollitt，2011；Riggs，1976；Sigelman，1976）。所以，公共行政领域的理论家、研究者与实践者，均应将比较的视角纳入到公共行政研究的所有领域中。

第二，有关比较公共行政研究所涉及的国家与地区问题。在我们所收集到的文献中，对非洲与南美洲国家的研究很少，这是不能在 2015 年之前实现联合国千年目标的地区。由于比较研究涉及政府如何提供更好的医疗、卫生、教育等公共服务，所以比较研究不能仅仅限于对美国、欧洲与亚洲等国家和地区的研究。开展对非洲与南美洲等地区的比较研究，对于理论建设至关重要。如果从事比较研究的学者将自身限定于发达的西方国家与亚洲国家，我们就无法理解现实中行政行为与公共政策的全貌。我们的建议是，鼓励研究人员采用不同的抽样方法，因为从我们所研究的绝大部分文章来看，都采用了类似的抽样方法，但是，采用"最相似"与"最不同"原则的抽样方法组合，对于研究来说应该很有帮助。Werlin（2003）指出，采用更有创意的抽样策略（例如，抽取面积与地理位置相似但有着不同的治理结构的国家）可以使比较研究的对象更具多样化，他建构了一个理论来说明治理结构的不同如何导致了国家财富的差异。

第三，今后的比较研究必须把文化当成一个相当重要的研究变量，现有的研究文献中，做到这点的不到1/3。许多从事比较研究的学者意识到文化背景对于比较研究不同国家的政策执行与行政产出的重要性（Adler，1983；Przeworski & Teune，1970；Riggs，1962，1991）。对于比较研究而言，我们总是很难意识到文化的重要性，但是，对于规范、价值观与传统等文化因素的忽略，往往会导致研究结果的偏差。行政干预或行政创新之所以无效，不是因为文化规范影响到了干预行为，而是因为干预本身存在问题。Eglene 和 Dawes（2006）讨论了他们在从事比较研究的时候所遇到的问题，并提出了一些有用的建议，包括在特定的研究中，文化是如何定义的，以及相关的研究资料是如何获取的。许多从事比较研究的学者都缺乏对文化的关注，对比较研究的理论与方法亦缺乏了解。

第四，同时也是最后一个建议，是有关研究者的多样化。比较行政研究的学者们多年来致力于界定该领域的边界，在公共行政的学科里占有了一席之地。他们认识到了跳出本国的领域对于检验行政创新与建设理论的重要性。事实上，这样做是相当必要的。他们体会到了开展这样的研究的不易之处（例如：文化，抽样方法，同一概念在不同国家、地区与研究单元的对等性），同时也提出了相应的解决办法。他们定期了解所研究国家或领域的相关文献（Pollitt，2011；Sigelman，1976；Van Wart & Cayer，1990）。和我们一样，他们发现许多非专门从事比较行政研究的学者（包括其他与比较研究相关的社会科学，如比较政治学与比较社会学）出版了许多有关比较研究的作品。从我们所研究的文献来看，许多论文都运用了一些理论，但是这些理论都是来自他们自身研究领域的中观理论。我们认为，比较公共行政缺乏明确的定义，它给研究者提供的是研究方法而非研究理论。基于此，我们建议在从事比较研究时，必须把文化因素、抽样方法、研究的单位与层次等考虑进来。对于比较研究的重要性，该领域的学者们有许多有说服力的论断，但是这些论断都不是理论。

因此，我们倡导从事比较行政研究的学者们应该打破而非限定该领域的研究边界，要超越现有作为公共行政的一个分支学科的地位。学生、实践者与学者应该像研究认识论或者资料分析那样开展比较研究。我们所研究的论文的作者们正在做这样的努力。他们通常运用比较的思维来看问题，因为在他们看来，在不同的场景——通常是完全不同的文化背景——中考察某研究主题是相当明智的一件事。通过这些边界的突破，比较公共行政的研究者们才能更好地提示其他研究者与实践者以比较的思维来思考与行动。

附录　本研究所涉及的期刊

期刊名	文献数	期刊名	文献数
公共行政评论	24	公共绩效与管理评论	3
国际公共行政期刊	23	比较政治研究	2
公共行政与发展	18	政治研究	2
国际行政科学评论	17	公共工程管理与政策	2
公共行政	16	行政科学季刊	1
加拿大公共行政	5	美国政治学期刊	1
公共诚信	5	美国政治科学评论	1
行政与社会	4	美国公共行政评论	1
比较政治学	4	比较教育	1
公共行政季刊	4	国际公共管理期刊	1
澳大利亚公共行政期刊	3	欠发达地区期刊	1
公共行政研究与理论期刊	3	公共预算与财政	1
公共管理评论	3	公共人事行政评论	1
公共人事管理	3	斯堪的纳维亚政治研究	1

参考文献

Aberbach, J. D., Putnam, R. D. & Rockman, B. A. (1981). *Bureaucrats and Politicians in Western Democracies*. Cambridge, MA: Harvard University Press.

Adler, N. J. (1983). Typology of Management Studies Involving Culture. *Journal of International Business Studies*, 14 (2): 29-47.

Andersson, K. & Van Laerhoven, F. (2007). From Local Strongman to Facilitator: Institutional Incentives for Participatory Municipal Governance in Latin America. *Comparative Political Studies*, 40 (9): 1085–1111.

Argyriades, D. & Pagaza, I. P. (2009). *Winning the Needed Change: Saving Our Planet Earth—A Global Public Service.* New York: IOS Press.

Bardach, E. (2000). *Practical Guide for Policy Analysis: The Eightfold Path to More Effective Problem Solving.* New York: Chatham House.

Barzelay, M. (2001). *The New Public Management: Improving Research and Policy Dialogue.* Berkeley: University of California Press.

Bekke, H. A. G. M., Perry, J. L. & Toonen, T. A. J., eds. (1996). *Civil Service Systems in Comparative Perspective.* Bloomington: Indiana University Press.

Bock, E. A., ed. (1962). *Essays on the Case Method.* Syracuse, NY: Interuniversity Case Program.

Bock, E. A. (1970). *Improving the Usefulness of the Case Study in Political Science.* Syracuse, NY: Interuniversity Case Program.

Caiden, G. E. & Sundaram, P. (2004). The Specificity of Public Service Reform. *Public Administration and Development*, 24 (5): 373–383.

Cheung, B. L. (2006). Budgetary Reforms in Two City States: Impact on the Central Budget Agency in Hong Kong and Singapore. *International Review of Administrative Sciences*, 72 (3): 341–361.

Dahl, R. A. (1947). The Science of Public Administration: Three Problems. *Public Administration Review*, 7 (1): 1–11.

De Lancer Julnes, P. & Mixcóatl, G. (2006). Governors as Agents of Change: A Comparative Study of Performance Measurement Initiatives in Utah and Campeche. *Public Performance and Management Review*, 29 (4): 405–432.

Devas, N. & Grant, U. (2003). Local Government Decision-Making: Citizen Participation and Local Accountability: Some Evidence for Kenya and Uganda. *Public Administration and Development*, 23 (4): 307–316.

Dwivedi, O. P. & Henderson, K. M., eds. (1990). *Public Administration in World Perspective.* Ames: University of Iowa Press.

Eglene, O. & Dawes, S. S. (2006). Challenges and Strategies for Conducting International Public Management Research. *Administration & Society*, 38 (5): 596–622.

Ekstein, H. (1975). Case Study and Theory in Political Science. In Greenstein, F. & Polsby, N., eds. *Handbook of Political Science.* MA: Addison-Wesley.

Farazmand, A. (2001). *Handbook of Comparative and Development Public Administration.*

New York: Marcel Dekker.

Farazmand, A. (2009). Building Administrative Capacity for the Age of Rapid Globalization: A Modest Prescription for the Twenty-First Century. *Public Administration Review*, 69 (6): 1007-1020.

Fitzpatrick, J. L., Sander, J. R. & Worthen, B. R. (2011). *Program Evaluation: Alternative Approaches and Practical Guidelines.* Upper Saddle River, NJ: Pearson.

Gerring, J. (2007). *Case Study Research: Principles and Practices.* New York: Cambridge University Press.

Goggin, M. (1986). The "Too Few Cases Too Many Variables" Problem in Implementation Research. *Western Political Quarterly*, 3 (8): 328-347.

Heady, F. (1960). Recent Literature on Comparative Public Administration. *Administrative Science Quarterly*, 5 (1): 134-154.

Heady, F. (1966). *Public Administration: A Comparative Perspective.* Englewood Cliffs, NJ: Prentice Hall.

Heady, F. (2001). *Public Administration: A Comparative Perspective* (6th ed). Englewood Cliffs, NJ: Prentice Hall.

Huque, A. & Zafarullah, H. eds., (2005). *International Development Governance.* Boca Raton, FL: Taylor & Francis.

Jabbra, J. G. and Dwivedi, O. P. (2004). Globalization, Governance, and Administrative Culture. *International Journal of Public Administration*, 27 (13 - 14): 1101-1127.

Jreisat, J. E. (2002). *Comparative Public Administration and Policy.* Boulder, CO: Westview Press.

Jreisat, J. E. (2005). Comparative Public Administration is Back In, Prudently. *Public Administration Review*, 65 (2): 231-242.

Kettl, D. F. (1997). The Global Revolution in Public Management: Driving Themes, Missing Links. *Journal of Policy Analysis and Management*, 16 (3): 446-462.

Kettl, D. F. (2002). *The Transformation of Governance: Public Administration for Twenty-First Century America.* Baltimore: Johns Hopkins University Press.

Kettl, D. F. & Fessler, J. W. (2009). *The Politics of the Administrative Process.* Washington, DC: CQ Press.

Klingner, D. E. (2009). Using U. S. Public Administration to Support Global Development. *Journal of Regional Studies and Development*, 18 (2): 1-30.

Klingner, D. E. & Campos, V. P. (2002). Human Resource Management Reform in Latin America and the Caribbean: What Works and What Doesn't. *Public Organization Review*,

2 (4)：349-364.

Klingner, D. E. & Washington, C. W. (2000). Through the Looking Glass：The Benefit of an International and Comparative Approach on Teaching Public Administration. *Journal of Public Affairs Education*, 6 (1)：35-43.

Lijphart, A. (1971). Comparative Politics and the Comparative Method. *American Political Science Review*, 65 (3)：682-693.

Lijphart, A. (1975). The Comparable Case Strategy in Comparative Research. *Comparative Political Studies*, 8 (1)：58-77.

National Academy of Public Administration (NAPA). (2008). *Building Public Administration in Fragile and Post-Conflict States：Why, What, How and Who?* Washington, DC：National Academy of Public Administration.

North, D. C. (1990). *Institutions, Institutional Change, and Economic Performance.* New York：Cambridge University Press.

Ostrom, E. (1990). *Governing the Commons：The Evolution of Institutions for Collective Action.* New York：Cambridge University Press.

O'Sullivan, E. & Rassel, G. R. (2003). *Research Methods for Public Administrators.* New York：Longman.

Peters, B. G. (1978). *The Politics of Bureaucracy：A Comparative Perspective.* New York：Longman.

Peters, B. G. (1996). Theory and Methodology. In：Bekke, A. G. M., Perry, J. L. & Toonen, T. A. J. eds., *Civil Service Systems in Comparative Perspective.* Bloomington：Indiana University Press.

Peters, B. G. (2010). *The Politics of Bureaucracy：An Introduction to Comparative Public Administration.* London：Routledge.

Pollitt, C. (2011). Not Odious but Onerous：Comparative Public Administration. *Public Administration*, 89 (1)：114-127.

Przeworski, A. & Teune H. (1970). *The Logic of Comparative Social Inquiry.* New York：Wiley.

Riggs, F. W. (1954). Notes on Literature Available for the Study of Comparative Public Administration. *American Political Science Review*, 48 (2)：515-537.

Riggs, F. W. (1962). Trends in the Comparative Study of Public Administration. *International Review of Administrative Sciences*, 28 (1)：9-15.

Riggs, F. W. (1964). *Administration in Developing Countries：The Theory of Prismatic Society.* Boston：Houghton Mifflin.

Riggs, F. W. (1976). The Group and the Movement：Notes on Comparative and

Development Administration. *Public Administration Review*, 36 （6）: 648-654.

Riggs, F. W. （1991） . Public Administration: A Comparativist Framework. *Public Administration Review*, 51 （6）: 473-477.

Robinson, M. （2007） . The Politics of Successful Governance Reforms: Lessons of Design and Implementation. *Commonwealth and Comparative Politics*, 45 （4）: 521-448.

Rogers, E. M. （2003） . *Diffusion of Innovations*. 5th ed. New York: Simon & Schuster.

Sartori, G. （1994） . Compare Why and How: Comparing, Miscomparing and the Comparative Method. In Dogan, M. & Kazangici, A. eds. , *Comparing Nations: Concepts, Strategies, Substance*. Oxford, UK: Blackwell.

Shirley, M. M. （2008） . *Institutions and Development*. Northampton, MA: Edward Elgar.

Sigelman, L. （1976） . In Search of Comparative Administration. *Public Administration Review*, 36 （6）: 621-625.

Van Wart, M. & Cayer, N. J. （1990） . Comparative Public Administration: Defunct, Dispersed, or Redefined? *Public Administration Review*, 50 （2）: 238-248.

Werlin, H. H. （2003） . Poor Nations, Rich Nations: A Theory of Governance. *Public Administration Review*, 63 （3）: 329-342.

作者单位：美国科罗拉多大学丹佛分校公共事务学院
译者单位：北京大学政府管理学院

当代阶级阶层研究：西方
谱系与中国图景*

刘兴云

　　摘　要：阶级是一个多面相的概念，不同学术流派因标准与立场不同而解释各异。二战后，世界学术界对阶级阶层研究主要有新马克思主义、新韦伯主义、新自由主义、后涂尔干主义与后文化知识论等代表性的流派。这些理论对中国阶级阶层研究产生了广泛而深刻的影响。新中国阶级阶层研究问题意识较强。通过对 CNKI 的相关文献检索及国内外主要著作的阅读、比较和分析，在粗线条地勾勒当代中国阶级阶层研究范式演进的轨迹的基础上，本文蒙太奇式地展示了当代特别是改革开放以来中国阶级阶层研究的学术图景。

　　关键词：阶级阶层　理论谱系　CNKI 检索　学术论域

　　阶级关系、社会分层是社会结构中的核心问题，也是考察现代社会变迁的切入点。几乎每个重要的社会学家都从某个方面阐释阶级、社会结构与社会分层现象。但随着社会发展和研究不断深入，传统马克思主义阶级理论、韦伯的多元社会分层理论及涂尔干的功能主义等经典理论对于解释当前的现实问题显得有些乏力。对此，新马克思主义、新韦伯主义、后涂尔干主义、后文化知识论与新自由主义等当代西方学术理论派别试图对传统理论加以改造、修正和补充。新中国阶级阶层研究问题意识较强，研究

---

　　*　本文是湖南省哲学社会科学研究基金一般项目"马克思阶级理论与和谐劳资关系研究"（2010YBB200）与湖南省哲学社会科学成果评审委员会课题项目"经济社会转型与和谐劳资关系构建研究"（1011192B）的阶段性成果。

范式变迁大致经历了马克思主义阶级理论继承与发展、社会分层范式引进与模仿、重返阶级分析三个时期。本文试图对当代国内外学术界关于阶级阶层问题的研究进行回顾与反思，以期将该研究引向深入。

一 阶级阶层范畴的知识考古

（一）阶级：一个多面相的概念

阶级（class）最早出现在古希腊。据记载，思想史上最早将民众划分为不同阶级的恐怕是古希腊英雄时代的提休斯（Theseus）。尔后，梭伦（Solon）也试图把人们划分为不同的阶级。宗教神学笼罩整个欧洲中世纪，地主与农奴两个阶级除了是根据经济和社会地位予以划分之外，这种划分的固化还得到宗教神学的鼓吹与确证。毋庸讳言，马克思是阶级理论的集大成者，系统地提出了阶级理论。"二战"后，随着科技、社会迅猛发展，社会结构与阶级阶层变迁，不同的理论流派纷纷从不同的视角来约束阶级概念和解析阶级理论。

1. 正统马克思主义对阶级的描述。马克思相信："到目前为止的一切社会的历史都是阶级斗争的历史。"[1] 甚至他本人认为对阶级理论的三大贡献之一，就是发现阶级现象的出现同生产发展的一定历史阶段相联系。[2] 他在《路易·波拿巴的雾月十八日》一文中对阶级形成做了如下分析："当千百万个家庭在一定的经济结构下形成与其它社会群体不同的生活方式、利益和文化的时候，并且当这一群体与社会其他群体形成了冲突性关系的时候，这一群体就形成了一个阶级。"[3] 恩格斯认为，当生产力有一定发展而又未高度发展，当社会的总产品还不能充分满足全体成员的需要，当社会的剩余产品还不能满足少数人的较高需求时，社会就必然划分为阶级。[4] 后来，列宁从经济"一元"的角度对阶级做出了明确的界定："所谓阶级，就是这样一些大的集团，这些集团在历史上一定的社会生产体系中所处的地位不

---

[1] 《马克思恩格斯选集》第 1 卷，人民出版社，1972，第 250 页。
[2] 《马克思恩格斯选集》第 4 卷，人民出版社，1972，第 332～333 页。
[3] 《马克思恩格斯选集》第 1 卷，人民出版社，1972，第 693 页。
[4] 《马克思恩格斯选集》第 3 卷，人民出版社，1972，第 439 页。

同，同生产资料的关系（这种关系大部分是在法律上明文规定了的）不同，在社会劳动组织中所起的作用不同，因而取得归自己支配的那份社会财富的方式和多寡也不同。所谓阶级，就是这样一些集团，由于它们在一定社会经济结构中所处的地位不同，其中一个集体能够占有另一个集体的劳动。"① 在列宁看来，阶级是人们在社会生产体系中的一种地位或位置。总之，在正统马克思主义者看来，阶级是与经济权力相联系的，而这种权力又是由每个人与生产资料的关系来界定的。

2. 新马克思主义对阶级的概念约束。由于在马克思和恩格斯的文本当中找不到对阶级的明确界定，导致了当代西方新马克思主义对阶级的定义版本众多。总体看来，新马克思主义对阶级的概念约束秉承了马克思关于阶级是一种剥削关系这个理论硬核（hard-core），从引发社会不平等的社会地位、所占权威和权力、生产方式、社会文化、话语权等方面进行了分析。达伦多夫（Dahrendorf, 1959：35）用占有和不占有权威、权力定义阶级，认为阶级是"有组织的人类利益集团"。普兰查斯（N. Poulantzas）认为，对马克思阶级理论的"经济主义"解释在概念上将社会关系与生产关系混淆了。这样势必忽视了阶级的政治意义和意识形态的意义，而阶级的政治意义一点不亚于它的经济意义。因此，他提出了自己的阶级定义："社会阶级是这样一个概念，它表示结构的整体，表示一种生产方式或者一种社会形态的模式对承担者——他们构成社会阶级的支持者——所产生的影响。"（普兰查斯，1982：64）他运用两个宏大的范畴，即生产方式和社会形态表述阶级。宰制阶级的是社会的整个体系而不仅仅是生产过程、生产关系或生产体系。阶级表现在经济、政治和意识形态三个方面。赖特（E. O. Wright）认为，作为一个抽象概念，马克思主义的阶级概念是围绕四个基本的结构属性建立起来的：阶级概念是一个关系概念，这种关系是对抗性的，对抗性来源于剥削，而剥削基于社会生产关系（赖特，2006：34-37）。汤普森（E. P. Thompson）认为，阶级是社会与文化的形成（汤普森，2001：2）。琼斯（G. S. Jones）在全面否定马克思主义的阶级本体论的基础上提出了"阶级"不过是一种话语建构的观点。他认为，只有建构在"非指涉性的"（non-referential）阶级话语中的"阶级"，才是对"阶级"的关键把

---

① 《列宁选集》第4卷，人民出版社，1995，第11页。

握（周穗明等，2008：154）。受法国存在主义哲学大师萨特（J. P. Sartre）的影响，埃尔斯特（J. Elster）则把阶级形成问题简化为个人选择问题。在圣克鲁伊（S. Croix）看来，阶级（实质上是一种关系）是剥削这种事实的集中社会表达，而剥削的方式体现了一种社会结构。"阶级是某一地区的一个群体，通过在整个社会生产系统的地位进行区分，而这种地位的区分可以根据它们之间的关系（主要是拥有和控制），如对于生产条件的拥有和控制。"（Camfield，2005）加姆菲尔德（D. Camfield）认为，在阶级定义的众多版本当中，最为准确与最接近马克思本义的当属圣克鲁伊的阐释了。

3. 若干非马克思主义对阶级的解析。阶级是一种客观存在，伴随着私有制的出现而出现。提休斯把"民众分为三个阶级，不论其氏族关系如何，这三个阶级分别称为'士族'、'农民'和'工匠'。凡属民政和宗教方面的主要官职都由第一阶级的人担任。"（摩尔根，1977：259）在他看来，阶级不是起源于人们对生产资料的占有，而是起源于劳动的社会分工。继提休斯之后，梭伦则试图按照"人们的财产多少定名"。（摩尔根，1977：263）"梭伦把公民按照他们的地产和收入分为四个阶级：五百、三百及一百五十袋谷物（一袋约等于四十一公升），为前三个阶级的最低限度的收入额；地产少于此数或完全没有地产的人，则属于第四阶级。只有三个上等阶级的人才能担任一切官职；只有第一阶级的人才能担任最高的官职；第四阶级只有在人民大会上发言和投票的权利。"① 韦伯（Weber，1994：113-114）认为，阶级是指在生活机会、商品占有和经济收入等方面有着一致利益的群体。他的定义是："在我们的术语中，'阶级'并不就是共同体，它仅仅代表一种共同行动的可能性和经常的基础。只是在下列情况下，我们才可以说阶级：第一，在生活机会特定的作为原因的构成上有着一致性的人们；第二，这种构成仅仅是指商品占有与收入机会上的经济利益；第三，这种构成是处在商品的或劳动市场的条件下。"吉登斯（Giddens，1975：105-107）认为，阶级是一种特殊的"聚合体"，一种关系。美国政治学家拉斯韦尔（H. D. Lasswel）认为："阶级是具有类似职能、地位和观点的重要社会集团。当今世界政治上，主要的阶级结构分为贵族阶级、富豪阶级、中产阶级和体力劳动者。"（拉斯韦尔，2009：7）韦斯特加德（J. Westergaard）

---

① 《马克思恩格斯选集》第 4 卷，人民出版社，1972，第 111 页。

认为，阶级是一种源于对稀有资源配置进行控制和获益的制度安排（韦斯特加德，2005：175）。总之，正如英国政治学者海伍德（A. Heywood）所言："非马克思主义的阶级定义通常是以不同职业群体之间在收入和地位上的差异为依据的。"（海伍德，2008：286）

（二）阶层：源流、概念和尺度

阶层（stratum），通常被认为是利益分化过程基本完成，经济、政治和社会地位相对稳定的集团。它是一个由诸多共同利益和强烈集团意识形成的相对稳定的群体，是社会结构的有机组成和核心部分，它代表着不同层次的经济、政治、文化需求和利益，它涉及社会各种资源的分配以及在分配中存在的社会公平和公正问题（王春光，2004）。广义的社会阶层，是对广泛的社会群体社会成员构成的区分，是不分男女老少，不分职业性质和特点的分析区分。狭义的社会阶层，是对特定的社会成员构成或社会成员的某一方面进行考察界定（尹焕三，2002）。

对社会阶层的论述，最早可以追溯到古希腊的思想家柏拉图（Plato）和亚里士多德（Aristotle）。在他们的许多著作中，有关社会阶层的论述随处可见。在《理想国》一书中，柏拉图建构了一个等级森严的理想国家制度。他认为，正像人的灵魂有三个部分一样，一个国家也相应地分为三个等级：统治者、有学问有智慧的人；战士；供应需品的人：农人、手工匠人。在一个理想的国家或社会中，只有三个等级的人们各守本位，恪守其责，才能和谐一致，才能实现"正义"的原则。不过柏拉图是以宗教神话作为他的"三个等级"划分尺度。这三个等级的人是神用不同的金属造出来的，其中统治者阶层是神用金子造出来的，武士阶层是神用银子造出来的，而劳动者阶层是神用铜和铁做成的，因此，国家或社会中贵贱自分（黑格尔，1957：253；仝增嘏，1983：157-158）。亚里士多德在论及不同类型的政治组织时就明确提出了根据城邦居民的财富多寡这个尺度划分"阶层"的思想。他指出："在一切城邦中都有三个部分或阶层，一部分是极富阶层，一部分是极穷阶层，还有介于两者之间的中间阶层"，而最"优良的政治共同体应由中产阶层执政掌权，"否则，就可能产生极端的平民政体或登峰造极的寡头政体（亚里士多德，2003：137-139）。同时，他还提出了"中产阶级"有助于社会稳定的思想。印度社会分层几乎沿用流行了2000多年之久的种姓制度。这种制度以血统、婚姻和职业为尺度，从高到低将社会群体分为婆罗门（僧侣）、刹帝利（武士或贵族）、吠舍（平民或商人）、首陀罗（手艺人和劳动者）以及贱民等阶层。中国古代关于社会分层的思想更为悠远。《左传·昭公七年》就有关于社会分层的记载："天有十日，人有十等。下所以事上，上所以共神也。"（宋元人注，1988：428）尽管这种社会分层的出发点笼罩着浓郁的宗教神学色彩，但却开启了根据不同职业划分阶层的先河。梁漱溟认为，整个中国社会构造是一个"职业分途底社会"（梁漱溟，2010：88）。除皇帝家族之外，将社会群体基本上划分为"士、农、工、商"四个阶层。尽管"其间身分或有高下，然非阶级之谓。整个中国社会只见其职业分途底形势，不见其阶级对立底形势"。（梁漱溟，2010：142）在现代社会学研究中，社会分层理论各异，可谓五花八门。经典的分层理论有韦伯的多元分层理论、涂尔干的功能主义分层思想以及由这两大理论演化而来的新韦伯主义和新涂尔干主义。韦伯无疑是社会分层的大师，他提出了不同于马克思经济一元划分标准的"多元"分层思想体系，确定了社会分层的财富和收入（经济地位）、权力（政治地位）、声望（社会地位）三个基本尺度。财富是指全部经济财产的构成，因财富的不同，人们分为穷人与富人。权力是指一个人或一群人对他人实施控制和施加影响的能力。声望则是一个人从他人那里获得的良好的社会评价或社会的公认（Weber，1994：113）。涂尔干在探讨分工的社会功能中，阐述了他的社会分层思想。他认为，分工的最大意义在于它对社会整体发挥作用，它将整个社会紧密地结合在一起。根据社会群体的不同分工划分不同的阶层或组成部分。社会的稳步发展有赖于各个组成部分功能的正常发挥。总体看来，阶层的划分尺度大概可以抽象为宗教、血统、地位、经济、权力、声望、文化、政治态度、思想意识、价值取向等几种。如果按照阶层划分所使用尺度与标准的多寡来看，则存在两种分类，即"一元"尺度和"多元"尺度。毋庸置疑，随着社会分化的复杂化，分层尺度也日趋复杂、多元化和综合化。

（三）关联：议程、方法和立场

阶级与阶层之间的关系一直是社会学家讨论的焦点。目前，国内比较流行的观点：一是"等同论"，将阶级和阶层相提并论；二是"细化论"，认为阶层是对阶级的细化和具体化，是阶级概念的延续；三是"时代论"，时代的变迁致使人类社会由阶级化转为阶层化；四是"二重论"，认为"阶层"既同阶级概念相联系，又表现为社会构成或"社层"（李培林，1995：1-8；朱光磊，1998：3；梁晓声，1997：2；高健生，1999）。上述观点都从一定层面上阐释了阶级与阶层的关系，具有一定的解释力与价值，但是也存在"因需解释"的局限性和视角的片面性。郑杭生（2002）认为，二者的联系在于它们的核心内容都是"社会资源和社会机会在不同社会群体中的分配方式或配置方式的差异"。其中，阶级强调社会分工、生产资料的占有、财产所有制，特别是生产资料的占有的决定性意义。

通常而言，阶层是个大概念，而阶级则是一种特殊的分层。因为阶层是按照一般的"社会资源和社会机会"来区分的，而阶级则是按照一种特殊的社会资源——生产资料来分层的结果。据此，可以看出，阶级可以纳入分层的范围之中，分层是一个大的范畴（郑杭生，2002）。阶级的研究着重考察社会集团在社会生产中和分配中的经济地位与差异，将经济的差异看成一切社会差异和阶级斗争的根源。冯仕政（2008）从本体论、方法论与价值立场等视角对阶级与阶层的区别做出了比较令人信服的解读。首先，阶级分析将社会看作一个冲突的系统，社会不平等取决于统治阶级的需要及其剥夺其他阶级的能力，不平等的形成是一个对抗性的权力强制过程。而阶层研究则认为，社会是一个整合的系统，社会不平等状况取决于社会整体的需要和个人满足社会需要的能力，不平等的形成是一个市场性的资源配置过程。其次，阶级分析的研究议程旨在澄清对抗的两个方面，即统治阶级的剥削和被统治阶级的反抗，而阶层研究则试图澄清职位与报酬的匹配、职位与人员的匹配两个匹配过程。第三，阶级分析往往采取激进的价值立场，而分层研究持保守的价值立场。第四，阶级分析往往倾向于采用性质分析，甚至哲学思辨，而分层研究则倾向于数量分析。

之前，"阶级"和"阶层"两个概念的使用，国内外一直比较混乱，争论不断。对此，英国莱斯特大学社会学教授克罗普顿（R. Crompton）持相同观点，她指出："在社会学领域，对阶级概念的理解、它的实际运作和经验调查等，还存在着许多混乱。"（克罗普顿，2005：144-145）反观西方文本的翻译以及本土的学术专著，有一个共同的特征，那就是在强调阶级斗争时期文本当中出现的几乎清一色的"阶级"，随着和平与发展成为世界的主题，西方世界和国内政治进入平稳时期，各种刊物和学术著作中使用

"阶层"的频率迅速提高。① 在此，"阶级"范畴与"阶层"范畴几乎等同，但缺乏理论逻辑的一贯性。值得指出的是，当前学术界运用较多的概念是"阶层"而不是"阶级"，更多的是基于以下两个方面的考虑：一方面是因为传统按照生产资料占有来划分阶级的方法已经很难解释当前的中国社会；另一方面是因为阶级一词往往使人联想到对立、冲突、动荡，民众对阶级一词颇为反感，而阶层一词不具有冲突含义，比较适合当前中国国情（陆学艺，2002：6）。

不过，深入分析阶层与阶级这对范畴的理论基础，我们可以找到二者的内在逻辑性。在马克思看来，人的行动的终极动机是逐利的，而利益获得的保障（权力）与资格（权利）均与人的经济地位有着必然的联系。韦伯的经济、权力与声望三个标准并不具有同等地位，而且可以进一步抽象为马克思的经济标准。因为经济标准其实就是"利益"标准，权力标准本质上是权与利的相互转化关系，而声望归根结底是名与利的相互转化。据此可知，马克思的阶级理论要比韦伯的多元阶层理论更为深刻、抽象与严密。这也为整合阶级分析、阶层划分以及回应当代理论界分析社会不平等、"重返阶级分析"提供了理论依据。

二　阶级阶层研究的西方谱系

第二次世界大战之后，西方社会科学的阶级阶层与社会分层研究进入了高峰，并开始成为一门系统的学问，形成了众多阶级阶层与社会分层的理论流派，呈现了一种"百家争鸣，百花齐放"的学术景观。

（一）从"左"向"右"转：新马克思主义

在当代西方形形色色的阶级与社会分层理论中，新马克思主义（Neo-Marxism）是影响最大、流传最广的理论派别之一。"新马克思主义"的阶级阶层理论主要讨论了三大主题。（1）传统工人阶级研究。对于传统工人

---

① 笔者对比了西方同一著作的不同翻译文本，发现许多类似现象。譬如，在改革开放前翻译的柏拉图的《理想国》、亚里士多德的《政治学》等文本全部采用的是"阶级"这个词。而如今就有所区分，同样拿这两部著作最近的翻译文本进行统计发现，"阶层"的使用明显增多。

阶级的认识，大多数"新马克思主义者"承认古典意义上的工人阶级已经衰落，当代工人阶级已经发生了重大演变，主要表现在以下三个方面：一是与大工业相连的传统工人阶级已经不复存在；二是当代工人阶级已经变化，白领知识劳动者成为工人阶级主体；三是阶级不是所有权概念，而是文化概念。（2）以白领知识劳动者为主体的新中间阶级研究。二战后，新马克思主义者对传统马克思主义阶级分析的最重要的理论修正就是关于中间阶级（中产阶级）的解读。针对中产阶级现象，新马克思主义者出现了两种对立的观点：一派以布雷弗曼（H. Braverman）为代表，仍坚持传统马克思主义的两极分化趋势的看法，认为当今的中产阶级仍有无产阶级化的趋势；另一派以普兰查斯为代表，则对原有的两极阶级结构模式进行修正，把中产阶级纳入阶级分类框架，他们认为新中间阶层的绝大多数成员已经从工人阶级队伍中脱离出来，因为这些人并没有受剥削，他们不能再算是工人阶级。（3）资产阶级内部分化研究。随着当代资本社会化趋势及其带来的所有权和经营权的分离，许多"新马克思主义者"认为当代资产阶级资本家阶级或占有阶级通过管理人员实行间接的统治，而作为雇佣知识劳动者的经理阶层中，部分高级经理以期权等形式占有资本，已成为资产阶级的重要一员。因此，资产阶级内部已分化出一个新的阶层（周穗明等，2008：212-214）。总体看来，新马克思主义学者以人本主义的马克思主义为主要代表的新马克思主义借助于黑格尔哲学、无政府主义、自由主义以及理性选择理论的观点，以非正统的、散漫的和具有颠覆性的话语，以反叛姿态拓展了马克思主义哲学的主题和形式。在新马克思主义各流派中，阶级演变理论关注的焦点，是在资本主义和平稳定发展的历史条件下，西方工人阶级的异化和新中间阶级的形成问题（周穗明等，2008：94）。总之，新马克思主义的阶级理论的共同缺陷就是弱化了马克思主义的阶级理论，以文化冲突主题淡化了马克思主义阶级和阶级斗争主题。

（二）"社会封闭"潜规则：新韦伯主义视角

生活机会（life chance）、经济利益与劳动力市场是韦伯强调阶级的三要素，但他定义阶级的核心术语则是生活机会。因此，可以简单地将阶级理解为我们实际看到的生活水平不同的人们的群体。人们生活机会不一样，即我所观察到的人们在实际消费过程中过着不同的生活。自20世纪70年代以来，凡是按照这个思路去解释的理论家，一般被归为新韦伯主义者。新韦伯主义的阵营十分庞大，主要代表人物有：吉登斯、帕金（F. Parkin）、格德索普（J. Goldthorpe）、洛克伍德（D. Lockwood）等。新韦伯主义的学术理论几乎与新马克思主义相对立。新韦伯主义在阶级理论上的创新主要是基于韦伯在《开放与封闭的关系》一文中提出的一个重要概念——"社会封闭"（social closure）。韦伯认为，"社会封闭"是社会群体设置并强化其成员资格的一种过程，其目的是为了以垄断手段来改进或最大化自身群体利益。新韦伯主义发展了这种思想，认为在当代工业社会，并不存在某种正式的制度规则禁止就业者跨越阶级边界进行流动，但实际上存在着各种制度力量限制了人们的代际的和代内的社会流动，这正是"社会封闭"机制的作用。这种排斥性机制不仅使封闭性的阶级（往往是居于优势地位的特权阶级）最大化了自身的报酬和机会，而且，其持续的影响也导致了各种不同的阶级文化，并在代际之间再生了共同的生活经历。新韦伯主义的出发点就是要避免阶级冲突，"软化"阶级意识，以达到消解阶级冲突，降低阶级斗争的风险。

（三）特辟"第三条道路"：后涂尔干主义

在阶级问题上历来存在"左""右"两派。左派学者通常坚持阶级分析，而"右"派学者则反对阶级分析。一般而言，社会处于冲突、对立、不公时期，持阶级分析的"左"派学者占上风。反之，当社会步入平稳、和解、和谐时期，阶级理论的影响明显减弱，反阶级分析的"右"派学者往往更能得到社会的认同。正是在这样的关于阶级分析是否失去意义的理论争论背景下，"后涂尔干主义"代表格伦斯基（D. B. Grusky）与索伦森（J. B. Sorensen）独树一帜，试图在主张阶级分析与反阶级分析之间找到第三条出路。他们既批评了阶级无用论，也批评了阶级维护论。他们认为，不是任何阶级分析的模式都失去了意义，只是那种宏大的阶级分析模式，那种将阶级仅仅视为巨大阵营、巨大分类的阶级分析模式失去了意义。因此，后涂尔干主义学者提出了一种新的阶级分析模式，试图将阶级下降到可以分析的层次上，即在劳动分工体系中围绕功能位置而形成的"真实社会群体"（real social groupings），对它们进行分析。总之，后涂尔干主义继承了涂尔干社会整合与职业共同体的思想，注重从分工和社会整合角度来探讨社会分层。因为，基于职业的分类，或者说基于生产领域的劳动分工，发展起来了大量的同业联合体，比如工会、行会等，这些联合体代表了职业群体的共同利益。从而，职业群体转化为具有共同利益的社会政治联合体，这些联合体在当前的社会政治生活中发挥着越来越重要的作用（李春玲，2005）。

（四）知识就是力量：后文化知识论

后文化知识理论强调文化、知识与阶级阶层的关系，认为文化、知识、生活方式、品位等在阶级阶层形成中有特殊地位。布迪厄（P. Bourdieu）与贝尔（D. Bell）是后文化知识理论的两个杰出代表。"区隔"（distinction）是布迪厄的阶级理论的关键词，而文化又是产生区隔的首要因素。因此，布迪厄在其代表作《区隔：趣味判断的社会批判》中提出了"文化是社会等级区分的标志"的命题。人们在日常消费中的文化实践，从饮食、服饰、身体直至音乐、绘画、文学等的趣味，都表现和证明了行动者在社会中所处的位置和等级。消费方式的社会差异表现为一定的品位（taste）——物品鉴赏判断力。鉴赏品位的差异与受教育程度和社会出身密切相关，家庭或学校的文化习得模式差异使鉴赏预先具备了标志"等级"的功能（Bourdieu，1984：1-7）。布迪厄的阶级理论是在一种想象的社会空间里展开的。他将社会空间划分为三个区域，即资产阶级、中产阶级和主要包括工人阶级和农民阶级在内的普罗阶级。而阶级区隔表现为文化区隔、政治区隔、生活风格区隔和一切日常实践的区隔，尤其是美学趣味的区隔（Bourdieu，1984：128-129）。布迪厄将文化趣味与相对应的阶层联系起来，分为"合法趣味""中等品位的趣味""大众趣味"。其中"合法趣味"主要是统治阶级所享有的具有支配地位的趣味；"大众趣味"主要是被统治阶级所享有的处于被支配地位的趣味；"中等品位趣味"主要是介乎这两者之间的中产阶级的趣味。另一个研究知识与社会分层的理论学派就是贝尔的"知识中轴"论。在贝尔看来，理论知识是后工业社会首要的主导因素，成为作用于其他社会层面的中轴（axis）。根据理论知识成为社会中轴引起的后工业社会结构的变化，贝尔分析了后工业社会的阶级结构变化。他认为，后工业社会中已经出现了三个阶级：一是有创造性的杰出科学家和高层专业管理人员；二是工程师和具有教授地位的中产阶级；三是由技术员、低级教职员和教育助理人员组成的无产阶级（贝尔，1997：236）。

（五） 平等乌托邦：新自由主义视角

新自由主义（Neo-liberalism）指的是一种政治-经济哲学，反对国家对于国内经济的干预，主张在新的历史时期维护资产阶级个人自由，调解社会矛盾，维护资本主义制度。20 世纪 70 年代以来，新自由主义在国际的经济政策上扮演着越来越重要的角色。新自由主义的阶级理论主要是受经济学理论的影响，或者说是社会学与经济学交融的产物。新自由主义认为，以往的社会学家过于关注不平等，在主观上过于放大不平等的程度，其结果是否定了市场经济与工业社会的积极方面。因此，其对于社会阶级与阶层研究的重点也就是平等与公正。一方面，强调不平等现象的长期存在性。社会分层与收入上的差异具有正向效应，可以促进人们更努力地工作，但是，不均等的财产收入及利用资源配置的不均等刺激人们积极工作，并不是组织社会和管理社会的唯一办法。另一方面，构制了系统的平等观。譬如，社会分层新自由主义代表桑德斯（P. Saunders）区分了三种平等：（1）法律、法规、程序的平等，即所有成员在法律、规则面前的平等；（2）机会平等，也就是说，即使走向不平等，但每个人也有平等的机会；（3）结果平等，即在一个绝对平均主义的社会，不管人们的出发点、努力程度有什么不同，最终让人们获得同样的结果，都同时通过终点。毫无疑问，这种平等观在阶级特权与阶级结构本身不平等状态下无疑是一种"乌托邦"，因为阶级特权往往对于本阶级的子女起着保护作用，阶级背景造成机会本身的不均等，处在优势地位上的阶级比处在劣势地位上的阶级更容易获得机会。

三　阶级阶层研究的中国图景

阶级分析与社会分层是一项具有强烈的时代性的课题，所涉内容十分繁杂。1979 ~ 2010 年，国内学术界以阶级阶层为话题的论文 15332 篇，其中关于阶级的论文 10611 篇，论述阶层的论文 4721 篇。李路路（1999）认为，中国社会分层的研究几乎涵盖了社会分层理论发展的所有方面，国际社会学中有关社会分层的不同理论观点和模式在中国社会分层研究中都有所表现。通过对 CNKI 的相关文献检索及国内外主要著作的阅读和比较分析，本文粗线条地勾勒了当代中国阶级阶层研究范式的演进轨迹，综述了当代中国阶级阶层研究的主要论题和争论的焦点问题。

（一）范式变迁

新中国60年，阶级阶层研究范式的变迁大致经历了以下三个阶段。第一阶段是经典阶级理论范式继承与僵化时期（1949～1978年）。受苏联马克思主义经典作家影响，主要从经济与政治两个维度来阐释和运用阶级与阶级理论。这时的理论界固守马克思主义经典作家关于划分阶级的标准，即阶级是由不同社会集团对生产资料的占有关系决定的。阶级是一种政治话语，"以阶级斗争为纲""阶级斗争一抓就灵""清理阶级队伍"这些充满政治火药味的有关阶级的话语充斥在现实政治生活中。第二阶段是社会分层范式引进与模仿时期（1978～1999年）。20世纪80年代末90年代初，韦伯的社会分层秩序思想传入我国，学界迅速从马克思传统的阶级分析转向韦伯传统的分层研究，特别是转向以布劳-邓肯模型为基础的地位获得研究（冯仕政，2008）。经过近10年的模仿与探索，从我国对社会分层研究知识积累形态看，逐渐由描述层面向解释层面深化，并开始触及社会分层研究的方法论、西方分层理论及其对相关研究理念的反思（张宛丽，1996；孙立平，1996；李路路，1999）。其间出现了一大批社会分层研究成果：李强的《当代中国社会分层与流动》（1993）、李培林主编的《中国新时期阶级阶层报告》（1995）、陆学艺主编的《当代中国社会阶层研究报告》（2002）、郑杭生的《当代中国城市社会结构：现状与趋势》（2004）等。至此，阶级分析被彻底边缘化了。第三阶段是试图回归与重返阶级分析范式时期（1999年至今）。近年来，随着中国社会一系列新变化的出现，特别是社会不公导致的劳资关系愈发紧张，阶层分析理论也不能完美地解释和提出中国当前社会矛盾、社会冲突等棘手问题的治理方案。因此，研究者们逐渐开始反思这种研究范式，情况正在发生某种"逆转"，阶级分析的理论范式逐渐向马克思主义"回归"。

（二）主要论域

当代中国阶级阶层研究的主要论题和争论的焦点集中在阶层变迁、社会冲突、贫富差距、阶层结构和精英流动等方面（表1）。由于文章篇幅有限，只重点综述了研究中的一些带有根本性的理论问题和现实突出问题，其他论题将另文加以讨论。

表 1　阶级阶层研究的主题关注度一览表

从高到低排序	研究主题	论文数量（篇）	篇名检索关键词
1	知识分子	7390	知识分子
2	工人阶级	1825	工人阶级、工人群体
3	社会冲突	1197	社会冲突、社会矛盾
4	贫富差距	1135	贫富差距
5	中间阶层	1041	中产阶级、中产阶层、中间阶层
6	党政干部	637	党政干部
7	阶层结构	499	阶级结构、阶层结构
8	社会流动	375	社会流动、精英流动
9	农民群体	165	农民群体、农民阶级、农民阶层
10	分层标准	34	分层标准

数据来源：CNKI 篇名检索；范围：全部期刊；时间：1979～2010 年；匹配度：精确。

1. 分层标准。分层标准是社会结构研究无法绕过的一个理论问题。从政治学角度来看，阶级分层与社会分层的目标无外乎两类：一类是激进主义者的分层目标，旨在发动社会运动、阶级斗争，因而它更强调社会不平等、对立与冲突的一面；另一类是保守主义者的分层目的，旨在调和各利益群体或阶级。至于具体的社会分层标准，李强（2008：11-21）在汲取西方分层思想的基础上，总结出了十种标准。其中契合中国政治、经济变迁和文化，并在实际中运用的分层标准主要有：政治标准、经济标准、社会资源、人力资本、职业分层等标准。众所周知，新中国成立后的很长一段时间内我国仍是"政治挂帅"，坚持"阶级斗争"的路线，社会群体的政治身份差距明显，政治分层标准被视为社会分层的主要标准。改革开放以来，两者的地位发生了变化，经济分层标准凸显，政治分层标准被弱化。据此，李强（1997）提出了政治分层和经济分层双重分层的观点。政治分层标准和经济分层标准，又被称为"权力分层和市场分层"（肖琼辉，1996）。二者的根本区别在于政治分层是一种意识形态化的人为标准，而经济分层是一个自然的产生过程。凸显经济分层标准，标志着我国转型期社会价值取向转变（米加宁，1998）。转型期，我国各种利益分化与社会群体流动加剧，社会矛盾与冲突也随之积聚，软化社会矛盾冲突是当前社会学界的共识。所以，我国学术界越来越倾向于运用职业分层标准。另外，越来越多的社会学家将消费作为社会分层的重要标准（李培林，1995；李春玲，2003；郭景萍、赵卫华，2004），主要是因为中国经济跨越式发展，人们的生活水平普遍提高，以及在西方消费主义的鼓噪下，消费方式和消费实践在人们的生活领域所占的地位越来越重要。总之，面对纷繁复杂的社会群体，单一的社会阶级阶层分层标准无疑会制造许多麻烦，而坚持多元社会分层标准又利于化解社会矛盾，尤其是社会稳定时期比较适合。

2. 阶层结构。改革开放以来，随着我国经济的迅猛发展，社会利益不断分化，我国的社会结构已经发生了巨大的变化。因此，重新界划与我国的社会结构无疑是社会研究的一个重大课题。许多学者对此问题展开了研究，并取得了一批符合客观实际的研究成果。其中有三种对当代中国社会结构分层的研究具有典型性，并被学术界普遍认同。一是"七阶层"模型。庞树奇、仇立平（1989）将中国社会阶层初步划分为农民阶层、工人阶层、管理阶层、专业技术人员阶层、服务性工作人员阶层、私有经济经营者阶层和退休人员阶层七个社会阶层。二是"五个社会等级和十个社会阶层"模型。1987 年 11 月，经全国社会科学规划领导小组批准，设立了"我国现阶段阶级、阶层研究"课题，但由于当时的研究环境与涉及一些敏感问题，课题并没有完成预定的成果。10 多年后的 1999 年，中国社会科学院成立了由陆学艺研究员领衔的"当代中国社会结构变迁研究"课题组，该课题的重要成果就是出版了《当代中国社会阶层研究报告》一书，提出了当代中国"五个社会等级和十个社会阶层"模型，提出了阶层划分的四种主要机制（劳动分工、权威等级、生产资料占有与制度分割），以及阶层划分的三种资源（组织资源、经济资源与文化资源）。三是"倒丁字形社会结构"模型。对于我国的社会结构分析，另一个重要成果就是李强教授采用"国际社会经济地位指标"的方法，通过对我国"第五次全国人口普查"数据分析以后，提出的"倒丁字形社会结构"（李强，2005）。

3. 阶层变迁。新中国 60 年，特别是改革开放以来，中国的社会结构发生了深刻的变化。

工人群体。工人阶级从来就是一个历史范畴，它的内涵、经济、政治、职业地位随着时代的发展正经历着前所未有的巨变。一是工人阶级内涵外延不断扩大。新中国成立 60 年来，工人阶级的内涵经历了由产业工人—干部、职员—知识分子—农民工三次外延扩张（张伟，2009）。在此过程中，国有企业和集体所有企业工人所占比例不断降低（从 1981 年的 99.38% 下降到 2001 年的 28.58%），而个体企业、民营企业和"三资"企业的工人所占比例剧增（从 1981 年的 0.51%增至 2001 年的 71.42%）（Lee，2005：4-5）。二是经济和社会地位持续下降。新中国成立后到改革开放前，工人阶级的政治、社会地位很高，宪法明确规定，工人阶级是共和国的领导阶级。在实际工作中，在舆论宣传等方面，报纸杂志，各类媒体、大小会议，大量宣传工人阶级的先进性、优越性。在社会上，工人职业很有社会地位，被尊称为师傅、工人老大哥（陆学艺，2010）。但是，改革以来，工人群体的地位利益急剧下降。全国总工会 1997 年全国职工队伍状况调查报告也显示："在被调查的职工中，4.1%认为 1992 年以来职工在基层单位的地位大有提高，29.4%认为有提高，23.6%认为没有变化，15.8%认为有所下降，9.3%认为下降很多，17.8%表示说不清楚。"（信卫平，2001）三是工人阶级的内部层次双向分化。中国的传统产业工人阶级在社会主义国家市场转型的"第二次大转变"过程中，朝着两个方向分化：要么成为劳动力市场中的被雇佣者，要么成为下岗、失业者。相对于计划经济体制时期的工人阶级的身份而言，前者意味着工人阶级的"再形成"；后者则指向工人阶级的"消解"（刘建洲，2009）。四是工人的阶级意识日趋淡薄。阶级意识是指对本阶级的认同感、对相关阶级之间关系的认识，以及在这些认识基础上本阶级集体行为的意识与行动倾向。改革开放以来，随着我国社会阶层结构出现"碎片化"趋势，工人阶级群体不断分化致使工人阶级在阶级意识方面弱化，尽管主观阶层认同感增强，但因阶级意识催生阶级集体行动的可能性较低（李培林等，2005：108）。[1]

农民群体。国内学术界对农民工的研究聚焦在农民工市民化及被市民化问题（黄祖辉、顾益康等，1989；黄祖辉、陈欣欣，2002；葛永明，2002；胡平，2005；赵立新，2006；国务院发展研究中心课题组，2010；申兵，2011；钱正武，2011）、农村剩余劳动力迁移问题（辜胜阻，1994；吴敬琏，1995；骆友生，1994；吕世平，1997；孔祥云，200；潘文卿，2001；陈淮，2002；西宝，2002；刘志仁，2003；池子华，2003；丁兆庆，2004；叶春雷，2006）、第二代农民工问题（刘传江，200；张国胜，2008；潘毅

---

[1] 李培林、张翼、赵延东、梁栋等开展的"2002 年中国城市居民社会观念调查"中关于"对参加集体上访态度"调查结果显示：愿意参加集体行动（集体上访）的仅有 22.7%，据此判断阶层意识推动阶层行动的可能性较低。

等，2009；何海，2009；王宗萍、段成荣，2010；尹子文，2010）。经历30年的改革开放，中国创造了一个非常特殊的群体，就是农民工。农民工就是"农民"这种身份与"工"这种职业的一种独特结合。可以说，中国的农民工是改革的产物，也是改革的创造者，是未完成的无产阶级化的一个特殊群体。随着经济社会的发展与转型，农民群体因收入、地位和分配社会资源的权利等方面的差异而出现了分化（刘传江等，2009：46）。陆学艺（2002）等将农民工分为"离土不离乡"的在乡农民工和"离土又离乡"的进城农民工，刘传江（2004）将农民工区分为进城农民工、乡镇企业农民工和失地农民，将农民工划分为业主、个体劳动者和打工者三大阶层得到了大部分学者认同。但是，作为乡村"草根精英"的农民工怀着"闯天下、寻发展"的目的进入城市，现实状况并不乐观，绝大多数人无法"穿越"比"显性户籍墙"韧性更强的"社会屏蔽"之墙，而沦落为都市边缘人。毋庸讳言，第二代农民工与第一代农民工差别巨大，他们几乎没有种过田，尽管体貌特征与城市青年并无二致，但他们的性情倾向发生了很大的改变；他们思维活跃、头脑灵活、不因循守旧、意志坚定，追求目标日趋多元化，内心强烈呐喊："打死也不再当农民了！"（吴卫南，2006）他们希望融入城市并被城市接纳，却总是游离在城市文化圈之外。

党政干部。党政干部系党委、政府中的公职人员的总称，代表党和国家管理社会公共事务，服务社会公众。改革开放以来，党政干部群体变化巨大。一是人数迅速膨胀。从1982年的1490万人上升到2000年的2680万人，占全国总人数的2.1％。[①] 二是平均年龄有所降低。单位负责人的平均年龄，从1982年的46.6岁降为1990年的43岁。三是文化知识水平明显提高。大学生的比例从1982年的5.8％，上升至1993年的29％（李强，1993）。甚至党政机关一度成为博士扎堆的地方。四是党政干部在收入、权力、声望等社会资源占有及分配中均获益最大。李培林（2005）主持的"当代中国人民内部矛盾研究"课题组对全国31个省（市、自治区）的城市居民社会观念调查时发现，城市社会公众对党政干部的评价与新中国成

---

① 中国社会科学院陆学艺教授领衔的"当代中国社会结构变迁研究"课题组，于2001年对中国的社会结构进行调查研究，将当代中国社会结构划分为10个阶层，其中"国家与社会管理阶层"占中国总人口的2.1％。另外，据《中国统计年鉴2010》数据显示：2001年我国总人口为127627万人。据此推断当时我国的党政干部大约为2680万人。

立后有了明显的差异，党政干部首次被认为是改革开放以来受益最多的群体（李培林等，2005：202）。五是进入党政精英层的路径日趋多元化。改革前入党、提升几乎是进入精英集团的唯一途径，而改革后，聚集财富获取经济成功，掌握社会关系资源，或者加强自身技能也成为进入精英的可行渠道。这样致使大量的社会精英与经济精英涌入党政机关（王汉生、张新祥，1993）。

知识分子。新中国成立 60 年，知识分子命运及角色的变迁与国家政治、经济和社会发展密切相关，演绎出了以下几个特征。一是知识分子分类日趋多样化。改革开放以来，市场经济更追求实用与经济效益，务虚的人文科学不敌实用的自然科学知识，导致科技与人文知识分子的裂变。20 世纪 90 年代以来，人文知识分子阵营进一步分化为学院知识分子和媒介知识分子。依据知识分子的思想倾向不同，可分为马克思主义知识分子、保守主义知识分子、实用主义知识分子、自由主义知识分子和新自由主义知识分子等类型（翟爱玲，2009）。黄平（1993）将知识分子划分为体制内知识分子、体制外知识分子和反体制知识分子三类。当前，由于知识分子社会流动节奏加快，知识分子渗透社会各阶层，阶层结构进一步多样化、复杂化，逐步分化、形成专业型知识分子、公务员型知识分子、经理型知识分子、业主型知识分子、中介型知识分子、自由职业型知识分子、个体户型知识分子等（陆学艺，2002：15–18）。二是知识分子的政治诉求不断增强。中国社会中最关心民主化、法制化进程的一批人是新社会阶层知识分子。他们希望加快国家的民主化和法制化进程，并渴望在中国的民主化和法制化进程中具有越来越大的参与权，具有越来越有效的参与途径（王晓华，2009）。历年来报考国家公务员的人数暴涨，折射出了当今知识分子参政的强烈欲望。① 三是知识分子公共性相对弱化。在萨义德（E. W. Said）看来，知识分子是具有能力"向"公众以及"为"公众来代表、具现、表明信息、观点、态度、哲学或意见的个人（萨义德，2002：70）。萨义德对知识分子的理解恰切地熔铸了知识分子的现实功能与历史使命，即知识分子不仅要进行文化传承与知识创新，更应具有社会批判精神——公共性。如今，文化界的讲究闲适超脱和号召与市民为伍的两种声音，流露出了知识

---

① 据统计我国参加国家公务员考试的人数不断增长，2007 年开始突破 60 万，2008 年为 64.2 万、2009 年为 77.5 万、2010 年为 144 万、2011 年为 103 万。

分子对自身责任的"消解""逃遁"以及公共性的丧失（祁述裕，1995）。

中间阶层。中间阶层（middle class）亦称中产阶级、中产阶层，它是一个具有文化和社会时空差异性的概念，一般是指生活水平和财产地位处于社会中等层次的社会群体，同时，它也指一个生活方式、价值取向、职业特征、自我感知等趋同及社会评价与认同一致的群体（李强，2001；李正东，2002；王建平，2005）。国内学术界普遍认为，我国的中间阶层虽然初见端倪，但仍不是社会阶层的主体，确切地说尚处于萌芽状态，但其社会功能不可小视。多个课题组的实地调查结果也证实了这个判断（李炜，2004）。陆学艺（2002）等调查发现，一个类似于西方现代化社会中的中间阶层已在现阶段中国社会结构中显出雏形，能够归入中间阶层的就业人口所占比例仅为15%左右。到2007年，中国的中产阶层占总就业人口的23%，现在每年约有800万人进入中产阶层队伍（陆学艺、杨军，2010；张宛丽，2002）。李培林（2005）等的调查结果显示：中国城市公众的自我阶层认同明显"向下偏移"，表明中国即使在城市社会中，也还远未形成一个中间阶层占主体的社会（李培林等，2005：266）。20世纪末，中国战略与管理研究会社会结构转型课题组（1998）估计当时进入中间阶层的人数占全国总人数的20%~25%，因此认定我国尚未形成中间阶层占主体的社会。但随着股份制改革的推行，个体私营经济的蓬勃发展，以及各个行业白领阶层人数的增加，中间阶层有逐步壮大的趋势（肖文涛，2001）。我国的中间阶层构成主要有四类：传统的"中产阶级"，包括小业主、小商贩等自营业者、个体户；计划经济体制下的"中间阶层"中分化出来的部分干部、知识分子；改革开放以来新生的私营企业主、乡镇企业家；由引进"外资"及高新技术人才而生的新型中间阶层（张宛丽，2002；齐卫平、肖照青，2003）。当前我国中间阶层人数相对偏少、社会底层人数偏高的现象潜藏着一定的社会风险。

4. 贫富差距。改革开放30多年来，中国的贫富差距迅速拉大，突出表现在五个方面。一是居民收入差距全面扩大。20世纪90年代中期以后，中国的基尼系数不断走高，2000年开始越过0.4的国际警戒线，并持续攀升，贫富差距不断恶化，导致社会矛盾加深。中国城镇家庭最高20%收入户与最低20%收入户年人均收入差距，从1990年的4.2倍、1993年的6.9倍增加到1998年的9.6倍。如果将隐性收入计算进来，实际的贫富差距情况更为严重（李培林，2001）。二是城乡差距扩大。据国家统计局的数据计算，

1997 年城镇人均可支配收入是农村人均纯收入的 2.47 倍，2000 年为 2.79 倍，2002 年扩大至 3.11 倍。2011 年 9 月，中国社会科学院城市发展与环境研究所发布的《中国城市发展报告（No.4 聚焦民生）》显示，目前我国城乡收入差距比为 3.23∶1，成为世界上城乡收入差距最大的国家之一。早在 2005 年，国际劳工组织的数据显示，绝大多数国家的城乡人均收入比都小于 1.6，只有三个国家超过了 2.0，中国名列其中。而美、英等西方发达国家的城乡收入差距在 1.5 左右（中国社会科学院城市发展与环境研究所课题组，2011）。三是地区差距不断扩大。2007 年 2 月，国家发展和改革委员会发布的《2006 年中国居民收入分配年度报告》显示：东部地区和中西部地区的居民收入差距已接近 4∶1，东部沿海地区与西部某些省份的差距已经达到了 7∶1（周智年，2010）。四是行业间收入差距扩大。《中国统计年鉴》显示：2003 年，全国职工的平均年工资为 14040 元，其中非垄断行业的农林牧渔业职工平均年工资为 6969 元，电力、煤气、水等垄断行业平均年工资是 18752 元，金融业职工平均年工资为 34988 元，为非垄断行业的 4 倍多。近年来，垄断行业与非垄断行业的职工年均工资有进一步扩大之势。五是不规范和非法收入问题突出。

5. 精英流动。在帕累托（V. Pareto）看来，"精英"意味着最强大、最有活力、最有能力的人（帕累托，2010）。拉斯韦尔则认为，精英往往是取得价值（尊重、收入、安全等）最多的人（拉斯韦尔，1992：3）。20 世纪 50 年代以来，中国经历了五次社会大流动和两个社会流动模式，即政治主宰型社会流动模式和经济诱致型社会流动模式（王春光，2008）。当前，国内对于精英流动的研究主要集中在两个方面：一是精英的纵向流动，即不同时间段，某一类型的精英的影响力的变化；二是精英的横向流动，包括精英在地域上的流动和精英的内部转换。1949 年之前，知识精英、经济精英与文化精英的发展呈现平行增长的趋势；1949 年之后，社会精英被涂抹上政治的色彩；1952 年到"大跃进"时期，社会精英被连根拔起；20 世纪 90 年代，经济精英成长起来，并慢慢开始向政治精英转化（谢岳，2005）。值得指出的是，21 世纪国内的精英流动呈现一种新的趋势——"精英排斥"。对此，张宛丽（2007）认为，当代中国社会处于发育期的"新中产阶层"正在遭遇"精英陷阱"，其发展遭遇了来自"精英联盟"的"权力排斥"。这是一种利用行政赋权获取社会资源而独霸发展机会、独吞利益结果的社会排斥现象。① 精英联盟与精英排斥现象的出现，主要是因为社会阶层之间的利益相对固化，为使阶层利益免遭"侵害"，于是阶层或利益集团结成联盟进行"社会封闭"，以期阻碍其他阶层的精英分子流入。这对社会稳定极为不利。国内外学术界在精英流动对社会的影响方面基本上达成一定的共识：向上流动是一种政治安全阀，并常常伴随政治态度的从左翼转向右翼。向下流动，即整体社会地位的下降，可以被视为政治不稳定的源泉（Parkin，1971：48-52）。

6. 阶层冲突。转型中的中国社会面临高风险，社会矛盾丛生，各种类型的社会冲突频发，主要表现为以下几方面的特征。一是社会冲突数量、规模均呈增长趋势。据《瞭望》新闻周刊报道，全国发生的"群体性事件"已由 2000 年发生的 4 万多起增加到了 2009 年的 11 万多起，增长了近 3 倍。同时，群体性事件规模也在不断扩大，参与群体性事件的人数平均增长 17%，由 2000 年的 163 万多人，增加到 2009 年的 572 万多人，其中百人以上的群体性事件由 3200 起增加到 8500 多起（杨琳，2009）。另据清华大学社会学者孙立平提供的数据，2010 年中国发生的群体性事件达 28 万余起。二是社会冲突领域不断增多。当前国内社会冲突归纳为贫富矛盾、劳资矛盾和干群矛盾三类，集中在以下 5 个领域：工业生产者群体和农业生产者群体之间的冲突，个体劳动者和私营企业主群体同一些社会利益群体之间的冲突，党政干部群体同其他社会群体之间的冲突，知识分子群体同企业家群体之间的冲突，以及私营企业、三资企业的企业主群体同雇佣工人群体之间的冲突。三是社会冲突物质性原因占主导。导致社会冲突的原因主要有物质性原因和价值性原因。如果人们因为收入低而产生阶级阶层冲突意识，诱发社会冲突，就是物质性社会冲突；如果人们对社会的主要规章制度或对社会的前进方向不满而滋生了阶级阶层冲突意识，催生社会冲突，就是由于价值性原因导致的社会冲突（李培林等，2005：110）。当前我国的社会冲突大多数属于劳资冲突。据统计，全国各级劳动人事争议调解仲裁机构受案由 2001 年的 154621 件增至

---

① 弗兰克·帕金把这种现象解释为"社会集群"（social collectivities），通过把资源和机会获得局限于有特别资格的人的范围之内以达到最大化自身报酬的过程。张宛丽在分析新中产阶层向上流动遭遇的困境，概括为"精英联盟"对其的排斥。参见 Parkin, F. (1979). *Marxism and Class Theory: A Bourgeois Critique*, London: Tavistock, p. 44。

2010 年的 128.74 万件。① 基于上述原因，李培林等（2005：130）判断，中国当前最大的不稳定因素来自物质性冲突所滋生的社会冲突。

四　阶级阶层研究的发展趋势

通过对近年来国内外阶级阶层研究相关文献进行整理和回顾，可以看出当代阶级阶层理论研究的学术趋势。

从研究价值取向来看，将从"价值革命"转向"价值和谐"。20 世纪两次世界大战的爆发缓和了西方社会壁垒森严的阶级区隔与二元对立，劳资关系趋于和谐，战后迎来了一个社会融合与和解的良好局面。在英国，艾德礼（C. R. Attlee）政府大刀阔斧调整经济结构，推行福利制度，短时间内就把一个高度资本主义化的英国塑造成了一个带有浓重社会主义色彩的福利国家（王海良，2007：21-37）。20 世纪 60 年代以来，联邦德国社民党、基民盟以及前后三个执政联盟在政治上推行合作主义（corporatism），高扬人的尊严、自由、公正、参与、社会团结等基本价值观，促使德国社会从分化走向和解与融合（周建明，2007：63-81）。战后最初 30 年，法国在社会经济等许多方面取得了令人瞩目的发展，被誉为"辉煌的三十年"，这离不开当局对工人和广大人民群众的重视与相关政策的制定实施。譬如，已深刻意识到解决劳资矛盾的重要性的马利坦（J. Maritain）在《人权与自然》一书中，就强调通过赋予并保障工人财产权和其他社会权益来达到缓和阶级矛盾、促进社会稳定与和平的观点，在战后初期的法国有着不可忽视的影响力（吕一良，2007：83-107）。面对如此其乐融融的阶级关系，约瑟夫·熊彼特（J. Schumpeter）赞誉说："每个国家都有她自己的社会主义。"（熊彼特，1999：469）在此背景下，西方学术界的研究重心也开始从阶级对立转到了阶级和解方面的研究。新中国成立后，由于我党仍然沿袭革命时期的指导思想，过分夸大斗争的作用，最终演化为"与天斗，其乐无穷；与地斗，其乐无穷"的"斗争哲学"，"价值革命"的理念弥漫在政治、经济特别是意识形态领域，无论从文艺到哲学，还是从日常生活到思想、情感、灵魂，都日益为这种"两军对战"的模式所规范和统治（李泽

---

① 资料来源：中国劳动网《2010 年全国劳动人事争议处理情况统计分析》，http：// www.labournet.com.cn/ldzy/ckzl/t21.htm，2010 年 12 月 31 日。

厚，1999：1011）。这种斗争状态深刻地影响国内学术界的研究价值取向。1979～1993 年国内发表的讨论"阶级"和"阶层"的学术论文分别为 5825 篇和 246 篇；1994～2003 年 10 年间，国内对"阶级"的研究热度仍然超过对"阶层"的研究，涉及"阶级"的研究文章一直超过对"阶层"问题的讨论，但是 2003 年是一个"拐点"，之后对"阶层"的讨论便开始超越对"阶级"的讨论。因为，2002 年党的十六大极富战略眼光地提出了构建"和谐社会"的伟大宏图，国内学术界对社会结构和社会分层研究发生了重大转向（图 1）。总之，在社会和平建设时期，从社会整合、社会和谐立场出发，来研究当下的阶级阶层问题，是当前阶级阶层研究的必然趋势。

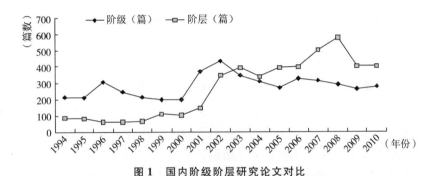

图 1　国内阶级阶层研究论文对比

数据来源：CNKI 篇名检索。关键词分别为"阶级"和"阶层"；范围："全部期刊"；时间："1994～2010"；匹配度："精确"。

　　从研究内容来看，不平等催生的社会问题将持续升温。（1）分配不公与贫富差距问题。近年来，欧美发达国家以及全球范围经济不平等趋势逐渐扩大，世界范围的失业率持续上升，贫富差距越来越悬殊，因此，使得有关经济分化、贫困现象、底层社会以及国家的政策导向对分配和贫富差距的影响等问题的研究迅速成为学术研究的中心。（2）地位差异与精英流动问题。毫无疑问，分层结构本身的差异无法消除，"地位准入"（recruitment）机制（Parkin，1971：13）无疑会对社会精英流动制造障碍。在开放性的社会分层制度中，虽然下层人能够通过自己的努力向上层发展，而且事实上也的确有人通过努力达到了很高的地位，但是从量上来看，处于下层的人总是大量地复制下层人，身处上层的人总是大量地复制上层人。因此，"消除地位差异"与实现社会公平，就成为利益普遍觉醒的群众的追求目标。（3）性别不平等与性别分层问题。性别的形成是性别制度的产物，这个性别制度就是父权制度。性别制度的生产和再生产，造就社会中的性别分层。长期以来，社会分层研究存在"性别盲区"（Giddens，1991：270），几乎忽视女性的存在。随着女权主义勃兴，"根据女性自己的权利赋予她们以'阶级地位'"（Allen，1982；Acker，1984）的呼声日渐高涨，性别社会学开始走进西方学者的视野并掀起研究高潮。（4）社会不公与社会冲突问题。由于风险的分配和增长，社会风险地位应运而生。阶级和阶层地位的不平等带来了一种完全不同的分配逻辑。因而，现代化的风险迟早同样会冲击那些生产它们和得益于它们的人（刘少杰、胡晓红，2009：246-269）。各种资源（经济资源、政治资源、声望资源、人力资源、文化资源、社会资源和公民资源等）在人群中的不平等分配，导致利益群体之间的对立持续存在，无法消除。社会冲突不仅是围绕传统的阶级展开，而更多的是在许多过去被忽略的层面爆发（李培林，2005）。（5）失业问题与新工人运动。21 世纪以来，随着经济和政治形势的不断变化，世界工人运动的发展又重新聚合了一些有利条件。美国加利福尼亚大学社会学教授斯特潘诺里斯（Stepan-Norris & Southworth，2010）在持续 3 年的跟踪调查和查阅了大量历史资料后得出了这一结论，并在 2010 年《美国社会学评论》第 2 期撰文陈述了该趋势。2008 年希腊连续发生了两次工人罢工运动，2010 年 9 月法国爆发针对议会通过退休改革法案的工人运动，2011 年 9 月17 日，美国爆发的占领华尔街运动进一步证实了诺里斯的判断。

从研究方法来看，从反"阶级分析"试图重返"阶级分析"。当今世界自由主义的个人主义政治理论和马克思主义的阶级政治理论构成了现代社会中两种主要的叙事逻辑。在阶级问题上一直存在两大观点相对的流派：一派主张阶级分析，另一派反对阶级分析。从 20 世纪 60 年代到今天，阶级分析走的一直是一条否定之否定的曲折道路：阶级分析—反阶级分析—重返阶级分析。主张阶级分析的通常是左派学者激烈抨击阶级的不平等，对当时激烈的社会冲突采用阶级分析的模式，阶级分析的理论一时间颇占上风。但是到了 80 ~ 90 年代，随着西方社会步入平稳发展时期，阶级理论的影响明显减弱，就连传统的阶级理论家也不得不承认，阶级的地位已经下降了。反阶级分析的学者认为，随着苏联的解体，冷战的模式逐步退出，阶级正在失去它的意识形态意义及在政治中的核心地位。同样，"阶级划分正在失去它不证自明、放之四海而皆准的特性。"（格伦斯基，2005：752）

但目前世界这种"去阶级分析"的潮流发生了"逆转"，许多学者还是认同马克思的"资本将为自己强行开辟道路"这个命题。毫无疑问，从深层次的社会历史逻辑和政治逻辑来看，只要资本的逻辑没有根本改变，阶级话语就始终是资本合法性的批判维度。客观存在的"资本"蕴含着不可回避的剥削和社会不平等，从而导致"劳资冲突"。据此，许多学者呼吁"回到马克思"，重返"阶级分析"。

参考文献

贝尔：《后工业社会来临》，新华出版社，1997。

陈淮：《正视农村剩余劳动力转移的挑战》，《经济学动态》2002 年第 11 期。

池子华：《重工派理论与农村剩余劳动力的转移》，《社会》2003 年第 8 期。

丁兆庆：《"双二元结构"下的农村剩余劳动力转移》，《调研世界》2004 年第 5 期。

冯仕政：《重返阶级分析？——论中国社会不平等研究的范式转换》，《社会学研究》2008 年第 5 期。

高健生：《论社层的确定及其意义》，《社会学研究》1999 年第 2 期。

郭景萍、赵卫华：《消费文化视野下的社会分层》，《学术论坛》2004 年第 1 期。

格伦斯基：《社会分层》，华夏出版社，2005。

辜胜阻：《解决我国农村剩余劳动力问题的思路与对策》，《中国社会科学》1994 年第 5 期。

国务院发展研究中心课题组：《农民工市民化对扩大内需和经济增长的影响》，《经济研究》2010 年第 6 期。

葛永明：《在农村工业化、城市化进程中必须高度重视和关心"失土农民"》，《调研世界》2002 年第 3 期。

黑格尔：《哲学史讲演录》（第 2 卷），生活·读书·新知三联书店，1957。

何海：《第二代农民工问题与对策研究》，《特区经济》2009 年第 10 期。

胡平：《简析城市农民工市民化的障碍及实现途径》，《农村经济》2005 年第 5 期。

海伍德：《政治学核心概念》，天津人民出版社，2008。

黄祖辉、顾益康、徐加：《农村工业化、城市化和农民市民化》，《经济研究》1989 年第 3 期。

黄祖辉、陈欣欣：《沿海经济发达地区农户迁移行为的影响因素分析》，《浙江社会科学》2002 年第 6 期。

克罗普顿：《性别和阶级分析》，载戴维·李、布赖恩·特纳主编《关于阶级的冲突——晚期工业主义不平等之辩论》，姜辉译，重庆出版社，2005。

孔祥云：《探索具有中国特色的农村剩余劳动力转移之路》，《清华大学学报》（哲学社会科学版）2001 年第 1 期。

刘传江：《第二代农民工及其市民化研究》，《中国人口、资源与环境》2007 年第 1 期。

刘传江、程建林、董延芳：《中国第二代农民工研究》，山东人民出版社，2009。

李春玲：《当前中国人的社会分层意识》，《湖南社会科学》2003 年第 5 期。

李春玲：《社会分层研究与理论的新趋势》，载李培林、覃方明《社会学理论与经验》，社会科学文献出版社，2005。

李路路：《论社会分层研究》，《社会学研究》，1999 年第 1 期。

李培林：《中国新时期阶级阶层报告》，辽宁人民出版社，1995。

李培林：《新时期阶级阶层结构和利益格局的变化》，《中国社会科学》1995 年第 3 期。

李培林：《中国贫富差距的心态影响和治理对策》，《中国人民大学学报》2001 年第 2 期。

李培林、张翼、赵延东、梁栋：《社会冲突与阶级意识——当代中国社会矛盾问题研究》，社会科学文献出版社，2005。

李培林：《社会冲突与阶级意识——当代中国社会矛盾研究》，《社会》2005 年第 1 期。

李强：《当代中国社会分层与流动》，中国经济出版社，1993。

李强：《政治分层与经济分层》，《社会学研究》1997 年第 4 期。

李强：《关于中产阶层与中产阶级》，《中国人民大学学报》2001 年第 1 期。

李强：《“丁字型”的社会结构与“结构紧张”》，《社会学研究》2005 年第 2 期。

李强：《社会分层十讲》，社会科学文献出版社，2008。

李炜：《中国与韩国社会阶级意识的比较研究》，《社会学研究》2004 年第 5 期。

李正东：《论中国中产阶层的社会现代化功能》，《南京社会科学》2002 年第 10 期。

李泽厚：《中国思想史论》（下册），安徽文艺出版社，1999。

刘建洲：《传统产业工人阶级的“消解”与“再形成”——一个历史社会学的考察》，《人文杂志》2009 年第 6 期。

刘少杰、胡晓红：《当代国外社会学理论》，中国人民大学出版社，2009。

刘志仁：《关于“民工潮”现象的深层思考——我国农村剩余劳动力流动的现状问题及其对策》，《中国行政管理》2003 年第 11 期。

《列宁选集》（第 4 卷），人民出版社，1995。

梁晓声：《中国社会各阶层分析》，北京日报出版社，1997。

梁漱溟：《中国文化的命运》，中信出版社，2010。

吕世平：《区域经济持续发展与农村剩余劳动力转移》，《中国人口学研究》1997 年第 4 期。

吕一民：《现代社会构建的法国经验：大革命以来法国社会发展历程的初步考察》，载于周建明、胡鞍钢、王绍光《和谐社会构建：欧洲的经验与中国的探索》，清华大学出版社，2007。

拉斯韦尔：《政治学：谁得到什么？何时和如何得到？》，商务印书馆，2009。

赖特：《阶级》，高等教育出版社，2006。

陆学艺：《当代中国社会阶层研究报告》，社会科学文献出版社，2002。

陆学艺：《中国社会阶级阶层结构变迁 60 年》，《中国人口、资源与环境》2010 年第 7 期。

陆学艺、杨军：《谨防社会结构固定化》，《今日国土》2010 年第 6 期。

骆友生：《论农村剩余劳动力的转移》，《中国软科学》1994 年第 12 期。

《马克思恩格斯选集》（第 1 卷），人民出版社，1972。

《马克思恩格斯选集》（第 3 卷），人民出版社，1972。

《马克思恩格斯选集》（第 4 卷），人民出版社，1972。

摩尔根：《古代社会》（上册），商务印书馆，1981。

米加宁：《社会转型与社会分层标准——与李强讨论两种社会分层标准》，《社会学研究》，1998 年第 1 期。

普兰查斯：《政治权力与社会阶级》，中国社会科学出版社。

帕累托：《精英的兴衰》，宫维明译，北京出版社，2010。

庞树奇、仇立平：《中国现阶段的七个社会阶层》，《社会》1989 年第 10 期。

庞树奇、仇立平：《我国社会现阶段阶级阶层结构研究初探》，《社会学研究》1989 年第 3 期。

潘文卿：《我国农村剩余劳动力的转移前景》，《江苏经济报》2011 年 5 月 9 日。

潘毅、卢晖临、严海蓉、陈佩华、萧裕均、蔡禾：《农民工：未完成的无产阶级》，《开放时代》2009 年第 6 期。

熊彼特：《资本主义、社会主义与民主》，商务印书馆，1999。

祁述裕：《逃遁与入市：当代知识分子的选择和命运》，《文艺争鸣》1995 年第 4 期。

齐卫平、肖照青：《理论界关于当代中国社会中间阶层的研究综述》，《社会》2003 年第 6 期。

全增嘏：《西方哲学史》（上册），上海人民出版社，1983。

钱正武：《社会排斥：农民工市民化进程缓慢的根本原因》，《调研世界》2011 年第 2 期。

申兵：《我国农民工市民化的内涵、难点及对策》，《中国软科学》2011 年第 2 期。

孙立平：《"关系"、社会关系与社会结构》，《社会学研究》1996 年第 5 期。

萨义德：《知识分子论》，生活·读书·新知三联书店，2002。

宋元人注《四书五经》（下册），天津古籍书店，1988。

汤普森：《英国工人阶级的形成》（上册），译林出版社，2001。

王春光：《关于当前中国社会阶层变迁的初步思考》，《科学社会主义》2004 年第 2 期。

王春光：《当代中国社会流动的总体趋势及其政策含义》，《党政干部论坛》2008 年第 4 期。

王海良：《战后英国社会的融合》，载于周建明、胡鞍钢、王绍光《和谐社会构建：欧洲的经验与中国的探索》，清华大学出版社，2007。

王汉生、张新祥：《解放以来中国的社会层次分化》，《社会学研究》1993 年第 6 期。

王建平：《中产阶级：概念的界定及其边界》，《学术论坛》2005 年第 1 期。

王晓华：《新社会阶层知识分子的政治诉求》，《探索与争鸣》2009 年第 7 期。

王宗萍、段成荣：《第二代农民工特征分析》，《人口研究》2010 年第 2 期。

吴敬琏：《二元经济与农村剩余劳动力转移》，《教学与研究》1995 年第 6 期。

吴卫南：《新一代农民工进城打定主意不回头》，http://news.xinhuanet.com/employment/2006-02/17/content_ 4191284. htm，2006 年 2 月 17 日。

韦斯特加德：《1979 年以来英国的阶级：现实、理论和意识形态》，载于戴维·李、布赖恩·特纳主编《关于阶级的冲突——晚期工业主义不平等之辩论》，姜辉译，重庆出版社，2005。

西宝：《我国农村剩余劳动力转移与城市化战略选择》，《中国软科学》2002 年第 10 期。

肖琼辉：《社会主义市场经济体制下的社会分层》，《新东方》1996 年第 4 期。

肖文涛：《中国中间阶层的现状与未来发展》，《社会学研究》2001 年第 3 期。

信卫平：《国有企业改革进程中劳动关系市场化对劳动者的影响》，《工会理论与实践》2001 年第 2 期。

谢岳：《市场转型、精英政治化与地方政治秩序》，《天津社会科学》2005 年第 1 期。

叶春雷：《农村剩余劳动力转移的社会成本》，《南京社会科学》2006 年第 9 期。

亚里士多德：《政治学》，中国人民大学出版社，2003。

杨琳：《劳资矛盾忧患》，《瞭望》2009 年第 50 期。

尹焕三：《社会阶层和社会阶级的内涵诠释与界分》，《齐鲁学刊》2002 年第 6 期。

尹子文：《第二代农民工婚姻家庭问题探析》，《中国农村观察》2010 年第 3 期。

翟爱玲：《当代知识分子的裂变与未来发展趋势》，《求索》2009 年第 8 期。

中国社会科学院城市发展与环境研究所课题组（2011）：《中国城市发展报告No. 4——聚焦民生》，http：//finance. people. com. cn/nc/GB/15703107. html。

中国劳动网（2010）：《2010 年全国劳动人事争议处理情况统计分析》，http：//www. labournet. com. cn/ldzy/ckzl/t21. htm。

张国胜：《第二代农民工市民化的社会成本、总体思路与政策组合》，《改革》2008年第 9 期。

张宛丽：《非制度因素与地位获得——兼论现阶段社会分层结构》，《社会学研究》1996 年第 1 期。

张宛丽：《对现阶段中国中间阶层的初步研究》，《江苏社会科学》2002 年第 4 期。

张宛丽：《中国"新中产阶层"面临"精英排斥"》，《人民论坛》2007 年第 5 期。

张伟：《中国工人阶级 60 年》，《瞭望》2009 年第 18 期。

朱光磊：《当代中国社会阶层研究报告》，天津人民出版社，1998。

郑杭生：《我国社会阶层结构新变化的几个问题》，《华中师范大学学报》2002 年第4 期。

赵立新：《社会资本与农民工市民化》，《社会主义研究》2006 年第 4 期。

周建明：《从阶级斗争到社会和解——20 世纪德国社会的转型》，载于周建明、胡鞍钢、王绍光《和谐社会构建：欧洲的经验与中国的探索》，清华大学出版社，2007。

周穗明、王玫：《西方左翼论当代西方社会结构的演变》，江苏人民出版社，2008。

周智年：《简析中国贫富差距问题》，《理论月刊》2010 年第 2 期。

Acker, J. (1973). Women and Social Stratification：A Case of Intellectual Sexism, In Huber, J., eds. *Changing Women in a Changing Society*. Chicago：University of Chicago Press.

Allen, S. (1982). Gender, Inequality, and Class Formation, In Giddens, A. & Mckenzie G., eds. *Social Class and the Division of Labour*. Cambridge：Cambridge University Press.

Bourdieu, P. (1984). *Distinction：A Social Critique of the Judgment of Taste*. London：Routledge & Kegan Paul.

Bourdieu, P. (1998). *Practical Reason：On the Theory of Action*. California：Stanford University Press.

Camfield, D. (2005). Re-Orienting Class Analysis：Working Classes as Historical Formations. *Science & Society*, 68 (4)：421–446.

Dahrendorf, R. (1959). *Class and Class Conflict in Industrial Society*. California：Stanford University Press.

Giddens, A. (1975). *The Class Structure of the Advanced Societies*. New York：Harper & Row Publisher.

Giddens, A. (1991) . *Introduction to Sociology.* New York: W. W. Norton.

Lee, C. K. (2005) . Livelihood Struggles and Market Reform (Un) making Chinese Labour after State Socialism. United Nations Research Institute for Social Development, Occasional Paper.

Parkin, F. (1971) . *Class Inequality and Political Order: Social Stratification and Communist Societies.* London: MacGibbon & Kee Ltd.

Parkin, F. (1979) . *Marxism and Class Theory: A Bourgeois Critique.* London: Tavistock.

Stepan-Norris, J. & Southworth, C. (2010) Rival Unionism and Membership Growth in the United States, 1900 to 2005: A Special Case of Inter-organizational Competition. *American Sociological Review*, 75 (2): 227.

Weber, M. (1994) . Class, Status, Party. In Grusky, D. B. ed. *Social Stratification.* Westview Press Inc.

作者单位：湖南商学院

公共政策

社会政策与经济政策的关系：中西方公共福利负担建构[*]

艾伦·沃克　王卓祺 著　方　英 译

摘　要：本文旨在探索两个经济和文化体制迥异的国家在"公共负担"方面的特点。即使在熟悉其起因的西方，"公共负担"依然没有被研究。而且，正如我们展现的，相同的福利取向也可以在中国发现。为了理解对社会政策和经济政策负面关系的普遍建构，我们采用了一个新的三方框架。分析从经济理念开始，但是结论认为两个另外的解释性因素必不可少：体制或制度的差异，经济发展水平。

关键词：社会政策　经济政策　公共负担

一　导论

本文关注在对待社会政策和经济政策的关系方面中国是否不同于西方。我们的出发点以此为命题：社会政策直接或间接对经济发展和财富创造做出贡献，这在欧盟被称为社会政策的"生产要素"或投资维度（European　Commission，2000；Bonoli，George　and　Taylor-Gooby，2000，p. 122）。但在实践中，虽然西方和东方的具体体制不同，但都有以下持久趋势：在社会政策体系中，社会政策不仅服从于经济政策而且将前者描绘为后者的负担。

有关社会政策和经济政策关系的文本大多数关注社会政策对经济的作

＊　原文出处为 Development and Society，2009，38（1）：1-26.

用；认为两者关系是消极的、积极的或者带有偶然性的（Atkinson，1997；Atkinson & Stiglitz，1980；Barr，1987，1989，1992；Bonoli & Taylor-Gooby，2000；Esping-Andersen，1994；Gough，1996；George & Wilding 1984；Pfaller，Gough & Therborn，1991；Okun，1975；Korpi，1989；Rubinson & Browne，1994）。例如，Gough 提倡偶然性的立场："不同的福利体制展现了对经济性能和结构性竞争力不同的配置性影响。"（Gough，1996：228）这意味着一方面，某些时候在社会平等和经济增长之间或许有着某种平衡（Okun，1975；Esping-Andersen，1999）；但是另一方面，比如教育支出有助于人力资本的发展，直接在社会政策和经济政策形成互惠关系（Rubinson & Browne，1994；Bonoli & Taylor-Gooby，2000）。尽管体制类型调整了资本主义逻辑，但是对社会政策和经济政策关系的功能主义解释不能解答将前者服从于后者的普遍倾向。实际上，这被原有的福利制度当作理所当然的议题（Esping-Andersen，1990）。为了解释这个难题我们需要回顾社会政策和经济政策之间的关系。新马克思主义（Gough，1979）是一个好的起点，尽管它有众所周知的不足，但是该理论广泛地讨论了这对关系。而且，除了极少数的例外（Ferge，1979），直到最近社会政策文本还是主要关注西方资本主义社会（Walker & Wong，1996，2004）。实际上新马克思主义是最为忽视非资本主义社会而愧疚的（Klein，1993：8-9）。中国，作为一个国家社会主义社会，提供了比较研究的对照方，从而日益引起西方学者的兴趣。她有着强烈的工作伦理传统，这与研究社会政策和经济政策的关系密切相关。而且，不同于苏联，中国是一个发展中国家。这为重新梳理在社会和经济发展背景下福利国家作为制度安排的一些基本议题提供了额外动力。

因此，本文首先重新检视社会政策和经济政策的关系。然后探讨在不同的福利体制下为什么社会政策没有被认为会促进经济发展。接着讨论改革中的中国个案是否运用了和西方相同的假设。为了比较，我们强调意识形态和经济思想的重要性，特别是在建构公共负担方面。与此同时，制度和体制的差异、中国的经济发展水平也是重要的解释性因素。这个三方框架既扩展了新马克思主义的国家支出解释，以揭示社会政策有赖于对生产的作用而形成的层级合法性，又有利于回应这些分析忽略了国家社会主义福利体系的批评。

二　社会政策和经济政策互补吗？

资本主义社会的制度安排促使我们能够识别有关社会政策作为经济负担的负面观念的结构来源。在 O'Connor's（1973：7）的分析中，几乎每一个国家机构都卷入了积累和合法性的功能中，几乎每一个政府的支持都是部分社会投资，部分社会消费，部分社会费用。社会投资和社会消费构成"社会资本"——前者提升了劳动生产率，比如通过教育、培训和就业计划，后者降低了劳动再生产成本。因此，理论上说，如果前者直接或间接地支持经济和财富增长的话，社会政策和经济政策没有任何冲突。然而在实践中，社会政策通常被建构为经济的负担：它被认为从生产中抽取资源用于非生产性功能（Titmuss，1968；Walker，1984）。换句话说，社会政策没有自身合法的自治领域（Beck，van der Maesen and Walker，1997），它是"可怜人的经济政策"（Miller & Rein，1975）。我们怎么能够解释两种社会政策概念的共存：一个认为社会政策是"公共负担"，另一个却认为它和经济政策之间是互补关系？

按照 O'Connor 的分析（1973），积累和合法性之间的矛盾是结构性的，用马克思的话来说，矛盾的解决有赖于废除资本主义。如果积累的功能有两个层次——一个是社会的，另一个是个人的，那么，就可以清楚地看到个人利益的最大化（比如，财富的积累）会通过将生产成本转移给社会而在个人层面得以实现。因此，根据资本积累本性的逻辑，个人利益会反对集体利益（新自由主义右翼当然持相反意见：Friedman，1962；Murray，1984）可能的情况是，每件事都是平等的，国家不得不进行干预以提升公共福利、确保"外在性"被阻止或分担以及个体不会变成"免费搭车者"。因此，如果个体没有得到来自政府的强制或者来自社会的道德强制，追求利润最大化的资本不会自觉为社会合法性和财富积累的成本买单。换句话说，政府在社会层面介入以调和财富积累和社会合法性之间的矛盾是一种内在需要。这些矛盾在实践中即使不能消除也可以得到有效管理（Klein，1993：5）。很明显，政府在社会层面的介入是结构性的；否则，我们不能接受福利国家项目被发达工业化国家各个阶级接受（Ringen，1987；George and Miller，1993；Pierson，1994）。然而，这个结构-功能分析像趋同理论一样（Hill，2006：24-25；Kennett，2001：63-67），不能解释不同福利体制的变化。

一旦福利国家建立，它的体制逻辑将开始运行。人们开始熟悉税收转移并且倾向于认为社会政策是发达国家重要社会安排的组成部分。相对照的是，在前福利国家，因为缺乏福利国家利益的经验并且缺乏对政府体制的信任，用于再分配的税收更少被接受。在这样的社会，社会福利仅限于赤贫者，并依赖慈善作为基础，健康和教育方面的社会服务经常被认为是非福利项目并对所有人一视同仁。

（一）意识形态、发展和社会政策

上文基本上从新马克思主义视角对福利国家进行了一个制度方面的解释，分析社会积累和合法性之间的结构性矛盾。根据这个视角，社会政策成为经济负担的构想是结构性的。我们会期待不同福利体制之间的差异吗？或许可以假设，因为基于去商品化的公民地位的福利供给（Esping-Andersen，1990；1999），在社会民主福利体制下社会福利更少被当作经济负担。相反，自由福利体制倾向于运用严格的标准作为"福利依赖"的阻止措施，而且更有可能接受有关社会政策作为"负担"的假设。

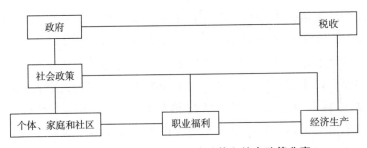

图 1　福利资本主义——经济政策和社会政策分离

图 1 阐述了资本主义福利体制将经济和社会政策分离的结构安排。理论上，政府和经济分离，因此这个制度模式有利于差异的产生和发展，经常是分散的、具体可见的。（这个示意图似乎忽略了福利命题的社会分工，但是我们正在考察分离作为常态的资本主义社会下的制度性关系，因此需要Titmuss 1968 年的解释）。政府机制的逻辑是追求有关所有人的目标，如政治统一、社会稳定和社会平等。但是市场依照利润最大化的逻辑，倾向于抵制政府介入，因为那有可能会减少财富创造。因此税收被看作生产资源

的"浪费"。其他事项如平等、规制、劳动者生存和再生产方面的政府和税收支出被当作对经济生产的破坏。这个视角认为，社会福利的供给是政府的责任，因为它的首要目标是"社会的"。换句话说，这个资本主义福利体制的制度安排将"经济的"置于"社会的"功能之前。因此对政府从经济领域抽取生产资源的负面描述被制度性的建构。

尽管在北欧社会民主模式下，社会政策和经济政策间有更强的联系，社会政策被建构为经济负担的命题依然不倒，因为社会支出的资源取自经济。在瑞典社会政策和经济政策有相对强的融合，比如，这意味着有更强的机制要求劳动者进行培训再就业，因而才能够在非劳动市场政策方面提供高水平的去商业化。也就是说，在社会民主福利体制下，社会政策和经济政策的结合展示了高水平的去商业化和相应高水平的培训再就业相匹配的制度悖论。因此，我们能看到新马克思主义理论对资本主义危机批评的价值，即使在北欧的社会民主福利体制下也可以解释通常的社会政策作为负担的观点。

然而，制度理论使我们可以领会不同福利制度的差异——提供普遍服务的北欧模式，基于公民权利对待福利受益者，把社会政策当作经济负担的观念形成对抗。但是当论及积极的劳动市场政策时，就连 Esping-Andersen（2001，p. 358）也承认致力于普遍服务的北欧社会民主模式提供的工作权利弱于形成中的地中海体制。

从新马克思主义理论和制度视角可以理解，即使在北欧这个最发达的社会民主福利体制下，也不能免于将社会政策作为经济发展附属物和负担的建构。尽管最近有不少研究将体制理论的分析延伸到东亚福利体系（Gough，2004；Hill，2006：33 - 34；Holliday，2000，2005；Ku & Jones Finer，2007；Walker & Wong，2005），不可否认中国个案对福利体制比较理论提出了严重挑战（Hill，2006：35；Kennett，2001：87）。中国没有西方风格的政治民主而且不是完全的资本主义经济，然而，她曾经通过单位福利为其城镇人口提供充分的社会保护。因此，西方的福利国家的建构具有种族优越感（Walker & Wong，1996，2004）。对中国个案不能做出解释集中体现了福利体制理论作为一个适应东西方的普遍理论的局限性。中国个案的特殊地位在于：她曾经在非资本主义、非高水平经济发展水平的背景下，按照西方国家"从摇篮到坟墓"的理想福利模式在城市提供了高水准的普遍福利。

图 2 展示了中国改革之前的政府社会主义福利体系不同的制度安排，即使在改革时期，在单位体系依然保留了经济功能和社会功能的高度融合。这个单位体系包括国有企业及政府部门，它们通过政府分散国家发展和经济增长的任务。在 1978 年改革之前及改革初期的这种制度安排下，单位不需要考虑工人福利的经济效益和产品及服务在市场出售的成本。实际上，在这个非资本主义体系中，提升职员福利的社会功能甚至由单位之外的非经济单位进行管理。但是缺乏对成本效益的关注看来阻止了社会福利的社会化。

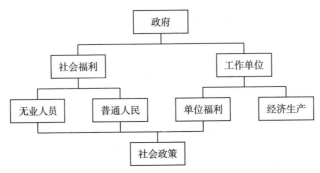

图 2 国家社会主义——合并社会政策和经济政策（以改革前的中国为例）

在此基础上另外两个因素对单位在塑造经济和社会的全能角色上起作用。首先，单位是政府体系的一部分，社会主义化的福利管理是国家努力的副本；其次，社会平等也可以通过国家的集中计划体制实现。也就是说，使用社会主义福利来达成社会目标在定义上也是剩余的。实践上，单位之外的"社会主义的"福利有两种形式。首先，社会救助为没有单位的人提供基本照顾；其次，有些社会福利因考虑规模经济效益而建立，比如医院和高等教育的建立超出了单个单位的财政和管理能力之外。

这种制度安排阻止了单位个体利润最大化的需求。如果这样，我们在这种福利体系中就无法发现公共负担的概念。但是，实际并非如此（Dixon，1981；Leung & Nann，1995）。传统的信念，比如工作伦理强化了公共负担的建构，如同给予没有家庭或工作能力的人以社会救助一样。更进一步，中国没有达到覆盖全体公民的社会福利水平，不仅是对贫困救助对象而言的，对乡村的农民也是如此。这意味着缺乏利润最大化的目标并没有阻止福利分配的双轨制。一方面，工作身份体现了为福利做出贡献的社会信仰；另一方面，发展中国家的经济水平意味着国家没有充足的资源为农村人口提供与城镇人口相似的福利，福利主要指向了生产。这就是说社会福利发挥财富积累的效应在中国只是城市中的现象。

总而言之，制度安排和意识形态偏好对理解不同社会中社会政策和经济政策的关系都是基本的。而且，两者的关系也受到国家发展阶段的影响。因此福利作为公共负担的议题不仅是制度的，也部分关涉意识形态和发展水平。新马克思主义和制度理论都没有对非资本主义非西方福利体系下的社会政策和经济政策的关系提供令人信服的解释。

我们对公共负担议题的分析需要得到规范的解读。理论上，社会政策会通过政府支出（消费、投资、开支）直接或间接地促进经济产出。但是发展、意识形态和制度三个重要的语境因素会支持社会政策增加公共负担的议题，并且影响社会政策或促进或削弱经济产出的观念。

三　中国改革的个案研究

中国改革的个案研究阐述了不同发展水平、意识形态和制度的因素。中国是一个人均 GDP 较低的发展中国家，与此同时有关福利体制的文献几乎全部集中在后工业化国家（Jones，1993；Walker & Wong，1996，2004，2005；Gough，2004；Hill，2006：35）。从意识形态来说，中国提供了社会主义的另一种理念，和苏联模式及西方"社会主义"的概念形成对比，在苏联解体之后，它经常被等同于社会民主。中国的社会主义不仅是意识形态上的标志，而且是通过中央计划经济加以实践的国家社会主义。现在她正在重建，以纳入市场机制和原则。因此，中国有着某种不同于西方福利国家的体制。由邓小平发起的改革旨在建立一个使劳动和福利成本社会化的资本主义再分配机制。这种从以计划经济为主到"社会主义市场经济"的转变，为在一个国家两种体系（福利资本主义和转型中的国家社会主义）中研究社会政策和经济政策关系提供了可能。

首先，该个案研究考查了公共负担议题在中国的建构：它如何运行、如何延续以及在经济改革中是否随着时间改变。其次，该研究考查了中国的社会政策如何促进或阻碍经济生产。这是社会政策的经济效益的问题。其中特别关注改革为什么及如何改变有关社会福利的制度安排。最后，该研究关注了有关经济生产的家庭社会政策。这关乎混合福利和女性对社会政策的贡献，强调无薪的家务劳动和有薪工作的关系（Lewis，1992：159 - 174；Sainsbury，1994）。回应后者，福利政府现在开始更为重视社会政策在家庭中的角色。比如，Esping-Andersen（1997：122 - 123）引用了西班牙、意大利和德国的例子说明低水平的女性就业率在很大程度上归因于几乎完全缺席的对工作母亲的照顾、责任和支持。因此，社会政策可以成为形塑家庭生活并影响经济生产的有效工具。

（一）工作中的公共负担议题

令人吃惊的是，无论其发展水平如何，公共负担的议题在中华人民共和国成立之后就已出现。比如在毛泽东时代，被工作伦理强化的生产自助和努力工作的原则备受支持。工作的重要性在中国的宪法中得到体现（从 1954 年的全国人民代表大会到 1982 年的宪法），工作被赞美为每一个劳动者的光荣义务。比如，1982 年的宪法规定"所有在国企、城镇和农村集体经济中的劳动人民都应该以国家主人翁的态度从事生产劳动（Leung & Nann，1995：38；National People's Congress，PRC，1982）。不仅是为了建立新的无产阶级伦理并有助于生产，而且自助和勤劳工作的原则对于贫困者和基层组织在资源不足的情况下保持稳定也很重要，这经常被描述为"这是我们的命"（Dixon，1981：16；Leung & Nann，1995：24；Mok，1983：271）。在福利管理中，为了避免"福利病"的出现，管理者总是热心找出在福利角角落落的装病逃差者（Dixon，1981：25）。在邓小平的改革中，社会化的劳动和福利成本经常被概念化为"历史包袱"（上海社会科学院，1997：69）或者"社会包袱"（Guo，1994）或者"经济包袱"，因为它们落到了单位的肩上拉低了其竞争力。这是在特定意识形态和发展情境下混淆经济和政府界限的制度安排下的产物。按照这个思路，我们可以从制度安排和政策两个层面来分析公共负担议题的运行。

首先，随着国家社会主义的启动，失业被根除，因为城市居民在国企或政府部门获得有偿就业，农民通过合作社（后来是人民公社，一直持续到邓小平的经济改革）获得土地。私营企业几乎没有福利，并处于国有化的边缘。获得就业（农民或者工人）和福利是个人社会地位的基本保障。这是一个僵化的社会和政治控制体系，具有社会分层的功能。从农村到城市的地区流动以及单位间的工作流动都很难达成。通过这些制度安排，工农业产品都被中央控制。最重要的是，工作单位为职工提供安全的"铁饭碗"（Leung & Nann，1995）和全面的福利，被称为"单位管理的社会"（Wong，1999）。但是乡村的农民只有在饥荒和收成很差的时候才得到照顾。那些没有家人和丧失工作能力的人落入"五保户"的贫困救助体系而获得最低水平的政府救助。

考虑到中国地域和人口的规模，毫无疑问政府在保障人民的基本生活方面取得了很大的成就，除了在政治动荡期（"大跃进"和"文革"时期），这种保障都得到维持。但是，这并不否认今天在内陆边远的西北地区依然存在少量的贫困人口。北京的中央政府曾承诺到 2000 年消除绝对贫困（上海《文汇报》1995 年 10 月 5 日）。今天，绝对贫困不再是中国的关键议题，或许收入差距已取而代之。在千禧年的前几年，公共议题关注的是中国什么时候会进入"小康"社会（中等富裕）以及多少中国人会进入"小康"社会。当在 2003 年中国的人均 GDP 达到一千美元时中国达到了小康社会。在 2004 年，因为具有充足的税收收入（Tang，2005），中央政府能够为超过 2200 万根据新贫困线划分的城市贫困居民提供救助。新的贫困救助项目，也就是最低生活保障线（MLSL）已经延伸到沿海省份的大多数县和中西部的部分县。

这个转变反映了工作领域的发展因素，因为中国在社会支出方面收效甚微（图 1）。从经济改革以来，中国政府在抚恤金（付给退伍军人及其寡妇）和社会福利（包括贫困救助和个人社会服务）方面的支出不到国民财富的 1%。即使将单位福利加以考虑，中国的社会支出比例也不算高。包括价格补贴和对亏损企业的补贴，社会支出占 GDP 比例最大的年份是 1985 年（12.38%），这是因为当时对国有企业重建给予了财政支持（图 1）。到 2005 年，社会支出占 GDP 的比例回落到 4.38%，这时对亏损企业的资助已经很小（这伴随着国有企业占城市就业比例的下降，见图 2）。

改革前以及 20 世纪 80 年代至 90 年代中期，社会支出仅占国民财富的微小比例现象只能从制度-发展的视角来理解。在这里"制度的"意味着城市居民的单位福利供给减少了社会化福利作为二次分配的需要（比如通过社会支出的或社会政策的再分配）。只有极少数（比如五保户）没有工作或者没有家庭依靠者符合社会救助标准。之前为国企工人现已失业或退休的新贫困人口加入旧的贫困人口类型（如五保户）得到政府救助。

也就是说，与福利社会分层议题一致，考查中国福利需要根据它的社会制度，包括非传统的支出项目，比如政府的价格补贴和对亏损企业的补贴（作为工资补贴或者单位在职工福利上的支出）应作为政府福利支出的部分（表1）。与福利资本主义相比，这种制度安排意味着中国只需要放更少的国民财富到传统的社会福利方面。在改革前以及20世纪80年代至90年代中期，工作单位对职工的福利负责；在毛泽东时代，中国人人都被认为有工作，虽然在经济重建时期更少人这么认为（图1）。因此，国家社会主义体制模式更少需要政府通过税收提取资源进入再分配体系（图2）。普遍来说单位为其职工提供了"全面的福利"，虽然是在初次分配的层面上。

但是中国的制度也是"发展的"。表1展现了农村和城市地区的支出，虽然学校和医院大量集中在城市。考虑到自20世纪90年代中期以来，就职于国企（主要的单位组成部分）的城市职工的急剧收缩（表2），中国似乎需要更多的"社会化"福利。或许西方的经验具有参考性。经合组织成员国中，平均公共社会支出占GDP的比例是20.5%（经合组织，2005）。这强调了社会支出占国民财富比例的重要性。但是社会学习和制度发展需要时间，中国人没有付个人所得税的经验，改革前的国家社会主义制度阻止了对通过个人所得税进行再分配的需求。而且，中国在2007年仍然是发展中国家，国民收入水平处于中低层次，只有不到60%的人口是城市居民。

经济发展带来财富增加，更大比例的财富可用于再分配（Wilensky，1975；Pampel and Williamson，1988）。这是被西方社会的新自由主义政府（Walker，1990）所发展并由邓小平（1993：23）为支持改革进程而倡导的滴漏理论。最近中国国家发展向西方地区的靠近可以看作邓小平改革进程中"滴漏"的"第二步"。这个"西化"发展的努力需要时间来体现其效果；但是最近中央政府提升贫困救助的努力或许提供了改变的方向。因为中央政府相对地方政府占国民财富比例的提升，中央政府有能力为城市贫困救助提供更多的资源，这促使接受政府救助者大量增加，从2000年的403万到2001年的1171万，再到2004年的2201万（Tang，2005）。（可见，中国贫困救助的例子阐明了制度和发展的因素如何运行）因此，理论和实践层面都说明经济改革加速了再分配的使用，城市贫困救助的提升是一个例证。时间将会告知在贫困救助方面的项目覆盖是否会延伸到其他社会政策项目。

经济改革使用市场原则和机制来重建国企以增加其竞争力。单位福利在新的制度安排中被国企看作经济产出的包袱。因此，经济改革意味着甩开或者说减少成为国企产出成本的单位福利。改革的政治目标是将"单位管理社会"转变为"社会管理福利"（Wong，1999）。这意味着之前融合工作和福利的制度安排转向两者分开。也就是说，改革中国的公共负担议题反映了中国经济产出优先的信仰体系。现在是以个人能力来追求利润最大化，而不是所拥有的就业身份，这也日益体现在有关福利权利的偏好之中。因此单位福利已退居到从属地位和包袱的位置，因为它不再被认为能促进经济发展，因此必须被"社会化"。

（二）社会政策对经济生产的效用

单位福利社会化进展并不顺利，表1显示改革以来非常小的国民财富比例被分配到文化、教育、健康领域；即便在中国有能力提供更多福利的2005年，其比例也只是3.33%。某种程度上中国政府在改革前和改革后对生产主义功能的强调，并由专制权力强化，将自身定位为"增长状态"（Klein，1993）。按绝对值计算，中国的GDP在1978~2005年已提高了50多倍（从3645.2亿元增加到183084.8亿元，表1），因此，更小比例GDP的社会支出却在绝对值上有明显的提升。

表1　中国社会支出占国民生产总值的比例（选择性年份）

年份	GDP（亿元）	占GDP的比例（%）				社会总支出占GDP的比例（%）
		在文化、教育和医疗卫生方面的支出（亿元）	养老金和社会福利支出（亿元）*	价格补贴（亿元）	亏损企业补助（亿元）	
1978	3645.2	3.09（112.66）	0.52（18.91）	0.31（11.14）	—	3.92
1980	4545.6	3.44（156.26）	0.45（20.31）	2.59（117.71）	—	6.48
1985	9016.0	3.51（316.70）	0.35（31.15）	2.90（261.79）	5.62（507.02）	12.38

续表

年份	GDP（亿元）	占 GDP 的比例（%）				社会总支出占 GDP 的比例（%）
		在文化、教育和医疗卫生方面的支出（亿元）	养老金和社会福利支出（亿元）*	价格补贴（亿元）	亏损企业补助（亿元）	
1990	18667.8	3.31（617.29）	0.29（55.04）	2.04（380.80）	3.10（578.88）	8.74
1995	60793.7	2.41（1467.06）	0.19（115.46）	0.60（364.89）	0.54（327.77）	3.74
2000	99214.6	2.76（2736.88）	0.21（213.03）	1.05（1042.28）	0.28（278.78）	4.30
2005	183084.8	3.33（6104.18）	0.39（716.39）	0.55（998.47）	0.11（193.26）	4.38

* 这里指对孤儿、长者和残疾人的社会救助和个人社会服务的支出。

数据来源：基于 2006 年中国统计年鉴的计算，2007 年 8 月 6 日从中国网上数据检索获得：http：//chinadataonline. org/member/yearbook/ybtableview. asp？ ID = 57575；http：//chinadataonline. org/member/yearbook/ybtableview. asp？ ID = 57575；http：//chinadataonline. org/member/ yearbook/ybtableview. asp？ ID = 57433。

在 1978 年经济改革开始之际，国有企业是中国城市的主要用人单位，占城市就业人口的 78.3%（表 1）。但从 20 世纪 90 年代中期以来，毛泽东时代的充分就业政策已成过去；国有企业职工在 2005 年已下降到城市居民的 23.7%（表 2）。与此结构变化相伴随的是有保证的充分就业会导致经济效益低下。再加上市场机制，单位福利对经济生产的效用已经从过去的"积极"变成了今天的"消极"。

表 2　国企就业人口占城市总就业人口比例

年份	总城市就业人口（千人）	国企就业人口（千人）	国企就业人口占总就业人口比例（%）
1978	95140	74510	78.3
1980	105250	80190	76.2
1985	128080	89900	70.2
1990	170410	103460	60.7
1995	190400	112610	59.2
2000	231510	81020	35.0
2005	273310	64880	23.7

数据来源：2006 年中国统计年鉴的计算，2007 年 8 月 6 日从中国网上数据检索获得：http：// chinadataonline. org/member/yearbook/ybtableview. asp？ ID = 57483。

相对照的是，在毛泽东时代的中央计划经济下，充分就业和相伴随的普遍福利被认为是合适的生产成本的组成部分。今天，单位福利已成非主流的剩余状态，福利被认为应该由"社会"而不是单位个体来管理（Wong，1999）。时至今日更大比例的国民财富还没有进入社会消费支出领域。本文不探讨为什么政府还没有分配更多的财富到再分配领域（关键的因素是生产主义和公共负担的政策定位），而是探讨该现象对社会政策概念的暗示。这有两个当下的问题：

第一，改革前及改革后的20世纪90年代中期之前政府缺乏资源，这意味着需要通过税收机制获得再分配资源来完成单位福利责任从单位个体到社会福利（比如，从社会投资到社会消费）的转变。退休保险体系改革的困难是一个例子。这个难题源于缺少覆盖不同就业和户口公民的国家养老金。但是国家财政不足只能部分解释这个转型问题，另外的原因部分在于政府用来再分配资源以支持"新"的国家养老金的制度安排（税收）不足。因此，这个现收现付的养老金体系不得不依靠年轻一代和赢利的企业来为退休者提供收入安全，来资助长者和不能赢利者。因此，赢利的企业有明显的财政激励，不去参加跨代的再分配。如果"新"的养老金体系能够由中央政府从税收投入更多资源进行资助的话，养老金体系的转型会更少受到来自更年轻和赢利的企业的抵制。即使政府有更多资源来支持转型项目，但是国家养老金现在仍然被看作生产的负担（消费而不是投资）。

第二，社会政策（消费）方面政府财政投入不足已导致对医疗卫生和教育等社会服务的收费。这个议题具有双面性。以医疗卫生为例，从服务需求方来说，有老年员工群体的单位经常发现不能支付其生病的职工的医疗账单（Wong，Lo & Tang，2006）。因为医疗卫生是终身福利的一部分，退休者仍然由工作单位提供照顾。由于年龄结构和行业的差异，不同单位的医疗费用轻重不均。这使医疗费用重的单位比那些有着年轻职工的单位更缺乏竞争力。从供应方医院来说长期受困于中央财政投入不足，导致它们不得不依靠药物和检查收费来填补资金短缺。这个费用补充策略意味着医疗费用转嫁给病人。这样说并不完全是开玩笑，对于今天的病人来说问题不是进医院而是出医院，因为他们或者他们的所在单位没有能力支付账单。比如，2003年在中国中部的一个调查发现绝大多数城市居民（回应者的90%）担心万一遇到大病时不能承担医疗费用（Wong，Lo & Tang，2006，表5.10）。这个改革进程将医疗卫生从社会投资转变为社会消费，从而成为经济产出的明确负担。

回到中国个案中的社会支出和经济生产之间的关系。理论上说，社会支出和经济生产间接相关，因为它们是用来维护社会和谐并培养一个财富积累的合适环境所需的公共费用。典型的例子是对无业者的贫困救助。在中国改革的背景下有一个额外的因素需加以考虑。传统上，中国城市贫困的概念是指没有能力工作或没有家庭可以依靠者，这就是为什么在中国城市这么少人领取救济金。比如在有 600 万户籍人口的上海在 1996 年仅有 7000 户领取民政部提供的贫困救助（Wong，1997：41）。但是随着经济改革成功和大量下岗工人进入新贫者行列，这种情形已经改变。这体现在上海领取新的贫困救济项目（比如最低生活保障）人数的飙升上——在 2005 年是 22.71 万户或者说户籍人口的 3.3%（上海市政府，2006）。也就是说，中国政府开始意识到需要为社会和谐买单，意识到社会支出和经济生产之间的关系。前面已经提到，中央政府曾计划将最低生活保障推行到农村地区。这个意图反映了经济发展的角色——政府，比如北京的中央政府已经从财富积累和新建立的资源提取机制中获益——它相对于地方政府获得了更大比例的收益。这意味着新建立的贫困救助项目和国企的经济重建密切相关。但是其核心价值在于社会和谐并成为从政府社会主义到社会主义市场制度转型的组成部分。也就是说，在改革的中国，社会支出被看作经济产出的结构组成部分，它们促进经济重组。但是经济重组只能部分解释贫困救助的变化，我们需要考虑发展和结构的因素。

（三）和家庭及女性生产角色相关的社会政策

西方学术界对中国提升妇女地位长期以来有着较高评价（Croll，1983）。即使在改革时期中国也保持了世界上最高的女性就业劳动率之一（72.5%），其他中等发展国家的平均比例是 56.7%，经济合作组织成员国的平均比例是 51.5%，而且中国是妇女参与有薪劳动比例最高的国家之一（66%），虽然她的性别发展指数在 144 个国家排名第 71 位（联合国发展署，2004）。因为中国发展中国家的地位，对于与家庭及女性相关的社会政策服务于经济生产的研究最能在三方框架中得到解释——也就是制度、意识形态和发展的框架。

在毛泽东时代，中国政府在以共产主义形式建构理想社会的追求中淡化了家庭的重要性。也就是说，在毛泽东时代的中国，女性不像在其他资本主义国家的女性那样被当作劳动大军的蓄水池。相反，在毛泽东时代的新社会主义社会男性和女性都不受市场逻辑控制，并且他们是对党和国家而不是市场和家庭忠诚。但是，家庭在毛泽东时代仍然是一个强大的社会制度；存在了几千年的封建主义传统不可能在短时间内根除。在家庭和工作领域提升女性的地位有助于减弱个体对家庭的依赖，这似乎是受意识形态的驱动，但是现实中女性的家务劳动和性别分工依然被孝道加强而不是被废除。

我们需要对毛泽东有关女性在社会主义中国的新角色和地位做一个功能主义的探索：女性被毛泽东看作社会建设中有价值的人力资本，她们可以在社会主义中国"顶半边天"（Chi，1977）。为了使这个人力资本能运行良好，日托幼儿园成为具有一定规模单位的工作福利。在工作单位建立哺乳室成为女性的权利并在 1992 年写入法律（中华人民共和国中央人民政府，1992）。女性通过为经济生产做出贡献而依靠政府来争取在社会和家庭中更高的地位和权利。但是这个功能主义的分析不能充分解释在中国发展经济的背景下中国女性获得的相对有利的优势。毛泽东在家庭之外建立新型社会主义男性和女性的意识形态驱动必须加以考虑。

到了邓小平的时代，这个意识形态驱动的火车已经没有了蒸汽。这里，制度理论本身不能抓住开创于意识形态偏好之外的政策变化。但是，经济改革意味着政府有既定利益来支持家庭，因为它作为一个社会制度时可以分担社会福利支出的财政"负担"。比如，没有家庭支持是在传统的乡村和城市救助体系中获得救济的前提，尽管获得救助的权利写入了中华人民共和国宪法（1982）。家庭法和长者权利保护法都规定子女和家人都有义务照顾父母和年老的家庭成员（全国人民代表大会常务委员会，1996；全国人民代表大会，1980）。显然，法律站在政府这边将照顾责任置于家庭，这意味着女性，特别是那些收入低、教育程度低的女性年长群体在寻求地位和权利平等方面将处于不利位置。此外还有至少在经济改革早期不充足的国家财政能力，意味着政府干预只能依靠监管力量来保护女性职员免受剥削（Ngai，1997）。在这一方面，从发展的角度来说，中国政府的经济重构因为再分配资源不足和对规制推行的财政支持不足而有缺陷。对家庭价值和家庭制度的回归有利于在实践中减少对社会照顾的需求。但是按照制度理论，改革前的性别平等传统有着路径依赖，这阻止了中国政府和过去的决裂。因此，对女性在家庭和工作领域的影响更加混合。性别平等依然作为国家目标供奉在保护妇女的法律中。比如，在 2005 年中国出版了一本名为"中国性别平等和妇女发展"的白皮书（国务院信息办公室，2005）来讨论在提升性别平等和妇女发展方面的进步。在原则上，在福利再分配的过程中，女性职员在住房、医疗保健和退休方面具有平等权利。因此，即使在改革时期，国家社会主义中国也不会采取男性养家糊口的福利体制（Sainsbury，1994；Lewis，1992）。经济重组和中国经济发展的性质对女性在工作领域的角色产生约束，但是这种约束不是单方面的。经济重组为一些工作的女性，特别是年轻且受过教育的女性提供了获得独立收入的工作机会。同样重要的是中国的发展中地位使她依然可以采用政府监管的权利来确保性别平等。意识形态，部分是毛泽东时代有关社会主义新男性和女性的理念，部分是制度惯性的反映，在中国新生产主义发展模式下扮演了抗衡资本主义财富积累逻辑的关键角色。否则，女性保护的社会政策会被视为经济生产的负担。

三　结论

本文通过将对西方福利体制的分析延伸到中国，聚焦于公共福利负担建构的三个基础：意识形态、制度和经济发展。从中可以看到，西方和改革中国的主导意识形态都是经济的，虽然在改革前的中国（毛泽东时代）其他意识形态也曾大行其道。当我们从意识形态维度着手时，很清楚它不足以解释负担借以建构的过程，因此，西方福利体制体现的资本主义和中国的国家社会主义的制度逻辑都需要考虑。尽管意识形态和制度对于中国个案是两个强有力的解释因素，经济发展水平依然需要顾及，比如理解对生产的强调、乡村和城市地区的差异、再分配资源的不足及不成熟的税收体系。

对经济和社会政策关系的分析从新马克思主义对社会政策的功能分析着手，并通过分析不管在西方还是改革的中国，财富积累的制度逻辑都是固有的，即使社会政策在实践中对经济有着直接或者间接的支持，也依然被认为是从经济发展中提取了可贵的资源。即使在社会民主福利体制的北欧也不能抵制这个把社会政策当作经济负担的资本主义制度逻辑。这导致社会政策的经济合法性产生层级结构：从顶部的社会投资到底部的社会消费，合法性依次减弱。但有些时候，资本主义逻辑成为福利社会负担建构的最主要的影响因素。中国改革前的非资本主义体制能够疏远对经济效益的关注和构成资本主义的财富积累和社会合法性之间的矛盾。因此，意识形态和中国发展地位的结合建构了社会政策对经济政策的附属地位和公共负担的理念。国家强权促成了生产导向的发展项目的推行。

本文阐述了意识形态、制度和发展框架在理解社会政策的附属地位和公共负担结构方面的价值。除了在将公民社会权利制度化和非资本主义制度的背景下，即便意识形态、制度和发展因素在重要性上有所变化，东西方的社会政策都从属于经济政策。综合的单位福利和女性地位的提升体现的是非资本主义背景下的这种例外。或许这是"不成熟的福利国家"（Kornai，2001）的例子，在这里共产主义经济体制免于资本主义的制度逻辑，允许普遍的权利脱离国民财富和政府财政能力的合适比例存在。尽管如此，这依然说明了对社会政策狭隘概念的主流接受情况：社会政策是经济政策的附属并对增长形成负面消耗，这限制了政府再分配的行动。当然在不同的福利体制中这种约束的程度有所不同，但是基本的逻辑是相同的。

更多的关注应该投向社会政策在调节资本主义或社会主义、意识形态和经济发展的大结构影响时具有的正面潜在的制度安排。在北欧的个案中强大的公民权或许减弱了公共负担概念的权力对福利接受者的污名化。但是公民权不能解释农村人口和流动人口缺乏合适的社会保护，虽然他们也是中华人民共和国的公民。中国在忽视公民权方面并不是例外。种族、年龄、性别和能力都是在东西方富裕和发展中国家产生歧视的方面。按照我们的三方框架，公民权需要和行政、财政资源（比如发展）支持的意识形态和制度框架兼容。比如在中国新贫困救助建立和扩大覆盖的例子中，尽管中国宪法很早就已规定公民有得到社会保护的权利，但是只有当中央政府有足够的资源用来扶贫的时候，它才有可能变为一种可实现的公民权利。如果社会支出可以重新解读为社会投资，从而建构一个更为激进的社会政策角色，毫无疑问那将很有帮助。比如，中国政府总是自豪地宣称在边远农村通过"造血"而不是通过"输血"取得了好的扶贫效果——也就是提供贷款、技能培训、提高生产的销售建议、提升穷人的能力等，从而为扶贫注入了积极意义。其他更为激进的，比如采取按需求设计的结构性社会计划（Walker，1984：189）来处理社会和经济政策之间的关系就超出了本文的范围。

我们已经论证中国的福利体制在处理经济和社会政策的关系时不同于

西方的体制。但是，社会政策的产生不仅仅由经济功能决定，在实践中，三方框架的制度、意识形态和经济发展都会调节社会政策作为社会负担的建构。

致谢：真诚感谢 Michael Hill、Adrian Sinfield 和 Dorothy Sinfield 对本文提出的宝贵修改意见。

参考文献

Atkinson, A. & Stiglitz, J. （1980）*Lectures on Public Economics.* London：McGraw-Hill.

Atkinson, A. B. （1997）Does Social Protection Jeopardize European Competitiveness? *Bulletin Luxembourgeois Des Questions Sociales*, Vol. 4, pp. 19-28.

Barr, N. （1987）*The Economics of the Welfare State.* London：Weidenfeld & Nicholson.

Barr, N. （1989）Social Insurance as an Efficiency Device, *Journal of Public Policy*, Vol. 9, No. 1, pp. 59-82.

Barr, N. （1992）'Economic Theory and the Welfare State：a Survey and Interpretation', *Journal of Economic Literature*, Vol. 30, pp. 741-803.

Beck, W., Van der Maesen, L. & Walker, A. （1997）, "Introduction", in Beck, W., Van der Maesen, L. & Walker, A. eds., *The Social Quality of Europe.* Hague, London and Boston：Kluwer Law International.

Beck, W., Van der Maesen, L., Thomese, F. & Walker, A., eds. （2002）*Social Quality-A Vision for Europe.* The Hague：Kluwer International.

Berghman, J., ed. （1998）*Social Protection as a Productive Factor.* Leuven：EISS.

Bonoli, G., George, V. & Taylor-Gooby, P. （2000）*European Welfare Futures-Towards A Theory of Retrenchment.* Cambridge：Polity Press.

Chi, P. （1977）*Chinese Women in the Fight for Socialism.* Beijing：Foreign Language Press.

Croll, E. （1983）*Chinese Women since Mao.* London：Zen Books.

Deng, Xiao-ping, （1993）*Selected Work of Deng Xiao-ping*, Volume 3, Beijing：People Publisher.

Dixon, J. （1981）*The Chinese Welfare System* 1949-1979. NY：Praeger Publishers.

Esping-Andersen, G. （1990）*The Three Worlds of Welfare Capitalism.* Cambridge：Polity

Press.

Esping-Andersen, G. (1994) "Welfare State and the Economy", in Smelser, N. J. & Swedberg, R. , eds. *The Handbook of Economic Sociology.* Princeton University Press, pp. 711-732.

Esping-Andersen, G. (1997) "Do the spending and finance structures matter?" in Beck, W. , van der Maesen, L. & Walker, A. eds. *The Social Quality of Europe.* Hague, London and Boston: Kluwer Law International

Esping-Andersen, G. (1999) *Social Foundations of Postindustrial Economies.* Oxford: Oxford University Press

Esping-Andersen, G. (2001) Multi-dimensional decommodification: a reply to Graham Room, *Policy and Politics.* 28 (23), pp. 353-359

European Commission (2000) *The Social Agenda.* Brussels: EC.

Ferge, Z. (1979) *A Society in the Making.* Harmondsworth: Penguin.

Friedman, M. (1962) *Capitalism and Freedom*, Chicago: UCP.

George, V. and Miller, S. , eds. (1993) *Social Policy Towards 2000: Squaring the Welfare Circle.* London: Routledge.

George, V. & Wilding, P. (1984) *The Impact of Social Policy*, London: RSP.

Giddens, A. (1998) *The Third Way.* Cambridge: Policy Press.

Gough, I. (1979) *The Political Economy of the Welfare State.* London: Macmillan.

Gough, I. (1996) Social Welfare and Competitiveness, *New Political Economy*, Vol. 1 (2), pp. 209-232.

Gough, I. (2004) Social Policy Regimes in the Developing World, in Kennett, O. (ed.) *A Handbook of Comparative Social Policy.* Cheltenham: Edward Elgar.

Gould, A. (1988) *Conflict and Control in Welfare Policy: The Swedish Experience.* London: Longman.

Guo, Zhen-lin (1994) The Challenge and Related Basic Strategy for Guangdong's Social Security System, *Journal of Zhongshan University*, Guangzhou, No. 2, pp. 31-36. (in Chinese)

Hill, M. (2006) *Social Policy in the Modern World.* Malden, MA: Blackwell.

Holliday, I. (2000) Productivist Welfare Capitalism: Social Policy in East Asia. *Political Studies.* 48, pp. 706-723.

Holliday, I. (2005) East Asia Social Policy in the Wake of the Financial Crisis: Farewell to Productivism? *Policy and Politics* 33 (1), pp. 145-162.

Jones, C. , ed. (1995) *New Perspectives in the Welfare State in Europe.* London: Routledge.

Kennett, P. (2001) *Comparative Social Policy.* Buckingham: Open University Press.

Klein, R. (1993) "O'Goffe's Tale" in Jones, C., ed. *New Perspectives on the Welfare State in Europe.* London: Routledge, pp. 7–17.

Kornai, J. (2001) Editorial: Reforming the Welfare State in Post-socialist Societies, *World Development*, 25 (8), pp. 1183–1186.

Korpi, W. (1989) "Can we Afford to Work?" in Bulmer, M. Lewis, J. & Piachaud, D., eds. *The Goals of Social Policy.* London: Unwin & Hyman.

Ku, Y. W. & Jones Finer, C. (2007) Developments in East Asian Welfare Studies, *Social Policy and Administration*, 41 (2), pp. 115–131.

Leung, J. C. B. & R. C. Nann (1995) *Authority & Benevolence, Social Welfare in China.* Hong Kong, Chinese University Press.

Lewis, J. (1992) "Gender and the Development of Welfare Regimes", *European Journal of Social Policy*, Vol. 2, No. 3, pp. 159–174.

Luk, Lih (1997) Empirical Research of the Relation between Women's Economic Status and Female Human Resources, *Population Research*, No. 2, pp. 50–54. (in Chinese)

March, J. G. & Olsen, J. P. (1989) *Rediscovering Institutions-The Organisational Basis of Politics.* New York: The Free Press.

Midgley, J. (1997) *Social Welfare in Global Context.* London: Sage.

Miller, S & Rein, M. (1975) "Can Income Redistribution Work?" *Social Policy*, May/June, pp. 3–18.

Mok, B. H. (1983) In the Service of Socialism: Social Welfare in China, *Social Work*, pp. 269–272.

Murray, C. (1984) *Losing Ground.* New York: Basic Books.

Ngai, How-mei (1997) Implementing Forcibly the Law on the Protection of Women's Rights, *China's Labour Movement*, No. 7, pp. 4–7. (in Chinese)

North, D. (1990) *Institutions, Institutional Change, and Economic Performance.* Cambridge: Cambridge University Press.

OECD (1997) *OECD Economic Surveys* 1996–97, *Sweden*, Paris: OECD.

OECD (2001) *Society at a Glance: OECD Social Indicators.* Annex. A7. Paris: OECD.

OECD (2005) Net Social Expenditure, 2005 Edition. *OECD Social, Employment and Migration Working Paper* No. 29, Paris: OECD.

Okun, A. M. (1975) *Equality and Efficiency: The Big Trade-off.* Washington DC: Brookings Institution.

Pampel, F. and Williamson, J. (1988) Welfare Spending in Advanced Democracies, 1950–1980, *American Journal of Sociology*, Vol. 95, No. 6.

Pemberton, A. (1983) Marxism and Social Policy, *Journal of Social Policy*, Vol. 2, pp. 289-308.

Pfaller, A. Gough, I. & Therborn, G. (1991) *Can the Welfare State Compete? A Comparative Study of Five Advanced Capitalist Countries*. Macmillan.

Pierson, C. (1991) *Beyond the Welfare State?* Cambridge: Polity Press.

Piven, F. F. & Cloward, R. A. (1971) *Regulating the Poor: The Functions of Public Welfare*. NY: Vintage Books.

Ringen, S. (1987) *The Possibility of Politics*. Oxford: OUP.

Rubinson, R. & Browne, I. (1994) Education and the Economy, in Smelser, N. J. & Swedberg, R. , eds. *The Handbook of Economic Sociology*. Princeton University Press, pp. 581 -599.

Sainsbury, D. , ed. (1994) *Gendering Welfare States*. London: Sage.

Shanghai Academy of Social Sciences (Shanghai Special Group of Reflecting Social Development Problems in the Nine-Five Phase) (1997) *Reflections of Trans-Millennium Social Development Problems in Shanghai*, Shanghai: Shanghai Academy of Social Sciences Publishing House. (in Chinese)

Shanghai Municipal Government (2006) *Social Assistance, Civil Affairs, Shanghai Annual Statistics Report* 2006. Accessed on 10 August 2007. http: //www. shanghai. gov. cn/.

Tang J. (2005) *The Urban and Rural Minimum Basic Livelihood Guarantee Systems: History, Present Conditions and Future Prospect*. Being Dajun Economic Research Centre. Accessed on 18 August, 2006. http: //www. dajun. com. cn/.

The Central People's Government of the People's Republic of China (1992) *The Law on Protection of Rights and Interests of Women*, announced by the President of the People's Republic of China on 3rd April 1992.

The National People's Congress, the People's Republic of China (1954) *The Chinese Constitution*, passed by the National People's Congress on 20th September 1954.

The National People's Congress, the People's Republic of China (1980) *The Chinese Family Law*, passed by the National People's Congress on 10th September 1980.

The National People's Congress, the People's Republic of China (1982) *The Chinese Constitution and its Amendments*, passed by the National People's Congress on 4th December, 1982.

The State Council Information Office, The Central People's Government of the People's Republic of China (2005) *Gender Equality and Women's Development*. Accessed on 24 August, 2005, http: //english. gov. cn/links/whitepaper. htm#2005.

The Standing Committee of the National People's Congress, the People's Republic of China

(1996) *The People's Republic of China Elderly Rights Protection Law*, passed on 29th August, 1996.

Titmuss, R. M. (1968) *Essays on 'the Welfare State'*. London: Allen & Unwin.

UNDP (2004) *Human Development Report* 2003. Oxford: OU Press.

Walker, A. (1984) *Social Planning*. Oxford: Blackwell.

Walker, A. (1990) "The Strategy of Inequality: Poverty and Income Distribution in Britain 1979 – 89" in Taylor, I., ed. *The Social Impact of Free Market Policies*. Aldershot, Harvester-Wheatsheaf, 1990, pp. 29–47.

Walker, A. & Wong, C. K. (1996) Rethinking the Western Construction of the Welfare State, *International Journal of Health Services*, Vol. 26 (1), pp. 67–92.

Walker, A. & Wong, C. K. (2004) The Ethnocentric Construction of the Welfare State, in Kennett, P., ed. *A Handbook of Comparative Social Policy*. Cheltenham: Edward Elgar.

Walker, A. & Wong, C. K. (2005), ed. *East Asian Welfare Regime in Transition, From Confucianism to Globalization*. Bristol: Policy Press.

Wilensky, H. (1973) The Welfare State and Equa*lity*. Berkeley: University of California Press.

Wong, C. K. (1997). How Many Poor in Shanghai Today? *Issues and Studies* 33 (2), pp. 32–49.

Wong, C. K. (1999) Reforming China's State Socialist Workfare System: A Cautionary and Incremental Approach, *Issues & Studies*, 35 (5) pp. 169–194.

Wong, C. K., Lo, V. I. & Tang, K. L. (2006) *China's Urban Health Care Reform From State Protection to Individual Responsibility*. Lanham: Lexington.

作者单位：（艾伦·沃克，英国谢菲尔德大学社会学系；王卓祺，香港中文大学社会工作系）

译者单位：广州大学公共管理学院

三种联邦制的重新省视：社会政策和政府间决策[*]

基思·G. 班廷 著　刘　波 译

摘　要：加拿大是联邦制国家，但中央和地方政府之间的关系从来没有反映一个单一的、标准化的模式。相反，国家一直依靠三种不同的联邦制——一个国家，三种联邦制，每一种联邦制都有自己的决策规则和政府间的程序。这三种模式分别是：古典联邦制，分担成本联邦制和联合决策联邦制。社会政策很好地反映了这三种联邦制模式。纵观加拿大福利国家的历史，联邦政府和省政府根据不同的政府间规则和程序设计不同的社会计划。事实上，在重要的历史关头，完全同一个联邦政府和省政府分别根据不同的联邦制模式，塑造不同的社会计划，产生不同的政策结果。因此，加拿大构成了天然的实验室，用来分析不同联邦制模式的影响。不同联邦制模式内在的独特的激励和约束机制可以帮助解释加拿大福利国家的一系列谜题，其中包括国家收入保障计划的有限性和医疗保健的更普遍性的特征之间的鲜明对比。此外，在最近的几十年中，三种联邦制模式有助于解释不同社会福利计划削减的极不均衡的影响。

关键词：联邦制　社会政策　加拿大

---

* 原文出处为 "The Three Federalisms Revisited: Social Policy and Intergovernmental Decision-making," in Herman Bakvis and Grace Skogstad, eds., *Canadian Federalism: Performance, Effectiveness, and Legitimacy*. Don Mills: Oxford University Press, 3rd edition, 2012, pp. 141 – 164.

加拿大在一个充满活力的联邦制国家背景下发展它们的社会计划，联邦一级和省一级都是强有力的政府。这种政治制度的结构是否影响政府最终采纳的社会计划的性质，或影响社会计划的主要因素来自更广泛的社会和政治环境？

回答这些问题相当困难。一种方法是比较联邦制国家和单一制国家，但这样的比较往往过于宽泛概括，解决不了任何特定国家如加拿大的问题。另一种方法是尝试比较加拿大的经验，如果加拿大一直是单一制国家，那将会发生什么？但这种假设实践似乎难以令人信服。庆幸的是，有一个替代性的策略。我们可以考察一个国家内共存的三种联邦制的政策影响。

加拿大从来没有采取单一的联邦制。相反，我们选择生活在三种不同模式的联邦制——一国三种联邦制——每一种联邦制都有自己的决策规则和政府间的程序。加拿大社会政策很好地反映了三种联邦制模式。从整个加拿大福利国家的历史来看，联邦政府和省政府根据不同的政府间规则和程序，设计了不同的社会计划。更确切地说，在重要的历史关头，同一个联邦政府和省政府分别根据不同的联邦制模式，塑造不同的社会计划，产生不同的政策结果。

因此，加拿大构成了天然的实验室，用来分析不同联邦制模式的影响。正如我们将看到的，不同联邦制模式内在的独特的激励和约束机制可以帮助解释加拿大福利国家的一系列谜题，其中包括国家收入保障计划的有限性和医疗保健的更普遍性的特征之间的鲜明对比。此外，在最近的几十年中，三种联邦制模式有助于解释不同社会福利计划削减的极不平衡的影响。

本章分为四个部分来分析这些主题。第一部分描述了联邦政府和省政府在社会政策领域的管辖分工和三种模式联邦制。第二部分考察了三种联邦制对 20 世纪中叶福利国家扩张的影响。第三部分考察了三种联邦制对近几十年紧缩政治的影响。最后一部分，把立论观点串起来。

一　三种联邦制和社会政策

在正式意义上，联邦政府和省政府在社会政策中的权力分配方式使加拿大成为经合组织（OECD）国家中最分权的福利国家（Banting，2006）。从一开始，"1867 年宪法法案"给了省政府在社会政策方面的核心作用和特定部分的权力，给予它们对教育、医院及相关慈善机构的权力。此外，法院扩展了省政府的作用，通过省政府权力把"财产和公民权利"以及"地方和私人性质的事项"归入社会政策。1937 年法院做出一个关键的决定，推翻了联邦社会保险计划，原因是侵犯了省级权力。

尽管省政府掌控管辖中心权，联邦政府在社会政策中也占重要地位。20世纪中叶宪法修正案给了联邦当局对失业保险的全部管辖权和缴费型养老金的实质性管辖权。尤其是随着可退还税收抵免政策的发展，联邦的税收权力也构成社会再分配的有力工具。联邦政府的最终基石作用在宪法中隐而不明。根据宪法惯例，"联邦议会可以拨款或借款给它选定的任何政府、机构或个人，可选择任何目的；可选择附加任何补助或贷款的任何条件，包括不能直接立法的条件"（Hogg，2001：6.8a）。这个惯例，被称为拨款权力理论，在政治上和司法上已经受到挑战。例如，在 20 世纪 50 年代中期，有个魁北克皇家委员会问："如果其中一个政府可以绕过立法权，那么对立法权的仔细描述的作用是什么呢，在某种程度上，是否可通过征税方法和拨款方式来废止立法权呢？"（Quebec，1956，Vol. 2：217）。然而，法院的判决一再维持联邦地位，历史上，联邦政府的拨款权力为福利国家的一些核心支柱提供了宪法基础。它帮助维持联邦福利直接支付给公民，例如家庭津贴；为联邦政府支持省级社会福利计划的分担成本计划提供了宪法基础，并在一开始就提供了均等化补助的权力，联邦转移支付给较穷的省份，旨在使他们能够提供平均水平的公共服务，而不必诉诸高于平均水平的税收。[1]

联邦政府和省政府都参与社会政策，这在很大程度上取决于它们相互作用的机制。以下是三种截然不同的联邦制模式。每一种联邦制模式断定联邦政府和省政府之间的不同关系。每一种联邦制模式有它自己的决策规则、改变进程中政府的权力范围和不同政府桌面上的权力，以及需要做出决策的政府间共识的级别。每一种联邦制模式对政策结果有不同的影响。

古典联邦制：一些社会计划在联邦或省政府自己的权限范围内由各自管辖：失业福利、儿童福利、非缴费型养老金是在联邦一级；工人的赔偿金是在省一级。该模式涉及两级政府的单边决定，即使当一级政府的决策对另一级政府的社会计划有严重的影响，以最小的努力协调。

在古典模式中，联邦和省政府都有自己的权力领地，很像单一制政府。决策更加灵活，无须复杂的政府间共识，随着政府权力、利益集团压力或公众舆论的变化，政策可以急剧转向。在联邦层面，政策制定者仍然对社会福利计划的不同地区利益很敏感，如失业福利，但省政府在决策中没有正式的作用。

分担成本的联邦制：在这种模式下，联邦政府提供财政支持各省，各省制订具体的社会计划，符合基本条件或由联邦政府制定的总原则。这个政策工具巩固了福利国家主要方面的发展，包括医疗保健，中学后教育，社会救助和社会服务。分担成本模式形成对政府行为约束的一个中间级别。在正式意义上，每个政府单独决策：联邦政府决定何时，用什么，以及如何支持省级计划，每一个省级政府必须决定是否接受联邦资金和联邦条款。然而，在实践中，新计划的实质内容往往被敲定在政府间谈判中。这个过程会扩大政府桌面上的职权范围，为社会福利计划的新思想打开更多的渠道，并注入决策过程中。但是，因为这个过程没有正式的决策规则，协议往往取决于政府间的广泛共识或在某些情况下的默认。

但是，这个模式，政府间共识的压力介于其他两种联邦模式中。和下面讨论的联合决策模式比较，分担成本联邦制的共识压力不是绝对的。在20世纪80年代和90年代，当联邦政府开始削减其对省计划承诺的财政，政府保留单方面采取行动的权利变得很明了。但单边主义的政治边界仍然比古典联邦模式约束更多。只要两级政府仍然致力于政策方面，它们在社会计划中都有赌注并由选民问责。各省政府政治上往往反对另一级政府的单边主义，随着时间的推移，产生达成共识决策的压力。在过去的几十年中，该模式一直是波动的合作，伴随着单边主义和不安的合作，所有这些使该模式可能比古典联邦模式朝着更渐进的政策变化发展。

联合决策的联邦制：在这种模式下，任何行动之前必须由两级政府的正式协议。单边主义在这里不是一种选择。主要的例子是加拿大养老金计划，该计划由联邦政府实施，但只有在政府间缜密协议基础上才可改变。这种模式的基本特征是任何情况都不会发生，除非由两级政府的正式同意。

就像分担成本模式，这种模式增加了政府和意识形态的职权范围。但是要求强有力的政府间多数，设置特别高的政府间共识的条款，以减少计划变化的可能性。因此，联合决策模式创建了民主政治的变化趋势的缓冲区。

随着三种不同联邦制模式的实施，加拿大社会政策的政治代表了天然的实验室，在其中剖析制度对公共政策的影响。在 20 世纪 60 年代中期，同一个联邦政府在同一时间和同一政治背景下扩展不同的社会计划，但根据不同的决策规则，正如我们将看到的，结果是不同的。同样，在 20 世纪 80 年代和 90 年代，联邦政府在同一时间和同一政治背景下重新构建不同的社会计划，但根据不同的决策规则，结果也受到影响。以下两部分内容，福利国家发展时期和随后紧缩年代的重组时期突出了这些影响结果。

二　三种联邦制和福利国家的发展

加拿大在 20 世纪 40 年代至 70 年代中期奠定了福利国家的基本版本。像其他国家一样，社会改革的主要压力来自国家的政治和经济变化：工业经济的出现、稳定的城市人口、劳动力的工会组织化、左翼政党平民合作联盟-新民主党（CCF-NDP）的动员、政治精英们的思想转变为凯恩斯经济学、对解决重要经济和社会问题的政府行为能力存在广泛认同的信念。

然而，在加拿大，改革派的压力通过联邦制度折射出来。战后初期联邦政府处于一段空前的独一无二的政治优势。战争急剧性地集中了联邦权力，遗赠联邦当局一个高度专业化的官僚机构，最重要的是控制了主要税收领域。战争结束后，渥太华急于保留自己足够的税收领域，扩大和所有省份的分担成本的社会计划，给贫困省份提供均衡转移支付。然而，省政府提出对抗，想重新夺回税收权力，根据他们自己的条款资助教育、医疗和社会服务，实际上，是想争夺控制加拿大福利国家。图 1 显示，随着时间的推移联邦的优势慢慢削弱，但在早期，渥太华有控制钱袋权。

语言和地区的紧张局势，从来没有停止过，然而，在 20 世纪 40 年代和 50 年代是历史上的低潮期。省政府接受了宪法修正案，加强了联邦的管辖权，许多讲英语的省份游说联邦更广泛地参与社会政策。在这些早期阶段，只有魁北克抱怨联邦在社会政策领域的优先权，但它的反抗处于劣势地位。魁北克省由保守政府和传统牧师掌控，没有致力于建设自己的社会计划，因此容易受联邦举措的影响，而且联邦举措受魁北克选民欢迎。

联邦政府利用其早期的力量，在战争年代推出几个社会计划。1945 年选举前，联邦政府宣布笼统的一揽子建议作为战后重建的一部分。那年晚

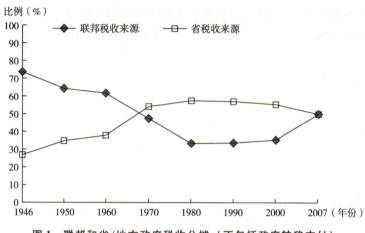

图 1　联邦和省/地方政府税收分摊（不包括政府转移支付）

些时候，这个建议在联邦-省的会议中未被采纳，当时两个最大的省份拒绝了关于政府间财政的相关建议。然而，联邦建议代表了之后 20 年渐进基础上联邦政府奉行的一贯议程。

联邦优势的高潮期比较短暂。到了 20 世纪 60 年代，各省的抗议开始增长。随着魁北克民族主义的复活和安静革命，魁北克越来越坚定要建立一个省级福利国家，反映了魁北克主义的敏感性。魁北克省宣布结束新的管辖权让步，发起一场运动，以重新夺回几十年前失去的地盘。1965 年，魁北克赢得了选择退出多项联邦分担成本计划的权利，要求从联邦政府那里得到额外的税收空间，以便可以实施自己的计划。胜利部分是象征性的，因为魁北克省同意答应和计划有关的现有条件。但不管怎样，象征性的不对称提示简单集权的时代结束了。同时，其他省份也开始反感传统分担成本计划隐含的详细控制和财政紧张状况，到了 20 世纪 70 年代中期各省开始普遍反抗。

这些权力的钟摆式摆动给新的社会计划的设计留下了它们的印记，但在很大程度上取决于联邦制起作用的模式。

（一）古典联邦制和专属的联邦计划

和其他模式不同的政治意识形态的政府间共识的要求相比，专门联邦计划的决定反映了执政党的思想倾向。自由党从 1935 年到 20 世纪 70 年代末期连续执政，除了 1957～1963 年的短暂缺位，社会计划是由自由党的中间派导向塑造，赞成社会计划但保持相对适度的比例。平民合作联盟-新民主党（CCF-NDP）的更多社会民主的观点由议会中政党的代表阐述，但他们在政治杂音中只是一个声音。当自由党在 1963 年 8 月和 1972 年 4 月，在议会中占少数比例时，新民主党（NDP）有更大的影响力，但即便如此，其对自由党内阁所做的选择的影响力是间接的。

这些决策的动力机制在收入保障领域证明至关重要。和许多其他西方民主国家的计划相比，加拿大的收入保障计划相对于医疗保障更适度。首先是 1940 年，一项宪法修正案给予联邦政府全权负责失业保险。随后同一年，失业保险是国家第一个主要的社会保险计划。然而，从比较的标准看，自由党的计划是有限的。虽然覆盖了大部分劳动力，但排除农业、捕鱼业、私人家政服务，以及公共部门雇员和高收入者的工人。而且，该福利的替代率只有工资的 50%，是对已婚索赔者的一项小额补助。

其次是家庭津贴。1944 年，联邦政府出台了一项从一般税收资助的普遍统一费率的福利。按照欧洲国家类似计划的标准看，该福利是适度的，提供每个家庭平均每月 14.18 美元的补助（Guest，1997：132）。在这个计划上联邦和省之间很少冲突。如果联邦政府退出计划，魁北克就会反对，并且通过一项简短法案授权一项省计划。然而，在这个进程中，省没有起到正式作用，它的攻击为时已晚，并很快就减少了，因为挑战如此受欢迎的措施的政治风险很明了（Jean，1992：403）。

最后是养老金。1951 年，另一个宪法修正案给予联邦政府直接给公民提供老年金的权力。当时，魁北克政府对出台自己的计划不感兴趣，但确实想保留自己未来的选择，坚持宪法修正案保留省级至上，规定没有联邦养老金计划应该影响任何将来省级立法的实施。第二年颁布的普遍老年金（OAS，Old Age Security），是一项普遍的统一费率的养老金，通过一般的税收资助，给老人每月 40 美元的福利。1966 年，这项福利是收入保证补贴（GIS，Guaranteed Income Supplement）的扩展，是一项收入测试的补贴，是低收入和中等收入老人的老年金的一项补充。

这些专属的联邦计划，通过政府间的制约支配，维持了对随后几年国家政治转型趋势的回应。在战后时代，这些趋势大大扩张，政党进入竞选时，总是用承诺提高福利作为竞选的武器。20 世纪 50 年代～80 年代，几乎每一次联邦选举都承诺提高养老金。收入保证补贴（GIS）于 1965 年出台后，特别受民众欢迎，这个计划多次被实质性地丰富，这通常发生在选举前后。

同样，联邦政府可以按照自己的条款自由地扩大失业保险。在 1971 年，立法实施扩大失业保险计划，包括所有员工，增加替代率为工资的 66%，扩展对高失业地区的福利，覆盖生病和临时残疾造成的失业。该立法还出台生育津贴。所有这些明显很少和省政府咨询讨论，甚至具有地区特点的社会计划，代表地区发展中联邦政府自身的政策重点，渥太华也不会受省的压力（Pal，1988：161）。

最能说明联邦政府自由行动的是家庭津贴，自由党政府曲折地放弃普遍性的计划。1970 年，为了把资源针对低收入家庭，自由党提议把普遍福利转为收入测试的家庭收入补贴，类似于收入保证补贴（GIS）。然而，1972 年选举期间，自由党的国会议员遇到来自家庭津贴远离中等收入家庭的思想阻力，选举后，政府及时改变方向，保持了普遍性的计划和三倍支付，从而恢复其原来的大部分采购权力。然而，在 1978 年，自由党以渐进的方式回到收入测试计划，出台可退回的儿童税收抵免福利，资金的来源部分是通过削减普遍性的家庭津贴所得。

所有这些变化对各省社会救助计划有重大影响，但各省在决策中没有作用。

（二）联合决策的联邦制

联合决策的联邦制代表了另一个极端。1965 年出台的缴费型养老金和其随后的发展，由一个复杂的政府间进程治理，养老金计划的变化需要政府间高层次的共识。

联合决策的法律渊源来自 1951 年关于养老金的宪法修正案中嵌入了省级至上。当缴费型的养老金计划问题在 20 世纪 60 年代中期脱颖而出，魁北克省宣布，将实施他们自己的计划。结果，魁北克养老金计划（QPP，Quebec Pension Plan）在该省实施，在其余省份一般实施加拿大养老金计划（CPP，Canadian Pension Plan）。虽然其他省份对联邦的社会发放计划表示满意，但他们希望有控制权，1951 年宪法修正案的局限性，给了他们充分利用的空间。另外一个宪法修正案，要求在计划中包括遗嘱津贴和伤残津贴，各省坚持联合决策以同意修正案作为条件。结果，加拿大养老金计划（CPP）的改变要求一个超级多数，即要求联邦政府和三分之二省份的同意，代表全国三分之二的人口，比加拿大宪法的大部分修改方式更为苛刻。

政府间不对称和联合决策制造了复杂的否决点。首先，为了避免因两个养老金计划大幅分化可能出现的行政和政治头痛，渥太华和魁北克市的养老金规划者提出加拿大养老金计划和魁北克养老金计划应该保持大致平衡，任何一方都不能单独做出重大变化。其次，省同意加拿大养老金计划（CPP）变化的方案意味着，仅安大略省或其他省份的各种可能的组合，具有一票否决权。实际上，加拿大养老金计划和魁北克养老金计划（QPP）之间的平衡压力形成了一个多个否决的系统：渥太华、安大略省、魁北克省或其他省份的几个组合都可以阻止养老金变化。

社会计划的出台很好地诠释了政府间决策的动力机制。联邦的领导很关键，使缴费型养老金一跃成为 20 世纪 60 年代首要的国家议程。假定缴费型养老金仍然是省的专门管辖，不太可能制订出可跟加拿大养老金计划媲美的计划（Simeon，1972：270）。养老金不是省的重点，许多省将跟随安大略省保守党政府提倡的私营部门的做法，计划要求一定规模以上的雇主提供职业养老金。然而，联邦的公共计划建议很受选民欢迎，安大略省政府接受某种缴费型养老金是必然的。但坚守有限的计划，给私人养老金留下了充足的余地，同时通过个人缴费和福利紧密挂钩，缩小再分配差距。

起初，联邦官员认为安大略省是其主要障碍，并相应地裁减他们的权益，例如减少福利，建议失业的替代率从平均工资的 30% 减少到 20%。但在 1963 年联邦和省的会议期间，魁北克政府通过列出自己的计划，其中包括更慷慨的福利水平和更加再分配的资助方式，引起了巨大轰动。此外，魁北克省呼吁联邦政府提供部分预拨款，用来购买省级政府债券，以合适条件有效地借款给省政府，这个想法也吸引了其他省份。在这一点上，联邦的提案已经失效了。安大略省和魁北克市之间的最后一轮秘密谈判产生了一个妥协方案：渥太华接受部分拨款，并且失业的替代率被设定在平均月收入的 25%，低于渥太华的初始想法，但高于安大略省为代表的省份。安大略省政府和保险公司不太高兴，觉得渥太华"利用魁北克转败为胜"（Kent，1988：286）。但安大略省，也被联邦拨款模式所吸引，并最终接受与魁北克并行的需要。

在随后的几十年里，多项否决案放慢了福利扩张的步伐，并有助于偏离对 C/QPP 的竞选承诺。20 世纪 70 年代见证了一项对扩大 C/QPP 的重大努力。1975 年，加拿大劳工大会和社会团体发起了"养老金辩论"，催促

CPP 福利增加一倍。联邦自由党最初同情一些福利扩张，魁北克省的一个咨询委员会也支持。然而，缺乏更广泛的省级支持。CPP 咨询委员会在 1975 年指出，"CPP 已成为省债务融资"的支柱，其贡献超过全省总借贷的 30%，甚至比资本市场的压力时期还多（加拿大，1975：7-8）。在这种情况下，各省出于既得利益的考虑，反对任何福利自由化，因为这样会削弱联邦拨款的规模。该运动的势头减缓，历史性的时刻过去了。到了 10 年后出现了一个政府间共识的时候，经济衰退和日益保守的政治气候已转变为加拿大的政治趋势：那时，所有政府都反对 C/QPP 的扩张，转而关注鼓励私人养老金计划和个人退休储蓄避税账户。1985 年缴费型养老金计划的变化只是限于离婚和再婚者的夫妇双方福利权利的分开，以及缴费率增加的时间表。

这些制度性的政府间决策的动力机制，有助于解释加拿大养老金的相对有限性。最初缴费型养老金是适度的，甚至比联邦政府的初始意向更加适度，随后的扩张在很大程度上被警戒。老年金和 C/QPP 福利的最高值加起来只替代大约平均工资收入的 40%，按照欧洲甚至美国的标准，是低替代率。和其他大多数西方国家相比，加拿大退休人员的平均收入较大一部分来自私人职业养老金、个人退休账户以及其他形式的储蓄（贝兰德和迈尔斯，2005）。

（三）分担成本的联邦制

第三种模式，分担成本的联邦制，在医疗保健和社会救助领域构架了联邦和省的关系。和古典联邦制模式相比，分担成本联邦制模式拓宽了政府与意识形态影响政策的范围，但和联合决策规则相比，这种模式没有给任何特定省份一票否决权。这些决策规则的差异重新洗牌各级政府桌面上面对的机遇和制约，对撞击新政策的意识形态平衡有重要影响。

医疗保健

在早期，联邦制对公共医疗保险进展缓慢。如前所述，法院在 1937 年宣布联邦政府社会保险立法无效。各省在 1945 年拒绝了绿皮书建议，这两个都包括医疗保险。然而，在联邦一级瘫痪之后，联邦制创建省一级创新的机会，左翼政治用来建立一个普遍性的医疗体系作为全国的一个主要选择。1947 年，萨斯喀彻温省的平民合作联盟（CCF）政府率先实施普遍的医院保险，在北美是第一个有管辖权这样做的省。两个西部省份——不列颠哥伦比亚省和阿尔伯塔省马上跟随。在这点上，在全国范围内蔓延止步不前，各省期待联邦政府建立一个全国性的医疗计划。自由党总理的年代，路易·圣·洛朗最初不愿意采取行动，坚持他的政府只有当大多数的省份代表大多数人口准备加入全国计划时，才支持省级医疗保险计划。然而，到了 20 世纪 50 年代中期，当安大略省和纽芬兰省加入了支持联邦行动的行列，这个条件达到了。在 1957 年，联邦政府出台了一个普遍性的医院保险计划，分担省级计划的成本，所有的省份都在四年内加入了这个计划。

类似的情况扩展到医疗保险和医生服务。1962 年，萨斯喀彻温省的民主党政府再次率先引入医疗保险计划，尽管医生进行了为期三周的痛苦罢工，医疗专业人士有组织地退出服务，在北美这是第一次。结束罢工的关键因素——医疗的普遍性和全面覆盖、病人有权选择自己的医生、保留医生有偿服务，成为全国辩论的起点。萨斯喀彻温省的经验表明，一个普遍性的做法在行政和政治方面是可行的。医生不再提供无偿服务，他们的收入实际上在医疗计划的早年提高了，缓解了其他地方的激进反对派的危险。这个早期的成功给了国家政治中的改革派以力量和武器。随着联邦自由党的权力回归，1963 年它们的机会来了。自由党致力于某种形式的国家计划，它们的少数派政府依赖于第三政党的支持，包括新民主党（NDP）。

保守政治势力对普遍性模式的医疗计划展开激烈反抗。加拿大医学协会和保险公司反对意识形态的冲突过程通过政府间渠道。在安大略省、阿尔伯塔省和不列颠哥伦比亚省的保守党政府致力于对大多数人口实施私立医疗保险，公共计划只限于"参保困难"的人员，如老人和穷人。如果没有联邦政府的干预行动，这一现状可能会在全国大部分地区盛行，加拿大的医疗保险将更像美国同时期的体系。然而，由法官埃米特豪主持的医疗服务皇家委员会 1964 年建议普遍性医疗计划后，联邦政府支持该计划。保守的省政府陷入困惑中，联邦的建议在选民中很受欢迎，如果它们拒绝加入，它们的居民仍然必须缴纳联邦税，以支持其他省份的计划。长期在阿尔伯塔省长任职的卫生部长辞职，以示抗议。安大略省总理谴责医疗保障是"一个曾经对这个国家人民犯下的最大的骗局之一"（Taylor, 1987：375）。然而，在这种情况下，在医疗计划中，安大略省缺乏像养老金这样在辩论中起杠杆作用的计划。到了 1971 年，所有省份的医疗保险计划都到位。

因此，联邦制在医疗保险的政治中起了独特作用。虽然在最初的几年，医疗保险管辖权问题拖延了行动，但联邦制为改革派的省份实施医疗保险的社会民主原则创造了空间。最后，要求联邦行动把这个地区倡议转变为一项国家计划。但联邦和省的互动推出一项社会民主轨迹的医疗保险，和同一政府同一时期正在发展的缴费型养老金形成鲜明对比。养老金改革为私人养老金和个人退休账户小心地留下巨大空间，而医疗保险则由核心医院和医疗服务完全取代私人保险业。决策规则不是决策部门之间的唯一区别，但它们是至关重要的。

社会救助

同样的政府间的决策动力机制并没有塑造社会救助。新的收入保障计划成熟后，联邦政府承担社会救助的职责将收缩为残留作用，从来没有试图为省级福利计划建立一个强有力的国家框架。结果是平民合作联盟-新民主党（CCF-NDP）省份被剥夺它们在医疗保健中能够发挥的杠杆作用。

历年来，联邦政府已建立了一批小的分担成本计划，支持省级福利，给需要帮助的特定人群，并于 1966 年把这些举措合并到一个更广泛的计划——被称为"加拿大救助计划"（CAP）。尽管得到资助，联邦在社会救助方面的政策作用是不温不火。在加拿大救助计划下，联邦要求各省支持所有需要帮助的人建立一个正式的上诉机制，取消省级社会救助的居住要求，否则他们有完全控制权。联邦政府从来没有认真考虑过建立国家标准的福利水平，甚至一项要求各省每年汇报其政策的建议被积压在联邦政府的财政部内部。

联邦的财政支持触发了自大萧条以来从未见过的整个加拿大规模的社会救助的重大重组（Struthers，1994：190）。社会救助和服务支出占省级总支出的百分比增长强劲。虽然不可能知道在没有联邦转让的情况下，有多少省级支出将上升，但是成本分担比非分担服务的社会计划增幅更大；联邦和省级的官员当然相信联邦转移支付是关键，尤其是在较贫困的省份。（Canada，1991）然而，在这一总体模式下，联邦政府的做法为省级计划沿着独特的发展轨迹留下了大量的空间，福利经历了两级政府多年的趋同和分歧周期（Boychuk，1998）。

小结

三种模式的联邦制，给新型加拿大福利国家留下了它们的印记。专属的联邦计划，不受任何正式的政府间协议的约束，很大程度上由自由党的中间派政治塑造，以社会计划相对适度的前提出现。联合决策，要求高层次的政府间达成共识，制约退休收入体系中缴费型养老金的作用。最后，分担成本模式，给了社会民主力量在医疗保健方面的机会，虽然不是在社会救助领域，联邦政府并没有试图界定全面的国家计划。

三　三种联邦制和政治的重组

20 世纪 70 年代中期代表战后福利国家版本的分水岭。在 20 世纪的最后 25 年，一种新的政治来主宰，政府专注于削减福利和重组。加拿大的重组有与其他重塑福利国家相同的经济和政治变化驱动：经济增长放缓、技术创新加速、国际贸易全球化，以及实力不断增强的保守政党及其理论。在加拿大，政府的财政问题尤为严重。公共债务占 GDP 的比例自 20 世纪 70 年代末开始稳步上升，直到 20 世纪 90 年代中期。那时，联邦财政收入的 35%，优先通过联邦债务的利息支付，多个省份面临把它们的债券放在金融市场的问题。在此背景下，民意加强。普遍性的计划，如医疗保健和养老金保持强有力的支持，但民意调查显示，失业和社会救助福利面临更大的阻力，更多民众支持减税，这一模式在 20 世纪 90 年代中期达到顶峰。

社会政策的新政治通过联邦制政治得以加强，对联邦政府的社会作用产生了越来越大的挑战。在 1976 年，魁人党赢得了在魁北克省的权力，确立了其作为一个重大政治力量的地位。在 1980 年和 1995 年，国家一直生活在情感痛苦的对魁北克分离的公投之中。地区经济冲突也不断加深，伴随着 20 世纪 70 年代的能源危机，以及 20 世纪 80 年代自由贸易区域之间的陷阱，这些紧张局势使加拿大宪政改革陷入旷日持久的联邦和省级之间的谈判。通过这一漫长的宪法谈判，魁北克省与其他省份均有不同程度的支持，压制联邦拨款权力的限制。最后，国家未能达成新的宪法模式，拨款权力没有正式的限制。但联邦政府的社会作用越来越处于防御性地位。

结果是社会计划削减和重组时代的到来。20 世纪 80 年代，社会政策的变化是相对渐进的，但在 20 世纪 90 年代，一些计划大幅削减，另一些计划进行复杂的重组。这是加拿大的新自由主义时期，从战后时代遗留下来的社会架构在许多重要方面进行了重新设计。事实证明，急剧性紧缩的政治窗口只开放几年。到了 20 世纪 90 年代末和 21 世纪初，联邦预算已转为顺差，公众反对福利再次被软化，两级政府都开始在社会部门进行再投资。然而，建立于 20 世纪 90 年代的计划削减的新轨迹已被证明理性持久。始于

2008 年底的经济衰退代表政府压力的测试，把聚焦点放在社会福利安全网的较大差距上，但是，经济衰退并没有导致社会福利的重大转向。政府对于回应更大失业做出的轻微和临时调整感到满意，否则就会停留在20世纪90年代的进程中。

社会计划的重组和随后再投资的影响，从一个计划到另一个计划差别很大。一些计划没有受到20世纪90年代福利削减的影响，更好地为21世纪的再投资服务。联邦制是福利计划缓冲过程的一部分，制约福利削减，但是早期是制约福利扩张。然而，社会政策很大程度上仍然取决于联邦制的运作模式。

（一）古典联邦制和专属的联邦计划

古典联邦制对社会政策的变革之风没有提供缓冲区，联邦决策者不受政府间关系的约束，在他们自己的管权范围内重组计划，其结果忠实地反映了不同群体选举的重要性。退休人员和儿童相对得到保障，失业者遭受重创。

养老金几乎毫发无损。1985 年，保守党提出老年金（OAS）部分非指数化，但面对愤怒的老年选民迅速退缩。十年之后，自由党政府试图用综合收入测试的老年人福利取代老年金和收入保证补贴（GIS），但面对来自左翼的妇女团体，新民主党和右翼的投资经纪人担心这会侵蚀对退休储蓄的激励，放弃了这个想法。唯一幸存下来的变化是来自高收入的老年人通过税收体系用更隐蔽的措施"夺回"老年金。然而，这项措施仅仅影响5%的老人。

在重组时代，儿童福利实际上是扩大了。在20世纪80年代和90年代，经过一系列长期的曲折的动作，普遍性的家庭津贴消失了，改成儿童税收福利，是一项收入测试的支付，是对有孩子的低—中收入家庭的补助。随着20世纪90年代末财政地位的提高，自由党政府优先考虑增加福利。在这个进程中，随着省级社会救助和社会服务的相关变化，以及省政府协调增加福利，联邦政府暂时离开单边主义。然而两级政府协调的努力很大程度上是虎头蛇尾。十年后随着联邦一级政府的变化，单边主义迅速再现。2006年，新当选的保守党政府改弦易辙，重新推出一项对所有年幼儿童家庭的普遍性津贴，作为对儿童照顾的部分办法。在旧时代，联邦政府不存在事先和各省协商的情况。

然而，失业保险一次次遭受无情的削减。失业保险替代率从 1971 年高峰期的 66% 减少到 1978 年的 60%、1993 年的 57%，1994 年，一些工人的失业保险替代率减少到 55%，重复享受失业津贴者的失业保险替代率减少到 50%，尽管一些受助人略有增加家庭补助，抵消了一部分影响。到 1996 年，现已改名为就业保险（EI）的替代率和 1940 年相似。此外，日益严格的领取资格要求促使实际领取失业津贴的受益人的比例大幅下降[2]。面对始于 2008 年的经济衰退期，联邦政府调整了一点失业福利，失业津贴的领取期限暂时延长到最长五个星期。福利的扩展与其他计划的特点相结合，稍微加强了经济衰退的受害者的收入保障。但是，图 2 表明，即使在经济衰退期的 2009 年，只有少于一半的加拿大失业者领取失业救济金。

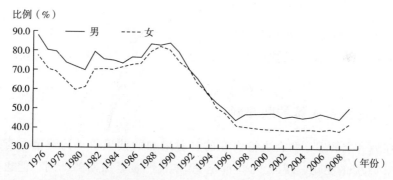

图 2　加拿大失业者得到就业津贴的比例，按性别比（1976～2009 年 11 月）

联邦在失业保险这个计划上的自由裁量权的主要制约因素是地方主义政治。在许多国家，减少失业福利的建议使政治家和有组织的劳工发生对抗；在加拿大，最有效的削减福利的对手是来自贫困地区的政治家。仪式化的政治舞蹈被重复多次：保守党和自由党政府都建议削减福利，大西洋加拿大和魁北克的后座议员展开激烈反抗；这些地区的省政府支持他们的抗议；政府以减轻贫困地区压力的方式妥协。当政府没有足够的妥协，他们将付出政治代价。在 1997 年大选中，自由党在大西洋加拿大和魁北克省东部遭受了重大损失，很大程度上是因为削减失业福利。政府吸取了这个教训：就在 2000 年选举前，扭转了打击东部加拿大的新规则。相比之下，较富裕的省份，如安大略省和不列颠哥伦比亚省的失业较少得到政治保护。其结果是：享受福利的资格要求和福利期限出现越来越大的地区差异。图 3

显示了 2009 年经济衰退的最严重期的变化程度。

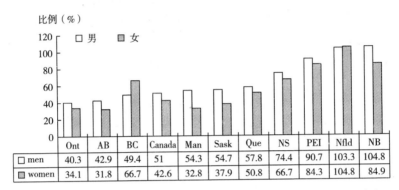

比例（%）

	Ont	AB	BC	Canada	Man	Sask	Que	NS	PEI	Nfld	NB
men	40.3	42.9	49.4	51	54.3	54.7	57.8	74.4	90.7	103.3	104.8
women	34.1	31.8	66.7	42.6	32.8	37.9	50.8	66.7	84.3	104.8	84.9

图 3　加拿大失业者得到就业津贴的比例，按各省和性别比（2009 年）

专属联邦计划的所有这些变化对省级社会救助计划有重要的影响。在儿童福利方面，除了短暂的努力协调外，在变化的进程中省级政府很少参与。

（二）联合决策的联邦制

在另一个极端，联合决策内在的日益增加的共识驱动的逻辑，有助于制约 C/QPP 的变化，缓冲了 20 世纪 90 年代严重紧缩期的计划，但也阻挡了 21 世纪的福利扩张努力。

在 20 世纪 90 年代，精算报告提出了关于养老金计划的长期财政状况的问题，引发了关于养老金不可持续性的广泛言论。最后养老金的调整很大程度上有助于稳定社会计划。联合决策不是唯一起作用的因素。养老金的选举敏感性在老年金个案中很明显，在 C/QPP 方面，同样无疑是重要的。缴费型养老金创造了细微调整的机会，这些调整在短期内，选民是看不见的，但从长期来看有重大影响（Myles and Pierson，2001）。事实是，利用这些机会主要是加强而不是削弱计划，部分是由于政府间共识的需要。

1996 年，加拿大提出一项政府间的评论，发布一项关于联合讨论养老金改革方案的文件（Canada，1996）。然而，谈判从一开始就集中在一个狭窄的方案范围，而激进的变化，从来没有认真地考虑过。魁北克省宣布，它们将不考虑显著减少福利，这个立场得到萨斯喀彻温省和不列颠哥伦比亚省新民主党政府的支持。延长退休年龄，C／QPP 的私有化或转向个人账户的鼓吹者发现这与他们的想法没什么共鸣。最后，联邦和各省政府同意10年内加速增加个人缴费率，从收入的5.5%增加到9.9%，投资股票的增加收益，希望进一步加强该计划的长期资金。一些福利得到适度微调，两个新民主党（NDP）政府拒绝签署最终协议。然而，政府并没有尝试更急剧性的福利裁减，最终的变化在很大程度上稳定了退休收入体系中缴费型养老金的作用（Little，2008；Béland and Myles，2005）。

到2009~2010年，养老金政治的周期又转向到扩张方向。新的证据清晰地表明，中等收入的加拿大人为他们的退休生活、私人养老金和个人储蓄没有攒够钱，政府曾希望填补鸿沟，但它并没有这样做，如果做的话，它们的作用也有限。对此回应是另一个驱动力扩张 C/QPP，加强加拿大人的平均退休收入保障。最初，这个建议由联邦政府以及相当数量的省份支持。然而，阿尔伯塔省，从一开始就坚决反对扩张。就在2010年12月关于讨论这个问题的政府间重要会议之前，六省发表了联合声明，支持 CPP 的扩张，但其他两个省份加入了阿尔伯塔省的反对行动（Curry and Howlett，2010）。

结果反映了联合决策联邦制独特的决策规则。如果 CPP 根据古典联邦模式运作，联邦政府可以自己采取行动。如果 CPP 按分担成本计划建立的规范运作，联邦政府和六省的支持就已经足够可以行动了，然而，在联合决策的联邦制下，需要一个特殊的政府间协议，现在缺乏这个。会议前一天，联邦财政部长"惊讶了他的同事们"，放弃"他曾亲自倡导6个月的想法"，理由是缺乏政府间共识。在这次会议上，各政府同意再次尝试鼓励自愿储蓄的办法。因此，在十年内，联合决策联邦制曾两次发挥它的魔力，帮助限制 C/QPP 的削减和扩张。

（三）分担成本的联邦制

近年来最激烈的联邦-省政治是围绕分担成本的计划，为减轻压力避免相互指责提供了充分的机会。总体模式是联邦一级的单边主义，被全国各省无情地推回，最终由联邦政府再投资。这些政府间的动力机制促成医疗保健的核心部门的基本政策模式相对稳定。

这些冲突的阶段，实际上早在1977年就已开始，当时联邦政府引入整笔补助金（block grant），以回应传统的成本分担形式的挫折。联邦政府开始关注开放式承诺，支付一半昂贵的省级计划的成本，降低了自己的预算控制权。各省政府抱怨分担成本的计划扭曲了省级优先权，把它们锁定在关于具体计划是否符合联邦支持的无休止的争论中。经过广泛谈判，两级政府同意转移到一个给医疗和中学后教育的整笔补助金。联邦政府获得了更大的财政控制权，同时，省政府获得了更大的自由度。虽然正式的联邦医疗计划的附加条件仍然存在，但各省能够分配它们认为合适的联邦资金。事实上，没有明确的要求规定资金实际上要用于医疗和中学后教育。

　　然而，随着时间的推移，各省要付出高昂的代价换取额外的灵活性，由于联邦政府不再承诺支付省级计划的一半费用。在开始时，联邦政府的财政支持增加和经济总体增长的速度挂钩。但是，由于联邦赤字增加，渥太华多次做出单方面削减：1986年，转移支付的指数化仅限于少于两个百分点的GDP增长，1990年，该转移支付整整被冻结绝对值四年；1995年预算把加拿大救助计划合并成更广泛的整笔补助金，被称为加拿大医疗和社会转移支付（CHST），大幅下调支付给各省的现金。这些变化，是联邦政府在秘密设想和没有预警的强加情况下发生的，激起了各省之间痛苦的反应，严重侵蚀了在它们眼里联邦作用的合法性。在此之后，各省政府按另一套更强的决策规则和争端解决机制，实际上，努力转变更接近联合决策的模式。经过漫长的谈判后，除了魁北克以外，联邦政府和所有省级政府同意社会联盟框架协议，其中包含了一套指导社会政策中政府间关系的原则和程序[3]。但该协议未能得到各省的关注，并且长远影响不大。结果，分担成本的联邦制的作用仍然有争议（Bakvis et al, 2009）。

　　这些政府间紧张关系的影响因社会计划不同而不同。就像在扩张期，医疗保健和社会救助之间的对比再次显示，关键的区别是联邦政府在何种程度上继续致力于政策的作用。

医疗保险

　　在医疗保健的情况下，分担成本的联邦制有助于缓冲普遍性福利模式的变化压力。联邦政府，尤其是当自由党当权时，把自己界定为获得平等医疗保健的担保人，抵制各保守省政府努力引进使用者付费或增加私营部门在核心医疗服务中的作用。投票后民意调查显示，加拿大人强烈支持现有的医疗保健系统，联邦自由党能够调动与各省冲突的意见。联邦卫生部长同省政府艰难地谈判，也反映了政府间财政的残酷现实。在整笔补助系统下，联邦国库不直接受省级医疗支出变化的影响，因此，没有承担保护全民医疗保健的相关财政成本。结果，联邦卫生部长更自由地捍卫普遍性和可及性的原则，实际上，这样做是减少转移资金到各省。

这个情况展现在几个举动中。就在 1984 年竞选前，联邦自由党把它们党的思想渗透到加拿大《医疗法》（CHA）中。在 20 世纪 80 年代初期，越来越多的医生除了他们从省医疗保险计划得到工资外，开始向患者收取额外费用，这种做法被称为"额外计费"。与此同时，一些省份开始挑逗，提出患者的住院费用的想法。联邦自由党反对这两种抑制平等地享有医疗保健的做法，加拿大《医疗法》规定禁止使用者付费和所有服务点收费。所有省政府反对加拿大《医疗法》，但它非常受选民欢迎，在众议院和参议院一致通过。

联邦政府继续处罚各省，从各省许可的费用中预扣了共 2.47 亿美元。然而，财政处罚并没有大到足以促使省政府同意。真正的制裁是政治性的。各省选民支持《医疗法》的原则，当他们的省政府被宣布为违反其条款时，他们很伤心。各省转为同意《医疗法》，面临与医学界艰难的谈判，它们要求禁止额外计费的补偿。安大略省忍受了广大医生 25 天的罢工，萨斯喀彻温省的医生轮流举行为期一天的罢工。在一些省份，医生得到了重要的财政收益，这些费用各省必须自己承担。但到了 20 世纪 80 年代后期，所有省份在很大程度上同意《医疗法》（Tuohy，1994）。20 世纪 90 年代中期，见证了这个周期的重复，这个时代集中在私人诊所提供专业的医疗服务，如白内障手术，以及收取"设施费"。联邦自由党政府于 1995 年挑战这些医疗费用，最后，大部分省很不情愿地转为同意禁止收取这些费用。

和强有力的政策作用相比，联邦的财政作用在 20 世纪 80 年代和 90 年代稳步下降。联邦作用被侵蚀的程度取决于如何定义"真正的"联邦贡献。整笔补助金在 1977 年引进的时候，联邦转移分为年度现金转移支付和税点转移支付（其中涉及联邦政府降低其税收和各省提高相同数额的税收）。结果是对联邦分担份额的大小展开激烈争论。渥太华坚持自己的贡献包括现金支付和来自 1977 年税点转移的财政收入。各省回应说，税点只是现在省级税基的一部分，联邦的贡献只限于现金。表 1 显示了急剧性的差异：各省只看第一栏，渥太华集中在最后一栏。然而，无论怎样计算，联邦分担医疗支出的份额在 20 世纪 80 年代和 90 年代有所下降，在世纪之交触底反弹。

表 1　联邦医疗保健的转移支付占省医疗支出的百分比（1975 ~ 2010 年）

年　份	现　金	税　收	总　计
1975	41.3	—	41.3
1977	25.2	17.1	42.3
1980	25.3	17.7	43.7
1985	23.8	15.6	39.7
1990	17.9	16.0	33.9
1995	16.4	15.8	32.1
2000	12.8	16.5	29.3
2005	22.4	13.2	35.6
2010	20.3	10.4	30.7

数据来源：由加拿大财政部提供，根据联邦转移支付的数据计算。省级医疗支出的数据来自加拿大医疗信息研究所，2010。

各省政府处于日益增长的医疗费用和下降的联邦转移支付的夹缝中。紧接着，它们压缩医疗支出，1992 ~ 1997 年平均每年减少 2%（Fierlbeck，2001 年）。然而，这样强烈的限制是难以维持的。从 20 世纪 90 年代末开始，报纸越来越多地报道描述了医疗系统的衰退：医院病房关闭，获得新技术缓慢，职员水平下降，非急诊外科手术等候时间的争议，以及拥挤的急诊室。此外，民意调查表明，加拿大医疗保健系统的公众信心下降比其他西方国家更为迅速（Schoen，2002）。在政治上已经达到不能再继续紧缩的边界了。

毫不奇怪的是，各省政府开始反抗。它们发起持久的公众运动，指责渥太华医疗保健的侵蚀和要求联邦政府再投资。随着联邦财政医疗在 20 世纪 90 年代末的回归，渥太华的再投资，1999 年、2000 年、2002 年、2004 年的拨款明显增加。2004 年的协议尤为重要，为增加协议期间的联邦转移支付，渥太华提供了一个重大的即时现金注入和以商定的形式建立了一个十年医疗计划。

实际上，20 世纪 90 年代联邦医疗支出削减，之后，渐渐地部分逆转（见表 1）。这些联邦转移支付增加并没有解决政府间的紧张局势，各省政府拒绝了联邦政府优先考虑的具体改革或给予附加条件的新资金。直到 2004 年，各省准备和联邦政府签署一份联合计划。即使这样，魁北克坚持一个单独的协议，其他省份坚持它们唯一的责任不是向渥太华，而是向它们自己的公民汇报进展情况。

尽管局势紧张，但两级政府仍然锁定在一个怀抱，倾向于保护医疗保健核心的变化的压力。从表面上看，加拿大医疗体系的基本参数的稳定性是惊人的。加拿大没有经历过像南部边境那样由健康维护组织和以营利为目的的连锁医院造成的革命，也没有经历过像英国国内市场的试验。目前还不清楚这些缓冲作用是否会持续，作为分担成本模式的挑战正在不断增加。魁北克长期以来一直主张向古典联邦制转变，要求额外税收空间转移给各省，以消除联邦的现金转移。一些以英语为母语的加拿大分析师表示同意。例如，保守派往往抱怨联邦现金转移使得省政府不得不对医疗保健作出艰难的选择，阻止私营部门和护理配给价格发挥更大的作用（Boessenkool，2010）。此类对分担成本机制的攻击可能走到头了，在这期间，对现有的医疗计划的政府间协议的续约进行谈判，该协议在 2014 年到期。

分担成本联邦制的缓冲作用从来不是绝对的。随着在魁北克和其他地方提供磁共振诊断服务的私人诊所的开设，私营部门的作用在 2004 年重新显现（Langhi，2004）。即使在更加分权的保守党政府 2006 年选举前，联邦政府没有像以前那样填补医疗资金缺口。加拿大在医疗保健方面最后有可能进入一个公共部门和私营部门的新混合。但分担成本联邦制的趋势，更倾向于国家朝着一个更渐进的过程，对于一个国家作为一个整体发生的社会政策重大变化，需要高层次的共识。

社会救助

和医疗保健对比，社会救助领域可看出政府更直接的分权，引发从分担成本联邦制过渡到古典联邦制，消除政府间的缓冲作用。虽然社会救助计划的资金没有被列入 1977 年的整笔补助金，但是完全成本分担导致 20 世纪 90 年代受害者进入对抗联邦赤字的斗争。1990 年，联邦保守党政府单方面对三个最富裕的省份实行社会救助计划的法定上限（"cap on CAP"），限定为每年 5% 增长的联邦贡献。随着不久之后严重的经济衰退，联邦政府在这些省份福利开支的份额大幅下跌，几年之内，安大略省政府报道，渥太华只贡献 28% 的福利开支（Courchene and Telmer，1998）。最后一步的到来是在 1995 年，当随后的自由党政府一起废除社会救助计划，滚动支持社会救助转为加拿大医疗和社会转移支付（CHST）。这个变化大大增加了省级自由裁量权，因为联邦政府的资金不再专门用于社会救助。渥太华也抓住机会消除省级计划的要求，回应所有有"需要"的人并维持上诉程序的要求。只有省级居住的限制要求仍然存在，即使这个小小的规定也难以执行。

和医疗保健对比，联邦政府接受了可持续的责任，而联邦政府几乎完全放弃社会救助，使各省更难推回。许多社会政策鼓吹者预测，政府分权将使社会救助加快进入福利谷底。虽然社会救助计划从来没有设置国家福利率，但他们认为，成本分担保护了社会救助，因为省级财政主管将获得只有一半由福利削减所产生的节省。他们也认为，社会救助计划要求省级帮助所有有"需要"的人，排除了在美国出现的更加严厉的工作福利形式和领取福利的期限限制。

事实上，福利是在削减。例如，在 1996 年，安大略省新当选的保守党政府削减了 20% 的福利，其他地方福利削减更大。一如往常，很难隔离政府分权的影响。在国家层面，福利削减的趋势开始于 1992 年，最后取消社会救助计划的法定上限（the cap on CAP）和社会救助计划，一项关于发展趋势的仔细研究得出结论，福利是驼背型的（Boychuk，2006）。此外，福利水平趋于稳定，尽管 21 世纪在较低的水平（National Council of Welfare，2010）。但是，享受福利的资格的后果是清晰的。受益者受到越来越多的强迫就业计划，并在安大略省推出了家庭资产的抵押权。最严厉的一步是在 2002 年，不列颠哥伦比亚省推出享受福利的时间限制，对无子女的受雇者任何一个 5 年期内限制为两年的支持。随后的福利调整减少了受显著影响的人口数目。但是，所有这些规定将被社会救助计划禁止。

小结

战后，社会政策的新政治流经三种不同的制度过滤器，这有助于解释不同社会计划削减的不均衡影响。专属的联邦计划，充分显示了中间派政治的转变趋势，伴随着与老人、儿童和失业者长期的不同命运。与此同时，联合决策的联邦制帮助保护缴费型养老金。分担成本的联邦制帮助缓冲医疗保健的基本模式，但适度的保护使得社会救助倒塌，社会救助计划的取消更充分地显示了受助人在各省的政治压力。有趣的是，这些变化的累积影响加深了加拿大社会政策核心的脱节。收入保障更加坚定地转向有限的、选择性的模式，如失业福利和社会救助被削弱，儿童福利转向收入测试。相比之下，普遍性的医疗保健模式一直坚挺着，如果有点焦头烂额问题的话是在医院和医生的服务方面。加拿大福利的这两个趋势进一步拉开。

结　论

　　加拿大联邦包含了三种独特的联邦制模式，每一种模式改变政府的职权范围，政府之间的权力得到重新分配，要求不同程度的政府间的共识行动。在任何时间点上，扩张和紧缩年代，同一个联邦政府和省政府在同样的政治环境下根据不同的规则塑造不同的社会计划。这些模式在加拿大福利国家留下了它们的印记。因为它们作为制度的过滤器，流经更广泛的政治和经济压力，很难精确隔离它们对政策结果的独立影响。然而，可以识别镶嵌在每一种模式的激励和约束，并决定其影响社会政策的方向。至少，联邦制的三种模式仍然是解释加拿大一些社会政策谜题的重要部分，包括最近几十年，收入保障、医疗保健和重组的不均衡影响的不同思想轨迹。

　　本文采用规范性标准评估三种联邦制——绩效、有效性和合法性——产生一个混合报告。古典联邦模式几乎可以定义为最接近于传统的联邦原则，在应对地区多样性的有效性问题上大概得分最高。问题总是，这种模式是否建立了社会公民的要求——所有加拿大人不论他们住在何处都应该享有平等的社会权利，以及福利的信念和联邦应加强社会福利的地区差异范围的信念之间的适当平衡。相比较而言，加拿大的福利国家倾向于给予更大范围的地区差异；几乎所有其他发达民主的联邦国家更多看重公民的平等待遇（Banting, 2006；Obinger, Leibried and Castles, 2005）。导致更大的地区差异主要是因为联邦政府在社会政策中发挥较小作用，更多的计划属于省政府的专属权限。但福利的地区差异反映了地区主义倾向蔓延到一些联邦计划的设计。古典联邦模式最大的失败无疑是联邦就业保险计划。在任何联邦，发放社会计划的基本原则是为了确保公民不论他们住在何处，在相同情况下享受同样的待遇。根据这个标准，联邦失业计划的失败很引人注目。

　　在另一个极端，联合决策模式也可以被看作联邦制另一个模式强有力的版本。正如我们所看到的，其效果是一直缓冲加拿大养老金计划和魁北克养老金计划来自民主政治内在变化的压力。该模式的捍卫者可能会注意到，随着时间的推移，通过联合决策产生的挫折同样在福利国家的倡导者和反对者中出现。在战后的几十年中，福利扩张的倡导者对该方案感到绝望，在紧缩时代，私有化的倡导者面临类似的失望。在 21 世纪，扩张主义的挫折再次出现。联合决策的捍卫者也认为，在养老金领域优先保持稳定发展是有道理的，因为那里的政策需要长远的考虑。实际的方案无疑过于苛刻；没有理由认为缴费型养老金应该比宪法的大部分内容更加难以改变。然而，该模式生成政府间的合法性，同时，该模式管辖的计划享有强大的民意支持。

我们面临的最大困难是分担成本联邦制领域。这种模式的合法性受到越来越大的挑战，特别是在医疗保健方面。加拿大的医疗保健联邦干预比任何发达联邦国家包括美国和瑞士要少且不具体，然而其干预产生更多的政府间怨恨（Banting and Corbett, 2002）。由于缺乏认同的联邦-省决策规则，以及单边主义和 20 世纪 90 年代的破裂，国家付出了高昂的代价。正如我们看到的，社会联盟框架协议未能得到省级考虑，令那些把它看作一种重建政府间信任机制的人感到失望。

毫无疑问，三种联邦制模式之间的平衡像过去一样将在未来演进。分担成本模式在未来的日子里可能起较小的作用，但只要加拿大人期待联邦和省两级政府回应他们面对的社会问题，很难设想三种模式的任何一种从社会政策的世界完全消失。很可能加拿大福利国家变化的压力将继续流经三种不同的制度过滤器，每一种都有它自己对未来的影响。

注释

1. 随着 1982 年宪法法案第 36 条的列入，均衡补助有了具体的宪法基础，不再依靠联邦拨款权力。

2. 在大西洋加拿大地区的数字偶尔超过 100%，是因为劳动力调查计算失业人口的方式。有些定期支付就业保险（EI）的受助人工作了几个小时，被认为是就业而不是在劳动力调查中的失业。一些受助人被认为是退出劳动力市场，而不是失业，因为劳动力调查所使用的确定标准是他们在过去几周是否积极寻找工作和没有积极寻找工作的原因。

3. 通过社会联盟框架协议的谈判，魁北克采取了和其他省份不同的立场，赞成古典联邦模式的自治权，而不是一个共同决策的缜密系统。简单地达到省级共识，条件是任何省份都将有权完全退出任何政府间的协议，并且得到充分的财政补偿。当这一规定在最终协议中被确认，魁北克拒绝签署。

参考文献

Bakvis, H. , G. Baier and D. Brown. （2009）. *Contested Federalism: Certainty and Ambiguity in the Canadian Federation.* Don Mills: Oxford University Press.

Banting, K. （2005）. "Canada: Nation-building in a Federal Welfare State". In *Federalism and the Welfare State: New World and European Experiences*, ed. H. Obinger, S. Leibfried, and F. Castles. Cambridge: Cambridge University Press.

——. （2006）. "Is a Federal Welfare State a Contradiction in Terms?" In *Democracy and Devolution*, ed. S. Greer. London: Palgrave/Macmillan.

——and R. Boadway. （2004）. "Defining the Sharing Community: The Federal Role in Health Care". In *Money, Politics and Health Care: Reconstructing the Federal-Provincial Partnership*, ed. H. Lazar and F. St-Hilaire. Montreal: Institute for Research on Public Policy.

——and S. Corbett. （2002）. "Health Policy and Federalism: An Introduction". In *Health Policy and Federalism: A Comparative Perspective on Multi-Level Governance*, ed. K. Banting and S. Corbett. Montreal and Kingston: McGill-Queen's University Press.

Béland, D. , and J. Myles. （2005）. "Stasis Amidst Change: Canadian Pension Reform in an Age of Retrenchment". In *Ageing and Pension Reform Around the World: Evidence from Eleven Countries*, ed. G. Bonoli and T. Shinkawa. Cheltenham: Edward Elgar.

Boessenkool, K. （2010）. "Fixing the Fiscal Imbalance: Turning GST Revenues over to the Provinces in Exchange for Lower Transfers. " *SPP Research Papers*, Vol. 3, Issue 10. December. Calgary: University of Calgary, School of Public Policy.

Boychuk, G. （1998）. *Patchworks of Purpose: The Development of Provincial Social Assistance Regimes in Canada.* Montreal and Kingston: McGill-Queen's University Press.

——. （2006）. "Slouching Toward the Bottom? Provincial Social Assistance Provision in Canada, 1980–2000". In *Racing to the Bottom? Provincial Interdependence in the Canadian Federation*, ed. K. Harrison. Vancouver: University of British Columbia Press.

Canada. 1975. Canada Pension Plan Advisory Committee, *The Rate of Return on the Investment Fund of the Canada Pension Plan.* Ottawa: Minister of Supply and Services Canada.

——. （1991）. Health and Welfare Canada, Program Audit and Review Directorate, *Evaluation of the Canada Assistance Plan.* Ottawa: Health and Welfare Canada.

——. （1996）. *An Information Paper for Consultations on the Canada Pension Plan Released by the Federal, Provincial and Territorial Governments.* Ottawa: Department of Finance.

Canadian Institute for Health Information. （2010）. *National Health Expenditure Trends*, 1977 *to* 2010. Ottawa.

Courchene, T. , and C. Telmer. （1998）. *From Heartland to North American Region State: The Social, Fiscal and Federal Evolution of Ontario.* Toronto: Faculty of Management, University of Toronto.

Curry, B. and K. Howlett. （2010）. "Pensions Dominate Summit Agenda," Toronto: *Globe and Mail*, 20 December, p. A1.

Fierlbeck, K. （2001）. "Cost Containment in Health Care: The Federalism Context". In *Federalism, Democracy and Health Policy in Canada*, ed. D. Adams. Montreal and Kingston: McGill-Queen's University Press.

Guest, D. （1997）. *Emergence of Social Security in Canada*, 3rd edition. Vancouver: University of British Columbia Press.

Hogg, P. （2001）. *Constitutional Law in Canada.* Toronto: Carswell.

Jean, D. （1992）. "Family Allowances and Family Autonomy". In *Canadian Family History*, ed. B. Bradbury. Toronto: Copp Clark Pitman.

Kent, T. （1988）. *A Public Purpose: An Experience of Liberal Opposition and Canadian Government.* Montreal and Kingston: McGill-Queen's University Press.

Langhi, B. （2004）. "Stop Clinics from Billing their Patients, Quebec Told", *Globe and Mail*, 10 Feb. : A4

Lazar, H. , F. St-Hilaire and J. -F. Tremblay. （2004）. "Vertical Fiscal Imbalance: Myth or Reality?" In *Money, Politics and Health Care: Reconstructing the Federal-Provincial Partnership*, ed. H. Lazar and F. St-Hilaire. Montreal and Kingston: Institute for Research on Public Policy and Institute for Intergovernmental Relations, Queen's University.

Little, B. （2008）. *Fixing the Future: How Canada's Usually Fractious Governments Worked Together to Rescue the Canada Pension Plan.* Toronto: University of Toronto Press.

National Council of Welfare. （2010）. *Welfare Incomes* 2009. Ottawa.

Myles, John and Paul Pierson. （2001）. "The Comparative Political Ecoinomy of Pension Reform." In *The New Politics of the Welfare State*, ed. Paul Pierson. Oxford: Oxford University Press.

Obinger, H. , S. Leibried, and F. Castles, eds. （2005）. *Federalism and the Welfare State: New World and European Experiences.* Cambridge: Cambridge University Press.

Pal, L. （1988）. *State, Class, and Bureaucracy: Canadian Unemployment Insurance and Public Policy.* Montreal: McGill-Queen's University Press.

Quebec. （1956）. Royal Commission of Inquiry on Constitutional Problems in the

Province of Quebec, *Report* (The Tremblay Report), Vol. 2. Quebec：Province of Quebec.

Schoen, C., R. Blendon, C. DesRoches, and R. Osborn. (2002). *Comparison of Health Care System Views and Experiences in Five Nations*, 2001. New York：Commonwealth Fund.

Simeon, R. (1972). *Federal-Provincial Diplomacy：The Making of Recent Policy in Canada*. Toronto：University of Toronto Press.

Struthers, J. (1994). *Limits of Affluence：Welfare in Ontario*, 1920 – 1970. Toronto：University of Toronto Press.

Taylor, M. 1987. *Health Insurance and Public Policy in Canada*, 2nd edition Montreal and Kingston：McGill-Queen's University Press.

Tuohy, C. (1994). "Health Policy and Fiscal Federalism". In *The Future of Fiscal Federalism*, ed. K. Banting, D. Brown and T. Courchene. Kingston：Queen's University, School of Policy Studies.

词汇表

1. 整笔补助金（block grant）是指政府间资金的转移支付，补助金额与接受政府的实际支出水平无关。一个例子是加拿大医疗转移支付，是由联邦政府确定，和实际省级医疗保健支出没有直接关系。

2. 缴费型养老金（contributory pension）指的是一种养老金计划，福利的资格条件和福利水平由就业期间个人和他或她的雇主的缴费多少决定。加拿大养老金计划是缴费型养老金（也是社会保险）。

3. 非指数化（deindexization）指的是去除福利水平的自动提高，以补偿通货膨胀的影响。

4. 收入测试（income-tested）指的是这样一种福利计划，当受助者的其他收入增加了，福利支付的范围削减。一个例子是收入保证补助，是由加拿大低 – 中收入的老人享受。

5. 选择退出（opt out）指的是允许一个省从联邦 – 省分担成本的计划中退出，但仍收到联邦政府同等的支付。

6. 选择性计划（selectivist）指的是只给有需要的个人提供收入或服务的计划。选择性计划和提供给所有个人的福利的普遍性计划相区别。选择性计划的一个例子是社会救助。

7. 社会救助（social assistance），通常被称为"福利"，是提供给没有足够的所有其他收入来源的个人。在加拿大，社会救助是由省政府提供（在安大略省，是市级救助）。

8. 社会保险计划（social insurance program）是一个缴费型计划，享受福利的资格条件和福利水平取决于就业期间个人和他或她的雇主缴费多少。最主要的例子是就业保险和加拿大养老金计划（见缴费型养老金）。

9. 否决点（veto points）指的是一个决策系统，这个系统需要一些政治上的独立代理人或代理机构的支持，从而给每个代理人或代理机构以阻止或"否决"修改建议的能力。

作者单位：加拿大女王大学政策研究学院
译者单位：广州大学公共管理学院

政务中国

信仰转型与中国改革[*]

李向平

摘　要：本文基于信仰社会学的研究方法，认为"信仰"概念是目前中国社会使用最广泛，同时也是最有歧义的词汇之一。因此，人们在批评社会现象、祈求深入改革之时，常从信仰层面着眼，以至于把政治、社会问题与信仰关联，最后呈现了以民族民粹主义、国家主义、政党基要主义为特征的三大信仰思潮，由此构成了当代中国的"瓶颈式"改革难题，并且使"信仰"成为中国问题。文章认为，之所以会呈现这些信仰思潮，主要在于以"主义信仰"为特征的革命党信仰模式尚未完成向执政党信仰模式转型，难以践行法治信仰。为此，中国信仰问题之彻底解决，应该是公共权力的核心信仰理性化，超越"信仰论政治"模式，建构政党国家对法律与宪政的信仰，进而完成信仰模式转型。

关键词：中国改革　信仰危机　社会思潮　信仰转型

改革开放三十多年来，信仰危机问题如影随形，经济发展成就备受关注，而与此紧密联系的信仰问题也一直是中国社会各方面舆论与道德焦虑的核心。特别是伴随着中国经济的巨大发展与社会变迁的深层表现，利益分化、共识断裂的现象格外严峻。因此，在这样一个利益分化却又要求深化改革的时代，信仰概念呈现为一个非常多元的现象，政治信仰、民族信仰、宗教信仰、文化信仰、国家信仰……与此同时，面对当下以及未来十

---

* 本文为国家社科基金重大研究项目《现阶段我国社会大众精神文化生活调查研究》（12&ZD012）及《中国民间信仰研究》（10&ZD113）阶段性成果。

年中国发展道路的讨论，有关信仰的问题也得到格外关注。因此，中国改革开放事业的深度发展，必然推进中国信仰的重新建构；而中国信仰的重新建构，当然也是深入改革的重要动力。

理性而深入地研究、讨论当代中国信仰，对于中国社会形成价值共识、执政党合法性的建设与信仰转型、社会诚信的构成、中外文化观念的进一步汇通、中国社会文化的建设与繁荣，均非常重要。

在超越固有宗教学领域的基础上，我们从信仰社会学维度反思当代中国改革开放诸问题，认为当前中国涌现以民族民粹主义、国家主义、政党基要主义为特征的三大信仰思潮，均与经济发展而信仰结构未能转型密切相关，由此构成了当代中国的"瓶颈式"改革难题。究其问题根源，主要出自"主义信仰"的革命党信仰模式尚未完成向执政党信仰模式转型，难以践行法论信仰。为此，中国信仰之最彻底的问题，乃公共权力的信仰核心，应是基于公共权力祛魅之后的理性化，超越"信仰论政治"模式，建构政党国家对法律与法治的信仰，进而使信仰转型成为社会文化建设与深入改革的深层动力。

本文拟从中国社会的三大信仰思潮、政治改革与信仰转型、民主法制建设的信仰动力、公民信仰与社会文化建设等层面的互动关系出发，研究与讨论当代中国的多元性公共信仰的构成及其特征，如何走出"信仰论政治"的固有模式，促使法律、法治成为社会普遍信仰，等等，借以梳理未来中国信仰的基本架构。

一 "信仰"作为中国问题

"信仰"概念，是目前中国社会使用最广泛，同时也是最有歧义的词汇之一。因此，人们在批评社会现象、深入改革之时，常从信仰层面着眼，以至于把其他社会问题与信仰关联。于是，当代社会舆论出现了与此紧密相关的三种观念：首先是始于 20 世纪 80 年代的信仰危机论，其次是议论多年的信仰缺失论，再次是近年来呈现的信仰无用论。

信仰危机论，肇始于对"文革"时代信仰作为一种权力工具等信仰现象的反思，其主要原因是长期以来，中国虽有被称为"信仰"的政治教义，但并不存在真正的信仰，进而导致信仰现象的高度政治化。于是，当这种神圣教义与社会真实经验相互抵牾之时，信仰危机就不可避免。它以当时

《中国青年》发表的《人生的路为什么越走越窄》的文章为起因，以人活着有什么意义的问题为基点，对改革开放、社会变迁以及经济发展提出了一个普遍性的价值要求，即一个开放公正的社会须以信仰为基础，社会经济的发展须与信仰的构建同步。

信仰缺失论，基于一种怀疑主义。它不仅怀疑现实世界中的那些固有的价值观念，而且还彻底怀疑人类是否真能拥有长久和普遍的价值，怀疑那些充满了功利主义的信仰形式，最后把这种怀疑归因于信仰的根本不存在，同时也要求去建构一种新的信仰。一般是基于具有终极性和神圣性特征的宗教信仰判断，认为那种具有稳定且制度化的宗教信仰体系，方能给人以智慧，构成心灵上的抚慰，特别是能够基于宗教信仰进而构成一个社会普遍价值规范，基于信仰抽象建构为一个社会准则。至于信仰无用论，则是认为当代中国缺乏一个社会认同予以普遍支持的信仰体系。

信仰无用论，则是集中于对信仰之功利性或私人性的批评，认为那种以求神为依归的信仰方式，总是以"无事不登三宝殿"的信仰方式，局限于个人的现实利益欲求，在神人之间进行象征性的利益交换。就当前中国信仰的社会现状而言，这种功利性信仰诉求招致的批评最为严重。中国人目前不缺信仰，各种信仰形形色色、林林总总，不一而足。但这些信仰太缺乏社会认同，太私己、太个人化了，所以即便有信仰，却无法构成对社会人群普遍性的价值约束，为此，有信仰的，却局限于私人的神秘认同，实际上等同于没有信仰。

如此三类信仰评论，事关中国信仰现状与复杂多变的信仰关系。无论是危机论，还是缺失论或无用论，实际上是"信仰焦虑"综合征，表面上，学界与社会都在议论，中国虽有被称为"信仰"的政治教义，同时还有五类宗教信仰与形形色色的民间信仰，但并不存在真正的信仰（徐贲，2012）。

中国信仰之所以会呈现如此复杂混乱的现象，一方面，是因为中国语境之中的"信仰"概念很有歧义，各种定义甚至会构成冲突；一方面，也是由于经济发展超前、体制改革滞后导致人们对信仰规范的强烈期待，进而使信仰成为改革开放以及未来十年中国深度改革所面临的一个重大问题。难以想象，一个经济发展、政治民主的社会，能够建立在一个没有信仰或信仰混乱的价值基础之上。以至于说，一个具有普遍认同的信仰结构，才能够与一个经济发展、政治民主的社会紧密联系。

"在处理信仰问题上，中国人不似西方人，一定要把信仰置于宗教的范畴，把信仰视为对神的信仰，或者是以对神的信仰为中心，反而是把信仰作为生活之方法与智慧；既有对神的信仰，亦有人本信仰。这是因为，中国人对待文化、信仰，本不出自本体论、神圣目的论的进路，而是一种方法论"（唐逸，2005：406~407）。

所以，"中国的宗教和信仰往往不是单纯的宗教和信仰，他们常常被镶嵌在权力与秩序之中而难以得到一种纯粹的呈现形式"（李向平，2006：1）。依人依事，具体处理神人关系、神圣与世俗之间的关系，在这些关系之中，中国信仰构成了这样一种特点，它"并不确信或深究神圣意志的结构，以制度形式来表达人与神圣意志的交通，倾向于神人交往、日常实践、权力认同等形式来反复加强对某些权力神圣意志的确认和信仰"（李向平，2012）。因此，处于社会变迁与结构转型中的中国信仰，如果要实现相应的变迁与重建，就不仅是单纯的信仰，而是具有更加复杂丰富的社会权力内涵，特别是在历经重大改革、变迁的中国政治秩序之后，中国信仰模式才会呈现变迁与转型的可能。诚然，也正是因为三十年来权力与社会秩序的变迁与改革，中国信仰问题才呈现了当下的多重面向和多元视野。

中国社会具有一个信仰中心，类似于"帝国隐喻"（Sangren, Steven, 2000：93-109），甚至能够建构一种"象征权力"或"符号权力"①，使信仰对象能够神圣化，同时也囊括了所有中国人、中国宗教的信仰功能。无论是佛教、道教，还是后来的基督教等，虽然具有不同的信仰体系，但在这些信仰现象背后，它们大多能够汇总到这样一个信仰中心的结构之中，并以此信仰中心为圆点，并与国家权力紧密整合，依赖权力制度而具有了国家、民族的意识形态信仰特征。因此，中国人的信仰实践方式，常常是以此信仰中心作为一个联结方式，通过象征或符号权力等中介，在国家治理、意识形态、社会交往关系、人际伦理之中，建构社会变迁、权力建构、甚至是利益交往、社会共识的多重关系。

在中国人的信仰实践与信仰认同过程中，参与建构的往往有权力、哲学、意识形态、道德伦理、身份利益等诸多因素，潜在地分离出不同层面

---

① 符号权力是一种"神圣化"的权力，是使对象变得神圣的权力。斯沃茨：《文化与权力：布尔迪厄的社会学》，陶东风译，上海译文出版社，2006，第 55 页。

的信仰及其认同方式。为此，中国人的信仰构成，还表现在中国信仰的多重结构：官方信仰、学者信仰、宗教信仰、民间信仰、家族信仰等。这多重信仰关系，彼此贯通又相对独立，甚至出现上下冲突，前后脱节，很难用一个简单的判断来概括中国人的信仰特征。①

正如梁漱溟所说："宗教问题是中西文化的分水岭。"（梁漱溟，2005：46）强调的就是中国人的伦理关系本位与团体信仰实践方式为主的基督宗教的信仰方式不同。西方人一旦涉及信仰，大多归属于宗教；中国人却不一定。当然，即使在西方，宗教的概念也是一种"现代性构造"（威尔弗雷德·坎特威尔·史密斯，2005：353~375）。所以，在中国语境中讨论信仰问题，更应扬弃像"宗教"这样的词汇，代以"信仰"来研究中国相关问题，这样才能真正地以平等多元主义的立场看待中国信仰传统，更能抓住不同信仰及不同信仰传统之间比较与交流的真正问题。

二　权力信仰危机与改革瓶颈

不同的信仰，关键是在于不同建构过程；而在此建构过程之中，信仰建构中得以渗透进来的各种因素诸如权力、利益、身份、族群等，也同时会借助于信仰的建构而成了信仰的内涵。由此观之，那种始于20世纪80年代的信仰危机现象，实际上就是一种以象征权力作为信仰对象的危机，是这种信仰面对经济发展而消解了自身的神圣性所带来的危机，甚至是以经济发展替代了信仰，以为经济发展就是信仰本身。正是因为这种象征权力导致的危机，才能成为普遍性中国问题及其整个社会的信仰危机。而这个象征权力的信仰，曾经就是改革开放前的总体社会的神圣化与合法性结构。

所以，信仰曾经是权力的象征建构，那么，信仰危机就是象征权力建构过程的中断，以及这种建构能力的危机。在中国语境中讨论信仰问题，唯有进入信仰的建构及其实践过程才能抓住信仰问题的实质，以"信仰问

---

① 牟钟鉴、张践：《中国宗教通史》（下），社会科学文献出版社，2000，第1219~1221页。但其限于官方信仰、学者信仰、民间信仰三类，还应有家族信仰、宗教信仰、民族信仰、国家信仰诸类型。参李向平《信仰但不认同——当代中国信仰的社会学诠释》，社会科学文献出版社，2000。

题”为核心展开对中国问题的研究以及中国改革之深化。

当代中国社会的改革开放，正当面临一个巨大的再转型、再变迁。国家权力、经济发展、社会运作等模式，均需一个更深入的改革与开放。在此背景之下，不同社会力量都在寻找各种思想资源，以论证自身的改革话语——有向中国传统寻找思想资源的，一些人诉诸毛泽东时代的“新民主主义”，另一些人诉诸传统的“儒家宪政主义”；向西方寻求思想资源的群体则更多，包括民主派、经济自由主义者、新左派、民族主义等，不一而足。所有这些充满价值观的思想流派所强调的，都是中国的改革应当向哪个方向进行（郑永年，2012）。这些话语的建构，表面上似乎都不在讨论信仰问题，但均与中国信仰紧密相关。因为，信仰重建能够为中国的改革开放提供神圣化的象征权力。

面对如此现状，信仰问题既关乎个人的精神关怀、社会运行的价值规范，同时也是政治改革、深度开放的基本内涵，不得不呈现如此复杂的格局。以此层面而言，信仰危机现象事关国家建设与中国认同，早已是中国未来体制改革的重大问题，不可一再忽视。

改革开放以前，中国被看作一个依凭意识形态信仰整合起来的社会，主要依据主要领导人对一个社会应该是什么的政治认知即意识形态而组织起来，并通过如城乡二元体制、单位与户口制度、无数政治团体以及强大的行政权力来实现这一整合。一个高度行政化、政治化的社会，与计划经济一起，使意识形态及其信仰显得格外重要，并由此在中国社会中创造出新的象征权力与符号权力，方能完成如土地改革、集体化、工商业国有化等一系列政治任务。

然而，当代中国三十年的经济发展，政府在很大的程度上成了利益主体，这就使人们对政治的信念、对政府权力的信任也发生了相应的改变。特别是“随着意识形态首要性的消蚀，许多党政干部开始形成各种各样的思想，包括物质主义、旧左派和新左派、西方自由主义、民族主义甚至宗教信仰。更严重的是党员干部的腐败。以往党政干部政治忠诚是衡量他们政治业绩的最重要标准，现在金钱已经替代了政治忠诚”（郑永年，2011）。这些现象都在提示这样一个重大问题：政府在成为经济利益主体的时候，是否还能够继续成为意识形态信仰的象征主体？这就是当代中国信仰，或者是主导、制约中国信仰的根本性问题。它说明了，在继续强调政治意识形态主导性地位的同时，如何把社会制度的改革与完善，从以意识形态信仰为政治基础，转变为以宪法为权力合法性基础、以信仰为社会公共资源而非权力的合法性证明资源。这就是当前中国体制改革、民主、法治建设的重大动力问题。

可以说，市场经济和全球化的快速发展一旦成为国家权力继续存在的主要方式之后，就不可能再度回归到由意识形态信仰建构起来的社会秩序之中了。这就构成了肇始于 20 世纪 80 年代以来信仰危机的逐步发生，以及渐渐强烈的政治社会学内涵。从信仰与社会、权力的关系来说，如在一个封闭专制的社会中，信仰往往是传统权力施行意识形态独断的工具；即便有些信仰，也只能流失于信仰者个体的神秘认同。反之，如果在一个开放社会，无论一神信仰，还是多神信仰，甚至无神论信仰，皆能在信仰间的互动当中，构建并遵守一种信仰交往的公共规则，共同建构一个社会的公共信仰。

其中，既关乎个人的精神关怀、社会运行的价值规范，同时也是政治改革、深度开放的基本内涵。从此层面而言，信仰危机所导致的信仰焦虑，事关政党国家建设与中国认同，早已是中国未来体制改革的重大问题，不可一再忽视。

三 改革难题与三大信仰思潮

从某种程度上说，1949 年以来毛泽东的遗产，是建立了一个列宁式政党，让一个列宁式的政党国家能够运作、发展起来。与此同时，毛泽东在很大程度上，非常充分地利用儒家意识形态建构国家的方式，并使用一个信仰马克思主义的列宁主义政党建构国家机构，进而整合整个社会。20 世纪 80 年代之后，邓小平的政治遗产，是在保持强大政治权力体系的同时，建立了区别于传统的一个经济制度。在毛泽东时代，经济与政治制度大都出自苏联模式，尽管有圣人信仰的传统特征，但基本上来说是苏联模式，以继续革命、阶级斗争的方式在建构一个主义、一个领袖的革命党信仰方式。邓小平时代的政治制度虽然仍属于苏联模式，但经济制度是朝向资本主义的市场经济。因此，邓小平最大的贡献是把政治上的苏联模式和经济上的西方自由模式结合在一起。这是历史上的第一次，也是一种创造（哈佛大学，2011）。它以经济发展的方式强化了革命党信仰方式。

因此，在毛泽东与邓小平所留下的最大的政治遗产之中，最有影响的，应当是政治制度的运作基于一种意识形态信仰①，以信仰方式建党治国。所以，与传统治国文化整合的马克思主义实践一般具有两个基本前提：一是国家整合社会，二是意识形态信仰整合国家。但是，从 20 世纪 90 年代开始，中国领导人却非常成功地组织起一种以利益为基础的社会秩序，并从这样一种秩序中获益，使中国社会固有的整合体制不得不发生了极大的变化。"毛泽东强调把'道德'作为激励人民行为的方式，而邓小平似乎更赞成以'利益'来激励人民"。邓小平的南方谈话，开启了中国从在意识形态基础上建构社会秩序，向以利益为基础建构社会秩序的转变，从政治社会向经济社会的转变。这似乎在说明，中国共产党在施行改革开放三十多年以来，意识形态已经实现了逐步地成功转型（郑永年，2011）。

但是，在这个转型过程中，不得不承认，意识形态及其信仰转型是有所滞后的。特别是执政党以经济发展作为公共权力合法性基础之时，经济利益似乎就成了信仰重建的基础，直接以经济发展作为统治权力的神圣化建构路径。这样，经济发展进入信仰结构，而没能想到经济利益也会促使固有的理想主义变成空想空谈之后，人们陷进了拜金主义，失落了固有的信仰。这个时候，重新强调理想主义，强调信仰，反而在"道德"与"利益"——其实是"信仰"与"权力"之间——一再凸显了一道难以弥补的鸿沟。殊不知，以利益为基础的权力秩序兴起，必然会导致意识形态信仰难以避免的淡化与衰落。

这个时候，经济越是发展，用于追求经济利益的公共权力越是强大，权力信仰之危机就越发变本加厉，信仰危机日益加剧，以至于不可收拾。所以，重建执政党信仰以及遏制权力信仰危机的根本是政治权力的神圣化或合法性不能继续建立在经济发展基础上；而对那种建立于固有意识形态信仰基础上的政治秩序来说，重建信仰或赋予信仰的法治基础，才是民主政治及其秩序得以重构的基本动力。

政治经济权力与信仰关系的完备型整合关系，促成了一方独大的政治

① 马克斯·韦伯倾向于将意识形态视为论证权力统治合法性的信仰体系；R. 阿隆、D. 贝尔、M. 李普塞特等将其视为一种"世俗宗教"；T. 帕森斯定义为社会群体使世界易于理解的解释框架、认知系统，而吉尔兹则视之为文化符号系统如宗教、美学或科学的符号系统之一。John B, Thompson, *Studies in the Theory of Ideology*, Los Angeles；Berkeley：University of California Press, p. 42.

权力与经济实力，并且被建构为一种信仰象征结构，进而以象征权力的方式制约了其他信仰及其实践方式，使经济发展替代固有信仰，甚至是主导、主宰了其他社会信仰的自由实践。

在此背景下，人们已难以回归固有的理想主义。因为这种利益化的公共权力直接或间接地构成了当代中国信仰危机的主要原因。那种基于传统的天地君亲师的信仰方式，传统父母官、天子、圣人等，既是道德楷模，也是信仰对象。辛亥革命之后，"天地君亲师"被转成"天地国亲师"，而列宁主义政党政治所建构起来的"主义信仰"，实际上就把这种传统信仰方式，置换为对领袖、意识形态政治的信仰（李向平，2012）。随着三十多年经济发展，当这些官员及其权力直接成为经济利益主体之时，它们就难以继续成为整合社会的信仰资源或直接的信任对象了。

虽然当代中国各界有识之士，大多在为这种"信仰焦虑"，尽一切可能寻求有效药方。有人主张"读经"，用民族传统文化意识来为病人"固本"；有人主张"反对利用外来文化意识搞自由化"，把病人关进隔离室，在病人身上"打防疫针"；还有人要输入国外新兴的人文宗教，给中国文化"输入人造血浆"，恢复新陈代谢的生命……一般而言，这些议论汇成了当代中国社会颇有影响力的三大信仰思潮。

第一，是那种基于民族、民粹主义的信仰主张，以信仰建构当代中国的夷夏大防，可以称之为"民族信仰主义"。其基本原则是，非我族类，其心必异。凡是中国的，就是正确的；凡是正确的，就应当信仰。表现为汉民族对炎黄信仰的崇拜，对儒教信仰的强化，以及对外来宗教及其相关价值理念的排斥。主张以民族共同体为信仰标准，重建一元化的民族、国族，乃至皇汉主义的信仰，以主导其他各种信仰，重新强调本土传统信仰与外来宗教信仰之华夷之辨，以此区分信仰之正统与非正统，主张强大起来的中国人不再应当具有外来信仰，维护中国文化的正统性与合法性。这种思潮，以所谓"儒教宪政"为代表。

民族信仰或以民族为信仰对象，本非坏事，但是一定要以民族信仰作为中国复兴之本，作为民主法治之本，这就会成为问题。一个现代国家之中，各种民族共存，多元信仰并立，如何只能以一种信仰为其合法性与神圣性的基础呢？依"儒教宪政"的逻辑推演下去，中国社会还可以出现"佛教宪政""基督教宪政""道教宪政""伊斯兰教宪政"等。不过，严格地说，这些信仰现象却也说明了信仰问题与现代民族国家的正当性证明方式，具有深刻的内在关系。强化了信仰关系与现代民族国家合法性方式的互动，或者说，不同国家权力形态同时也能够制约或建构不同的信仰体系，乃至信仰模式的多种构成方式。

第二是"国家信仰主义"，以国家权力作为信仰建设之主体。近年来，主张建立"国教"（国家宗教）的主张渐多。有主张以佛教为国教者，认为佛教传入中国已经两千多年，成了中国宗教，中国如果要建立国家宗教，非佛教莫属。当然也有主张立儒教为国教者，构建"儒教宪政"主义，认定每个中国人都应当是儒教信徒，都是孔圣人的弟子；还有主张以道教为国教者，以为只有道教才是真正的宗教，并立国教唯道教正宗。

这些国教主张者，以传统宗教为信仰主体，但是其建构主体却依赖于国家公共权力，直接以传统信仰及其实践方式构成中国当代信仰的基础，再次强调华夷之辨，最后将以儒教或佛道教信仰及其主张，建构为公共权力神圣性与合法性的基础，抵制外来文化宗教，以其传统之正统性获得独尊。

很明显，这些国教主张者，进一步深化了信仰建构与民主法治建设之间的内在矛盾。面对中国改革的深入，仅仅是传统信仰的偏重或重建，应无济于事。因为这种传统信仰方法，无法解决权力政治及其官员的信任危机，无法淡化公权力对信仰的独断与左右，只能是继续依附于权力层面、继续为权力独断发挥功能，最终构成一元论独尊型信仰结构。

第三是政党基要主义。这种信仰思潮忽视了当代中国从革命党到执政党的转型趋势，忽视了这一转型过程中必然会呈现的信仰变迁要求，主张回到革命党的信仰传统，一个党、一元信仰、一个领袖，行政权力整合社会，象征权力整合意识形态，以象征系统施行信仰表达。这就遮蔽了革命党和执政党信仰方式的异同与转型。

早在民国初年，孙中山就提出了"主义信仰"的概念，从议会政党过渡到革命党，最后以领袖崇拜建立了高度一元、权力集中的革命党体制，最后形成了 20 世纪列宁式政党的信仰传统。尤其是这种"主义信仰"，曾经与"五四"时期以来的各种宗教替代思潮深度整合。其中，最著名者包括梁漱溟的伦理替代宗教、陈独秀的科学替代宗教、蔡元培的美育替代宗教、冯友兰的哲学替代宗教等。而这种"主义信仰"和宗教替代思潮的影响，一直持续到 1949 年以后。"文革"时期对毛泽东的个人崇拜也可以看到其中的影子。其中的历史教训，遗留至今，汇合成为当今社会渐渐强烈的"信仰焦虑",很值得执政党予以梳理与总结。

可以说,上述三种信仰思潮,彼此具有深度关联。但其问题根源,主要源自"主义信仰"的革命党信仰模式尚未完成向执政党信仰转型。特别是当政府官员及其公权力业已成为经济主体,构成"权贵资本主义"之际,那种有关民族信仰、国家信仰主义及其主张,实际上就很可能在它们之间建构了一种深层关联。因为这种信仰传统的主要对象之一,就是以其个人的、私己的关怀方式,充满了对固有大人物、圣人及其道德楷模的精神依附,无助于政治改革以及民主法治的建设。尤其是在有关信仰神圣资源依旧为象征权力所掌控的时候,国家的民族的传统信仰习惯常常是固有权力自我为圣、内圣外王的证明工具。

借用约翰·罗尔斯的话来说:"这样的情形如何可能——那些信奉基于诸如教会或圣经等等宗教权威之宗教学说的人,同时又如何能坚持合理法治民主体制的合理政治总念?……这后面的问题,重新表明了合法性观念的意义,以及公共理性在确定合法性法律时的作用。"(约翰·罗尔斯,2000:160~161)应当指出的是,一个现代"国家的内部功能不是去安排社会模式,而是去提供一种与不同的生活与思想类型相一致的基本秩序结构"(伊安·哈里斯,2003)。这说明国家本身不是一种信仰模式,而人的信仰及其社会秩序的建构,在一个民主的国家里面,是基于可能被证明的信仰,以及能够保证信仰及其神圣的关怀不会被来自外面的权力所滥用。

四 政治改革与信仰转型

国内学术界在总结、研究苏联解体的论著中,大多都会提到一个重要的原因,那就是政治信仰淡化。但是,信仰的淡化如何导致了苏联的解体?大多论著则语焉不详,大多是泛泛而谈,加强马克思主义宣传教育云云。

现代社会面临高度的利益分化,经济社会的发展恰好又赋予了多元利益存在的合法性。革命党合法性的基础在于打天下和高度的意识形态信仰整合,执政党是否仍然以这些特点作为合法性基础,亟待深入思考。革命党的合法性基础,一是打天下,强调意识形态信仰对整个社会的整合,即高度的政治正确与意识形态正确。毫无疑问,一个执政党必须要有自己的政治文化,而政党信仰则是其中的核心,这是执政党的灵魂和历史地位。执政党的合法性基础,是不是还是以意识形态,或者是以革命党的信仰方式作为合法性基础？如果要回到革命党"主义信仰"乃至领袖崇拜的固有传统，然后以其作为已经多元化的社会利益及其价值观念的整合工具，这是执政党在未来一个时期内领导地位如何奠定的问题，跟政治信任、政治文化建设、政治认同和国家认同的分别和强化皆紧密相关。其中与信仰重建紧密相关的问题是，如何从信仰层面实现从革命党到执政党的转变。

与信仰问题紧密相关，中国有一种表述叫社会主义核心价值体系，但是不够。目前的社会主义核心价值体系的共识性不够，换言之，是中立性不够。国家哲学要解决的问题，是国家的基本理念是不是有最大多数的公民乐意认同、理性认同。这样就会使得国家的精神基础得以整合，而不是在精神上一盘散沙。另外，国家哲学在秩序上提供贴近日常生活的准则，这就是"兜底的价值观念"（任剑涛，2011）。从政治学的层面言之，国家哲学是以中立、中性的特点，寻求能够整合中国公民，或至少是绝大多数公民，能够保证国家认同的理念。但它不是来自传统的阶级，也不是来自传统的主义话语，更不是来自权力的施加，这三个相加就是意识形态的信仰取向。

因此，这一"兜底的价值观念"，配合国家哲学的中立性建构，应当是政治（国家）信仰的建构问题。其中，法律和权利的解释，包含了对法律和权利的信仰。可以说是信仰驱动的改革。所以，既要解决信仰问题，也要解决制度问题。要解决国家干部的"信仰危机"，应该是用透明的"民主法治"观念做成"楔子"，打入国家干部的心中，使他们牢记人民是国家主人，使他们明白贪污渎职损害人民利益是一种罪行，是必将受到法律制裁而绝无例外的。只有这样，干部中因"邪念纠结"而形成的"信仰危机"问题，才能够真正解决（石天河，2011）。

表面上看，信仰问题似乎是一个意识形态的建设过程，以为抓紧思想品德的教育就可见效了。然而，当代中国改革的特点是，以传统人文学者为主导，发起的一场又一场观念的变革。过去那种靠观念支撑的改革已经死亡了。接下来的中国改革，围绕的是法律和权利的实现，而不是观念和理论的讨论。对法律和权利的解释，是政府权力不断受到来自公民社会的挑战（蔡定剑，2011）。执政党的信仰和国家信仰能否在法治与法律层面分别建构，执政党的信仰能否与国家信仰在党章和宪法层面上予以不同的定义方式，而使国家信仰的建设与国家建设紧密联系。

马克思主义宗教观或者无神论的思想，无疑是执政党处理宗教信仰与社会公民信仰关系的基本原理，同时也是执政党重构信仰的理论基础。经典作家在论述社会主义政党与宗教关系的时候，曾经主张宗教信仰是公民私人的事情，只有革命政党的信仰才是公共的事情。如此强调，无意中或在实践中就把有神论和无神论在革命党国家中处于一种彼此对立的可能；无神论如作为执政党意识形态合法性基础的话，无形中就可能与宗教信仰有神论者处于一种可能对立的状态。

对此，学术界曾经提出信仰分层的概念，在一个中国信仰的总体结构中分出政治信仰、国家信仰、文化信仰、宗教信仰等层面。关键是，不同层次的信仰关系如何处理，是用法制的关系来处理，还是用领导人的文件、政策、说法来处理，或者是基于宪法的相关规定，这是有待于思考和研究、经由未来中国改革来回答的问题。可以这样认为，要完成从革命党到执政党的转变，信仰重构很重要、很全面，事关执政党的信仰建设、国家信仰建设，也同时事关中国社会的公共信仰以及文化之建设与繁荣（李向平，2012）。

之所以如此讨论，这是因为，信仰最初乃是作为社会关系的一种形式，只是人与人之关系的一种形式。所有的信仰与宗教信仰都是由社会形式转化出来的，而一旦宗教形式凝聚成形，又会对其赖以形成的母体——社会形式产生规导作用。社会作为人的互动关系，本身就带有宗教因素。因此，宗教信仰是一种社会关系的升华，是社会关系的超越形式（格奥尔格·西美尔，2003：5）。可是，在国家与社会关系层面，如果权力关系大于或强于社会交往关系，直接介入或构成了社会交往关系，那么，这种超越的社会关系就难以形成。人们就可能直接以权力关系作为超越关系来加以信奉。这种信仰方式虽然短期有效，但是，一经权力的转型，这种信仰危机依旧还会呈现出来。

从个体信仰到公民社会的信仰认同及其建构，指的是深入而持久地在时间与空间中（通过规则和资源）建构的社会交往的连续性实践。它是一套关于行为和事件的规范模式，亦是一组普遍而抽象的认同体系。它依托在相应的制度层面，体现在组织结构之中，包含了意义、支配、合法化和促进社会结构转化的功能。从某种意义上讲，制度就是集体行动控制个人行动的业务规则和运行中的机构，并由此构成了社会结构的基本框架，以及个人与社会群体行动、普遍性的价值观念、社会资源及其供求与分配之间的"过滤器"（道格拉斯·诺思，1995：225）。

因此，任何一个社会层面中的个体信仰者与共同体信仰，正式的信仰组织与非正式的信仰组织，无不需要这个"过滤器"，使隶属于该体系的信仰和精神权利，建构为博弈均衡的"概要表征"或"共同信念"，进而把信仰关系本身建构为一种共同信念，以及价值预期的制度化结果（青木昌彦，2011：28）。

这个过滤器如果是一个权力机构，那么，其信仰模式就会以权力的信仰为架构；如果这个过滤器是民族国家，那么，其信仰模式就会是民族国家；如果这个过滤器是一个团体，那么，这个信仰模式就可能是宗教组织。所以，一个由此而分化出来的信仰类型，由上而下，由下而上，官方的、民间的、宗教的、社会的……依据这种差异而划分出不同的信仰层次和认同方法，甚至是不同信仰的权力制约等级。这样就构成了一种经由象征权力建构起来的关系图式，有核心，有层次，有先后上下，构成了中国人信仰认同的整体格局及其差异。

正是由于权力的信仰危机出自人们对权力的不信任，改革开放进程之中，官员们艰难自律、自律无缘，渐渐地失去了庶民百姓的信从与信奉，于是，上至高官，下至百姓，无不选择自己信任的神祇及其信仰方式。所以，对于这些官场巫术与官员信奉，无论私己的精神走私，还是假公济私的巫术般祭拜，这都是一种自我表白：他们手中的权力已经不再受人信用。

依中国人信仰传统及其信仰惯习，人们对领导、官员、统治者的信从，根源于他们人品道德的高尚，天人之际，替天行道，足可为天下典范；服从一人，如信一神。官员既是社会统治的权威，同时也是心目中卡里斯玛及其信仰中心，以保证他永远神圣而正确。然而，当这些官员们的道德行径出现差错，楷模失范，或者是因为官民之间的利益冲突，那么，其所内含的信仰范式也就随之消失，其象征权力则同时衰落。因此，解决这种信仰危机之方法，就在于权力的民主化与理性化。舍此，别无他径。

五　民主法制建设的信仰动力

"宗教和政治之间的真正关系是非二元的，这种关系符合基于人类本质的因而归根结底基于实在结构的本质。现实问题也即宗教问题。关于人类终极的思考也是政治性的。政治与宗教不能彼此分离。没有一种宗教行为不同时属于政治行为。当今人类所有重大问题都既有政治性又有宗教性：饥饿、正义、生活方式、泛经济文化、资本主义、社会主义，等等。和平构成一个典型的例子，证明这一论断的真实性。依此观念，宗教的要素必须和超越者、超自然者、神圣者、超然者、涅槃、终极实在、永恒之物以及不可理解的内在之物有关"（雷蒙·潘尼卡，1999：62）。

为此，信仰与不同信仰间的认同方式，无论是国家特性的定义方式还是公民认同方式，它们既可揭示信仰与国家关系及其政治权力中社会运行结构的基本机制，同时亦包括和体现了国家政治秩序的内在运行机制和动力机制。就此国家特性和公民信仰认同之间的特殊关系而言，中国未来信仰的定义方式，既意味着公民个人信仰的身份界定，同时也将决定于执政党在公共信仰层面的定义方式。

政党、国家与信仰规范的关系，根本上表现为国家与公众崇拜和公众教育的关系。马克斯·韦伯曾把权力分为传统的、人格的与法理的三种形式，恰好，保罗·蒂里希也把国家权力分成三种象征形式，即魔鬼的、神圣的、世俗的。

第一是魔鬼的象征，它指出了国家毁灭一切的力量。一切精神价值都服从于国家，或者被它认可，或者被它排斥。它决定公众崇拜。"第二个象征把国家看成世间的上帝……国家是一个神性的象征。历史的意义，即世界精神在各民族精神中的实现，是在国家中产生，并通过国家表现出来的。因而，它是'世间的上帝'。一切神圣性都集中在国家身上。"第三个象征是"看守人国家"（watchman state），它通过自由主义而得到流行。一个极端的非宗教或非世俗的象征，代替了魔鬼与神圣的象征。国家不具有任何神圣化的意义。国家具有一种纯粹消极性的功能。这不需要任何神性的圣化，也不需要借助魔鬼的力量，而只需要足够的维护公正的力量。一切内在的力量都属于受它维护的社会。（保罗·蒂利希，1989：134-135）而信仰法律或基于法律的信仰，则是信仰国家与现实国家赖以存在的共同基础。这对权力与信仰两种关系正当化处理来说，都是十分关键的。

一般而言，现代民族国家具有两种类型。第一类把国家等同于主权，国家主权由个人权利让渡合成，而民族是个人的总和。这一国家类型，大多发生在现代性原发国家，其民族认同的建构，依靠的是主观的承认或契约；第二类是国家代表民族实体，主权只是国家的属性，并不依赖于人权。这一类民族国家只需工具理性和民族认同的建构，而这种认同构成，大多依靠的是文化、信仰、种族等客观认同符号。民族国家与社会公民之区隔的神圣性，大多是在象征维度上施行的，并且得到了信仰习性和权力象征化过程的保障，进而借助于"行政化"或"制度化"，使信仰及其终极关怀始终位于政治和经济领域的核心位置，成为民族国家的信仰体系。

就是这样一种信仰体系，为包括政治活动在内的整个国家生活体制提供了一种神圣维度，赋予民族国家等权威以信仰上的正当性，使权力与统治过程具有了一种超验的目标。为此，民族国家建构起来的信仰体系，直接成为权力国家的信奉，把国家治理直接体现为一种对普遍的、超验的信仰实践，即从终极的、普遍现实的角度理解权力政治及其所有活动。这种信仰类型实质上等同于一种"世俗宗教"，权力与国家被赋予神圣的、至高无上的性质，它把政府理论和信仰惯习进行画等号的解读，也可被称为一种"信仰论政治"模式。① 同时也被视为一种民族国家信仰，直接成了民族国家"政治正确"的象征权力及其标准。

目前中国国民的精神关怀状况是，虽有以政治为基础的政治信仰，以及以私人欲求为核心的其他信仰，但前者公权力太强，后者也缺乏最大多数公民的认同，进而缺乏政治权力与公民社会的民主建设作为基础。正是由于权力独断的信仰危机出自人们对权力的不信任，因此，解决这种信仰危机之方法，表面上是政党国家信仰的建构，实质上还是政党国家权力的民主化与理性化建设。特别是信仰关系中有关法律和权利的解释，应当就包含人们对法律和权利的信仰及其要求。所以，与信仰紧密相关的政治改革与民主建设，其核心问题应当是：执政党与国家权力究竟应该是民主化，还是基于信仰惯习的神圣化？而信仰及其实践关系，就其信仰社会学实质而言，也不仅仅是一种权力观念与信仰对象的问题，在其更深的层面上，这是一种与信仰紧密相关的法律与权利如何实现的问题。

换言之，既要解决各个层面的"信仰焦虑"问题，也要解决信仰实践与信仰认同的建构方法问题。而解决公共权力层面的"信仰危机"，应该用

---

① 信仰论政治，来自一种完美的乐观主义宇宙观，其治理活动被理解成为人类完美（perfection）服务的，同时把国家治理理解成一种"无限制"活动，政府是全能的。这种说法只是关于政府目标在于"拯救"或"完美"的另一表达方式而已。与此相应的是怀疑论政治，统治被认为是一种特殊的活动，它与对人类完美的追求尤其格格不入。国家统治者的地位在这里是荣耀的、受人尊敬的，但不是崇高的。参见欧克肖特《信念论政治与怀疑论政治》，张铭等译，上海译文出版社，2009，第 40、46 页。

透明的"民主法治"观念。所以，中国信仰之最彻底的问题，乃是公共权力的信仰核心，是基于公共权力祛魅之后的理性化，对法律与法治的信仰。

在一个秩序良好的社会之中，"没有任何个人或联合体所拥有的那种终极的目的和目标"（约翰·罗尔斯，2000：42-43）。为此，民主社会不是一个共同体或联合体，其意思是指"它受共享的完备性宗教学说、哲学学说和道德学说的支配。对于秩序良好社会的公共理性来讲，这一事实十分关键"。崇高的信仰构成，离不开一个好的社会：平等、公正、有序。这说明未来中国信仰转型的社会模式，实际上就是一种信仰与公共权力的特殊关系，以及处理这一特殊关系的特殊方法。依据信仰社会学的基本研究方法，不同的神圣观、超越观，导致并促使不同信仰的建构模式，甚至是不同内涵的权力观与国家观，也会主导或主宰了不同信仰类型的建构。解决国家政治层面之信仰危机的基本方法是法治；解决宗教层面合法性危机的基本方法是多元共治；至于解决社会信仰缺失，则是信仰对话与信仰实践方式的民主与自由。正是在此层面上，那种单纯依靠信仰强化，并以之作为中国未来改革的某些主张，必然会再度走入信仰危机或信仰焦虑的死胡同。

六　公民信仰与社会文化建设

改革开放三十年以来，中国社会中的宗教信仰自由问题，已经从有没有宗教信仰自由的问题，变成了宗教信仰如何自由的问题，或者说从有无自由转变成多少自由、如何自由的问题，以及宗教自由如何在法治社会之中得以实践的问题了。

个人层面的信仰自由，解决了个人的信仰问题，但并非等同于宗教的自由。私人性的信仰自由，指的是个人的精神与信仰层面，但不能完全包括个人信仰的生活实践与表达层面。个人信仰的实践与表达，实际上也不会局限于私人的范围了。因为公民个人的信仰不会总是局限于个人的脑袋之中，不能说出来，不能活出来。因此，宗教信仰自由原则的三十年社会实践能够告诉我们的是，个人的信仰自由与社会的宗教自由其实是两个不同却又紧密联系的两大层次，它们难以分隔，更不可能人为割裂。而宗教事务的依法管理，其本质就是在宗教信仰自由原则基础上对社会性宗教自由的一种最基本的定义方式。既强调了宗教信仰的社会性，同时也肯定了信仰宗教的个体性，从而能够将私人层面的信仰自由与公共社会层面宗教自由，在现代法制建设之中整合起来。

回顾 1982 年中共中央 19 号文件，这就需要我们重新理解文件与宪法规定的"宗教信仰自由"这一概念及其原则。如果仅仅是把宗教信仰之自由理解为或局限于公民之间私人的事情，那么，不同信仰之间如何能够体现信仰上的相互尊重呢？要不就把宗教信仰局限于私人交往关系与信仰者的个体神秘认同之中。所以，不同信仰之间如何尊重的问题，似乎还有一个信仰与宗教信仰社会实践的公共领域建构的问题。只有在宗教信仰被社会某一层次共享认同的基础上，宗教信仰才能成为社会、文化建构的重要资源之一。至于那种局限于私人认同、私下交往的宗教信仰方式，则很容易被秘密化、神秘化、巫术化，处于现代社会之边缘。这就是中国有了信仰，却又呈现信仰无用、信仰缺失的基本原因。

相对于个人崇拜、中国人处于被信仰的权力共同体而言，私人信仰的形成，实属社会进步的结果。它与 20 世纪 80 年代以来个人主体性确立与自我的发现相互配合，具有人心解放、权力解构的一定作用。它拆解了那种一元、单极、带有象征权力独断特征的信仰结构。人们仅仅信奉自己。为此，私人的信仰可说是开启了一个个体主义新时代，一种更为私人化、情感化和更民间化的信仰方式。

然而，问题也出在这里。仅仅是私人或私人的信仰，或许会导致信仰本身所包含的公共性丧失，而信仰之公共性所赖以依托的社群或共同体缺失，会使一个社会信仰的公共性始终无法建构，导致一个社会公共信仰的缺失。在公私领域尚且无法界定的时代，私人信仰也无法再度提升为圣人信仰的前提下，私人信仰有可能演变出一套私人主义的意义模式。他们不期待自己的身份改变，甚至不期于与他人交往、互动，而是渐渐地把他们的私人信仰构成一种亚社会、亚文化生活方式，变异为一种仅仅关心自己利益、自我满足的精神关怀。

在打天下先得人心的传统社会，人心几乎等同于信仰以及对权力更替的信仰，私人信仰几乎不可能；而国民时代，民族国家如同世俗之神，私人信仰同样难以构成。而整个 20 世纪以来，宗教被道德、美育、科学、哲学等"主义信仰"所替代，私人信仰依旧给人焦虑。而真正的私人信仰，只有在 20 世纪 80 年代后的改革开放中，才得以渐渐呈现。特别是当信仰之公共性不能依托于自由社群之时，私人信仰便可能被推向了个人内在、单一的道德修养，最后未能为信仰之公共性提供孕育、滋生的土壤，变质为单纯的私人之事。

实际上，私人信仰是自然状态下的信仰方式，而公民信仰则是社会交往中的信仰方式，同时也是承载了私人信仰公共性与社会性的实践方式。私人信仰只有演进为公民信仰，才有可能构成良性互动的社会秩序。因个体的私人修持，只能净化自我，甚至连自我也无法净化。个体私我的关怀，缺乏终极。而终极的关怀形式，就在于神人、神圣信仰的公共互动之中。与此相反，当代中国为什么会频频出现"贪官信教"的权力困惑？即是因为这些官员们"信仰走私"，这与他们的"权力走私"，往往一脉相承、彼此推动。各人只信自己的，无法交往、难以认同，也不会彼此制约。

在这里，既有宗教的问题，亦有信仰层面的私人关系的限制。信仰的神圣性，必定出自信仰的公共性与社群性。实际上，"没有法律的宗教，将失去其社会性和历史性，变成为纯属于个人的神秘体验。法律（解决纷争和通过权利、义务的分配创造合作纽带的程序）和宗教（对于生活的终极意义和目的的集体关切和献身）乃是人类经验两个不同的方面；但它们各自又都是对方的一个方面。它们一荣俱荣，一损俱损"（哈罗德.J. 伯尔曼，1991：95）。宗教如此，信仰也是同样。缺乏法律共识的信仰，将失去其公共性与普遍性，变为特殊群体的象征权力构成；而以法治建设为基础的信仰，才会建构一个公共的信仰平台，构成社会层面的公共信仰。当人们只信任自己的信仰，不信任私我之外的任何存在之时，最终将导致更为深层的另一种信仰危机、权力危机——我们的信仰如何被信任!？什么才是值得信任的权力？什么才是被认同的信仰方式？

就此而言，现代国家、社会文化的建设，乃是与公民信仰相辅相成的。一种国家形态，必然会有一种信仰形态相配合。权力至上的国家，私人信仰为其服从；而民主国家之需要，则是公民信仰。因此，一个人有信仰不难，难的是信仰那种能够交往、相互认同的信仰；一个国家要成为一个大国容易，而要建构一个有信仰的公民社会很难。

一个民主政治的社会文化，总是具有诸种宗教学说、哲学学说和道德学说相互对峙而又无法调和的多样性特征；因宗教的或哲学的完备性学说都包含着超验因素，因而是无法调和的。因此，未来中国信仰最基本的问题是："什么样的原则和理想才是公民们平等共享终极政治权利、以使他们每一个人都能合乎理性地相互证明其政治决定的正当合理性呢？"（约翰·

罗尔斯，2000：32）什么样的公共信仰才具有终极的神圣特征？

这就是说，无论未来中国信仰呈现何种形态，存在几种信仰模式，不同信仰之间整合构成的公共理性，应当是最最重要的，那才是民主社会公民的平等理性。正如存在各种属于宗教、大学和诸多其他市民社会联合体的非公共理性一样。公共理性才是一个民主国家的基本特征。它是公民的理性，是那些共享平等公民身份的人的理性。他们的理性目标是公共善，此即政治正义观念对社会之基本制度结构所在。而这个能够形成不同信仰、价值观及其认同方式之"共同基础"，即约翰·罗尔斯说的"公共理性"，即公民在有关宪法根本和基本正义问题的公共论坛上所使用的推理理性（约翰·罗尔斯，2000：10）。

诚然，这种公民信仰认同方式最能够建构一种以公共信仰为基本信念的中国行动逻辑。因为公民身份的定义及其认同系统的构成，既可认识现实社会中的信仰惯习，亦可认识信仰者如何在不同的社会成员中获得自己应有的权利和承担的责任与义务，从而以信仰表达及其公共规则达成公共理性秩序。因此，国家、社会乃至社会成员，大都能够确立、维护或消除、破坏某种固有的身份系统，使国家权力体系中的权威资源出现重新配置，促使某一部分社会成员获得相对比较优越，或比较弱势的地位。在这个意义上，公民信仰认同方式或国民阶层的"信仰"惯习，实际上意味着各种信仰资源的重新配置，以及公民信仰认同的途径和身份定义系统的建构和变化。它们往往伴随着国家权力的整合问题，在法律与法治基础上，使作为公民个人权利的信仰成为公民个人权利作为制度正当性基本根据而重新定位。

人们常说，在经济发展的同时要给公民社会留一个生长的空间。依此，中国信仰层面的社会文化建构，其实就是公民信仰的成型。一个强大的国家不仅需要发达的经济，同时也需要有信仰的公民与公共的信仰。这是国民经济与社会文化健康发展的基础。

个中深意，正如笔者在《信仰但不认同——当代中国信仰的社会学诠释》（李向平，2010）一书中指出的那样："国人不知其异，以信仰就可安心立命。虽然它们的制度分割与实践取向，会给中国人带来人心安定的某些效果，但在信仰实践的现实里面，它们之间却有很多很深层的混淆与隔阂。"所以，对当代中国人而言，信仰也许已不是问题，更关键的是如何信仰：如何实践自己的信仰，认同公共的信仰。

参考文献

唐逸：《理性与信仰》，广西师范大学出版社，2005。

李向平：《信仰、革命与权力秩序—中国宗教社会学研究》，上海人民出版社，2006。

李向平：《信仰是一种权力关系的建构》，《西北民族大学学报》2012 年第 5 期。

梁漱溟：《中国文化要义》，上海人民出版社，2005。

威尔弗雷德·坎特威尔·史密斯：《宗教的意义与终结》，董江阳译，中国人民大学出版社，2005。

郑永年：《十八大与中国的改革问题》，2012 年 7 月 31 日，http://www.zaobao.com/forum/expert/zheng-yong-nian/story20120731-56795（2014 年 11 月 11 日查阅）。

郑永年：《中国共产党意识形态的当代转型》，《凤凰周刊》2011 年第 7 期。

哈佛大学：《毛泽东与邓小平的政治遗产》，《辛亥百年论坛》2011 年第 10 期。

李向平：《20 世纪中国的"信仰"选择及其影响》，《学术月刊》2012 年第 5 期。

约翰·罗尔斯：《万民法》，吉林人民出版社，2001。

伊安·哈里斯：《伯林及其批评者》，载以赛亚·伯林《自由论》，胡传胜译，南京译林出版社，2003。

任剑涛：《中国：如何凝聚人心》，《瞭望东方周刊》2011 年第 4 期。

石天河：《对信仰危机的体会》，《书屋》2011 年第 4 期。

蔡定剑：《政治体制改革的历史与现状》，《炎黄春秋》2011 年第 2 期。

李向平：《信仰重构：从革命党转变为执政党的重要机制》，《社会学家茶座》，山东人民出版社，2012。

格奥尔格·西美尔：《宗教社会学》，曹卫东译，上海人民出版社，2003。

道格拉斯·C. 诺思：《经济史中的结构与变迁》，陈郁、罗华平译，上海三联书店、上海人民出版社，1994。

青木昌彦：《比较制度分析》，上海远东出版社，2011。

雷蒙·潘尼卡：《文化裁军——通向和平之路》，四川人民出版社，1999。

保罗·蒂利希：《政治期望》，四川人民出版社，1989。

哈罗德·J. 伯尔曼：《法律与宗教》，梁治平译，生活·读书·新知三联书店，1991。

约翰·罗尔斯：《政治自由主义》，万俊人译，译林出版社，2000。

李向平：《信仰但不认同——当代中国信仰的社会学诠释》，社会科学文献出版社，2010。

Sangren，P. S.（2000）. Chinese Sociologics：An Anthropological Account of the Role of Alienation in Social Reproduction, *London School of Economics Monographs on Social Anthropology*, Vol. 72. London：Athlone Press.

Feuchtwang，S.（1992）. Boundary Maintenance：Territorial Altars and Areas in Rural China. *Cosmos*（8），93109.

Thompson，J. B.（1984）. *Studies in the Theory of Ideology*. University of California Press.

作者单位：华东师范大学宗教与社会研究中心

行进中的中国行政审批制度改革研究

魏　琼[*]

摘　要： 中国行政审批制度改革一直都是中国政府体制改革的重头戏和专家学者关注的焦点。在本文中笔者以"中国行政审批制度改革"为主题词，在中国知网（CNKI）上检索 2000～2013 年的相关文献，并以这些文献及相关论著为研究对象，分析了中国行政审批制度改革研究的发展阶段、主要领域与发展趋势，从而展现十多年来中国行政审批制度改革研究的学术景观。在以"简政放权"为特点的新一轮转变政府职能的背景下，中国行政审批制度改革的学术盘点、理论推进与实践指导值得进一步诠释和深入。

关键词： 行政审批制度　政治改革　文献研究

改革开放以来，中国政府改革的一个基本方向就是建立一个与现代市场经济相适应的现代政府。作为政府依法管理社会政治、经济、文化等事务不可或缺的一个重要的行政手段，行政审批也经历了重大的、深刻的变革。其中，党的十八大报告提出的"深化行政审批制度改革，继续简政放权，推动政府职能向创造良好环境提供优质公共服务，维护社会公平正义转变"为新一轮行政审批制度改革提供了实践依据和理论指向。笔者以"中国行政审批制度改革"为主题词在中国知网（CNKI）上检索 2000～2013 年的相关文献，发现对于行政审批制度改革的研究在 2000 年开始引起学者的关注，从 2001 年起展开了系统研究。为此，笔者以在中国知网上检

---

* 本文系"理论粤军"2013 年度重大资助项目"迈向经验解释的中国网络政治研究"（LLYJ1325）的阶段性成果。

索所得的相关文献以及相关的论著为研究对象，对行政审批制度改革的研究发展阶段进行逻辑梳理，分析行政审批制度改革的研究领域，并对未来的行政审批制度改革研究的发展趋势进行学术展望，从而不断推动行政审批制度改革的研究走向深入。

一　中国行政审批制度改革研究的学术历程

1998 年，深圳、上海、宁波、成都等 10 个城市首先启动行政审批制度改革，2001 年，国务院成立行政审批制度改革研究小组，2001 年 10 月 24 日国务院行政审批制度改革工作电视电话会议在北京召开，全面部署加快推进行政审批制度改革工作，行政审批制度改革在全国推开。行政审批制度改革由此作为我国行政管理体制改革的重头戏和切入点成了专家学者关注的焦点。总体上说，对于行政审批制度改革的研究经历了以下几个阶段。

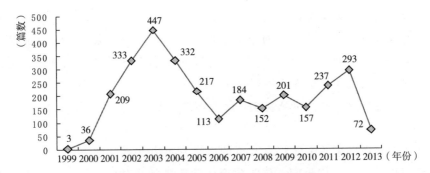

图 1　中国行政审批制度改革的主题关注度

数据来源：CNKI 检索；主题词：行政审批制度改革；时间：2000～2013 年；匹配度：模糊；数据统计截止时间：2013 年 4 月 20 日。

1. 面临"入世"要求的探讨时期（2001～2003 年）：对于行政审批制度改革第一次的研究高潮发生在我国加入世界贸易组织以后。随着我国改革开放的深入和社会主义市场经济体制的建立需要，当时国务院总理朱镕基在 2001 年的"十五"计划纲要报告中正式明确地提出"加快政府审批制度改革，大幅度减少行政审批，规范审批行为，强化监督机制"，并且连续在 2001～2003 年对行政审批制度改革都提出了明确的要求（赵炜宁，2003）。更为重要的是，2001 年 12 月 11 日我国正式加入世界贸易组织，面临着加入贸易组织所遵循的通行规则：世贸组织有关协定明确要求，行政审批的实施应当以公平、公正、透明和可预测的方式实施，不能对贸易构成不必要的限制。在这样的社会背景下，学者们对政府行政审批制度改革展开了热烈的讨论，主要表现在两个方面。首先是对行政审批制度进行改革的必要性和紧迫性达成了共识，具有代表性的是 2001~2002 年中国行政管理学会主办了一系列关于行政审批制度改革研讨会，比如"加快行政审批制度改革研讨会""中国加入 WTO 与行政审批制度改革研讨会"等。在研讨会上学者们纷纷表示：我国行政审批制度存在混乱、冗繁、暗箱操作、效率低下等现象，规范行政审批，简化审批手续，最大限度地发挥市场在资源配置中的基础性作用，推进依法行政，遏制腐败行为，提高办事效率迫在眉睫，实施全方位的改革已势在必行（李珊，2001）。其次，学者们认为目前我国行政审批制度改革处于初级阶段，缺乏系统的思路。因此在理论上对行政审批制度改革的重大问题进行了探讨，包括行政审批制度改革的动因、改革目标，以及改革的总体思路等。对于行政审批制度的改革动因，中国行政管理学会会长郭济在"加入 WTO 与行政审批制度改革"研讨会上的讲话中指出：我们所从事的行政管理改革是由生产力的发展要求决定的。因此，先进生产力的发展要求，是行政审批制度改革的根本动力（郭济，2002）。在行政审批制度改革的目标上，学者张康之认为行政审批制度改革只有朝着服务型政府的目标推进，才会避免低水平重复的局面（张康之，2002）。在行政审批制度改革的总体思路上，学者施绍祥指出行政审批制度要改革好，需要认识重大意义，明确指导思想，提出总体目标，制定基本原则，加强组织领导（施绍祥，2001）。

可以说这个阶段的研究从宏观上对于行政审批制度改革提出了系统的理论框架，其研究成果为今后的行政审批制度改革研究奠定了理论基础。

2. 以依法行政为依据的研究阶段（2004~2011 年）：《中华人民共和国行政许可法》（以下简称《行政许可法》）于 2004 年 7 月 1 日正式实施，这是行政审批工作走向制度化、法制化的重要标志。《行政许可法》的出台明确了行政审批制度改革的原则和目标，强化了行政许可行为的监管措施和责任机制，排除了许多体制上的障碍，无疑将深化行政审批制度改革（李贵鲜，2004）。另外，2005 年 10 月 8~11 日，党的十六届五中全会召开，会议审议通过了《中共中央关于制定国民经济和社会发展第十一个五年规划的建议》，当时国务院总理温家宝就《建议（讨论稿）》向全会做了说明。

会议明确指出，目前我国正处于改革的攻坚阶段，必须以更大的决心加快推进改革，着力推进行政体制改革、减少和规范行政审批依然是今后五年的重要任务（郭济，2005）。在此，学者们以《行政许可法》的贯彻和实施为契机，对于行政审批制度改革开展了以"深化行政审批制度改革"为主题的第二次研究高潮，高校和研究机构的一些重大的科研项目相继立项（见表1），行政审批制度改革的研究进入了全面发展的阶段。

表1　2002～2011年行政审批制度改革研究重大项目立项情况一览表

立项年份	项目名称	项目性质
2002	WTO与西部地方政府行政审批制度改革研究	国家社科基金一般项目
2003	行政审批制度改革研究	国家社科基金重点项目
2003	行政审批制度改革后治安管理方式变革研究	中央其他部门社科研究项目
2004	我国行政审批制度改革研究	省市自治区教委人文社会科学研究规划项目
2004	政府公务员行政审批行为的人本化研究	省市自治区社科研究项目
2004	推进大连市行政审批制度改革　建设服务型政府的战略对策	高等学校校内人文社会科学研究专项任务项目
2004	行政许可法与行政审批制度改革研究	高等学校校内人文社会科学研究规划项目
2005	政府规制改革与广东行政审批制度研究	省市自治区教委人文社会科学研究规划重点项目
2006	深化行政审批制度改革与构建江西省服务型地方政府研究	高等学校校内人文社会科学研究规划项目
2007	吉林省地方政府深化行政审批制度改革研究	省市自治区社科研究项目
2007	行政审批制度改革与权利的监督制约	省市自治区社科研究项目

資料来源：中国高校人文社会科学信息网 http：//www.sinoss.net/。

这个阶段的研究呈现两个方面的特点。（1）从多学科、多视角研究行政审批制度改革。很多学者从经济学、法学、公共管理学和政治学等方面对行政审批制度改革进行了深入的探讨。在经济学方面，有学者认为在行政审批制度中也存在"委托-代理"机会主义，对此问题的抑制依赖多元机制（李璐娇，2009）。有部分学者也从制度经济学的角度进行了分析，如陈时兴（2006）。在法学方面，学者主要关注行政审批制度符合法治精神，如审批过程加强司法监督，行政审批机构的设置要符合法律原则等，具有代表性的著作如马怀德（1994）的《行政许可》、应松年（2004）的《行政许可法的理论与制度解读》等，在《行政许可法》颁布后，学者们对《行政许可法》的立法背景、实施问题，存在的缺陷及如何完善也进行了重点研究。具有代表性的如吴江（2003）的《学习贯彻〈行政许可法〉，规范政府行为》、廖扬丽（2007）的《〈行政许可法〉执行障碍分析》，在公共管理学方面，学者们从新公共管理服务理论（许源源，2007）、整体政府理论（邓雪琳，2010）、绩效管理理论（胡锐根、翁列恩，2005）等方面进行了研究，对行政审批制度改革提供了一些启示。在政治学方面，有学者认为行政审批制度实质上是利益分配和调整的过程，是有着利益冲突的相关利益集团相互博弈达成利益均衡的过程，因此，从利益集团视角审视行政审批制度改革（潘秀珍，2006）。还有的学者将行政审批制度改革纳入到历史制度主义的分析范式中，在一个宏大的历史视域中检视行政审批制度的创立、持续和变革的进程，试解读中国行政审批制度变迁的全貌，为行政审批制度进一步的变迁提供新的借鉴价值和思维模式（吕普生，2007）。（2）从传统行政审批制度改革的研究到开展网上行政审批研究。随着信息化潮流的到来，我国电子政务建设的推进，各地在建设行政审批服务机构基础上，也加快了网上行政服务。这一新兴事物的出现引起了学者的极大兴趣。学者一致认为电子政务建设与行政审批制度改革的结合是网络时代发展的必然趋势。如学者章文光认为在行政审批中要善于运用信息、网络等现代技术，发展电子政务，积极推进网上审批，充分发挥电子政务在实行行政审批项目审查标准明确化、规程化方面的优势，使行政审批按照法定的权限并遵循既定的行政流程进行，最大限度地减少行政机关的自由裁量权（章文光，2004）。

　　这个阶段对于行政审批制度改革进行了深入的探讨，研究成果非常丰富，学者们对于行政审批制度改革多层次、多视角的研究为推动行政审批制度改革提供了有力的理论支撑。

　　3. 以简政放权为核心的探讨阶段（2012年至今）：2012年8月22日，国务院总理温家宝主持召开国务院常务会议，会议决定在以往的基础上再次取消和调整314项部门行政审批项目，批准在"十二五"期间广东省在行政审批制度改革方面先行先试，对行政法规、国务院及部门文件设定的部分行政审批项目在本行政区域内停止实施或进行调整（南方日报，2012：8）。广东作为我国改革开放的前沿阵地，此举标志着行政审批制度改革出现新动向。2013 年 5 月 13 日，现任国务院总理李克强在国务院全国电视电话会议上再次强调"行政审批制度改革是转变政府职能的突破口，是释放改革红利，打造中国经济升级版的重要一招，而行政审批制度改革的核心就是简政放权，把该放的权力放掉，把该管的事务管好"（张静，2013）。中国行政审批制度改革已进行了十多年的时间，成果是非常显著的，但从总体上看，当前行政审批事项仍然较多，审批程序烦琐，效率不高，甚至利用审批牟利的寻租腐败仍较为突出，"随着行政审批制度改革步入'深水区'，工作难度越来越大，在有些地方和部门行政审批制度改革出现了松懈现象。无论是'上改下不改'，还是'下改上不改'都无益于改革的推进"（廖扬丽，2012）。在新一轮行政审批制度改革的浪潮掀起时，广东省体制改革会会长黄挺指出："广东此次获得中央特批的先行先试权是一项重大的改革举措，会涉及一些深层次的问题。未来的改革还是要逐级放权，要调整、划清中央和地方以及省市县各自的权限。对于当前改革来说，制度建设很重要，但放权依然是突出问题。"（闵杰，2012）北京大学王锡锌也认为："行政审批制度改革的核心问题，是政府怎样摆正与市场、社会的关系，最终让该市场管的归市场，该社会管的归社会，该政府管的归政府。"（王逸吟，2012）同时大批专家学者在战略高度重新审视行政审批制度改革的路径和措施，为继续深化行政审批制度改革的研究注入了新鲜的养分，比如应松年（2012）的《行政审批制度改革：反思与创新》、张定安（2012）的《行政审批制度攻坚期的问题分析与突破策略》都是这些方面的力作。

目前行政审批制度改革进入了攻坚期，涉及权力和利益的调整，改革过程异常艰难。因此，对行政审批制度改革的研究任重道远。

二　中国行政审批制度改革研究的学术论域

行政审批制度改革的研究进行了十多年，其涉及的话题繁多，各领域的进入时间和深度都有所差异，本文从行政审批制度改革研究的主要脉络入手，从行政审批制度改革的边界、行政审批制度改革的路径、行政审批制度的配套改革三个维度展开研究。

1. 行政审批制度改革的边界

理论是实践的先导，在研究行政审批制度改革的对策之前，学者们对于相关的理论问题进行了分析，让我们对行政审批制度改革有了更清楚、更全面的认识。其理论问题主要围绕行政审批制度改革"是什么"和"为什么"来展开。

（1）行政审批制度改革的边界界定。研究重点表现在对"行政审批"范畴界定。行政审批，在经济学称为"政府规制"或者"政府管制"，在法学称为"行政许可"，目前比较通行的定义是"行政机关（包括有行政审批权的其他组织）根据自然人、法人或者其他组织依法提出申请，经依法审查，准予其从事特定活动，认可其资格资质，确定特定的民事关系或者特定的民事权利能力和行为能力的行为"（国务院行政审批制度改革工作领导小组，2001）。明确行政审批含义，界定行政审批的范畴才能准确给政府行政审批定位，才能正确分析当前行政审批制度所存在的问题，提出科学的改革思路。针对行政审批界线不清，范围含糊的问题，专家学者们对于行政审批与相关的概念进行了区分，主要表现在两个方面。

第一，行政审批与行政许可。行政审批在我国是一种极为复杂的行政现象，广泛适用于行政管理活动中，但是在行政法中一直没有明确的身份和地位，我国法学界通常不将行政审批作为行政行为进行研究，我国的行政法学教材及著作都只有行政许可行为的专门阐述（王克稳，2007）。行政审批与行政许可之间究竟是什么关系？有这样几种看法。①等同关系：行政审批完全等同于行政许可，该观点认为两者都是行政机关根据公民、法人和其他组织的申请，依照法定程序予以审查，准予其从事法律禁止的某项活动的行政行为（王谦，2008）。②并列关系：行政审批和行政许可分别属于完全独立的系统，两者之间没有任何交集。该观点认为，行政机关对外实施的许可行为，统称为行政许可；行政机关对内实施的许可行为，统称为行政审批（傅思明，2003）。③包容关系：行政审批包含行政许可，将行政审批作为广义上的理解，认为行政审批的形式多样、名称不一，有审批、核准、批准、审核、同意、注册、许可、认证、登记、鉴证等（国务院行政审批制度改革工作领导小组，2001）。④被包含关系：行政审批是行政许可的一部分，广义的行政许可包含行政机关的各项批准、核准等行为（邹玉政，2006）。随着《行政许可法》最终认定两者是等同关系，将行政

135

审批与行政许可统一起来，结束了行政审批和行政许可之间的纷争。然而，随着《行政许可法》的实施和执行，在实践中行政审批和行政许可两个概念之间出现了分离的倾向，有学者提出需要重新梳理我国行政审批与行政许可关系以明确《行政许可法》实施中迫切需要解决的问题（王克稳，2007）。

第二，行政审批与非行政许可审批。"非行政许可审批"在法律上没有正式的定义，但是几乎所有政府管理的规范性文件，特别是地方性的法规中都有关于非行政许可审批的规定。"非许可类行政审批"最早是国务院行政审批制度改革工作的领导小组办公室主任、监察部副部长李玉赋在接受《瞭望新闻周刊》的专访时提出，有500多项审批项目，属于内部行政行为，这些项目尽管不在《行政许可法》的调整范围之内，但却是政府实施管理的必要措施和手段，其中有不少审批事项涉密程度高，政治性和政策性强，关系到国家安全和社会政治稳定。这部分项目拟以非行政许可的审批项目，以内部文件的方式予以保留（瞭望新闻周刊，2004）。对于非行政许可审批的存在，有学者认为是非常必要的（朱鸿伟、杜娅萍，2011）。目前非行政许可审批在实践中面临很多问题，如非行政许可审批和行政许可之间界限模糊，设定权限不明确，程序不明确，责任不明确，尤其是许多地方已经渐倾出现将非行政许可作为一个"箩筐"的迹象，把大量没有法律法规依据的审批事项装入其中，从而使非行政审批成为规避《行政许可法》的一个最佳借口（冯威，2009）。非行政许可审批引发的乱象已经引起了中央高层的重视，国务院前总理温家宝指出在"十二五"时期，行政审批制度改革的重点是清理和规范非行政许可审批领域（温家宝，2012）。目前，专门研究非行政许可审批的文章数量非常有限，在中国知网上查到的2000~2013年的相关文章仅26篇，其中有8篇还是对2004年国办院办公厅关于保留部分非行政许可项目通知的转载。可见，对于如何规范非行政许可审批还有很大的研究空间。

（2）行政审批制度改革的理论依据。我国行政审批制度为什么要改革，理论界的学者们有不同的观点。第一种观点以卞苏徽教授为代表，认为我国的行政审批制度形成于计划经济时期，具有较浓重的计划经济的色彩，传统的审批制度体现了计划经济体制下政府与企业、政府与社会的关系，反映出政府对社会事务实行的是一种直接的、微观的、无限的管理（卞苏徽，2000）。随着我国社会主义市场经济体制的确立和行政管理体制改革的不断深入，又面临加入 WTO 的需要，改革政府行政审批制度成为我国经济和社会发展的必然趋势。第二种观点以张康之教授为代表，认为行政审批制度是我国的一项独特的制度，它产生于从计划经济向市场经济转轨中，在很大程度上，是作为行政命令、行政指导逐渐退缩时政府实施社会管制的权宜性措施提出来的，随着市场经济的发展，其中包含的各种管制理念，日益暴露各种各样的弊端。因此，需要加快行政审批制度改革，消除行政审批制度中的计划经济成分（张康之，2003）。第三种观点以徐湘林教授为代表，认为目前我国行政审批制度存在的诸多问题虽然与计划经济体制有关，但还不是问题的本质，我国现行的行政审批制度存在的问题与我国长期延续的传统执行体制有关，如果不从我国行政执行体制深层次着眼，不探讨这一体制如何对现行的审批制度产生影响，改革就不能从根本上解决审批制度存在的问题（徐湘林，2002）。这三种观点在理论界没有绝对对错之分，三种观点各有其可取之处，通过三种观点的相互对照，更突显出我国行政审批制度改革所面临的特殊国情，我国的行政审批制度改革将会是一项异常复杂的系统工程。

2. 行政审批制度改革的路径分析

针对传统行政审批制度存在问题提出相应的解决对策是学界对行政审批制度改革研究的最重要使命。从目前来看，其研究成果为政府指导行政审批制度改革提供了大量的参谋和咨询作用。论述这一问题时很多学者都遵循了同一写作模式，即"我国目前行政审批制度存在的问题—问题形成的原因—解决的对策建议"。就存在的问题而言，主要表现为：审批事项过多过滥，妨碍市场机制作用的有效发挥；审批程序烦琐，审批时限长，效率低，不能为群众提供优质高效的服务；管理方式陈旧单一，重审批轻监管；权责脱节，审批权力与责任脱离；审批引发的乱收费问题突出；审批行为不规范，自由裁量权大，缺乏有效的监督制约，导致许多腐败问题（杨绍华，2007）。改革的措施主要围绕三个方面：即建立科学合理的审批管理体系，建立规范高效的审批运行机制和建立严密完善的审批监督机制。

（1）建立科学合理的审批管理体系。建立科学合理的审批管理体系是进行行政审批制度改革的主要内容，学者们主要围绕以下几个方面展开研究。

第一，行政审批的行政理念重塑。思想解放是社会变革的前提，理念创新是一切创新的先导。行政审批理念重塑的重要价值在于推动行政审批改革质量的提升，摆脱目前很多行政审批制度改革措施的"应急型、浅层型和减量型的"特点，建立与"服务型政府"相匹配的现代、科学和法治的行政审批理念。随着行政审批制度改革的推进，学者们认为行政审批行政理念的创新是推动行政审批制度改革的首要条件和必要前提，比如有学者认为"我国行政审批制度改革首先应体现为政府理念转变，在理念上，WTO 下行政审批制度改革价值导向应体现为由规制到治理的政府理念变迁，由统治转向治理，由规制转向服务，由垄断转向竞争，将审批重心由管制功能转向激励功能，服务功能，引导功能，调控功能"（汪波、金太军，2003）。

第二，优化政府部门的职能设置。政府机构是行政审批权的行使主体，一定的行政审批权是与一定的政府机构相联系的。目前行政审批制度存在的一个主要问题是行政审批机构职能划分不清，职能交叉，存在多头审批和重复审批的现象，影响行政审批效率。有很多学者举例"最明显的例子就是我国政府对食品行业的管理。在食品管理中，卫生、质监、工商、农村、经贸等许多部门对食品的某一环节拥有监督管理权，很容易产生这样或那样的矛盾"（张莹、孙如松、郑万城、张勇勤，2007）。有学者提议"理顺政府部门间关系，探索审、管分离的新机制，按照《行政许可法》有关规定，'统一办理，集中办理'，'一个窗口对外'的要求，积极开展部门机构的职能重组，减少部门之间的职能交叉，实现行政审批职能的适度集中和有机整合，积极探索决策、审批、监管相对协调的新机制"（岳经伦，2013）。国务院前总理温家宝在 2011 年全国深入推进行政审批制度改革工作电视电话会议上的讲话强调："行政审批制度改革的重点要进一步优化政府部门职能配置，一件事情原则上由一个部门负责，职能重复或相近的机构应当整合归并，确需要多个部门管理的，要明确牵头部门，建立协调配合机制，防止多重审批和推诿扯皮。要合理划分中央和地方政府的事权，中央政府重点加强对经济事务宏观管理，要把更多的精力转到制定战略规划，政策法规多交给地方政府"（温家宝，2012）。

第三，行政审批的制度建设。只有用制度建设的宏观视野来调整、规范和完善行政审批制度改革的运作模式，才能有效提升审批制度改革模式的运作质量，从而不断实现改革实践的持续有效创新（王瑞华，2006）。对于行政审批管理的制度建设，目前学者提出主要从以下几个方面入手。一是为了确保行政审批的公开、公平和公正等，加强制度创新。比如在受理、实施、监督等环节，通过建立岗位责任制、服务承诺制、首问负责制、一次告知制、限时办结制、职业风险制等一系列规章制度来规范行政审批行为（王彩霞，2010）。二是对于在许多西方发达国家适用的审批制度如何本土化的研究。如对社会听证制度、专家咨询制度、审批证拍卖制、联合审批制度等西方引入的制度，有专家指出目前这些制度在我国还处于理论探索阶段，究竟如何应用，如何加以完善，还有待于进一步细化和研究（荣仕星，2004）。行政审批的制度建设是我国行政审批制度改革取得最终成功的根本保证，如果没有相关制度建设，我国行政审批制度改革所取得的成绩将会是昙花一现。但正如有学者指出的目前的行政审批制度建设和创新正面临着政府自身能力的障碍、利益的障碍、体制的障碍和技术障碍（陈天祥、张华、吴月，2012），突破这些障碍，行政审批制度建设才会有实质性进展。

（2）建立规范高效的审批运行机制。高效的审批运行机制是提高行政审批效能的有力支撑。学者主要围绕以下几个方面展开研究。

①行政审批流程再造。"流程再造"概念最早出现在工业管理中，20世纪90年代以来，中国理论界开始研究"政府再造"的有关问题。在行政审批制度改革中，行政审批流程再造作为新兴研究视角也引发了学者的关注。对于行政审批流程再造的分析主要表现在两个方面。一方面是从理论上对行政审批流程再造进行了分析：包括行政审批流程再造的意义、内涵、目标体系、方法和技术、传统审批流程的障碍和解决的对策。比如学者金竹青认为我国政府流程再造集中体现为公共服务领域的流程再造并与我国行政审批制度改革相伴而行，随着我国服务性政府建设的推进和行政审批制度改革不断深入，公共服务流程再造也从最初的自发状态逐渐走向更高的发展阶段（金竹青，2008）。学者刘志光（2009）在《两横两纵流程再造：行政审批改革的新空间》一文中对行政审批流程中存在的困境进行了分析，并提出两横两纵流程再造最需强调的是事项设置的科学性和简政放权。另一方面是对地方政府行政审批流程再造进行实证分析。比如姜晓萍（2006）在《地方政府流程再造的理论基础和现实意义》一文中以成都市工商注册登记变"串联"为"并联"的流程再造为例，以成都市国土资源局国有土地使用权协议出让流程为例，论述了流程再造能提高行政效率，改进公共服务质量。周丽婷（2012）在《我国地方政府行政审批制度改革的现状与发展总结——基于广东省佛山市行政审批流程改革的分析》中介绍了广东

省佛山市在推行独具特色的"两横两纵"行政审批流程改革中取得的经验，在流程再造中遇到的问题及相应的解决措施。

②行政服务中心建设。行政服务中心又称"政务中心""办公大厅""政务超市"，1999 年浙江金华市设立政府集中办证大厅，形成了"一站式审批、一条龙办理，一窗式服务"为显性特征的审批服务模式，后来这种模式在全国范围内推广。到目前为止，全国所有的省、市级城市基本都建立了行政服务中心，85% 以上的县建立了行政服务中心（陈翔，2008）。行政服务中心的出现是行政审批制度、政府管理模式的重大改革，这种创新的行政审批方式立刻成了学者研究的焦点。2005 年 10 月 15 日至 2012 年 8 月 8 日共举办了四届"全国行政服务机构建设论坛"。这个论坛由中国行政管理学会发起，国家行政学院、各省市行政学院和国内知名大学公共管理学院的专家学者以及实践工作者参加。到目前为止，该论坛围绕"加强行政服务机构建设"，"改革与创新——我国政务公开及行政服务机构建设""构建政务服务体系，提升行政服务能力"等主题展开深入探讨。学者们对于加强行政审批服务中心的建设研究成果非常丰富，主要表现在两个方面。一方面，一致肯定了行政服务中心存在的价值，并对我国行政服务机构的结构特征和运行机制进行了介绍。比如中国行政管理学会课题组（2012）在 2012 年《政务服务中心建设与管理研究报告》中对我国当前的行政服务中心机构的性质、职能层级、运行模式，进驻中心的单位，中心的组织机构等行政服务中心的现状进行了总体的介绍。另一方面，以具体的行政服务中心建设为例指出了行政服务中心存在的问题以及相应的解决对策，并提出了未来行政审批服务机构改革的方向。存在的具有代表性的问题包括"'行政服务中心'定位不够明确，管理权限和职责不到位，对审批窗口授权不充分，监督体制不完善"（姜晓萍，唐冉熊，2004）。有代表性的解决对策主要包括完善法律法规、推进机构职责法定化、明确机构职能和定位、提升电子政务水平、加强内部规范化管理、塑造便民高效的组织文化等（艾琳、王刚、张卫清，2007）。还有学者提出通过机制创新来推动行政服务中心建设（段龙飞，2008）。在发展趋势上，学者们没有统一的看法，但是大多数学者强调了便民利民的根本方向和电子政务建设在未来行政服务中心所起的重要作用（张锐昕、秦浩，2010；陈伟，2008）。

③开展网上审批。随着行政审批制度改革与我国电子政务建设在共同发展中逐步契合，开展网上审批成了在信息时代提高行政审批效率的另一

手段。截至 2010 年，全国 4500 个县级及以上行政服务大厅，100% 实现了信息化支撑，极大地方便了群众办事，北京、上海、广州等地行政许可项目在线处理政务的比例超过了 50%（洪毅、王长胜，2011）。目前对于网上审批的研究主要包括我国开展网上审批的必要性，发展现状，存在的不足，建设的难点，解决的方案，特别是针对目前行政审批系统中存在的"信息孤岛""数字鸿沟"的问题以及构建和完善行政审批信息资源共享机制等（陈晓东，2008；黄永庄，2012）。

从整体上说，目前针对网上行政审批的研究很多都是介绍地方政府开展网上审批的成功经验，系统的理论研究还处于初级阶段，而且基于我国的实际考虑，今后研究的重点应放在如何把行政服务中心的实体大厅与网上审批的虚拟大厅结合起来、相互补充、彼此配合，这样才可以更好地满足人民群众不同层面的申报需求，更好地实现"服务型政府"的目标。

（3）建立严密完善的审批监督机制。建立严密完善的行政审批监督机制是进行行政审批制度改革的重要保障。行政审批的监督包括两个方面：一是对实施行政审批的机关及其工作人员的监督，二是对被许可的人从事许可事项的活动进行监督。目前在这两个方面的监督都存在不足，就此学者们提出了加强监督管理的对策。

首先，监督主体多元化。发挥司法机关、人大、政协、各人民团体的监督作用，积极培育舆论监督和公众参与监督（姜晓萍、郭金云，2004）。

其次，构建行政审批电子监察系统。有学者提到运用 web 服务、NET 开发平台、ASPXML 技术等构建行政监督仿真系统，打造"预警系统、实时监督、限时督办、综合查询、统计决策、实效评估、申报投诉等模块"的监督平台，分别对行政审批网站的各个流程处理结果实时监督控制（王凯伟、周波，2011）。有学者提出通过健全网络监督机制，通过微博、博客等网络平台进行网络舆论监督，利用电子政务平台对行政审批工作人员建立网络电子档案，行政审批相对人可匿名对其审批工作进行评价、监督（傅思明，2013）。

最后，加强行政审批监管的制度建设。学者提议建立和推行行政行为的层级监督和责任追究制度，将责任追究落实到每个岗位和个人、主要领导人；建立经常性的监督巡视制度，强化对行政管理过程中的重要部门、重大事项和重要岗位的监督；建立行政审批申报制度，对于涉及行政事业性收费项目，实行"收支两条线"制度，建立健全监督约束机制（姜晓萍、郭金云，2004）。

　　行政审批制度改革的路径分析是研究行政审批制度改革的核心内容，在相应的论文和课题研究报告、相关专著中可以看到专家学者们在行政审批制度改革路径分析中的理论与实践逐步地紧密结合，摆脱了以往纯粹的理论研究，使得行政审批制度改革的策略更具有针对性、科学性和指导性。笔者认为针对目前行政审批制度中存在的问题在不同地区表现形式的差异性，在这些研究成果的推广中要注意在共性的基础上注重具体问题具体分析，介绍其他地区改革经验时结合本地的实际情况，在推进步骤上也应因地制宜，不宜一刀切。

　　3. 行政审批制度改革的配套改革

　　行政审批制度改革是一项系统工程，具有复杂性、艰巨性和长期性的特点。学者在研究中发现传统行政审批制度的弊端不仅仅是由行政审批制度本身引起的，而是多种因素共同作用的结果。因此，行政审批制度改革要想从真正意义上获得成功，必须与研究相关配套措施改革同步进行。其关键环节主要涉及以下几个方面。

　　（1）转变政府职能。对于行政审批与政府职能的关系，有学者认为政府审批制度改革的目标，不单纯是为了减少一些审批事项，应该是由以审批为主的工作方式变为以监管为主的工作方式，实质是调整政府职能，重新配置行政审批权力的过程。因此，改革行政审批制度，调整行政审批行为，必须同转变政府职能重心，合理配置行政审批权力结合起来（彭向刚，2003）。目前，我国的行政审批制度改革不彻底与政府职能转变不到位有密切的关系。比如：政府对企业干预过多，政企不分，角色"越位""错位"与"缺位"并存，许多政府的管理内容和管理方式没有发生根本改变，仍然热衷于具体的行政审批事务（梁丹妮，2008）。国务院前总理温家宝明确指出在"十二五"期间，在社会主义市场经济条件下，政府管理总的方向是减少审批事项，减少对微观经济活动的直接干预，总的要求是坚持市场优先和社会自治的原则（温家宝，2012）。在 2013 年两会闭幕后的记者新闻发布会上，现任总理李克强强调必须从改革行政审批制度入手转变政府职能，以切实厘清和理顺政府与市场、社会之间的关系，"把错装在政府身上的手转变为市场的手"（胡敏，2013）。可见，我国行政审批制度改革的关键在于切实转变政府职能，让政府回归其在市场经济体制中的本来位置。

　　（2）培育和发展中介组织。转变政府职能，把政府管不了和管不好的职能交还给社会和市场，由社会和市场独立承担这些分离出来的职能，就必须大力培育中介组织，发挥它们在自我管理中的作用。目前单独论述中介组织如何在行政审批制度改革中发挥作用的独立论文不多，散见于行政审批制度改革的措施中。对于中介组织的研究，学者们主要围绕以下几个方面。首先，肯定了中介组织或者行业协会参与行政审批制度改革的优势。有学者提出了中介组织可以弥补政府和市场的不足，发挥它们在行业自律、提供行业服务和接受政府委托进行技术性、专业性审批工作等方面的功能，部分市场中介组织也可以替代政府部门的一些服务和市场监管职能，实行市场化运作（唐铁汉，2013）。其次，基于我国目前的行业协会和社会中介组织发展的现状，学者们提出了存在的不足，主要表现在定位模糊、职能不清、自律不严、公益寡薄等。中介组织的不成熟、不规范职能造成两种结果：要么是一些中介组织利用从政府中转移出来的职能，胡作非为，大牟私利，造成严重的混乱和无序，要么是出于无奈，政府只能将转移出来的职能重新收回，形成反弹和回归（荣仕星，2004）。最后，学者们对行业协会或者社会中介组织如何发挥好行政审批的功能提出对策和建议，代表作如宋世明的《充分发挥行业协会在行政审批制度改革中的作用》（宋世明，2012）。总之，学者们一致认为社会中介组织在我国处于发展的初级阶段，积极培育和规范社会中介组织是其今后发展的根本路径。

（3）借鉴国外政府和港台地区行政审批制度改革的经验。自 20 世纪 70 年代末 80 年代初，政府行政审批合理化和规范化一直都是世界各国和地区政府追求的方向和目标之一。美国、日本、韩国，以及我国的台湾、香港地区在行政审批制度改革中走在了前列，他们起步较早，做法较成熟。学者们分别介绍了美国、日本、新加坡和我国香港地区行政审批制度改革的措施。比如美国在行政审批领域大规模放松管制，引入市场机制，严格依法行政；日本实施的"放松管制三年计划"（李莲，2008）；新加坡在电子政务发展成熟的基础上，形成了以网络虚拟为主、物理实体为辅的行政服务中心模式（彭博、张锐昕，2012）；我国香港和台湾地区网上审批突出人性化色彩，全面实现公共服务电子化（姜晓萍、腾赋骋，2004）；等等。其中有很多经验值得我们学习和借鉴，比如做好法治工作、建立核心的行政审批制度改革领导机构、改革要走渐进式的道路、着眼于长期的制度建设等，但同时大家都强调具体的行政审批制度改革要与本国的国情相适应。

除了以上配套措施，有学者还建议构建公共财政体制、遏制部门利益、完善公务员制度、免除后顾之忧等。笔者认为现在配套改革的内容已经明确，关键是这些配套改革如何与行政审批制度改革的主要措施无缝对接，如何形成合力共同确保行政审批制度改革的最终成功，这些问题还需要深入研究。

三　中国行政审批制度改革研究的学术趋势

对十多年来行政审批制度改革的研究文献进行回顾分析，可以隐约看出行政审批制度改革研究的发展趋势：在研究方法上从单一视角到多学科、多方法的交叉综合；在研究路径上从行政审批制度改革的整体分析到局部研究、从静态环节到动态过程；在研究重点上从行政审批的"技术层面"改革到"制度层面"改革。

1. 从单一视角到多学科、多方法的交叉综合

2001 年，国务院在全国开展行政审批制度改革，行政审批制度改革的研究一开始就吸引了众多专家学者的目光，很多学者从不同学科的角度对行政审批制度改革进行了探讨，包括公共管理学、经济学、政治学和法学等。从目前的研究结果看，成果虽然丰富，但是各学科对行政审批制度改革这一重大问题的研究都存在各自为政现象，再加上我国行政审批制度改革具有复杂性和艰巨性，因此需要继续开展多学科综合交叉研究。从研究方法上看，目前主要是运用公共管理学、政治学、社会学和经济学等方法进行研究，如理论分析和实证分析相结合、规范研究与经验研究相结合、利益分析法、博弈分析等。在行政审批制度改革研究中，有的学者为了保证实证分析的科学性与有效性，在资料数据和论据的整理上采用了实地访谈、文献收集、问卷调查及 SPSS 软件分析等，如姜晓萍教授在对成都市行政审批制度改革的研究中采用了这些方法（姜晓萍、郭金云，2004）。同时，学者一方面从价值判断的层面分析中国行政审批制度改革的目标"应该是什么"，另一方面也从事实判断的角度分析我国行政审批制度的现状、存在的问题，通过实证研究明确"实际是什么"，体现了规范研究与经验研究相结合。利益分析法是现代公共管理学的一种综合研究方法，代表性的学者是潘秀珍教授，她基于利益集团在行政审批制度改革中发挥不可忽视的作用，认为将利益分析方法运用于转型期的中国行政审批制度改革的研究是必须的（潘秀珍，2010）。还有学者将博弈方法引入到行政审批制度改

革中，如韩伟坤等（韩伟坤，2006）。总之，中国行政审批制度改革的研究已经进入到了多学科研究的阶段，多学科、多方法的交叉研究将推进中国行政审批制度改革走向深入。

2. 从行政审批制度改革的整体分析到局部研究，从静态环节到动态过程

行政审批制度改革的提出是基于传统的行政审批制度中存在的混乱、冗繁、暗箱操作、效率低下等现象已经严重影响和阻碍了我国社会主义市场经济体制的完善和发展。因此，早期学者对于行政审批制度改革的研究主要是从整体入手，主要围绕我国行政审批制度改革的背景、意义、改革的目标及价值取向，改革的基本思路和指导思想，所遵循的基本原则等进行探讨。在改革的具体措施中强调设定行政审批范围，确定行政审批的主体等静态环节。到了后期为了增强研究的可行性和科学性，学者们开始从微观视角研究行政审批制度改革：把行政审批制度改革置于特定的环境和历史条件下展开研究或者从行政审批的某一层面，如运作方式或者监督机制开展研究。另外，除了静态环节外，学者们加强从各种改革措施的具体操作和行动者之间的互动的动态过程来研究，"通过动态环节的创新来确保静态改革的研究成果"（马庆钰，2012）。如通过简化行政审批流程、改进审批方式、行政审批机制创新等来深化行政审批制度改革的研究。

从整体分析到局部研究是行政审批制度改革的一种研究趋势，笔者认为从长远来看，不管是对行政审批制度改革研究的整体分析还是通过局部研究来推进行政审批制度的改革，不管是设定行政审批范围还是确定行政审批主体的静态环节或是规范行政审批动态过程，都是研究行政审批制度改革的重要路径，不可偏废。需要指出的是，随着行政审批制度改革进一步的推进，动静结合，以点带面将会是未来研究的重要切入点。

3. 从行政审批的"技术层面"改革到"制度层面"改革

从国际社会的经验来看，行政审批制度改革的过程应该分为三个阶段，相应的有三个层次的目标：一是大量地废止过滥的审批；二是为每一项必须的审批设立一个科学的分析制度，包括成本效应分析制度；三是建立宏观上全面的审批管理制度，包括程序和监督制度（黄海霞，2001）。从中国的实际看，目前我国的行政审批制度改革正处于第一阶段，采取的是以行政节制力量为主的推动模式，到了第二阶段与第三阶段会"涉及管制重建，权力结构的调整，监督机制的构筑，法制环境的完善，利益格局的调整等"

（赵慧芳，2004）。在十多年的改革中，通过削减行政审批事项，流程再造，建立行政服务中心，开展网上审批和加强电子监督等技术手段革新确实已经极大提高了行政审批效率。但是，行政审批制度改革本是政府的一场"自我革命"，行政审批制度改革的成功，必然涉及行政体制的深层次问题，涉及在这一体制下所形成的部门既得利益。"由于目前的行政审批制度改革的'制度'色彩淡化，'机制'构建缺失，使有些改革停留在了行政审批的'技术性'改革层面，而非我们希望的行政审批'制度性改革'"（艾琳、王刚、张卫清，2013）。因此，越来越多的学者达成共识，行政审批制度改革要达到预期目的，不能仅仅考虑改革的短期效应和轰动效应，而应该着眼于机制创新和长期的制度建设，通过制定法律，使行政审批制度化、法律化，通过构建关联审批事项协同机制，建立健全行政审批机制等来实现行政审批制度改革的新突破。因此，笔者相信在今后的行政审批制度改革的探讨中，如何突破传统文化观念的束缚、体制性的障碍、利益的"雷区"，行政审批如何制度化、法律化等问题将会成为研究重点，也只有解决这些根本性的问题，才能推动行政审批制度改革取得实质性的进展。

参考文献

艾琳、王刚、张卫清：《由集中审批到集成服务——行政审批制度改革的路径选择与政务服务中心的发展趋势》，《中国行政管理》2013 年第 4 期。

艾医卫·颜道成：《地方行政服务中心建设的成绩、问题和对策》，《中国行政管理》2007 年第 1 期。

卞苏徽：《审批制度改革：深圳的经验与启示》，《北京行政学院学报》2000 年第 3 期。

陈天祥、张华、吴月：《地方政府行政审批制度创新行为及其限度》，《中国人民大学学报》2012 年第 5 期。

陈时兴：《行政服务中心对行政审批制度改革的机理分析》，《中国行政管理》2006 年第 4 期。

陈晓东：《网上审批系统的演变过程和发展趋势》，《电子政务》2008 年第 1 期；黄永庄：《网上审批难点探析》，《信息化建设》2012 年第 1 期。

陈翔主编《地方行政服务中心的定位和方向——基于安徽省的实证研究》，中国科学技术大学出版社，2008。

陈伟：《困境与发展：行政服务中心发展趋势分析》，《理论与改革》2008年第4期。

段龙飞：《机制创新与我国行政服务中心建设研究》，《中国行政管理》2008年第6期。

邓雪琳：《整体政府与我国行政服务中心建设研究——以广东省中山市为例》，《财经问题研究》2010年第8期。

傅思明主编《行政审批制度改革与法制化》，中共中央党校出版社，2003。

傅思明：《权力监督"失灵"何以治愈——论行政审批权的异化与归位》，《公共治理》2013年第1期。

冯威、朱恒顺：《认真对待"非行政许可审批"》，《政府论丛》2009年第2期。

国务院行政审批制度改革工作领导小组：《关于贯彻行政审批制度改革五项原则需要把握的几个问题》（国审发〔2001〕1号），2001年12月11日。

郭济：《抓住有利时机，深化行政审批制度改革》，《中国行政管理》2002年第8期。

郭济：《加强行政审批服务机构建设，深化行政审批制度改革》，《中国行政管理》2005年第12期。

黄海霞：《哪些事情不需要审批——专家谈行政审批制度改革》，《瞭望新闻周刊》2001年第28期。

胡敏：《行政审批制度改革的根本点在于转变政府职能》，《中国经济时报》2013年5月15日。

胡锐根、翁列恩：《绩效管理视野中的行政审批制度改革——以温州市行政审批制度改革为例》，《政治学研究》2005年第3期。

韩伟坤：《我国行政审批制度改革的博弈论分析》，《开发研究》2006年第3期。

洪毅、王长胜主编《中国电子政务发展报告（2011）》，社会科学文献出版社，2011。

姜晓萍：《地方政府流程再造的理论基础与现实意义》，《中国行政管理》2006年第5期。

姜晓萍、唐冉熊：《完善行政服务中心　深化审批制度改革》，《湖南社会科学》2004年第2期。

姜晓萍、腾赋骋：《港台地区网上申报与审批的经验及启示》，《中国行政管理》2004年第4期。

姜晓萍、郭金云：《地方政府深化行政审批制度改革的个案研究——以四川省成都市行政审批制度改革为例》，《中国软科学》2004年第7期。

金竹青：《中国政府流程再造的新趋势》，《国家行政学院学报》2008年第5期。

梁丹妮：《论政府职能转变视角下的行政审批制度改革》，《法制与社会》2008年第

11 期。

李贵鲜：《学习贯彻行政许可法　促进政府职能转变和行政管理创新》，《中国行政管理》2004 年第 7 期。

李莲：《美日行政审批制度改革的经验借鉴》，《商业经济》2008 年第 11 期。

李璐娇：《行政审批制度改革中委托–代理机会主义及其抑制》，《沧桑》2009 年第 5 期。

吕普生：《中国行政审批制度的结构与历史变迁—基于历史制度主义的分析范式》，《公共管理学报》2007 年第 1 期。

李珊：《加快行政审批制度改革探讨会综述》，《中国行政管理》2001 年第 7 期。

《瞭望新闻周刊》，1900 项剩余行政审批项目如何处理，新浪网：http://news.sina.com.cn/c/2004-06-16/ba3434921.shtml，2004 年 6 月 16 日。

廖扬丽：《〈行政许可法〉的执行障碍分析》，《理论研究》2007 年第 3 期。

廖扬丽：《重提行政审批制度改革恰逢其时》，《领导之友》2012 年第 7 期。

刘志光：《两横两纵流程再造：行政审批改革的新空间》，《中国行政管理》2009 年第 10 期。

马怀德主编《行政许可》，中国政法大学出版社，1994。

闵杰：《行政审批改革十年再探路广东省"先行先试"》，中新网：http://www.chinanews.com/gn/2012/09-06/4164288.shtml，2012 年 9 月 6 日。

马庆钰：《行政审批制度改革再给力》，《行政管理改革》2012 年第 10 期。

《批准广东省在行政审批制度改革方面先行先试》，《南方日报》2012 年第 8 期。

彭博、张锐昕：《新加坡行政服务中心建设的内容、特点和启示》，《电子政务》2012 年第 11 期。

彭向刚：《行政审批制度改革与政府职能重新配置》，政治改革与政府转型会议论文，2003。

潘秀珍：《利益集团理论视角的中国行政审批制度改革》，《理论导刊》2006 年第 3 期。

潘秀珍：《论利益分析法运用于转型期中国行政审批制度改革研究的必要性》，《广西大学学报（哲学社会科学版）》2010 年第 8 期。

荣仕星：《论政府行政审批制度改革》，《中央民族大学学报》（哲学社会科学版）2004 年第 1 期。

施绍祥：《如何认识行政审批制度改革》，《中国行政管理》2001 年第 11 期。

宋世明：《充分发挥行业协会在行政审批制度改革中的作用》，《中国机构改革与管理》2012 年第 3 期。

唐铁汉：《进一步加快行政审批制度改革的步伐》，《国家行政学院学报》2003 年第 3 期。

汪波、金太军：《从规治到治理：我国行政审批制度改革的理念变迁》，《上海行政学院学报》2003 年第 6 期。

王彩霞：《打破行政审批制度改革瓶颈思路探究》，《陕西行政学院学报》2010 年第 2 期。

王凯伟、周波：《电子政务建设视野中行政监督仿真系统构建研究》，《档案学通讯》2011 年第 3 期。

吴江：《学习贯彻〈行政许可法〉，规范政府行为》，《人民论坛》2003 年第 10 期。

王克稳：《我国行政审批与行政许可关系的重新梳理与规范》，《中国法学》2007 年第 4 期。

王谦：《新时期行政审批制度改革路径分析》，东北师范大学硕士学位论文，2008。

王瑞华：《中国行政审批制度改革的困境和出路》，《哈尔滨学院学报》2006 年第 2 期。

王逸吟：《广东行政审批改革："简政放权"新探索》，《光明日报》2012 年第 12 期。

徐湘林：《行政审批制度改革的体制制约与制度创新》，《国家行政学院学报》2002 年第 6 期。

岳经伦：《行政审批制度改革宜从五方面推进》，《南方日报》2013 年第 3 期。

应松年主编《行政许可法的理论与制度解读》，北京大学出版社，2004。

应松年：《行政审批制度改革：反思与创新》，《人民论坛》2012 年第 5 期。

杨绍华：《行政审批制度改革：政府的一场自我革命——访国务院审改办主任、监察部副部长李玉赋》，《求是杂志》2007 年第 16 期。

赵炜宁：《〈纲要〉草案提出，推进行政管理体制和政府机构改革》，中国新闻网：http：//www. cctv. com/news/other/20030224/100550. shtml，2003 年 2 月 24 日。

张康之：《行政审批制度改革：政府从管制走向服务》，《改革与发展》2003 年第 6 期。

许源源：《新公共服务理论视角中的行政服务中心建设》，《中国行政管理》2007 年第 10 期。

章文光：《深化我国行政审批制度改革的思路》，《学术界》2004 年第 6 期。

张静：《"简政放权"，新一轮改革掷地有声》，新华网：http：//news. xinhuanet. com/comments/2013-05/14/c_ 115757674. htm，2013 年 5 月 14 日。

张定安：《行政审批制度攻坚期的问题分析与突破策略》，《中国行政管理》2012 年第 9 期。

邹玉政：《我国行政许可范围设定制度的检讨与完善》，《理论导刊》2006 年第 4 期。

朱鸿伟、杜娅萍：《非行政许可审批的合理性》，《暨南学报》（哲学社会科学版）

2011 年第 1 期。

温家宝：《在全国深入推进行政审批制度改革工作电视电话会议上的讲话》，http：//news. xinhuanet. com/politics/2011-11/16/c_ 111169798. htm，2011 年 11 月 16 日。

张莹、孙如松、郑万城、张勇勤：《行政许可与行政审批中出现的主要问题及对策》，《中国行政管理》2007 年第 4 期。

周丽婷：《我国地方政府行政审批制度改革的现状与发展思路——基于广东省佛山市行政审批流程改革的分析》，《暨南学报》（哲学社会科学版）2012 年第 7 期。

中国行政管理学会课题组：《政务服务中心建设与管理研究报告》，《中国行政管理》2012 年第 12 期。

张锐昕、秦浩：《行政服务中心：发展愿景、路径选择与趋近策略》，《吉林大学社会科学学报》2010 年第 5 期。

赵慧芳：《对我国行政审批制度的理性思考》，《社会主义研究》2004 年第 4 期。

作者单位：广州大学松田学院法政系

地方治理

全球防扩散治理机制：
功效及其限度

李小军*

摘　要：MTCR（导弹及其技术控制制度）在本质上是一种从供应方遏制导弹技术扩散的多边治理机制。机制规制、技术禁运和政治压力是机制目标的实现路径，同时也存在机制非条约地位、政治压力局限、机制准则与成员国利益冲突的规制局限。在 MTCR 机制规制、技术阻禁和国内外环境变化的共同作用下，巴西最终宣布放弃运载火箭与弹道导弹计划，并最终加入 MTCR，从而成为 MTCR 机制规制成功的范例。但 MTCR 在印度导弹计划的规制中却凸显出局限。印度善于吸收和创新的技术引进路径、较为严格的导弹出口控制制度、对 MTCR 机制规制张弛有道的应对、对 MTCR 技术阻禁的巧妙规避，使印度成功开发了弹道导弹计划。即使印度宣布加入 MTCR，印度作为当今世界屈指可数的导弹大国，已是一个 MTCR 无法改变的现实。

关键词：导弹扩散　治理机制　功效　局限

一　引论

战后，美国通过《巴鲁克计划》（Baruch Plan）和《原子能法》（Atomic Energy Act），倡导"原子能为和平服务"，试图保护核秘密和维持核垄断。但正如核历史学家理查德·休立特（Richard G. Hewlett）和杰

＊　本文系 2014 年教育部人文社科研究青年基金项目《全球"反核能抗议"运动及对我国核能开发影响研究》（14YJCGJW008）（2014 年 7 月～2016 年 12 月）的阶段性成果。

克·霍德伯勒（Jack M. Holl）所言："原子用于和平的愿望无疑是真诚的，但这几乎是一种不计后果的想法"（Avner Cohen，1998）。随着苏联和中国对核武器的相继掌握，宣告了美国核垄断梦想的破灭。从此，美国决策者对核扩散的担忧日益上升，"扩散"（Proliferation）一词逐渐进入了美国公共政策的词典（Brad Roberts，1993：139）。

在这种"有核世界里，运载能力至关重要"（Aaron Karp，1984：166）。弹道导弹作为核武器的最佳运载工具，可使核武器更具毁灭性，核武器则会使弹道导弹更具威胁性。弹道导弹与核武器之间的这种致命契合（synergism），足以改变地区与全球的力量平衡，对全球安全产生了独特影响，也引起了美国的高度关注和警惕。主导国际军控事务的美国率先对导弹扩散做出反应，倡导成立"导弹及其技术控制制度"（Missile Technology Control Regime，MTCR），① 限制供应方的导弹和技术转让。MTCR 成立后，通过延缓和终止导弹发展，逐渐发展成为治理导弹扩散的多边核心机制。随着导弹扩散形势的变化，MTCR 的治理局限也逐渐凸现出来，影响了其治理功效的进一步发挥。

美国虽然是当今世界上最为重视导弹扩散问题的国家，也是较早从事导弹治理研究的国家，但国内专门从事导弹扩散及其治理研究的学者却并不多见。Mistry Dinshaw、Aaron Karp、Wyn Q. Bowen 和袁劲东（Jing-dong Yuan），是美国屈指可数的几个专门研究导弹扩散及其治理的知名学者，其中 Dinshaw、Aaron 和 Bowen 均有研究导弹扩散问题的专著问世，袁劲东近年来也发表了部分关于 MTCR 和中国出口控制方面的论文。西方国家的一些享誉全球的防扩散研究机构②，基本上把导弹扩散问题仅视为"军控、裁军、防扩散"研究项目下的小课题来对待，专门研究导弹扩散的专著、论

---

① 国内对 MTCR 的翻译有："国际导弹技术控制制度""导弹技术控制制度""导弹及其技术控制制度""国际导弹技术控制组织""全球导弹技术控制机制"等。本文依从中国外交部译法，称为"导弹及其技术控制制度"。参见《中国重申愿意加入导弹及其技术控制制度（MTCR）》，http://www.chinadaily.com.cn/gb/doc/2004-06/03/content_336265.htm.

② 这些研究机构包括：美国的"军备控制协会"（The Arms Control Association）、"麻省理工学院安全问题研究室"（MIT Security Studies Program）和"蒙特雷国际问题研究所防扩散研究中心"（Center for Nonproliferation Studies，Monterey Institute of International Studies），加拿大的"防务和安全问题研究中心"（Center for Defence and Security Studies），英国的"伦敦国际战略研究所"（International Institute for Strategic Studies）和丹麦的"斯德哥尔摩国际和平研究所"（Stockholm International Peace Research Institute，SIPRI）等。

文、报告、听证会证词要少得多，更谈不上建立导弹扩散问题的专门研究机构了。

国外学者对"导弹防御"的研究较为成熟，著作汗牛充栋。导弹防御的研究起点是在承认导弹扩散已然存在和无法遏制的情况下，不得已而采取的消极安全措施。学者们对美国推进导弹防御计划的动因、内容、效能、局限性和安全影响进行了综合分析和评估。但这些研究多就事论事，没有从防扩散角度探讨导弹扩散、导弹防御和国际安全之间的逻辑关系。导弹防御是遏制还是促进了导弹扩散？导弹防御是否也是一种导弹控制措施？这些问题都没有得到解决。

部分美国学者对导弹扩散及其安全影响进行了初步研究，但这些研究受美国政府的态度与政策的影响较大。比如在美国政府推出关于全球导弹扩散对美国威胁的评估报告后，直接激发了学者们研究"受关注国"导弹扩散的热情。这些研究基本承袭了西方大国关于导弹扩散的逻辑，即第三世界国家是全球导弹扩散的罪魁祸首，把发展中国家基于自卫和安全需要从事的导弹发展，一概斥之为谋求大规模杀伤性武器（WMD），威胁了美国及其盟国的安全。它们的基本逻辑是：如果一国拥有弹道导弹，就意味着拥有了运载 WMD 的能力。反之，如果一国谋求开发 WMD，就一定会设法获取或开发弹道导弹。但对西方国家率先搞导弹扩散的历史责任却不予置评。

在对 MTCR 的研究中，西方学者虽运用国际机制的相关理论，尝试对核心机制治理的有效性、机制与大国之间的关系进行初步研究，但存在的问题是：没有建构起完整的国际机制理论分析框架，没有从理论的视角全面分析 MTCR 的有限性、局限性和合法性问题；有些学者过分强调核导弹大国在 MTCR 中的分歧与冲突，没有揭示出彼此之间在导弹控制上开始出现的战略利益的趋同性；没有运用国际机制的理论分析框架对导弹治理机制进行全面的绩效评估。

国内对导弹扩散及其治理的研究则刚刚起步，这与我国政府对 MTCR 的态度和政策选择直接相关。国内学者对弹道导弹扩散和导弹防御进行了研究，朱锋教授、吴莼思博士、朱强国研究员都有相关学术专著问世（朱锋，2001；吴莼思，2001；朱强国，2004）。朱锋的专著（朱锋，2001）较为全面地分析了美国弹道导弹的由来、基本内容、对全球安全的影响等；吴莼思的专著（吴莼思，2001）分析了美国弹道导弹计划的历史演变、美国开发导弹防御的战略意图、导弹防御对国际安全的影响、导弹防御对威慑理论的影响等问题；朱强国的专著则集中讨论了美国发展战略弹道导弹的动因（朱强国，2004）。还有部分学者对导弹、弹道导弹和导弹防御系统进行背景知识介绍的著作，这是进行导弹扩散及其治理研究的重要知识储备（徐岩、李莉，2001；吴凤明，2001；李俊莉，2005；于川信，2000）。

国内部分学者已对导弹扩散及其治理问题进行了专门研究，但成果非常有限。叶如安是国内较早对导弹扩散的危害及国际防扩散的现状进行专门研究的学者（叶如安，1990）。夏立平教授对亚太地区弹道导弹的扩散与控制进行了富有启迪的探讨（夏立平，2001）。高硕对中东的弹道导弹扩散进行了评析（高硕，2003）。笔者是国内对导弹扩散及其治理进行专门研究的少数学者之一，发表多篇相关论文，对南亚导弹扩散、巴西太空计划、中东对国际防扩散的挑战、MTCR 的制度基础、制度困境及其出路、欧美防扩散战略的分歧与合作等相关问题进行了系统探讨（李小军，2004，2005）。但以往的研究理论与实践结合不够。本文将在以往学者研究的基础上，以巴西和印度为个案，以国际机制为理论工具，对 MTCR 的作用机理、规制功效和限度进行系统的研究。

二 全球导弹治理机制的作用机理及其局限

（一） 全球导弹治理机制的作用机理

MTCR 在本质上是一种遏制导弹扩散的多边出口控制制度，旨在从供应方限制导弹技术流向导弹开发国。MTCR 的基本设想就是凭借西方强大的政治与技术优势，组建导弹供应国的非条约自愿协商机制，从而达到限制和禁止导弹技术出口的目的。由此，机制规制、技术禁运和政治压力是机制目标的三个实现路径。

1. 机制规制

斯蒂芬·克拉斯纳认为"国际机制"是指"特定国际关系领域的一整套明示或默示的原则、规范、规则以及决策程序，行为体的预期以之为核心汇聚在一起"（Stephen Krasner，1982：186）。MTCR 是典型的国际机制。MTCR 的"原则"，就是导弹扩散对国际安全的危害性。MTCR 的"规范"就是要控制导弹及其技术的扩散。MTCR 的"规则"就是在 MTCR 指南、技术附件中规定禁止出口的导弹及其技术。MTCR 的 "决策程序" 就是在每年举行的全体会议上，通过协商做出各种决策，并由各国根据本国法律加以执行。

机制范围（scope）是指由机制生发出来的问题。MTCR 的机制范围包括：供给方限制导弹出售和技术扩散的问题；被关注国的导弹发展；对导弹扩散的法律禁止和消除导弹的步骤。通过成立导弹技术供应方的卡特尔组织，限制对需求方的导弹技术出口；起草 "防止弹道导弹扩散国际行为准则"（ICOC），使被关注国的导弹发展透明化。其中对导弹扩散的法律禁止和消除导弹的步骤尚处于探索阶段。机制的领域（domain）是指机制的成员国资格。从 1987 年到 1997 年，为提高决策效率和机制合作的水平，MTCR 采用限制成员国资格的战略，希望加快决策速度，提高 MTCR 的技术阻禁效率。这种战略的理论依据认为成员数量少比成员数量多的机制建立的多边安排更易进行深入合作（George Downs, Davis Rocke and Peter Barsoom, 1998：397–419）。由此，机制的成员资格可分为 "完全成员"（full member）和 "准成员"（quasi-members）。完全成员也叫机制的 "伙伴"（partners），包括最初创立 MTCR 的西方七国，后来提交申请批准加入的和后来由机制 "招募"（recruited）加入的。准成员是指实际同意机制的参数限制但没有加入 MTCR，美国把这类国家称为 "遵从国"（adherents）。

MTCR 亦是一种导弹供应国在导弹防扩散安全问题上的制度合作。虽有学者基于国家间在机制效用问题上的分歧难以弥合，认为安全制度的合作在零和博弈的国际社会举步维艰（Stephen Krasner, ed., 1982：173–194），但国际的实践也表明制度化的动因有可能诱使一些国家放弃自己的一些自私利益而参与机制合作。MTCR 中的安全合作体现为：其一，国家间在出口管制和技术扩散方面的贸易合作与军事安全领域的合作不同，协调与合作大于分歧与对抗；其二，在 MTCR 内诸如权力和国家利益这样的现实主义因素与诸如价值和规范这样的非现实主义因素相契合，确保了 MTCR 的生存和发展（Zachary Davis, 1993：79–99）；其三，美国在 MTCR 的创立与维持中发挥了关键作用。根据 "霸权稳定论" 的观点，霸权体系内提供公共产品和领导权的是霸权国。美国动用权力资源，制定导弹供应方遵守的 "游戏规则"，从而既确保了 MTCR 的生存，又影响了机制内合作收益的分配。总体而言，MTCR 成员国之间是一种合作性博弈，保证能在一些关键性的安全问题上较为顺利地开展合作。

当然，权力与利益是一对孪生体，利益的功能性需求也对 MTCR 的生存和发展发挥着重要作用。一国是否参与 MTCR、多大程度上参与 MTCR 和如何参与 MTCR，会从安全利益角度进行精明的盘算。收益大于成本，国家一般会选择加入机制；收益和成本大致相抵，则会选择成为"遵从国"；反之，则选择反对加入机制。以俄罗斯为例，起初认为 MTCR 是影响导弹出口和经济收益的"紧箍咒"，反对加入 MTCR。在实践中，俄罗斯发现，采取不与美国和 MTCR 对抗的政策，遵守 MTCR 的一些"合理"的原则，对自己未尝就没有好处，于是就选择成为 MTCR 的"遵从国"；随着导弹扩散的日益严重和美国压力的增大，俄罗斯发现不加入 MTCR 的收益远小于加入的收益，经过权衡，终于在 1995 年选择加入 MTCR。国家之所以有这样的理性计算和选择，与国家对某个问题获得的认识（知识）有关。因为国家认识到如果长期游离于 MTCR 之外，并继续扩散导弹技术的话，就会付出损害威望的社会成本和承受制裁的经济成本。巴西和南非之所以选择加入 MTCR，就说明它们并不愿意通过扩散导弹技术来损毁自身的国际形象。

2. 技术阻禁（Technology Denial）[1]

美国主导创立 MTCR，主要是从技术层面考虑对导弹扩散进行控制和治理，是一种"供给者控制"（suppliers control）机制。这种机制的设想基于：先进的导弹技术都掌握在核导弹大国之手，如果能对技术薄弱的导弹开发国建立起技术阻禁机制，就有可能导致导弹开发国的导弹计划销毁（dismantlement）、取消（cancellation）和转化（conversion）、进度延迟（schedule delays）、零件稀缺（parts scarcity）和提高发展成本（Deborah A. Ozga，1994）。机制成员执行技术阻禁的主要方式是拒发技术出口许可证。比如在 MTCR 成立后的 29 个月之内，美国就拒发 29 项技术出口许可证，其中商务部 3 项，国务院 26 项（NSIAD-90-176，6/90：113-126）。MTCR 创建后也确实延缓和终止了部分国家和地区的导弹计划[2]，从而凸显了其技术阻禁的有效性。

为实现对导弹计划的技术阻禁，MTCR 制定了"准则"和"技术附

---

① 关于"technology denial"一词，国内有些学者将其翻译为"技术拒止"或"技术禁阻"。本文认为，MTCR 的主要功效是通过从供应方对导弹技术的限制或禁运来延缓和终止导弹计划，故翻译为"技术阻禁"最贴近 MTCR 的功效。

② 包括巴西的"卫星运载火箭"（VLS），阿根廷的"兀鹰-2"（Condor-II）导弹，韩国的卫星运载火箭，中国台湾的"乘风"（Green Bee）和"天马"（Sky Horse）导弹等。在 20 世纪 80 年代、90 年代，MTCR 先后迫使九个国家和地区宣布放弃导弹开发或把导弹计划限制为巡航导弹和短程弹道导弹（SRBMs）。

件"。准则包括：国家控制法律和程序；两类共同的控制清单；不阻碍国家的民用太空计划；在核武器运载系统方面"可驳回推定"任何扩散；非授权情况下不进行再次转让。MTCR 把导弹及其分系统和部件、生产设施和有关技术划分为 I 类和 II 类两种限制项目。I 类是指那些最敏感的，能把 500公斤有效载荷运送到 300 公里以外的完整火箭系统和无人航空飞行器系统，以及为生产这些系统而专门设计的生产设施；上述运载系统使用的完整分系统，如火箭各级、再入飞行器、火箭发动机、制导系统、推力控制系统，弹头的保险、解除保险、引信、点火装置，以及为生产这些分系统而专门设计的设备和生产设施（刘华秋，2000：382）。

1993 年，MTCR 扩大了阻禁的范围，不管有效载荷和射程是否为 500 公斤和 300 公里，只要有运载 WMD 的能力，都属于禁止出口之列。某种武器即使不具有运载 WMD 的能力，但它包含了 I 类项目，也属于 I 类的限制项目，除非包含的 I 类项目不能被分开，迁移或复制。II 类为军民两用项目，出口时要以许可证方式逐件审批，保证不被用于发展 I 类项目的系统，包括推进系统部件、导弹结构材料、惯性导航设备、航空电子设备，以及用以生产这些部件、材料和设备的设施。成员国在考虑是否对 II 类项目的出口颁发许可证时，考虑的因素有：接受者是否有正在寻求 WMD 计划的企图和获得 WMD 计划的抱负；接受者是否有获得导弹和太空计划的意图和能力；受关注的扩散项目对接受者发展 WMD 是否有潜在贡献；有购买意向的接受者提供的最终用途是否有可信度；等等。总体而言，机制成员国对 I 类项目承诺"拒绝批准推定政策"（presumption of denial），对第 II 类"实施限制"（exercise restraint），对 I 类项目的控制显然要比 II 类项目严格。

而 MTCR 的这种技术阻禁是否发挥作用和在多大程度上发挥作用，与导弹开发国的经济实力、工业指标、国防工业战略和关键技术掌握等因素密切相关。为此，评估一国的导弹发展能力至少要考虑三个指标。一是国家的整体经济实力和关键工业指标。二是军备生产和国防工业指标。有些国家虽然整体经济实力不强，但如果执行优先发展国防工业的战略，仍可开发出先进的弹道导弹计划。[①] 三是对材料、工业产品、电子产品、计算

---

① 以色列的经济规模虽然很小，但仍拥有强大的国防工业；巴西、印度、以色列和南非在若干军备工业和飞机制造方面也具有先进技术；韩国、阿根廷和中国台湾地区的生产水平属于中等；埃及、朝鲜和巴基斯坦的导弹生产能力低。

机、电讯、导航控制手段、传感器和电子对抗系统、航海系统、推进设备系统、定位和动力能量系统、存活硬件系统，及与核相关的关键技术的掌握（U. S. Department of Defense，1992）。据此，印度和以色列生产弹道导弹的技术能力较高，阿根廷和南非弹道导弹生产能力次之，叙利亚和利比亚生产弹道导弹的能力最低。从技术阻禁的角度看，MTCR迫使叙利亚和利比亚放弃弹道导弹的难度最小，阿根廷和南非的难度次之，印度和以色列的难度则最大。从实际效果来看，在MTCR技术阻禁和相关因素的共同作用下，阿根廷和南非最终宣布放弃弹道导弹计划，叙利亚和利比亚的弹道导弹计划由于技术方面始终无法取得突破，导弹发展停滞不前，印度和以色列的弹道导弹照常发展，受到MTCR技术阻禁的影响最小。

3. 政治压力

如何让导弹开发国放弃从供给国获得导弹及其技术的努力呢？MTCR常用的方法就是对导弹开发国施加强大的政治压力。影响开发国导弹决策的政治因素主要有：地区安全考虑、体系影响和国内政治制约因素。

如果一国拥有核武器或导弹，在保障自身安全的情况下还可对其他国家造成心理和现实的威慑。在一个自助的国际体系中，一国会采取寻求包括导弹和核武器在内的军事实力来应对这种威慑。为此，只有力求通过减少地区国家的安全担忧，提供可靠的安全保障，才有可能消除这些地区国家的导弹扩散选择。基于这种逻辑，以美国为首的MTCR成员通过安全协定、军事存在和安全依赖三种方式对导弹开发国或地区施加安全压力。从安全的依存度看，韩国、以色列、埃及和中国台湾对美国存在最不对称的安全依赖关系。在美国的强大压力下，韩国、埃及和中国台湾放弃了一些导弹计划，也迫使以色列签署对导弹发展进行遏制的谅解备忘录。

这些国家和地区之所以在安全上高度依赖美国，根源在于它们对美国存在严重的经济依赖关系。根据罗伯特·基欧汉和约瑟夫·奈的观点，相互依赖国家之间的经济行为是敏感和脆弱的。如果美国对在经济上对自己存在高度依赖的国家或地区采取有意识的外交政策，不断提升贸易方面的战略影响力，就可进一步加深这种相互依赖关系。韩国、中国台湾、埃及对美国的经济依赖最强，美国充分利用非对称相互依赖迫使这些国家或地区延缓或放弃弹道导弹计划。① 阿根廷和巴西对美国的经济依赖处于中等水平，朝鲜、伊拉克、伊朗、利比亚和叙利亚对美国的经济依赖程度最低。②

从导弹开发国方面来看，国内政治因素也会对其导弹决策产生影响。一国国内的官僚机构之间存在不同的政策偏好和趋向，彼此在导弹发展的决策中不可避免地存在矛盾和冲突。当一个主张发展弹道导弹计划的官僚机构在决策中取胜时，就能推进该国弹道导弹计划的发展。反之，如果是一个主张抑制弹道导弹发展的官僚机构在决策中占据上风时，则会限制弹道导弹的发展。西方国家认为一国或地区的体制是民主或专制的，也会对政府的政策产生制约和平衡作用。认为民主政府更倾向于关注社会进步和经济发展问题，对弹道导弹计划之类的军事计划缺乏关注兴趣，这会在一定程度上抑制该国的弹道导弹发展。文官执政的民主体制下，文官能从制度上对军人实施控制，会在全国形成一种遏制军事发展导弹计划的强大民意。况且西方国家普遍信奉的民主和平论认为民主国家之间不会打仗，因为民主规范、民主政治文化、民主的结构和民主的制度都会对政府决策形成制约。既然如此，民主国家就极少考虑民主邻邦会威胁自身安全，这也会削弱民主国家对导弹计划的安全需求。

（二）全球导弹治理机制的机制局限

1. 机制的非条约地位

MTCR 是一个导弹供给方控制的机制安排，但不是一个有法律约束力的国际条约，在导弹控制问题上没有形成统一的国际规范。在 MTCR 创立时，发达国家重点关注的是限制供应方的导弹及其技术流向欠发达国家，是一种供应方的出口控制制度。机制不限制供应方成员国之间的导弹转移，美

---

① 以色列是一个特殊国家，在经济和安全上都对美国存在很强的依赖关系，但以色列是美国的铁杆盟国，美国对以色列的导弹发展采取放任的态度，这是导致以色列弹道导弹迅速发展的根本原因。

② 具体经济依赖参数为：中国台湾地区（20%，19%）；韩国（12%，12%）；以色列（14%，15%）；埃及（11%，10%）；南非（3%，3.5%）；巴西（2%，2.4%）；阿根廷（1%，2%）；印度（1.3%，2.1%）；巴基斯坦（4.7%，3.8%）。这些数字对 20 世纪 90 年代的伊朗、朝鲜、利比亚、叙利亚和伊拉克来说，都在 1% 以下。一个地区国家的其他外部经济关系包括来自国际组织的援助和外部的投资，大约占它们 GNP 的 3%。数据来自：Stockholm Institute of Peace Research databank。

国在 MTCR 成立不久，就已向英国出售"三叉戟"战略核潜艇弹道导弹。当前英国装备的"三叉戟"三级固体弹道导弹就是美国研制的第4代潜射战略导弹，分"三叉戟" I（D4）、"三叉戟" II（D5）两种型号，分别于1979 年和 1990 年部署在海神级和前卫级弹道导弹核潜艇上（叶竟康，2005）。美国向英国转让的导弹有负载核武器的能力，而 MTCR 最初的宗旨就是要限制能负载核武器的运载工具的转让。MTCR 的这种歧视性特征成为许多欠发达国家批评的焦点，也在一定程度上影响了机制功效的发挥。

机制的非条约状态，促使一些国家根据自己的利益需要从事导弹转让活动。既然国际社会不存在国际统一的导弹规范，一些导弹拥有国为谋求经济利益，会不断扩大导弹技术的出口。导弹出口能带来相当可观的硬通货收入，既能弥补导弹研发经费的不足，又能进一步加大对导弹开发的投入。西方学者提供的数据显示：1991～1998 年，朝鲜包括飞毛腿导弹在内的武器出售的收入高达 8 亿多美元。在国际军火市场上，当一些国家购买到导弹后，就会引起邻国的警惕和不安，也会千方百计地谋求导弹力量，这在一定程度上刺激了国家之间的导弹竞赛。

机制的非条约状态，决定了 MTCR 的机制规制缺乏相应的强制力。与发展完善的条约机制相比，MTCR 的机制强制严重缺失。国际上管制核武器和化学武器扩散的机制是"核供应国集团"（NSG）和"澳大利亚集团"（AG），分别通过"核不扩散条约"（NPT）和"化学武器公约"（CWC）保证运转。这两种机制都存在较为完善的核查措施。比如 NPT 就拥有较为完备的安全保障措施和集体行为原则。在 NPT 中，有核国与无核国家之间达成了某种默契，即有核国承诺最终消除核武器，向无核国提供民用核技术，承担不对无核国威胁使用和实际使用核武器的政治义务，无核国相应承担不发展核武器的义务。在 NPT 的框架中，有共同安全利益的无核国之间通过建立限制获取 WMD 的信任措施，在邻国之间形成了安全互惠，演变为一种约定俗成的集体行动原则。MTCR 未能使导弹开发国之间形成这样一种互惠的集体行为原则。

2. 政治压力的局限

"相互依赖"是机制成员国对导弹开发国施加政治压力有效性的前提条件，但相互依赖也只是为成员国向开发国施加政治压力提供了可能，政治压力手段在一些条件下也会失灵。有些导弹开发国虽与美国之间存在密切的安全依赖关系，但仍会继续推进弹道导弹计划。当 MTCR 的成员国向导弹开发国施加压力时，成员国国内存在与导弹开发国有密切经济和政治、文化联系的游说集团，一定会通过施加压力迫使其放弃对导弹开发国的压力决策，这反过来又会成为导弹开发国与 MTCR 成员国讨价还价的筹码。

就国内政治因素而言，民主过程和政治文化虽可在一定程度上延缓政府推进导弹扩散的进程，但仍难以起到有效遏制导弹扩散的作用。乔治．伯科维奇（George Perkovich）就曾指出，因为公众舆论不允许印度政府在核选择问题上对外妥协，所以印度发展核导弹的决心不会因外部的压力而轻易改变。有时，领导人为赢得国内支持和加速法案批准速度，会有意支持诸如导弹计划这样的威望工程。即使在民主体制中，政治精英也会把资源分配给国防工业，以迎合国内的游说集团，而威权政府也不可能完全忽视国内民众的反对和经济制约执意推动导弹计划。民主国家也可能会和非民主国家打仗，当民主国家面临或意识到紧迫的安全威胁时，获取核武器和导弹就会成为它们的战略选择。事实上，在 5 个核武器国家中，美国、英国、法国三个西方所谓最标准的民主国家却最早拥有核武器和导弹计划，印度和以色列的核武器和导弹计划都是由民主政府发起和坚持的。

3. 机制准则与成员国利益的冲突

MTCR 的技术阻禁必须通过各成员国的国内出口控制才能得到执行，如何在 MTCR 控制制度与成员国出口控制制度之间取得平衡，是一项复杂的工作。各成员国的利益诉求、法律环境和政治运作差异较大，不可能形成统一的执行标准。各成员会基于自身的利益需求，对机制的准则做出不同的解释和执行，从而严重削弱了机制控制的有效性。

从经济利益角度看，导弹技术出口能赚取大量外汇，弥补国家武器研发过程中的资金缺口，但 MTCR 的技术阻禁则显然是贸易壁垒的制造者。在全球化背景下，包括武器开发在内的跨国公司往往会突破国家界限的限制，在全球范围内寻求利润和配置资源。为了能在激烈的国际竞争中拉住客户，一些国家的实体不惜违反国内出口控制法的限制，有意把 MTCR 的违禁技术扩散给谋求 WMD 的可疑用户。比如 20 世纪 80 年代晚期，原西德的公司就曾向中东国家转让过核、化学和火箭物项与相关技术（Freedman，Alan and Victor Mallet，1989：2）。

在冷战的特殊背景下，西方盟国通过牺牲自由贸易来确保国家安全。在全球化和相互依赖日益密切的今天，这种"杀鸡取卵"的方法已不能适应形势的需要。比如在中国发展航空计划的过程中，美国的劳拉（Loral）公司曾向中国提供火箭发射技术方面的咨询，获得了相当丰厚的收入，但美国认为空间技术的快速发展有助于提高中国的弹道导弹能力，对这种正常的技术合作设置重重障碍。1999 年 2 月，美国禁止休斯公司（Hughes）把价值达 4.5 亿美元的卫星出售给中国公司，这种违约给休斯公司造成了高达 9200 万美元的损失。美国国内企业要求政府放松技术出口限制的呼声也日益高涨，但美国对中国高端技术的转让仍然非常严格。此外，在成员国执行技术阻禁原则时，面临的一个突出挑战就是如何区分技术的民用与军用特征。如果成员国放松对两用技术的限制，就给导弹开发国把民用技术转为军用提供了便利，但如果加强限制，不但会阻碍正常的技术转让，而且会给成员国带来很大的经济损失。

三　全球导弹治理机制的规制功效：以巴西为例

（一）巴西太空和导弹计划对外部技术援助的依赖

运载火箭与弹道导弹发展在技术上存在重合，一国在掌握运载火箭技术的情况下，就天然拥有发展弹道导弹的能力。巴西太空和弹道导弹计划的发展，也基本遵循并行发展的轨迹。巴西是一个太空和导弹技术相对薄弱的国家，没有外部的技术援助，完成庞大的研制任务几无可能。

20 世纪 60 年代，在美国的技术援助下，巴西启动太空发展计划，集中精力开发"探测"（Sonda Ⅰ、Sonda Ⅱ、Sonda Ⅲ、Sonda Ⅳ、Sonda Ⅴ）系列火箭（图表 1）。1979 年，出台"巴西全面航天任务"（MECB）综合研制计划，将设计、发展和制造卫星运载火箭（VLS）视为三大研发任务之一（Wyn Q. Bowen，1996）。巴西设想把所有的"探测"系列火箭都发展为VLS，但技术要求较高。在法国的技术援助下，巴西设计出了 VLS，出于成本的考虑，放弃使用液体推进剂的原有计划，全部采用固体推进剂（Boscov，Jayme and A. F. Palmerio，1991）。巴西在执行 MECB 计划时，在原料、设备和技术服务方面严重依赖国际援助。美国为 Sonda Ⅱ 的发展提供高氯酸铵（mmonium perchlorate）、树脂（resins）和添加剂（additives）等化学制品，用于制造火箭的推进剂，并对巴西发射基地的科技人员进行培训。在设计和研制 Sonda Ⅲ 的过程中，法国参与了在分离系统（separation systems）、雷达和遥感勘测系统（radar and telemetry system）和惯性传感器（inertial sensors）方面的可行性研究和开发。美国为推进剂制造提供了化学制品，为合成材料的研究提供技术培训。德国在控制系统（control systems）和负载量恢复（payload recovery）方面为巴西提供了技术培训。在发展 Sonda Ⅳ 的过程中，美国在惯性平台和金属发动机容器的热处理方面提供了技术帮助，法国为高温零件和控制系统部件的制造提供了原料。

表 1　巴西的太空计划发展状况

火　箭	长度（m）	级别	燃料类型	负载量（kg）	能到达高度（km）
Sonda Ⅱ	4.534	1	固体	小于 70	50 至 100
Sonda Ⅲ	3.793	2	固体	50 至 150	200 至 650
Sonda Ⅳ	5.348	2	固体	30 至 500	700 至 1000
VLS	19.8	4	固体	200	750（近赤道轨道）

资料来源：Wyn Q. Bowen（1996）. Brazil's Accession to the MTCR. *The Nonproliferation Review*. Spring-Summer：88。

巴西在外部技术援助下在太空计划方面取得的进展，为导弹发展奠定了基础。巴西的导弹计划启动于 20 世纪 80 年代，为核发展开发运载系统，对付阿根廷"秃鹰Ⅱ"（Condor Ⅱ）导弹威胁和出口导弹赚取开发资金是巴西推进导弹发展的三个重要动因。负责开发导弹的是奥比塔（Orbita）和阿韦布拉斯宇航工业公司（Avibras）阿韦布拉斯宇航工业公司（Avibras）。奥比塔开发了射程为 150 公里、负载量为 500 公斤的 MB/EE-150 机动战术导弹，自主研发了终端自引导航系统，为发展更高精确度的导弹奠定了基础（Robert Shuey, et al., 1988）。巴西还开发了 MB/EE-350（350 km）、MB/EE-600（600 km）和 MB/EE-1000（1000 km）系列地对地导弹（SSMs）（图表 2）。基于发展导弹的技术能力，世界上的导弹拥有国可大致划分为四个层次：第一层次是拥有洲际弹道导弹的国家；第二层次是拥有有限射程和精确度弹道导弹的国家；第三层次是拥有适当射程导弹的发展中国家；第四层次是拥有火箭炮和初步弹道导弹能力的国家。巴西的导弹能力虽不及第一、二、三层次的导弹拥有国，但要比同层次国家的导弹先进得多。

在掌握一定导弹技术的情况下，巴西也通过出售导弹运载工具来赚取外汇，为导弹工具的后续发展提供资金支持。20 世纪 80 年代，巴西向伊拉克、沙特、卡塔尔和巴林出售了 Astros Ⅱ 航天器，其中伊拉克一国就购买了 66 件。1982～1987 年，巴西通过出售各种运载工具得到的总收入大约是 10 亿美元，从而使巴西成为世界上第六大军备出口国。

表 2　20 世纪 80 年代巴西的弹道导弹发展状况

导　弹	负载量（kg）	射程（km）	燃料类型
MB/EE-150	500	150	固体
MB/EE-350	—	350	固体
MB/EE-600	—	600	固体
MB/EE-1000	—	1000	固体
SS-150	—	150	固体
SS-300	—	300	固体
SS-600	—	300	固体
SS-1000	—	1000	固体

资料来源：Wyn Q. Bowen（1996）. Brazil's Accession to the MTCR. *The Nonproliferation Review*. Spring-Summer：87。

（二）MTCR 技术阻禁对巴西导弹计划的影响

美国曾多次尖锐批评巴西的运载工具出口，指责巴西没有对武器转让实施限制。巴西帮助伊拉克延长飞毛腿导弹的射程，伊拉克通过向巴西空间计划提供部分资金来换取巴西的空间技术。利比亚有购买 MB/EE-600 的强烈意向，并为巴西提供了近 20 亿美元的军备合作资金，希望能得到巴西的技术援助（Wyn Q. Bowen，1996）。由于巴西出售导弹技术的对象是与美国为敌的利比亚、伊朗和伊拉克，这引起了美国的极大不满，决意利用 MTCR 来阻止巴西的太空与弹道导弹计划。

在 MTCR 成立后举行的第一次全会上，成员国做出了对巴西 VLS 计划实施技术禁运的决定。美国多次禁止颁发对巴西的技术出口许可。由于怀疑巴西航空工业公司（Embraer）帮助伊拉克发展地对空导弹，美国拒绝向其出口 IBM 超级计算机。为遏制巴西的导弹发展，美国拒绝给巴西出售导弹的保护外套。在 1992 年 6 月美国商务部发布的关于导弹和火箭计划受控清单上，巴西的 Sonda Ⅲ、Sonda Ⅳ 和 VLS 火箭，SS–300、SS–1000 和 MB/EE 导弹都名列其中（Deborah A. Ozga，1994）。

巴西积极运用经济手段来规避 MTCR 技术禁运的影响。1989 年 7 月，巴西通过提供优惠措施，促使瑞典的富豪（VOLVO）、法国的 SEP、西德的 MAN 在商业卫星发射的竞标中通力合作，最后击败美国的麦克唐纳–道格拉斯公司（McDonnell-Douglas），获得巴西近 21 亿美元的卫星发射合同。作为回报，巴西从欧洲的阿丽亚娜空间（Arianespace）公司获得了梦寐以求的火箭发动机技术。美国向有公司参与巴西商业卫星发射的法国施加压力，批评法国没有承担 MTCR 成员的义务，要求法国政府澄清转让给巴西的火箭技术是否包含在 MTCR 的"类型 I"准则里。美国怀疑巴西把法国转让的技术再次转让给了中东国家。英国政府也批评法国出于利益需要对 MTCR 的准则做了过于宽泛的解释。法国政府的回应认为对巴西的技术转让严格限制在 MTCR 允许的范围之内，巴西也提供了技术仅用于和平的承诺。在美国的强大压力下，法国并没有将核心的空间发射技术转让给巴西（Silverberg，David，1989）。为此，巴西转而加强与中国和俄罗斯等非 MTCR 成员国的空间技术合作。1989 年 7 月 19 日出版的《华盛顿邮报》就认为巴西从中国获得了长征火箭的相关技术，从俄罗斯进口了用于火箭发动机外套的碳纤维（Carbonfiber）技术。

由于受到 MTCR 技术转让的限制，巴西在 20 世纪 80 年代末期不得不延缓与弹道导弹相关的发展计划，VLS 的建设一直拖延到 1992 年，最终未掌握 VLS 的完整技术。后来随着俄罗斯加入 MTCR 和美国的持续压力，奥比塔和阿韦布拉斯航宇工业公司最终不得不放弃了导弹计划的发展计划。1995 年，通过谈判，巴西宣布放弃弹道导弹计划，在保留民用太空计划的情况下宣布加入 MTCR。

（三）巴西导弹防扩散政策的转变

在 MTCR 的技术阻禁、内部政治环境（实现文官执政）和外部安全环境（与阿根廷关系缓和）变化的共同作用下，巴西的导弹防扩散政策开始发生转变。在国内层面上，巴西政府制定和完善防扩散法律框架，强化国内出口控制制度。在国际层面上，巴西改变对防扩散机制的强硬政策，积极参与各种类型的防扩散机制。

在导弹领域，巴西政府开始积极处理国际社会关注的导弹问题。1990年，寇松总统访问美国，媒体曝光巴西航空官员帮助伊拉克发展弹道导弹的"爆炸性"新闻，① 这使致力于改善巴西国际形象的寇松政府极为尴尬，直接刺激巴西政府对国内的出口控制法律进行审查和修改，宣布巴西愿制定与 MTCR 标准一致的出口控制法。1994 年 2 月，针对国际社会对巴西弹道导弹扩散的关注，巴西专门成立负责民用太空计划的太空署（AEB）。同时，巴西政府成立专门应对 MTCR 的评估委员会，最后得出巴西应加入MTCR 的结论。1994 年 12 月，巴西宣布将对与导弹相关的商品和服务实施控制。1995 年 8 月，巴西总统卡多佐重申防扩散承诺，宣布巴西"不再拥有、不再生产或打算生产、进口或出口有能力负载大规模杀伤性武器的远程弹道导弹"。同年 10 月，巴西议会批准出口控制法，规定对转让两用原料的本国公司进行惩罚。对违反出口法的公司，将采取警告、罚款、吊销出口权和关押等措施。在扫清一切障碍后，1995 年 10 月在德国波恩召开的MTCR 第十次全会上，成员国一致同意巴西加入 MTCR。巴西虽保留了民用太空计划，但宣布终止了 SS 系列弹道导弹工程（SS-300，SS-600 和 SS-1000）。

诚然，巴西最后宣布加入 MTCR，是经过成本与收益权衡后做出的重要决策。加入 MTCR，巴西至少可得到如下收益：巴西排除于"惯常性怀疑"清单之外，树立负责任的国际形象；提升国际社会对巴西民用太空计划的接受度，为巴西进入北美火箭发射市场提供了可能；将巴西排除于美国出口控制法限制的名单之外，减轻美国对巴西太空计划的压力，减少美国商业制裁的可能性；MTCR 的成员资格将允许巴西从其他成员国进口先进的民用太空技术；② 巴西能参与 MTCR 的辩论和决策；等等。当然，在获取诸多

① 1990 年寇松访问美国时，有媒体报道说巴西前"航空技术中心"（CAT）主任胡戈（Hugo Piva）正在帮助伊拉克发展弹道导弹。胡戈自 1987 年退休后正领导由 23 人组成的小组，致力于发展射程为 1500 公里的弹道导弹。该报道的曝光使寇松极为尴尬，因为他正在努力改善巴西在西方世界中的负面形象。寇松责成他的战略事务秘书要求胡戈做出合理解释。胡戈辩解说自己的活动是合法性的，因为他正在从事秘密工作。但胡戈愿意向美国驻巴西大使做出解释。鉴于此。外交部部长建议总统成立一个跨部门委员会，专门研究出台新的出口控制法律，这表明巴西现存的立法体系不能阻止诸如胡戈这样的非法援助活动。

② 巴西多次卫星发射失败，根本原因在于技术问题，巴西没有获得能完成火箭惯性导航系统的技术。如果要使 VLS 成功发射，必须依赖 MTCR 成员国愿意向巴西提供必要的技术援助。

好处的同时，加入 MTCR 也要付出相应的成本：影响巴西公司空间技术出口的生意；建立代价高昂的出口控制体系；不能从根本上取消美国出口管理法对巴西的限制；不能排除美国商业制裁的可能性；不会改变美国对MECB 的总体态度；等等。但收益与成本相比，收益还是大于成本。巴西在导弹防扩散领域的政策转变，重塑了巴西负责任的国际新形象。

四　全球导弹控制机制的规制限度：以印度为例

（一）技术援助在印度弹道导弹计划中的地位评估

印度虽是一个发展中的大国，但由于受到技术、工业基础和财力资源等条件的限制，完全自主开发导弹存在较大困难。在导弹开发初期，印度全方位、多元化地开展国际合作，从西方国家和苏联获得了先进导弹技术的援助，对印度的导弹发展起了重要作用。

1965 年，美国的国家航空和宇宙航行局 NASA 向印度提供了探空火箭的保密数据（A. A. Pikayev, L. S. Spector, E. v. kirichenko and R. Gibson, 1998：18）。原西德向印度提供了鼻锥体（nose cone）和发动机喷嘴（engine nozzles）等导弹零件，为"阿格尼"的导航系统开发了微处理器（microprocessor）和软件（Milhollin, Gary, 1989），并在火箭试验、导航和合成材料应用方面给印度提供了诸多帮助（Wyn Q. Bowen, 2000：26）。法国向印度转让了探空火箭技术和用于阿里亚娜空间运载火箭（Ariane space launcher）的液体燃料发动机。冷战时期，出于拓展南亚地区利益的战略考虑，苏联也向印度提供了一些重要的导弹技术援助，促进了印度探空火箭技术的发展。[①]

在国外的技术援助下，印度自主开发导弹的能力增强。印度在导弹推进剂、铝合金导弹框架（aluminum-alloy missile frame）和"大地"发动机的

---

① 1971 年，苏、印签署一项合作发展卫星的协议。根据协议规定，不允许印度参与设计和制造固体燃料火箭，但协议执行不严，印度的技术人员实际上参与了固体燃料火箭的设计和制造，间接获得了火箭技术。协议还规定印度的卫星必须由苏联设计的火箭发射，这使印度科学家有机会参与包括卫星系统制造、跟踪和监控研究的全过程，给印度科学家创造了掌握苏联固体燃料推进器设计的重要技术细节。通过这些合作，印度已有能力为"阿里亚哈塔"卫星设计和制造大部分次级系统了。

制造方面取得了重要进展。此外，印度在导航技术（guidance technology）、重返（re-entry）和防热能力（heat-shielding capabilities）研究方面取得的进展，保证了"阿格尼"的成功发展。

MTCR 成立后，机制成员国竭力阻止印度获取技术援助，企图迫使印度最终放弃弹道导弹计划。MTCR 的技术禁运对印度的弹道导弹发展发展也确实产生了一定影响。在 1999 年印度提供的一份报告中，印度曾承认 MTCR 的技术禁运对印度的导弹发展产生了影响，迫使印度不得不自主开发导弹的关键零部件。但在 MTCR 成员国执行机制阻禁原则，减少甚至截断对印度的导弹技术援助后，印度的弹道导弹计划为何仍能继续存在和发展？其中的一个重要原因在于印度非常注重对引进技术的消化、吸收和创造，在导弹技术研究和人才培养方面都实现了高起点和短周期。与其他发展中国家一样，印度在发展导弹上走的也是一条从引进、仿制到自行研制的道路，但印度无疑走得更准、更稳和更有实效。比如印度在发展导弹中有许多比较独特的思路。西方发达国家在发展中、远程弹道导弹走的是先液体燃料，后固体燃料，而印度则避开开发液体燃料的技术难度和资金制约，直接开发固体燃料的中、远程弹道导弹。

此外，在 MTCR 成立之前，印度已获取了一些制造弹道导弹的关键技术，在对外援技术吸收创新后，印度已能自主制造导弹的许多关键零部件。MTCR 的禁运不但没有迫使印度宣布放弃弹道导弹计划，而且在一定程度上激励了印度国内的技术发展。早在 1980 年，印度成功发射第一代运载火箭（SLV — 3），标志着印度已拥有制造中程弹道导弹的能力。MTCR 成立后，印度的导弹发展虽受到了一些影响，但制造弹道导弹的能力却在继续提升。1994 年，第二代极地轨道卫星运载火箭（PSLV）发射成功，标志着印度已拥有了制造中远程弹道导弹的能力。2001 年，印度成功发射地球同步卫星运载火箭（GSLVI），标志着印度已拥有制造远程洲际导弹的能力。1999 年 5 月一箭多星的发射标志着印度掌握了多弹头分导技术，2001 年再次进行一箭三星发射则标志着印度多弹头分导技术已日臻成熟。

（二）MTCR 对印度弹道弹道的规制限度

在处理与国际防扩散机制的关系时，印度的政策选择泾渭分明：对于全球裁军谈判和不直接损害印度利益的防扩散机制，印度采取了积极参与的态度；① 对于限制或阻碍本国核导弹发展的任何协议与机制，则坚决拒绝批准或加入。到目前为止，印度拒绝签署和加入 NPT、"核供应国集团"（NSG）、"桑戈委员会"（The Zangger Committee）和 "澳大利亚集团"（AG）。印度认为这些机制限制了自己发展核武器和弹道导弹的权利，存有明显的歧视性，从本质上违反印度的国家利益。

同对待有悖自身利益的其他防扩散机制一样，印度对 MTCR 采取的是拒绝加入的态度。从 MTCR 方面来看，印度的弹道导弹计划在两个身份方面与 MTCR 密切相关，即弹道导弹的技术的供应者和弹道导弹技术的接受者。从弹道导弹技术的供应者身份来看，印度没有转让导弹技术的记录，不是西方国家关注的敏感技术的供应者。按照一般的发展规律，在发展中国家推进弹道导弹和空间计划的过程中，会通过技术出口来平衡庞大的财政支出，但印度并没有采取这种筹措资金的办法。比如巴西曾向印度提出购买火箭技术的要求，但遭到了印度的拒绝。印度之所以能在技术供应者身份上保持清白，是因为在国内实施了比较严格的出口控制制度，但也损害了国内出口企业的利益，政府经受的压力也越来越大。格哈罗特（Seema Gahlaut）教授就认为印度最终会被迫放松国内的出口控制制度。

从印度作为弹道导弹技术的接受者身份来看，仍是西方关注和 MTCR 规制的对象。在西方国家拒绝转让导弹相关技术的情况下，印度把俄罗斯作为空间技术和弹道导弹技术的重要供应者，比如俄罗斯向印度出售火箭发动机，就曾引起美国的制裁。在俄罗斯加入 MTCR 后，美国对两国空间技术合作的指责仍时有发生。面对机制成员国对印度接受弹道导弹技术的指责，印度批评 MTCR 是西方发达工业国家建立的歧视性机制，目的是限制发展中国家的导弹发展，保持发达国家的导弹优势。印度认为 MTCR 是发达国家用以遏制印度和平太空计划的工具，目的不是关注导弹的全球扩散，而是根据西方发达国家的商业利益来确定技术控制对象的标准。批评

① 印度在参与全球裁军方面态度积极，是因为这种裁军行动不直接妨碍和损害印度利益，而且还能给印度带来道义上的好处，能在一定程度上消解西方国家批评印度抵制防扩散带来的负面影响。自 1979 年以来，印度参加了历次全球裁军会议。同时，印度还选择加入了一些机制。1957 年，印度加入 IAEA。此后，印度签署了《化学武器公约》（CWC）、《部分禁止核试验条约》（PTBT）、《外空和海床条约》、《生物武器公约》（BWC）和《非人道武器条约》（the Inhumane Weapons Treaty）等。

MTCR 在禁止一些技术出口的同时，却有选择地同一些新成员进行同样技术的交易。

概言之，在特定条件和动因的驱动下，印度通过自主技术开发，通过规避 MTCR 的机制规制和技术阻禁，获取重要的外部援助，成功地开发了弹道导弹计划，这是导弹控制治理机制局限性的典型案例。当前的印度已是名副其实的核武器国和弹道导弹大国。当然，影响有限不等于没有影响。随着全球防扩散努力的不断深入，特别是联合国关于国际防扩散的主席声明①和 1540 号决议②，这些都对印度产生了很大的国际压力。在俄罗斯加入 MTCR 和中国申请加入 MTCR 的背景下，印度对 MTCR 的强硬态度也有所弱化。2005 年 9 月在西班牙举行的 MTCR 第 20 次全会上，全体成员国一致欢迎印度关于宣布单方面遵从 MTCR 准则的声明，表明印度正逐渐变为 MTCR 的遵从国。

五　结论

MTCR 在本质上是一种遏制导弹扩散的多边出口控制制度，旨在从供应方限制导弹技术流向导弹开发国。MTCR 的基本设想就是凭借西方强大的政治与技术优势，组建导弹供应国的非条约自愿协商机制，从而达到限制和禁止导弹技术出口的目的。由此，机制规制、技术禁运和政治压力是全球导弹治理机制的作用机理，但也存在机制的非条约地位、政治压力的局限、机制准则与成员国利益冲突的机制规制限度。

在延缓或终止弹道导弹计划的规制功效中，巴西无疑是 MTCR 机制规制的成功典范。在 MTCR 机制规制、技术阻禁和国内外环境变化的共同作用下，巴西出人意料地宣布放弃运载火箭与弹道导弹计划，在保留民用太空权利的条件下加入了其长期诟病的 MTCR。对于巴西这样的发展中国家来说，发展技术要求高和耗资巨大的太空与弹道导弹计划，需要巨大的战略

---

① 1992 年，联合国安理会发表主席声明，要求各成员国对反对大规模杀伤性武器及其运载工具承担责任。

② 2004 年联合国安理会通过的 1540 号决议，要求所有国家按照本国法律授权和立法，并遵循国际法，采取合作行动，防止非法贩运核生化武器及其运载工具和相关材料；采取和实施有效措施，建立国内管制，以防止核生化武器及其运载工具的扩散，包括对相关材料建立适当管制。

勇气。放弃这种倾其国力的战略计划，也同样需要战略魄力。巴西加入MTCR，收益与损益并存，但总体收益远大于损益，巴西的战略选择符合其国家利益。

印度在其导弹开发初期，通过全方位、多元化的国际合作，从西方国家和苏联获得了先进导弹技术的援助，为其导弹计划的发展提供了重要基础。MTCR 对印度导弹计划规制效果不佳的主要原因有二。

一是印度在引进国外先进导弹技术时，非常注重对引进技术的消化、吸收和创造，在导弹技术研究和人才培养方面做到了起点高和周期短。在这一方面，印度要比巴西走得更准、更稳和更有实效。

二是印度在应对 MTCR 的制度规制时张弛有度。从作为弹道导弹技术的供应者身份来看，印度在国内实施了较为严格的弹道技术控制制度，即使经受利益受损国内企业界的压力也毫不动摇。因而印度并不是西方国家关注的敏感技术的供应者，经受的规制压力较巴西小。从作为弹道导弹技术的接受者来说，印度一方面拒绝加入 MTCR，另一方面则与俄罗斯建立密切的技术合作关系，从俄罗斯进口火箭发动机。即使俄罗斯加入 MTCR 后，印俄间的导弹技术合作仍在继续。

随着国际防扩散努力的不断深入和外部压力的不断增大，印度对 MTCR 的强硬态度也有所弱化。印度现已成为 MTCR 的遵从国，不排除印度随时宣布加入 MTCR。但印度作为当今世界屈指可数的导弹大国，成为全球第六个具备发射洲际导弹能力的国家，已是一个 MTCR 无法改变的现实。

参考文献

高硕：《试析中东弹道导弹的扩散》，《阿拉伯世界》2003 年第 3 期。

吴莼思：《威慑理论与导弹防御》，长征出版社，2001。

夏立平：《亚太地区弹道导弹及其技术的扩散和控制》，《国际观察》2001 年第 1 期。

叶如安：《弹道导弹扩散——怎样控制?》，《国际问题研究》1990 年第 3 期。

朱锋：《弹道导弹防御计划与国际安全》，上海人民出版社，2001。

朱强国：《美国战略导弹防御计划的动因》，世界知识出版社，2004。

Avner Cohen（1998）. Israel and The Evolution of U. S Nonproliferation Policy：The

Critical Decade（1958–1968）. *The Nonproliferation Review.* Winter: 2.

Brad Roberts（1993）. From Nonproliferation to anti-proliferation. *International Security*, 18（1）: 139.

Aaron Karp（1984）. Ballistic Missiles in the Third World. *International Security*, 9（3）: 166.

Stephen Krasner（1982）. Structural Causes and Regime Consequences: Regimes as Intervening Variables. *International Organization.* Spring: 186.

George Downs, Davis Rocke, and Peter Barsoom（1998）. Managing the Evolution of Multilateralism. *International Organization.* 52（2）: 397–419.

Robert Jervis. Security Regimes. in Stephen Krasner, ed.（1982: 173 – 194）. *International Regimes.* Ithaca: Corell University Press.

Zachary Davis（1993）. The Realist Nuclear Regime. *Security Studies.* 2（3/4）: 79–99.

Deborah A. Ozga（1994）. A Chronology of The Missile Technology Control Regime. *The Nonproliferation Review.* Winter: 69.

U. S. Efforts to Control the Transfer of Nuclear Capable Missile Technology. General Accounting Office Report, NSIAD–90–176, 6/90: 113–126.

Wyn Q. Bowen（1996）. Brazil's Accession to the MTCR. *The Nonproliferation Review.* Spring-Summer: 86.

Boscov, Jayme and A. F. Palmerio（1991）. *The Brazilian Satellite Launcher*（VLS）. 2nd Congress of the International Astronautical Federation, Montreal, Canada, October 5–11.

Robert Shuey, et al.（1988）. Missile Proliferation-Survey of Emerging Missile Forces. *Congressional Research Service.* Washington, DC 1988.（3）: 89.

Freedman, Alan and Victor Mallet（1989）. United States Seeks Full EC Membership of Missile Treaty. *Financial Times.* September 23.

Silverberg, David（1989）. French Proposal May Violate Pact on Proliferation. *Defense News*, July 17.

Tollefson, Scot, Brazil（1990）. *The United States and the Missile Technology Control Regime.* NPS–56–90–006. Monterey, CA: Naval Postgraduate School, March.

Bowen, Wyn and Andrew Koch（1996: 284）. Nonproliferation is Embraced by Brazil. *Jane's Intelligence Review*, June.

作者单位：广州大学公共管理学院

美国的香港政策：理想主义抑或现实主义[*]

——以美国老布什政府对港政策为例

沈本秋

摘　要：理想主义和现实主义是美国两大外交传统。但何时是理想主义主导，何时是现实主义主导？通过对美国老布什政府时期对港政策的决策政治进行研究，本文发现当美国白宫的决策者受到国际体系的压力，更加重视美国霸权稳定时，会采用现实主义的外交政策；当美国白宫的决策者受到国内政治压力，更加重视国内价值和利益的实现时，会采用理想主义的外交政策。

关键词：美国　理想主义　现实主义　国际体系　国内政治

引　言

（一）美国的外交传统：理想主义与现实主义

美国自从摒弃"孤立主义"传统以来，形成了两大外交传统：理想主义外交与现实主义外交。理想主义强调在国际上实现美国社会所追求的价值，如民主、自由、人权等理念。现实主义强调权力对国家的重要性，为了追求权力甚至可以暂时忽视价值的重要性。这两种传统奠定了美国外交

* 真诚感谢香港中文大学亚太研究所社会与政治发展研究中心郑宏泰教授为笔者提供了为期半年的访学机会，使笔者以访问学者身份完成了本文的写作。

政策演变的主线。但究竟何时是理想主义主导，何时是现实主义主导，研究美国外交的文献对这两大问题的探索可谓汗牛充栋，但一般都归结为：二战之前美国基本上秉持理想主义，二战之后则转变为现实主义；或者认为美国国力强盛时理想主义占上风，国力衰微时现实主义占上风。理想主义的典型代表如美国第 28 任总统伍德罗·威尔逊，而现实主义的典型代表则有乔治·凯南、基辛格等（倪世雄，2001）。但是也有主流声音认为美国的外交基本上是在理想主义与现实主义中进行钟摆交替（李艳辉，2003；杨鸿玺，2012）。上述基于宏观视野的研究多为长时段研究，对现实不具有很强的预测性。实际上美国历届政府的外交都有现实主义和理想主义的内容，只是不同时段的选择重点不同罢了。

20 世纪 80 年代末至 1997 年香港回归前，美国一直配合英国介入香港政治。香港回归后，美国则完全取代英国，深入介入香港事务。在香港实现民主的时间表上，中国作为主权国家，具有当然的定义权。中国为了维护香港繁荣稳定，确定了香港"循序渐进"实现民主的原则，但是美国主张香港急速实现民主。在香港政制结构上，中国确立的是"行政主导、立法监督"，而美国主张立法与行政分立。针对上述议题，美国政府采取了诸多政策措施，由此产生了中美之间的"香港问题"。仅在老布什时期，尽管只有四年，但是美国对港政策经历了从现实主义到理想主义的转变。在前半个任期，老布什政府很重视国际战略，重视中国在美国对苏战略中的"平衡手"作用，美国尽管也强调在香港的理想主义政策，但是比较低调。后半个任期，由于国内政治因素，老布什政府开始重视在香港的理想主义因素，现实主义反倒被抑制。这种转变为本文的研究提供了很好的案例。本文的研究问题是：老布什的香港政策体现了美国理想主义和现实主义外交中怎样的决策政治？

（二）研究视角

研究美国外交政策的常用方法是探讨其决策政治。戴维·辛格认为可以从国际体系和民族国家两个层次来分析国家在国际政治中的决策行为。国际体系层次可以帮助我们从整体上考察国际关系。从描述性目的而言，其长处是具有综合性，但缺点是细节不够。就解释性目的来说，其困难首先在于使观察者夸大体系对民族国家行为体的作用，而忽视了民族国家行为体对体系的作用；其次，"该分析层次假设民族国家外交政策行为模式具有高度一致性"（Singer，1961：80-81）。而"民族国家分析层次最明显的长处是它体现了国际体系中行为体之间的差异。但是该层次分析又会导致行为体差异的夸大化"（Singer，1961：82-83）。杰里尔·A. 罗塞蒂则提出，为了研究和了解对外政策的复杂政治，应从三个方面或层次来考察政治进程：第一是政府，然后是社会，最后是全球环境。在政府层次，杰里尔·A. 罗塞蒂考察总统的权力和总统指导美国对外政策的能力，考察国家安全委员会的权力，还考察国务院、军事部门、情报部门、美国驻外经济文化机构。在社会层次需要分析国内利益团体、选举政治因素。全球环境层次实际上就是决策的外部环境，即国际体系的变化（Rosati，2004：244-257）。

罗伯特·普特南提出了双层博弈的模式。他认为国内政治和国际政治通常交织在一起，是国内政治决定国际政治还是国际政治决定国内政治？这样的争论毫无意义。很显然，对该问题的回答有时二者都有。国际谈判的政治可以看作一种双层博弈。国内团体向政府施压，要求采用有利政策。政客们通过在这些团体中建构联盟来追求权力。在国际层次，民族国家政府使自己能够最大化地满足国内压力需求，同时使外部发展的负面影响最小化。双层博弈模式揭示了决策者在国内和国际因素之间协调（Putnam，1988：427-460）。

戴维·辛格的观点很显然是将美国的对外政策决策简化为两个层次：体系和国家。杰里尔·A. 罗塞蒂的理论则更加完整，还提出社会层次也是观察美国外交的有效视角。总之，体系、国家与社会构成完整观察美国外交的三个层次。罗伯特·普特南的"双层博弈论"则将上述孤立的三个层次进行有机整合，即通过国际体系层次和国内社会层次的输入，处于国家层次的美国政府进行政策的输出。也就是说国际体系和国内社会是决定性的输入因素，政府部门对信息进行加工然后输出政策。但是戴维·辛格的理论是一种理性假设，认为决策者会在国内和国际因素之间协调。现实中不是每一届政府都能够对各种信息进行理性加工然后输出政策。尤其对于美国这样一个公认为"小政府、大社会"的国家而言，政策的出台很多时候是非理性计算的结果。

基于美国的"小政府、大社会"的特征，本文将重点选择国际体系和国内社会这两个层次作为分析的视角，对于美国政府内部的运作不做具体探究。在体系视角下，"霸权稳定论"是经常用来解释美国对外政策的具体理论。查尔斯·P. 金德尔伯格（Charles P. Kindleberg）认为世界有霸则稳、无霸则乱。他的观点被认为是"霸权稳定论"的理论渊源。罗伯特·吉尔平（Robert Gilpin）进一步发展了该理论，认为霸权国家是世界的稳定器，为国际社会制定游戏规则（王正毅、张延贵，2003：150－187）。霸权国家为了获得权力与安全，会制定各种战略，如平衡战略、地缘战略等。美国国内社会复杂多元，多元论的主要鼓吹者之一是罗伯特·达尔（Robert Dale）。他认为多元民主"是一种对个人和组织的自主权相对来说有较高宽容态度的体系……各种社会组织构成了多元政治的基础，如私人俱乐部、文化组织、压力集团、政党、工会等，许多这类的组织积极谋求影响政府"（Dale，1987：107－108）。在一个信仰多元的社会，不同的利益集团代表不同的群体，在相互竞争中进行协调，这就是多元社会的政治特点。本文将通过"霸权稳定论"和"多元论"对美国的对港政策进行分析。

一 老布什政府的对港政策选择

（一）国际体系视野："霸权稳定论"与美国对港政策中的现实主义

1. 老布什执政初期的决策特征：重视国际体系

老布什的人生阅历丰富。他经历过战争，又经历过二战后冷战时期的长期洗礼，所以他习惯于根据冷战历史经验和从安全战略高度看待国际问题。尽管在老布什任期初期，冷战正在走向结束，国内理想主义的意识形态因素和乐观情绪高涨，国内政治对外交政策制定的影响日趋突出，决策权力多元化的趋势已经加强，但是对老布什总统而言，美国外交的基本目标是维护美国的国家安全，维护和促进美国在全球的影响和领导地位。在苏联解体后，美国的最大利益就是防止任何敌对甚至潜在敌对大国控制世界任何主要地区。他欢呼对苏联遏制战略的成功和欧亚重新出现的权力中心。同时，美国还要确保任何霸权国家都不能控制对美国利益具有关键作用的地区，如中东产油国家。在老布什政府外交政策中，意识形态与价值是次于国家安全利益的。

老布什政府初期，东欧和苏联处于变化中。美国政府的考虑重点仍在欧洲，中国仍然是美国全球和地区战略中的一个重要伙伴。在老布什的全球战略中，中国仍然起很重要的作用。中国作为国际上的核大国和常规武器与技术的出口国对大规模杀伤性武器的流动有很大影响。中国对导弹与核技术转移的态度以及中国参与核不扩散的意愿对于地区稳定以及对于白宫地缘战略的成功很重要。随着冷战后联合国地位的上升，中国作为常任理事国在世界事务中也有很重要的作用，如海湾战争前联合国就美国行动表决时中国的态度。在亚洲，中国在解决地区冲突和维护地区稳定的合作方面非常重要。1989 年底以来，老布什政府就积极参与解决柬埔寨问题。中国承诺不给红色高棉提供军事支持以及中国可能在核问题上对朝鲜施加影响，这对美国实现亚洲战略目标都很重要（Tian，1995：175-273）。

　　老布什政府相信中国不会对外寻求霸权。老布什总统并没有把中国的共产主义意识形态和一党执政看成对美国国家利益的威胁。他感觉随着商业激励的增加，以及中国与别国的贸易活动增加，中国走向民主是肯定的。关于中国人权，老布什 1989 年 2 月访华前，对国会表示中国在人权方面已经有进步。国会要求他向中国领导人提出相关问题。他本人没有向中国提及，由国务卿贝克向钱其琛提到了该问题。回国后，参议院对此表示强烈不满。甚至在中国"六四风波"后，美国仍然遵守以下原则：首先，关于中国人权，不要以美中关系的崩溃为代价来采取行动；其次，人权只是美国外交政策的一个考虑，当它与国家利益冲突时，美国的国家利益先行（陶文钊，2004：188-233）。总之，在老布什及其班子的战略思维中，美国的主要对手是苏联，中国是美国平衡苏联的重要棋子。只有借助于中国，美国才能够实现霸权稳定。

　　2. 老布什政府对港政策中的现实主义

　　1989 年后，美国国会力图发挥影响，把"香港问题"纳入中美关系的议程，以此向中国施压，也借此表达对白宫忽视香港的不满。正是在上述因素影响下，美国国会提出了针对香港的双边和多边移民计划。

　　双边移民计划。1989 年 7 月，参议院通过关于增加香港向美国移民的257 号修正案。把移民配额从每年 5000 人增加到 10000 人，即给予香港"半国家"地位（1978 年修订的移民法，规定每年进入美国的移民总数为290000 人，每个独立国家为 20000 人）（刘连第、汪大为，1995：265）。1989 年 6 月 15 日，众议员波特提出 H. R. 2675 号决议，指出美国应该承担起对香港的责任，给予香港特殊移民地位，增加移民配额，从每年的 5000人增加到 50000 人（H. R. 2675，1989）。7 月 21 日，众议员波特在传统基金会的讨论会上说如果英国不为香港提供最后的避难所，美国将乐于这样做。1990 年，经过参众两院协调，规定将香港移民配额增加到每年 20000 人，而持有签证的居民可以推迟到 2002 年赴美定居。还规定只有香港居民才享有这一特殊地位（刘连第、汪大为，1995：645）。同时还规定在 1992 年到 1994 年之间为美国在港公司的高级员工提供 15000 个移民签证。

多边移民计划。美国国会不仅在修订《1990 年美国移民法》时增加了上述有关香港的特殊条款，还谋求把香港移民地位问题国际化，通过多边行动来使别的国家和美国共同承担对香港的"责任"。1989 年 11 月 14 日，众议员索拉兹和波特提出 227 号决议案，倡导建立多边协议提升港人信心。主要包括以下建议：呼吁英国政府在国际上努力构建多边协议为香港居民提供国外居留权，同时保留香港居民仍然在 1997 年后在香港居住的权利；敦促总统鼓励并与英国政府一道与欧共体、加拿大、澳大利亚、日本以及其他自愿国家共同构建和完善这一多边协议；要求总统和英国首相召开关于香港问题的国际会议以确保就这一多边协议达成国际合作与共识，另外，敦促国务卿支持并力促联合声明中描述的香港国际金融中心地位，包括努力在香港建立国际组织（H. Con. Res. 227，1989）。1989 年 11 月 21 日，参议员西蒙、赫尔姆斯和麦克也提出 85 号决议案，倡导建立多边协议提升港人信心（S. Con. Res. 85，1989）。

为了不使中国感受到美国的干涉，老布什政府在香港事务上一直都很低调。至于"香港问题"，老布什始终把它看作中英之间的问题。而且老布什紧守里根政府时期的香港政策，即美国的香港政策目标是维持香港的繁荣和稳定，并维持港人信心。因此，老布什政府对国会的移民计划一开始并不支持。参议院和众议院成立了联合委员会，协调两院议案的分歧，以尽快获得总统签署通过。1990 年 10 月 25 日，两院达成一致。关于香港配额和地位做出如下规定：1991～1993 年，美国给予香港每年的移民配额从 5000 人增加到 10000 人，即被当作"半国家"对待，而 1994 年之后，享有一个单独国家的移民配额，即 20000 人。另外，1991～1993 年，每年还为在港的美国公司雇员及其家人提供 12000 个特殊签证，签证持有人可以推迟到 2002 年 1 月 1 日赴美国（Chugani and Macmohon，1990）。1990 年 11 月 29 日，总统签署《1990 年美国移民法》这一双边移民计划。但是美国国会的行动并没有使行政部门在多边国际移民计划上有所赞成。美国白宫和国务院对此仍然不作任何考虑。老布什政府清楚地知道中国政府在"香港问题"上历来反对中英之外的第三方插手，以免"香港问题"国际化。所以老布什政府为了不挑战中国政府的这一立场，坚决拒绝了国会的国际多边移民计划。很明显，老布什政府不想"刺激"中国，始终以维护中美关系为重要任务。这也是老布什政策中的现实主义取向。

（二）国内政治视野："多元主义"与美国对港的理想主义政策

1. 老布什执政后期重视国内政治

国会的崛起。冷战即将结束时，"帝王般的总统"已经无法再现过去的辉煌。由于尼克松总统"水门事件"的影响，总统的诚实受到怀疑。里根总统也因"伊朗门"受到国会的听证和调查。尽管老布什是一位强势总统，但生不逢时，总统的权威和地位受到挑战，出现了总统权势弱化的趋势。尤其是1991年苏联解体后，美国在国际上的主要对手消失了，美国国会强势要求白宫开始关注国内利益。

各种游说力量在美国国会展开行动。香港"民主派"的主要人物李柱铭、司徒华等数次赴美在国会作证，批评中国"干涉"香港事务，呼吁美国"保护"香港。"民主派"还利用在美国的机会要求美国行政部门对中国施加压力。1990年5月上旬李柱铭在美直接要求所罗门支持香港民主和把"香港问题"国际化。李柱铭广泛会见国会重量级人物，如参议院共和党领导人多尔、资深参议员卢加和布莱德利，并与众议员波特、海德等人共进午餐，以及与众议院外事委员会的索拉兹等人一起品茶。佩洛西由于错过了与李柱铭共进午餐而懊悔不已，在国会走廊来回寻找，最后发现李柱铭在参议员麦康奈尔的办公室，并等到机会与李柱铭交谈。李柱铭还发动其他利益团体共同"关注"香港。他在美国期间，除了会见官方人士，还会见传统基金会、美中关系委员会、华盛顿记者俱乐部等团体的相关人士。传统基金会也成为美国关注和研究香港的最主要思想库。香港美国商会也对此表示强烈支持。香港美国商会主席沃伦·威廉姆斯在麦康奈尔提出议案之初就积极表示支持这一议案。麦康奈尔1992年4月下旬访港时，商会也表示了极大的赞同。

选举政治的现实需求。1991～1992年，老布什班子还面临连任的选举压力。尽管老布什对外政策政绩斐然，而且具有国际战略眼光，又是一位具有国际影响力的总统，但是老布什执政时期国内经济下滑。而且老布什在前半个任期过于重视现实主义，不重视在国际上推广美国价值，这也让国内很不满。为了竞选连任，老布什不得不将重心转向国内需求。例如，在竞选期间，老布什总统签署了美国对台军售大单，因为他不得不满足军工企业的需求。

2. 老布什政府对港政策中的理想主义

美国国会参议员麦康奈尔认为，美国需要一套完整和一贯的政策来处理香港问题，从香港的民主发展考虑需要制定全面的对港政策。随着香港1991 年立法局实现部分直选，麦康奈尔提出，"1997 年之后，香港可能是中国唯一一块拥有民主自由的地方"，如果美国有一套明确的对港政策，将表明国际社会现在和 1997 年之后对香港的支持。"通过明确表明我们在回归前后如何处理香港问题来带领国际社会支持《联合声明》所承诺的自治。"麦康奈尔还警告，美国继续奉行对港的低调政策很危险。他认为，1950 年的美国很大程度上把朝鲜排除在自己利益范围之外才导致了朝鲜战争，而 1991 年的美国在香港问题上正冒着类似的危险。

在这样的考虑下，以参议员麦康奈尔为代表的美国国会议员在为美国制定香港政策立法而努力。1991 年 9 月 20 日，麦康奈尔向参议院提出了《美国香港政策法》，即 S. 1731 法案。而一直关注和"支持"香港的众议员波特也于 10 月 8 日提出类似法案，即 H. R. 3522。这两个法案内容基本一致。主要内容包括三部分：一是美国承诺 1997 后香港仍然可以在双边关系、国际组织、商务关系、文化教育方面获得美国的特殊政策；二是香港回归中国将不会影响美国根据法律对香港所承担的义务，从法律上为美国保护香港提供保障；三是在该法通过 6 个月后每隔 12 个月，国务卿应该就《联合声明》在香港被执行的程度向众议院议长和参议院对外关系委员会主席提交报告。这是典型的以《联合声明》监督者的角色自居，对中国内政的干涉。

以上两个法案试图为 1997 年之后的美港关系确立一套法律框架，表明美国对香港未来及其人民的"严重关注"。该法案提出后在接下来的两个月里获得国会议员的广泛支持。西蒙明确表示支持麦康奈尔法案。他表示，香港是一个特别的法律实体，美国需要为此制定一项综合政策（S. 1731,1991）。香港美国商会主席沃伦·威廉姆斯也对这一议案表达自己的支持。麦康奈尔 7 月访港时与商会主席讨论过这一议案的想法。威廉姆斯还写信给他表达自己的立场（Clarke，1991）。共和党的主要人物纷纷表示支持麦康奈尔的法案。参议院的共和党领袖罗伯特·多尔表示支持，参议院对外关系委员会的杰西·赫尔姆斯和理查德·卢嘉也对此表示支持。卢嘉在老布什的外交政策中起重要作用，所以他的支持对于推动该法案是关键的。民主党的参议员——对外关系委员会主席佩尔也对此表示支持（Chugani, 1991）。

面对国会不断施加的压力，行政部门不得不做出回应。1992 年 3 月底，已经确定国务院助理国务卿所罗门将出席参议院对外关系委员会就麦康奈尔议案举行的听证会。行政部门已经表明它们支持该议案内容所要表达的目的（Chugani, 1992）。除此之外，行政部门还增加了对"民主"和"人权"的关注。所罗门在陈述中认为，"香港回归必须维护人权，这是经济继续发展的基础"（S. HRG. 102-772, 1992）。自从美国国务院官员于 4 月在国会就香港问题的听证会作证时，老布什政府就在认真地考虑该项法案，并且老布什政府表示原则上接受此项法案。后来参众两院对该法案的修正基本上根据美国政府的意见进行，增加了"总统命令"的内容：1997 年 7 月 1 日或之后，无论何时总统认为香港的自治受到影响，总统可以颁布命令中止该法赋予香港特殊法律地位的条款；在"报告条款"中增加了"香港民主机制的发展"。这一规定无疑增加了白宫执法的权力。为了使该法尽快通过，该法的支持者安排国会两院以快速的方式尽快通过此法，使反对者没有机会提出修正案。参议院采用的是一致同意（unanimous consent）的方式，这是一种快速地获得全体一致的方式。众议院也采用同样方式表决通过。10 月 5 日，老布什正式签署使其成为法律。

二　决策政治下美国理想主义与现实主义外交的选择

理想主义与现实主义一直是美国两大外交传统，美国政府一直在二者之间进行选择。老布什政府执政时期虽然短暂，只有四年，但是正逢国际体系由冷战向后冷战过渡的重大时期，美国的外交政策经历了由现实主义向理想主义的转变。美国在二战后缔造了一个美国主导的国际体系。但是好景不长，很快进入美苏对抗的冷战时期，国际体系特征也由美国主导转变为美苏对立。通过对外政策寻求美国霸权的安全与权力增长一直是美国的首要目标。这一时期，美国两党在对外战略上高度一致，现实主义成为主轴，国际体系是对外政策的决定因素。老布什政府前半个任期仍然秉持这种传统的冷战思维，以苏联作为主要对手，认可中国是美国遏制苏联的重要"平衡手"。美国的重点考虑就是在国际体系中维护美国霸权的稳定，国内价值在外交中不属于重点内容。在这种思维下，美国的对港政策选择了现实主义的对外战略。

后半个任期，随着苏联解体、东欧剧变，国际体系发生了重要变化，直接导致冷战结束。国际体系出现了一超多强的特征，美国暂时成为唯一的超级大国。美国突然进入了没有对手的时代。国际体系层面的压力不再是国家安全的主要威胁，社会诉求得到释放，美国国内洋溢着"历史终结论"思维，国内政治势力开始崛起，要求美国的外交重点转向关注国内利益。加之选举政治的考量，美国老布什政府的对外政策开始重视美国国内价值。在这一背景下，社会多元价值为美国对外政策带来压力，并转化为美国外交的主要目标。由此，美国的对港政策中理想主义开始占据上风。

总之，老布什前半个任期，美国重视国际体系变化，重视美国霸权的稳定。这一时期的现实主义外交符合美国的国际战略选择。后半个任期，老布什政府重视国内价值和利益的实现，理想主义成为外交主轴。由此，本文结论如下：当美国白宫的决策者受到国际体系的压力，更加重视美国霸权稳定时，会采用现实主义的外交政策；当美国白宫的决策者受到国内政治压力，更加重视国内价值和利益的实现时，会采用理想主义的外交政策。本文构建了美国对外政策决策政治与美国外交传统之间的联系。结论表明，国际体系与国内社会是美国对外政策的两大主要动因，国家或政府感受到二者的压力后会在理想主义与现实主义之间做出选择。

参考文献

李艳辉：《殊途同归——论美国外交中的理想主义与现实主义》，《东南亚纵横》2003 年第 12 期。

刘连第、汪大为：《中美关系的轨迹：建交以来大事纵览》，时事出版社，1995。

罗伯特·达尔：《现代政治分析》，王沪宁、陈峰译，上海译文出版社，1987。

倪世雄：《当代西方国际关系理论》，复旦大学出版社，2001。

陶文钊：《中美关系史》（下卷），上海人民出版社，2004。

王正毅、张延贵：《国际政治经济学——理论范式与现实经验研究》，商务印书馆，2003。

杨鸿玺：《理想主义与现实主义的钟摆交替》，《太平洋学报》2012 年第 4 期。

Clarke, James (1991). Chamber Backs Draft US Bill. *Hong Kong Standard*. Oct. 27.

Chugani, Michael and Macmohon, Fiona (1990). US Approves Safety Net Despite Revolt. *South China Morning Post*, Oct. 29.

Chugani, Michael (1991). Republican Backing for US Bill over 1997. *South China Morning Post*, Nov. 25.

Chugani, Michae (1992) l. Bush May Try to Weaken HK Bill. *South China Morning Post*, March 27.

H. Con. Res. 227 (1989). *Concerning the Establishment of National Initiatives to Promote Confidence Among the People of Hong Kong.* http：//thomas. loc. gov/.

H. R. 2675 (1989). *To Amend the Immigration and Nationality Act to Provide for Special Immigrant Status for Certain Aliens Who Are Nationals of Hong Kong.* http：//thomas. loc. gov/.

Putnam, Robert (1988). Diplomacy and Domestic Politics：The Logic of Two Level Games. *International Organization*, 42：427–460.

Rosati, Jerel A. (2004). The Policymaking Process. In Jerel A. Rosati, ed. 《美国对外政策的政治学文献选读》，北京大学出版社。

S. 1731 (1991). *United States-Hong Kong Policy Act of* 1991. http：//thomas. loc. gov/.

S. Con. Res. 85 (1989). *Concerning the Establishment of National Initiatives to Promote Confidence Among the People of Hong Kong.* http：//thomas. loc. gov/.

S. HRG. 102 – 772 (1992), *Hong Kong's Reversion to China and Implications to US Policy*, Hearing Before the Subcommittee on East Asia and Pacific Affairs of the Committee on Foreign Relations, Senate, 102th Congress, 2nd Session, US GPO, pp. 13 – 17. http：//thomas. loc. gov/.

Singer, J. David (1961). The Level-of-Analysis Problem in International Relations. In Claus Knorr and Sidney Verba, eds. *The International System：Theoretical Essays.* Princeton, NJ：Princeton University Press.

Tian, Dongdong (1995). *The Tibet Issue in Sino-American Relations：United States Policy Making Since Rapprochement.* Dissertation, Brandeis University.

作者单位：广州大学公共管理学院

地方政府自主性与流域
水资源管理的政治

——以江西省鄱阳湖水利枢纽工程建设为例

周　雨

　　摘　要：流域水资源管理的目标是保障地方民众利益、实现水资源的可持续利用以支撑经济社会可持续发展。但是我国流域水资源管理体制在实践中有着多种弊端。前人关于流域治理的研究试图从行政管理体制优化的层面寻找解决流域管理弊端的方案。本文引入政治社会路径，从竞争性政治的角度对流域水资源管理过程中地方政府控制水资源的动机、外部环境和谈判过程等各方面进行考察。通过对江西省鄱阳湖水利枢纽建设过程的研究，我们发现，地方政府通过杠杆策略，在流域水资源管理体制中获得主导权，本文将其称为央地间流域管理权力倒置。本文最后试图从解决流域管理权力倒置入手，提出了政策建议。

　　关键词：地方政府　流域治理　竞争性政治　策略　权力倒置

　　作为一个水资源严重缺乏的国家，中国在水资源管理上面临着水量缺乏和水质恶化的挑战。为了应对这些挑战，实现保障地方民众利益与实现水资源可持续利用，中国政府采取了调水、兴修水利和严格的水资源管理制度等方案进行应对，但由于碎片化威权体制的央地关系体制的影响与中国水资源管理独特的"九龙治水"的特征，同一流域中各区域间对于水资源的竞争非常激烈。具体表现在流域上游省份大量兴建水利工程，试图将水留在本地，这样的措施对下游区域乃至整个流域造成了经济、环境和社会多方面的消极影响。如在流经晋冀豫三省的漳河流域，各级地方政府因为争夺水资源而引起的周边居民、人大代表和地方政府间的多层次冲突，以及汉江流域因南水北调工程对流域各省的影响而引起的地方间水资源冲突等。无论是因自然禀赋引起的多地水纠纷，还是中央政策工程所导致的流域中地方争水，有评论通常将其原因归结为水资源的缺乏。但是在水资源富庶的长江流域，鄱阳湖、洞庭湖相继计划在长江口湖尾处建设水利工程，引起了社会各界的广泛争议。那么，即便在水资源富庶地区，为什么地方政府仍然要争取对水资源的控制？显然，仅依赖自然禀赋和中央水利政策所带来的影响已经无法解释流域水资源冲突的原因，我们首先必须从地方政府行动的动机、策略等方面去理解水资源控制的过程，进而为更动态、精细的政策制订提供备选方案。

一　流域管理政策的政治社会学分析路径

流域水资源管理不仅是一个水利与公共管理的技术，在更为广泛的意义上来说，以平衡地方经济利益与流域综合利益为目标的流域水资源管理是一个政治过程。中国《水法》和《水利法》规定国家拥有水资源维护和开发的权力，并采取流域管理与行政区划管理相结合的管理模式。据此，水利部在全国主要的七大流域设立了作为派出机构的流域管理委员会，但在实际运行中，地方政府在流经本行政区域的水资源管理和开发上占据了主导地位。在实际政策执行中，流域水资源管理领域的分权化特征更为明显，即中央管重要的水、地方管地区（或支流）的水。分权化的水资源管理特征使得地方政府在水资源管理和开发中拥有相当的话语权，也为地方间冲突埋下了伏笔。

水资源的流动性与行政区域的划分形成了流域治理永恒的矛盾。一方面，由于政府在流域水资源的开发上占据主导地位（宋栋，2000：77），这种矛盾表现为地方政府主导的水资源冲突。这样的冲突首先表现在地方对于生产生活的基础性资源的争夺上。地方间流域水资源的冲突造成了资源配置效率低下、恶化的生态环境、民众间恶性水纠纷等负面后果。而另一方面，中国地方政府同时具有服务和发展的功能。行政上基于委托—代理关系，财政上采取分税制的央地关系下，中国地方政府具备自主性的特

征。地方政府在中国经济发展上扮演着积极的角色，是中国经济快速发展
的重要因素；随着经济发展，地方政府在解决跨区域公共问题的时候常采
取地方保护的政策，如在流域水资源管理领域，地方政府在锦标赛体制和
信息不对称的压力下，选择了地方利益优先的治理方式，寄希望于所属区
域中用尽量少的成本获得最大的经济发展（王勇，2009：84）。如同摩尔
所言："在水资源匮乏与水资源分配不均的（中国）国情下，虽然中央政
府颁布了一系列的水利、水环境政策来调配水量，控制水污染，但是区域
对立、管辖权之间的政治、经济冲突使得中央政策效果削弱"（摩尔，
2013）。

　　围绕解释流域水资源所引发的矛盾及提出相应解决方案，学术界做
了大量的研究。其论述主要分为三类，一是针对流域水资源管理体制的
碎片化现象提出的"加强流域机构的权威"的方案（李曦、熊向阳，
2002）；二是针对流域内地方政府主导的局面强调的多元（网络）治理
的方案（张紧跟、唐玉亮，2007）；三是针对流域上下游地区之间的利
益冲突而强调的准市场化的生态补偿机制（俞海、任勇，2007）。总结
以上研究，我们发现，已有文献对水权分配的（制度）技术性解决方案
多于争论性（contestation）描述。这样的描述基于一个假设，即解决流
域地区间水资源冲突具备一个面向问题的最优方案。但是，在水资源分
配的实际过程中，水资源管理实际上是"嵌入"到一系列的社会（动
态）机制中，如社会政治与文化关系、生态系统等（Mollinga，2008：
7）。在这个意义上来说，水资源管理实质上是一个基于技术、过程、历
史文化、主题策略的复杂系统。影响管理效果的各种因素在分析中并不
应该被完全割裂开。而已有文献中，以获得最优方案为目的的水资源管
理的制度解决方案与动态的环境-行动者关系及双方互动难以完全契合。
静态的问题指向及针对性的解决方案并未将地方水资源冲突置于特定情
境下进行研究，难以达致理解意义上的解释，进而为更细致的政策建议
提供备选方案。

　　基于此，本文将主权国家内部的水权分配政策看作一个政治过程，而
这个政治过程本身也影响了水资源管理政策的形成。对水权的控制是水权
分配的核心。人类通过对水的时机、流量和质量的改变而获得独有的水资
源使用权。

表 1　水资源控制的三个维度

维　　度	内　　涵
技术控制	引导—操控—主导水资源的物理性质
组织控制	命令—管理与水资源相关人员的行为
社会—经济和政治控制	控制相关人员的劳动力，对社会过程的管制

资料来源：Mollinga，（2008）。

　　水资源控制的技术、组织、社会—经济和政治三个维度并非排他的，而是相互联系的。其中，技术控制，即建立水利工程是最基本的控制手段。

　　如上所述，水权控制并非仅是水利技术和法律、制度安排的结果，而是一个竞争性的政治过程（contested political process）。已有文献从管理与治理话语的分析方式出发，水资源管理的主体或为一个，或为多个，水资源管理的方式或考量管理技术，或考量生态系统，但总的来说，这样的话语仍然是公共管理意义上的技术性路径而非政治竞争性的。静态的制度技术安排并不能与水资源结构性季节性和稀缺性的特性完全符合。对于水资源国有且具备多维分权化特征的中国水资源管理体系来说，去政治化的分析路径是一个更为虚无的目标。如古勒维奇所言：政策决定是在相互冲突的政策主张之间的政治斗争中产生的。在当代政治科学家眼中，政治过程就是不同团体博弈和讨价还价的过程。某个政策主张之所以能够取胜，其原因就在于它的支持者们拥有能够把他们的意见转化为法律规则的力量和权力（古勒维奇，2009：3）。从这个意义上来说，水资源政策研究中主流的管理与治理话语并不能完全体现流域间地方竞争的过程。具体到中国流域水资源管理来说，研究者多采取结构-制度分析的方式，缺乏对地方政府动机与策略的考察。

　　因此，本文将从以地方政府行动为分析中心的政治社会学分析路径（Mollinga，2008）出发，试图以江西省在过去 30 年中推动鄱阳湖水利枢纽工程建设的案例，理解流域中地方政府在获得水权过程中的作用以及原因。采取政治社会学分析路径，研究者须在主权国家内水政策的政治中，考察在政策制定、实施、评估等各个阶段和各层面上的协商和反复协商。

　　为了指导案例的分析，Mollinga（2008：23）对这个分析路径进行了说明。

　　（1）确认水资源管理过程是一个竞争机制。

（2）对水资源管理实践中的机制进行细致的分析，描绘权力在曾经以及当今所起的作用。主要内容包括：水资源管理的行动者是谁，他们动员的资源是什么，他们的策略是什么，他们得到什么回应，在水资源管理实践中的交流过程是什么。

（3）确认与分析占有主导权的系统或个人为确保权力而采取的策略。

（4）评估主导水资源管理的权力关系所产生的影响。

具体来说，采用政治社会学的分析路径意味着：一方面，本研究将以地方政府的行动过程作为核心考察内容；另一方面，地方政府与水资源相关的中央政府、学术精英、NGO 之间的互动也是本研究需要考察的内容。通过考察江西省委省政府以及该省水利部门在鄱阳湖水利工程建设中的策略，在面对相对恒定的激励结构安排以及中央政府、流域周边地方政府的阻力、国际和国内社会的舆论、知识精英等多方面反对的情况下，分析江西省委省政府以及水利部门采取何种应对策略来建设水利工程，如何评价这样的行动，更为重要的是，这样的策略给我们在政策制定上有什么启示。

二　流域水资源管理中地方政府的视角：
自主性、外部环境与策略

斯考切波指出：作为一种对特定领土和人民主张其控制权的组织，国家可能会确立并追求一些并非仅仅是反映社会集团、阶级或社团之需求或利益的目标，这就是通常所说的国家自主性（斯考切波，2009：10）。国家既不是阶级统治的工具，也并非市场与社会的裁判，而是基于自身动机的相对独立的行动者。同时，国家并非一个基于官僚制的整体机构，各部门、地方政府和中央政府都具有自身的相对自主性，其最突出的表现，即地方政府的行动目标通常是"抓住经济发展的主导权"（史晋川、曹正汉，2009）；中央政府仅通过组织任命的方式对地方行为进行约束。

分权体制以及地方政府经济发展的动机促进了中国经济发展，但权力的地方化造成了负面后果。在"碎片化威权体制下"，区域间对于资源和财政的竞争非常激烈，首当其冲的便是人民生产生活所必需的流域水资源竞争。有学者考察了地方政府在经济发展的驱动下，给流域周边所带来的"外部性"问题。"自主"和"自利"的地方政府在流域治理中的行动产生了上游污染、水量控制等外部性，这样的外部性的产生原因是流域政府采取的"地方保护"政策（王勇，2009）。也有学者对流域环境保护政策失效进行了分析，经济目标为主导的压力型体制下地方政府会通过发展经济而获得政治资源，在中央政府与社会监督无门的状况下，地方政府在流域治理中行为产生偏差，忽视区域公共利益需求的满足，环保政策在这种逻辑下被边缘化（胡熠，2009）。为了解决外部性和流域环境保护的问题，有学者提出在一些流域地方政府间采取了流域生态补偿的措施，即受益方（下游地方政府和上级政府）在上游生态公益林、水库移民和转移支付等方面对上游进行补偿。但补偿机制仍存在法律基础薄弱、水资源产权不明晰、补偿方式单一、下游积极性不高、补偿标准偏低以及非政府组织和公民参与缺乏的问题（周映华，2008）。并且流域生态补偿并不能解决流域整体生态与人口膨胀、经济发展与水资源过度使用之间的矛盾，其政策目标主要指向是政府间的利益平衡问题，而未考量政府、社会、生态之间的多重关系。

总之，已有关于流域治理的文献强调了政府间关系体制和激励结构对地方政府流域水资源管理的影响及其后果。地方政府在经济发展主导的压力型体制激励下，较少考量使用流域水资源的外部性问题，诸如生态补偿这类新的政策工具也并未解决政府间的利益冲突和整体流域可持续发展的问题。

如果从流域水资源管理过程视角来看，现有文献较少提及地方政府在水资源分配上与中央政府"讨价还价"的过程以及地方政府在争取流域水资源保护、使用、污染、开发权力中的策略。有研究曾以地方水利工程建设的研究为例，将中国政治描述为一个政府间横向和纵向反复谈判、讨价还价的过程，并进而提出，"各部门几乎都会夸大其他单位提议方案的成本，而将其受益故意缩小，夸大给自己带来的麻烦，有意少说自己的资源，多说别人的资源，提供有利于自己的单方面的数据"（Lampton，1983：49，转引自任敏，2008：581）。虽然这类研究仅描述了政府间关系对于流域水资源管理的影响，但必须肯定作者从策略着手的研究路径。本研究将从地方政府策略出发，视地方政府与中央政府、外部环境为一个动态的复杂系统，分析流域治理所遇到的困境。

由于我们的核心问题是地方政府希望在流域水资源的开发中获得什么以及如何获得的问题，本研究计划建立一个地方政府在水资源管理中的动机—外部环境—策略的分析框架，探究并解释江西省委省政府以及水利部门在基于激励结构与政策环境变化的情势下，如何调整自己的策略推动鄱阳湖水利枢纽建设。

这个分析框架围绕着以下几个方面而形成。

第一，地方政府行为的动机。总的来说，中国地方政府追求政绩的行为是锦标赛体制的政治激励和最大化财政收入激励共同作用的结果。有学者提出，地方政府在这样的条件下形成了"双层经营"的行动模式。地方政府尽量控制地区性生产要素，从整体上对所辖区域进行规划、开发和经营，以尽可能提高地区经济的增长速度和地方财政收入；二是私营（包括外资）企业利用地方政府提供的经营条件，如土地、基础设施、投资环境开展经营活动，并向政府交纳土地租金和税费（史晋川；曹正汉，2009：25）。由此可见实现以上目标的关键在于控制水、土地等基本生产要素。地方政府极力控制流经本行政区域的水资源，以期获得经济发展的主动权。

第二，基于外部环境变化的调适。本文所指外部环境不仅包括相关自然环境的变化，也包括水利政策的变化、工程技术的进步等。对于与自然条件紧密相关的水资源管理政策而言，外部环境变化对于地方而言常起到打开政策窗口的作用，推动水利需求进入政策议程。

第三，获得流域水资源控制权的反复谈判（negotiation and renegotiation）过程。与动机—解释—政策建议的思维方式相异，在流域水资源管理中不同主体间的谈判过程本身在本研究中被认为是影响流域水资源管理的重要变量。对谈判中各主体权力变化的探究能够更为详细地解释个案的发展与结果。地方政府为了获得流域中水资源使用的主导权，首先要对水资源进行控制（control）。如何对水资源进行控制，地方政府做出了什么调整，这都是我们需要研究的内容。

由于相关报道和资料比较丰富[①]，本文的研究资料主要来自公开资料，主要包括学术论文、相关负责人的讲话、地方政府公开文件以及媒体深度报道。为了避免受到媒体报道倾向的影响，本研究尽量采用其中的数据、访谈等较为客观的材料。

---

① 笔者在 Google 搜索引擎上分别以"鄱阳湖水利枢纽工程""鄱阳湖建坝""鄱阳湖生态经济开发区"为关键词搜索，分别得到约 49800 条，274000 条和 139000 条结果。

三 鄱阳湖建坝始末

鄱阳湖作为全国主要流域之一长江的交汇湖泊，在管理和开发权限上处于一个模糊区域。在所谓"江湖相连"的区域，中央与地方、流域地方之间的流域冲突随着经济社会的发展逐渐激化。中央涉水部门与江西省，江西省与长江流域其他省份之间形成了一个流域水资源博弈的场域。

鄱阳湖位于江西北部，长江九江河段南岸，与长江相连接，是中国第一大淡水湖。作为江、湖相连的典型湖泊，鄱阳湖对于江西省和整个长江流域，在生计、生态等方面具有重要意义。对于江西省而言，鄱阳湖是本省发展的核心区域，涵盖了江西省97%的国土面积。鄱阳湖的生态平衡和开发与江西省的经济、社会发展之间的联系密不可分。鄱阳湖周边的鄱阳湖平原土地肥沃，农业资源丰富，是全国主要商品农业生产基地和粮食主产区，而农业的发展对于江西省在全国的地位具有基础意义。对于整个长江流域而言，鄱阳湖水系流域面积16.22万平方公里，约占长江流域面积的9%。鄱阳湖在防洪、生态等方面有着重要意义。在生态方面，鄱阳湖是世界重要湿地之一，是珍稀水生动物的重要栖息地及鸟类越冬场所。在防洪方面，鄱阳湖每年在长江汛期与洞庭湖一起承担了分洪的重要作用。

江西省委省政府自20世纪60年代就开始对鄱阳湖及周边地区进行开发的探索。改革开放后，在国家将工作重点转移到以经济建设为中心后，江西省开始动员全省科研人员对鄱阳湖进行调查研究。为了使调研过程获得足够的支持，历届江西省委省政府设立和支持了多个专门机构支持这些调研，如江西省山江湖开发治理委员会、鄱阳湖水利枢纽工程领导小组及各大学、研究所关于鄱阳湖研究的机构，并将在鄱阳湖建设水利工程作为本省的重点工作进行推进（石庆华、黄国勤、刘宜柏，2009）。1979～1987年，由江西省政府、科协、农委、水利等各部门组织的对鄱阳湖控制工程的论证和学术讨论不断，逐渐形成了要在鄱阳湖口建设水利工程的共识。其中，在鄱阳湖口建立"全控制"的人工控制模式成为江西省的主流思想。防洪、航运、灌溉、渔业、民生成为以建设大坝为目标的控湖工程的主要收益。本质上这是一种技术控制，将长江每年流经鄱阳湖的水资源储蓄起来，成为发电和产业升级的基础性资源。

2001 年，在北京参加九届全国人大五次会议的江西代表团 40 位代表将《关于要求开展鄱阳湖控制工程项目建议书加快立项进程的建议》作为一号议案提交，呼吁在中国第一大淡水湖鄱阳湖上兴建水利工程。这样的水利工程计划特别强调了"发挥防洪、航运、渔业和发电等方面的综合效益"（毛江凡、洪怀峰，2009）。专家学者认为该工程会影响生态环境，不利于下游省市防洪、用水安全和生态环境。而上级相关部门出于流域利益主张湖控工程应该缓行。

2009 年初，鄱阳湖枯水严重影响周边生产生活和湿地环境。借江西省委省政府提出鄱阳湖生态经济区战略的机会，从事鄱阳湖建坝研究的专家和政府相关部门将鄱阳湖控湖工程改为与生态水利相关的工程计划，在技术上将"建坝"改为"建闸"，推出"调枯不调洪"的新理念，试图回应专家和水利部门对前一次提交的计划中江湖阻隔的批评。方案与江西省作为国家战略向国务院提交的《鄱阳湖生态经济区规划》一起提交，但遭到了专家、国家发改委、中央水利、环保、国际湿地保护组织等方面以及下游的安徽、江苏、上海等地的反对。2009 年底，国务院批复鄱阳湖生态经济区规划的同时，要求鄱阳湖水利枢纽工程要单独立项、单独环评。

针对以上两次失败，江西省以水利为核心部门的各方面对鄱阳湖水利枢纽工程方案进行了一次重大修订。将"坝"改为"闸"，将常年隔断的江湖关系改为半年隔断。按照江西省水利厅长的说法："鄱阳湖建闸，不能叫建坝，实际上是'鄱阳湖枯水期生态补偿工程'，枯水期它（鄱阳湖）都没水，在洪水期留下水来，保证枯水期的生态"，放弃了传统靠坝防洪和靠发电功能。泄水闸调整宽度，为江豚和鱼类提供洄游通道。最为引人注目的是，修订后的鄱阳湖水利枢纽工程方案将放闸的权力交给了水利部管理。鄱阳湖水利工程已经从一个水利与经济效益工程变成了一个生态工程，保护鄱阳湖水的平稳，防治近年来愈发严重的枯水期给鄱阳湖生态及其周边居民生产生活所带来影响。传统水利工程的灌溉、航运和发电的三大功能都没有了（贺莉丹、孙晓山，2011）。至此，虽然经过大量投入和多次修改，该工程方案仍在深度论证中，但立项工作的推进速度明显加快，各方认可程度明显提高。

四　地方利益、政策窗口与杠杆政治

（一）流域利益还是地方利益？

为了解释不缺水却还要争夺水权，江西省相关方面的动机是我们首先要考察的内容。水法第十五条规定，流域范围内的区域规划应当服从流域规划，专业规划应当服从综合规划。但现实中，地方利益才是最终考量。例如，历史上沿黄各省在黄河水资源"开放的、可获取的"情势下，纷纷开始"取水竞赛"，各个地区竞相在两岸兴建饮水取水设施，以满足日益膨胀的水需求（王亚华、胡鞍钢，2000：6）。与北方水资源缺乏状态下的争夺不同，长江流域水资源丰沛，江西官方实质上认为，江西省并非水资源不足，而是江西水资源使用不足，根据现实状况，充分使用水资源成了江西省经济发展的一项重要理据。如同江西省水利厅厅长（孙晓山，2013）在一次访谈中所说：

> 从目前社会经济发展状态，还不会因为水资源从量的问题上来制约它（指江西省用水），不像北方的黄淮河流域，整个水资源总量出现问题，江西一年下来的总量，年净流量1500亿方左右。我们这几年平均利用水量，总体下来，各种统计，大概在280亿方到300亿方左右，我们真正的用水量仅仅是我们的来水量的五分之一。

从江西的经济地位来说，江西省在全国省级行政区GDP排名一直靠后，工业基础薄弱。同为中部地区的湖北和湖南省分别获得了国务院批准的武汉城市圈综合改革配套试验区，进入了国家战略。而在这之前的2006年《中共中央、国务院关于促进中部地区崛起的若干意见》所支持的四个城市群名单中，也未列入江西。在国家"十一五"规划里关于中部崛起重点支持地区的名单中，环鄱阳湖城市群未能入列（易荣，2011）。

基于此，2008年时任江西省委书记的苏荣开始了以生态立省、以鄱阳湖区为核心的一系列调研活动，最终形成了《江西鄱阳湖生态经济区规划》（以下简称《规划》），并被纳入国家级规划的行列。而在该规划中，为了保证鄱阳湖的足量水位，以维持该计划"生态优先"的设想，以集聚水资源为目的的鄱阳湖水利枢纽工程成了核心工程。

（二）以环境因素打开政策窗口

江、湖交汇的流域在水资源行政管理体制上是一个央地之间的弹性地带。在鄱阳湖与长江之间的关系上，水利部及其所属长江委实际上在历史上长江防洪的类似"军管"的原则下占据了优势。江西方面以地方利益为主导的第一次"控湖工程"提案的受挫也源于此。但是，长时间的调查和研究为江西省建设鄱阳湖水利工程的持续意愿提供了技术支撑。长江整体环境的变化给第二次推进鄱阳湖水利工程带来了一个"政策窗口"。

鄱阳湖进入 21 世纪后的持续枯水，影响了周边居民的渔业、农业生产和航运，对鄱阳湖湿地等生态产生了较大影响。江西省相关部门将此归结于"自 2003 年以来，受长江上游干支流水库群汛后蓄水引起的长江中下游径流减少、清水下泄冲刷引起的河道下切以及近年来鄱阳湖上游来水减少"等因素（江西省鄱阳湖水利枢纽建设办公室，2013：83），并判断鄱阳湖秋季的枯水情况将长期存在。对长江中下游地区生态安全、用水安全有重大影响。2006 年 10 月，鄱阳湖达到了历史最低水位，对人民生产生活带来重大影响。

2007 年 4 月，时任国务院总理温家宝来到鄱阳湖视察旱情，在视察中向江西方面提出要保护鄱阳湖这"一湖清水"。时任江西省委书记苏荣敏锐地抓住了这一契机，将"一湖清水"的说法植入江西发展规划当中，并将鄱阳湖水利枢纽工程的"综合效益"特性改为以生态为主的特点。

（三）杠杆政治为核心的权力让渡

杠杆政治本是为了解释国际政治当中的非国家行动者倡议的现象，即通过利用杠杆作用撬动更强大的机构，弱势团体所发挥的影响力大大超过了他们直接影响国家做法的能力（凯瑟琳·辛金克、玛格丽特·E. 凯克，1998：18）。但在这里，我们借用这个概念的具体机制，试图说明江西省跳出央地发改委和水利部门上下级关系的框架的过程。即为了发挥影响，地方政府需要寻找可以撬动更强大的行为体的杠杆。

中国流域水资源管理中，地方政府常采取"将水留在本地"的策略，以最大化本地利益。处理区域间冲突的中央政府代理方通常为水利部门及其所属的该流域委员会。在本研究的观察中，江西省相关部门采取了杠杆政治的策略，试图弱化水利部和发改委在纠纷调解中的发言权，直接通过国家级发展规划，将水利部和国家发改委变成政策同盟的关系。

在江西省鄱阳湖水利枢纽工程的行动策略中，江西省采取的是"规划杠杆"，将鄱阳湖水及由其带来的生态和发展问题与整个国家"科学发展"的战略联系起来，通过制定国家级规划，并以实现国家规划的目标为杠杆，建立水利枢纽工程，实现对鄱阳湖和流经鄱阳湖的水资源的控制。

1. 设定规划杠杆

区域规划是国家发挥地方积极性的一个重要手段。鼓励地方尝试新的发展措施。对于落后地区而言，中央财政拨款和直接投资起到了支持性作用。中央授权的区域发展规划是一种有文件依据的政策资本，比红头文件甚至国家法律法规具有更大的灵活性，成为"管红头文件的文件"（韩博天、麦尔敦，2013：13）。江西省委省政府于2008年向国务院提出了涵盖鄱阳湖周边地区以及经济、工业、环境和生态发展的《鄱阳湖生态经济区》规划，并于2009年获批，成为国家级规划。该规划特别强调了生态与经济的协调发展，即鄱阳湖湖水水质、周边生态保护与经济发展并行。规划中花了大篇幅强调鄱阳湖的生态保护对周边地区、长江中下游地区甚至全球湖泊网络和生物多样性的重要意义，并将生态经济协调发展、大湖流域综合开发、中部崛起和我国可持续发展新形象与鄱阳湖结合在一起。江西省进而通过分解指标，在《规划》实施方案中层层下发，以便施行和考核。在规划制定过程中和制定后四位国家领导人对鄱阳湖问题做出了批示或表态。这些批示与表态共同指向了鄱阳湖的生态保护问题。对于江西省而言，国家级规划的设立意味着保护一江清水所面对的中央政府的代理机构权重发生了变化。国家对于建立鄱阳湖水利枢纽工程计划从原来简单的上报—待批的层级，转变为为国家级开发区提供重大基础设施建设支持的话语表达。

2. "植入"发展规划

鄱阳湖水利枢纽工程在生态经济区规划获批之后，被江西省称为"核心工程、关键工程、头号工程"。为了将鄱阳湖水利枢纽工程植入规划中，江西省方面逐步强调了工程的"生态"目标。即将保持鄱阳湖水位作为该工程建设的目的，并在此主要目的下加入水资源综合利用方案。江西省专门从各部门抽调人员，设立"一套班子，两块牌子"的正厅级鄱阳湖水利枢纽工程建设办公室和水利部长江委鄱阳湖水务管理局。在《鄱阳湖生态经济区规划》中的鄱阳湖水利枢纽工程，实质上是一个妥协后的结果。在

2009 年版本中，鄱阳湖水利枢纽工程从"控湖工程"，转变成为水利枢纽，将"坝"该为"闸"，通过在主汛期放闸联通长江，汛期尾蓄水，枯水期放水的"调枯不调洪"方式运行（黄国勤，2010）。按照江西省鄱阳湖规划的描述，"调枯不调洪的设计理念将（鄱阳湖）水利工程的主要目的，从防洪转为对水资源的配置保护与开发利用"。而 2009 年的旧版本实质上仍然保留了发电功能，"整个工程的水电站装机 9.2 万千瓦，并且除了发电的经济效益外，对渔业、航运、水稻灌溉、民生用水方面带来的好处显而易见"（中共江西省委、江西省政府，2008）。这样的有限让步招致下游各地、知识精英（十五名院士）和国际湿地组织在诸多方面的反对，鄱阳湖水利枢纽工程建设计划被要求拿出来单独论证。

3. 进一步让渡权力与利益

江西省在鄱阳湖生态经济区的"东风"下，继续加大研究投入，在 2010 年提出新版水利枢纽工程计划，提交发改委、水利部、环保部等相关部门进行审查。新版的计划将原有版本水利枢纽综合效益为主的目的改为生态为主的建设指导方向，主要提出了修改方案：即将鄱阳湖水利枢纽的发电功能取消；上交闸调度权，便于水利部和长江委进行全流域调控，以降低中央和下游地区的疑虑。江西省为了通过水利部和发改委关于鄱阳湖水利枢纽工程可行性的审查，聘请 6 位院士对鄱阳湖水利枢纽工程相关课题进行论证，包括工程对水利、气象、生物、环境、江湖关系等方面。最终，江西省通过"调枯不调洪、建闸不建坝、拦水不蓄水、建管不调度"的流域水资源管理权力的让渡（史力超，2012），将该工程推进至水利部和发改委的前期审批程序。而对于国际组织和下游地区的不同意见，相关官员主动拜访相关组织与下游相关机构，以解释疑惑，争取支持。

（四） 从技术控制到社会—经济和政治控制

在经过江西省举全省之力的论证以及多次妥协之后，新的鄱阳湖水利枢纽工程实质上已经失去了大部分流域水资源的技术控制的功能。但是作为国家级规划的《鄱阳湖生态经济区规划》下的该工程仍具有流域水资源技术控制与社会—经济和政治控制混合的特征，即通过对洪水入湖的水资源的使用，将湖面保持在一定水位上，保证"长江中下游水生态安全保障区""国际生态经济合作重要平台"等经济区规划的发展定位，实现《鄱阳湖生态经济区规划》中对鄱阳湖湿地面积、水质、森林覆盖率等重要生态指标的承诺，保证鄱阳湖生态经济区的"生态"意义。虽然江西省大步推进了鄱阳湖水利枢纽工程，但该工程的风险仍然存在。水利部副部长胡四一在相关讲话中提出了该工程需要在行政部门内部论证协调的五个方面，即技术、经济、社会、生态和人文等，并强调要研究枯水期的具体原因，以及三峡工程蓄水后江湖关系变化的复杂性（胡四一，2009：3）。在2009年的评估中，江西省并未能回答关于水位与三峡蓄水的长期关系问题。但是在《鄱阳湖生态经济区规划》的助力下，水利部和发改委对推进该工程仍然抱有积极态度。在各种讲话中，发改委和水利部不仅指明江西省研究方向，也将相关研究和论证资源积极投入到该工程前期论证过程中（刘占昆，2013）。

五 争水的影响：流域管理权力倒置

鄱阳湖水利枢纽工程建设的案例表明，地方流域管理政策的推动是一个多方博弈的政治过程。在全国的主要流域中，围绕着地方利益，随着政策外部环境的变化，地方政府的策略对于流域水资源管理的过程起着重要的作用。江西省相关部门将国家规划作为杠杆，加强了自身与水利部、发改委以及下游各地的谈判砝码，水利部与国家发改委作为评估方在国家级规划的框架下与江西省在实质上成为同盟关系。流域水资源管理在体制、环境和策略的多重影响下，实质上形成了权力倒置的局面，地方政府在流域水资源分配中的主动权得以扩张。水资源管理框架中的中央主管部门、生态保护 NGO 与流域中其他地方政府在鄱阳湖水利枢纽工程的建设立项过程中，由于国家级规划的杠杆作用以及江西省的相关策略的影响，从政策的反对方成了与江西省结盟方。

如何评价这种权力倒置的现象？一方面，江西省在鄱阳湖水利枢纽建设博弈中的增权客观上对于可持续发展具有积极意义。江西省在长期推进鄱阳湖水利枢纽规划的过程中，从地方利益为主的流域开发目标导向，逐渐转变为可持续发展与地方利益的平衡的流域治理导向。另一方面，从流域管理政策的政治层面上来看，中央水资源管理部门实质权力的减弱激发了流域中其他地方政府水资源控制的动机。如在长江-洞庭湖流域，湖南省已经开始了洞庭湖岳阳综合枢纽的可行性研究，以鄱阳湖建设水利枢纽同样的逻辑来对流经本地区的水资源进行控制。

六　结论及讨论

本文试图从过程的视角来观察流域水资源管理的政治。根据所掌握材料，我们并不能确认鄱阳湖水利枢纽工程必然能够获得通过，但对江西省推动鄱阳湖水利工程建设的过程的研究，我们发现，在区域经济发展、生态维持和流域开发中，地方政府的动机、策略和外部环境变化是影响这个过程的重要因素。与缺水地区地方政府仅试图通过技术手段控制水资源的物理性质不同的是，江西省从历史上依赖水利技术对水资源进行控制，转向了使用"国家级新区"政策作为杠杆，实现了对长江-鄱阳湖水资源的社会—经济和政治控制。而这种控制直接指向本区域经济发展，获得流域开发主导权。

从流域治理的角度来看，本研究发现"缺水"在狭隘的物理意义上并不能解释水资源冲突频频发生的原因。根据鄱阳湖案例的研究，本文发现，开发流域水资源是流域周边地方政府首要考虑的行动方式，缺乏地方政府经济发展战略所必需的基础性资源，是近年来地方政府努力获取水资源控制权的新原因。水作为资源对于各地的意义不尽相同，水资源对于地方政府而言成为一种战略资源。足量的水并非地方政府的唯一追求，获得持续稳定的、作为多样化产业发展基础性要素的水权才是地方政府的行动目标。

从央地关系上来看，鄱阳湖建设水利枢纽工程的一系列措施证明了文献中所提出的地方政府自主性以及地方政府策略所起到的重要作用。从本文案例中发现，在地方政府杠杆政治策略的情势下，谈判中具备信息、资源优势占据了谈判的主导地位，形成了流域权力倒置的状态。流域权力倒置对于实现地方利益与流域可持续发展的平衡的目标来看，并非一个最佳的状态。

那么在面对生态、经济、政治、社会和国际等多重压力下，中国流域水资源管理如何走出权力倒置的状态？第一，从流域治理的角度出发，针对地方主导的局面，在策略上强有力的中央指令和严格的监督体制是水资源管理中需要加强的重点内容。第二，在流域周边各省市间尽力增强完全信息交换的体制。增强参与者对相互遵守规则的信心，制度安排就可以促进人们对规则的资源遵从（奥斯特罗姆，2011：329）。第三，对于晚近出现的以价值为主导的非直接利益攸关的行动者（如国际、国内的环保

NGO 等），需增强交流力度，以降低流域治理中国际和国内的社会
风险。

参考文献

Lampton，D. M.（1983）. *Water，Challenge to a Fragmented Political System*. Ohio State University.

Landry，P. F.（2008）. *Decentralized Authoritarianism in China*. New York：Cambridge University Press.

Mehta，L.，Veldwisch，G. J.，& Franco，J.（2012）. Introduction to the Special Issue：Water Grabbing？Focus on the（Re）appropriation of Finite Water Resources. *Water Alternatives*，5（2）.

Mollinga，Peter P.（2008）. For a Political Sociology of Water Resources Management，ZEF Working Paper Series，No. 31，http：//nbn-resolving. de/urn：nbn：de：101：1-2008092910.

Mollinga，P.（2008）. Water，Politics and Development：Framing a Political Sociology of Water Resources Management. *Water Alternatives*（1），7-23.

奥斯特罗姆：《规则、博弈与公共池塘资源》，王巧珍、任睿译，陕西人民出版社，2011。

彼得·古勒维奇：《艰难时世下的政治：五国应对世界经济危机的政策比较》，吉林出版集团有限责任公司，2009。

陈瑞莲、张紧跟：《试论区域经济发展中政府间关系的协调》，《中国行政管理》2002 年第 12 期，第 65～68 页。

邓可祝：《我国流域治理立法的演进：从淮河到太湖》，《西部法学评论》2013 年第 1 期，第 19～24 页。

韩博天、奥利弗-麦尔敦：《规划：中国政策过程的核心机制》，《开放时代》2013 年第 6 期，第 8～31 页。

贺莉丹、孙晓山：《鄱阳湖建闸，不是为了江西的一己之利》，《新民周刊》2011 年第 24 期。

胡鞍钢、王亚华：《转型期水资源配置的公共政策：准市场和政治民主协商》，《中国软科学》2000 年第 5 期，第 5～11 页。

胡四一：《对鄱阳湖水利枢纽工程的认识和思考》，《水利电力技术》2009 年第 8 期，第 2～3 页。

胡熠：《论流域治理中地方政府的行为偏差及其矫治》，《中共福建省委党校学报》2009 年第 12 期，第 21～25 页。

胡熠：《我国流域治理机制创新的目标模式与政策含义——以闽江流域为例》，《学术研究》2012 年第 1 期，第 49～54 页。

黄国勤：《建设鄱阳湖生态水利枢纽工程利弊之分析》，《鄱阳湖学刊》2010 年第 5 期，第 21～26 页。

江西省鄱阳湖水利枢纽建设办公室：《为了"一湖清水"——鄱阳湖水利枢纽工程介绍》，《江西水利科技》2013 年第 2 期，第 83～91 页。

凯瑟琳·辛金克、玛格丽特·E. 凯克：《超越国界的活动家：国际政治中的倡议网络》，北京大学出版社，2009。

刘占昆：《水利部长陈雷：将加快推进鄱阳湖水利枢纽工程建设》，中国新闻网，2013 年 10 月 20 日登陆. http：//www. chinanews. com/gn/2013/03-07/4625152. shtml。

李曦、熊向阳：《我国流域管理的现状问题及对策》，《科技进步与对策》，2002，19（3），38-39。

毛江凡、洪怀峰：《鄱阳湖水利工程有望六月立项》，《信息日报》2009 年 5 月 22 日。

裴丽萍：《水权制度初论》，《中国法学》2001 年第 2 期，第 90～101 页。

任敏：《我国流域公共治理的碎片化现象及成因分析》，《武汉大学学报》（哲学社会科学版）2008 年第 4 期，第 580～584 页。

石庆华、黄国勤、刘宜柏：《新中国成立 60 年来鄱阳湖研究、开发、利用与保护》，《江西农业大学学报》（社会科学版）2009 年第 3 期，第 1～11 页。

史晋川、曹正汉：《中国地方政府应对市场化改革的策略：抓住经济发展的主动权——理论假说与案例研究》，《社会学研究》2009 年第 4 期，第 1～27 页。

斯科特·摩尔：《政策简报：中国水资源问题、政策和政治》，2013。http：//www. brookings. edu/zh-cn/research/papers/2013/02/water-politics-china-moore。

宋栋：《论政府在大河流域综合治理开发中的作用》，《中国软科学》2000 年第 6 期，第 77～81 页。

史力超：《鄱阳湖水利枢纽工程技术交流会在昌召开——姚木根副省长强调要达成共识，同声共鸣，齐力共为》，（2012 年 8 月 29 日），2013 年 11 月 1 日登陆，江西省水利厅网站，http：//www. jxsl. gov. cn/static/03/56/article_ 35603. html。

孙晓山：《江西省水利厅厅长：让鄱阳湖永远成为"一湖清水"》，2013，江西新闻网，2014 年 4 月 10 日登陆. http：//jiangxi. jxnews. cn/system/2013/03/08/012318832_01. shtml。

王佃利、史越：《跨域治理视角下的中国式流域治理》，《新视野》2013 年第 5 期，第 51～54 页。

王惠娜：《区域合作困境及其缓解途径——以深莞惠界河治理为例》，《中国行政管理》2014 年第 1 期，第 35 ~ 40 页。

王绍光、胡鞍钢：《中国国家能力报告》，牛津大学出版社，1994。

王勇：《流域政府间横向协调机制研究述评》，《广东行政学院学报》2008 年第 1 期，第 17 ~ 22 页。

杨妍、孙涛：《跨区域环境治理与地方政府合作机制研究》，《中国行政管理》2009 年第 1 期，第 66 ~ 69 页。

易荣：《苏荣想弹江西生态与发展平衡曲》，《中国经营报》2011 年 6 月 10 日。

郁建兴、高翔：《地方发展型政府的行为逻辑及制度基础》，《中国社会科学》2012 年第 5 期，第 95 ~ 112 页。

俞海、任勇：《流域生态补偿机制的关键问题分析》，《资源科学》，2007，29（2），28-33。

姚金海：《水权运营初论》，《江西社会科学》2007 年第 4 期，第 211 ~ 216 页。

张紧跟、唐玉亮：《流域治理中的政府间环境协作机制研究》，《公共管理学报》2007 年第 3 期，第 50 ~ 56 页。

中共江西省委、江西省政府：《鄱阳湖水利枢纽工程规划方案（旧）》，2008，鄱阳湖水利枢纽工程网站，2013 年 11 月 1 日登陆 . http：//www. jxsl. gov. cn/article. jsp? articleid = 9872.

周浩、吕丹：《跨界水环境治理的政府间协作机制研究》，《长春大学学报》（社会科学版）2014 年第 3 期，第 285 ~ 289 页。

周映华：《流域生态补偿的困境与出路——基于东江流域的分析》，《公共管理学报》2008 年第 2 期，第 79 ~ 85 页。

作者单位：中山大学政治与公共事务管理学院

流动人口的空间流变：
社会地理学视角[*]

姚华松

摘　要：流动人口社会空间是原有城市空间底质上经过流动人口的各种实践活动而人格化的空间，是一种流变的空间。首先，将流动人口空间流变的各种表征进行归纳，大体有实体空间、行为空间和感应空间三种，具体表现为差异化的空间、隔离的空间、福特制和"类信息社会"语境并存下的空间、压缩的空间、弹性的空间、流动的空间、犯罪的空间、压制的空间、再现的空间。其次，借鉴事件史分析法对流动人口空间建构过程开展分析，总体上流动人口社会空间流变表现为边缘化的空间，这既是自身种种属性特征经过社会化建构过程后的必然结果，也是社会制度歧视、城市政府新自由主义倾向、对城市空间的激烈竞争、企业追逐利润、本地人排挤等共同作用的结果。流动人口空间流变的过程也是原有生产关系的再生产过程。最后，面对来自各方的空间压力，流动人口不断进行空间适应性策略调整，不断发展和演化自己与城市之间的关系。

关键词：流动人口　社会空间　空间流变　生产关系

流动人口指人们在没有改变原居住地户口的情况下，到户口所在地以外的地方从事务工、经商、社会服务等各种经济活动，即所谓"人户分

* 本文受以下项目资助：国家自然科学基金（41101132）；广东省自然科学基金（S2013010014780）；广东省哲学社会科学"十二五"规划项目（GD11YSH03）；广州市"羊城学者"科研项目（12A023D）。

离"，但排除旅游、上学、访友、探亲等情形。作为一种社会经济现象，流动人口的大量出现是当代中国城市化和现代化进程中的重要事件，对中国社会经济的发展产生重要而深远的影响。对于流动人口的研究，主要涉足学科有社会学、管理学和地理学等（吴晓，2001：25-30；陈吉元，1996；辜胜阻，1994；黄平，1997；李强，2002；王春光，2003；C. Cindy Fan，2005：295-311；李培林，1996：42-52）。基于空间视角的流动人口研究集中于两点：一是关注宏观面向的流动人口群体空间分异规律（顾朝林，1999：204-211；李若建，2003：73-81；鲁奇，2005：655-664）；二是关注微观面向的具体空间，包括流动人口的居住空间、行为空间和感应空间等（柴彦威，1996：30-38；朱传耿，2002：65-69）。纵观之，前类研究存在将流动人口物化、均一化的错误研究取向，后者聚焦于特定城市抽样流动人口生活形态调查，理论化相对欠缺。基于社会地理和制度分析的深度研究不足，以中国流动人口集聚地——广州为例，通过深度访谈、参与观察、社会学与人类学制度分析范式，本文拟跳出宏观层面的流动人口分析分布和微观层面的流动人口具体空间分析，从中观层面对流动人口的空间做出整体判断，采借西方诸空间分析理论或视角，探寻中国流动人口空间流变的表现形式，挖掘其中的藏匿之物，从而对流动人口空间的本质或隐喻做出阐释。本文从流动人口空间流变结果、空间隐喻及空间适变三个层面进行解析。

一　流动人口空间流变的表征

流动人口空间是在城市空间基底上叠加的具有流动人口特质的亚类空间形态，这种空间是在原有城市空间底质上经过流动人口的各种实践活动而人格化的空间，是一种流变的空间（Reproductive space）。从某种意义上讲，流动人口城市化过程也就是流动人口不断建构各种空间的过程，两者存在一一对应的关系。从人的视角及城市化本身的演化深度看待城市化类型，大致有地域城市化和精神城市化，前者是浅层次的城市化，后者是深层次的城市化。具体到流动人口而言，流动人口由经一定的迁移决策和实施后来到城市，在地域上脱离了原户籍地，从空间上实现了人口从农村向城市的转移，此即流动人口的地域城市化；之后通过流动人口的工作、居住、购物、休闲娱乐等一系列社会经济生产与生活实践，流动人口不断地发展着与本地人、城市及自己的关系，对城市物质景观层面的有形元素和精神层面的无形要素发生关系并产生印象，此即流动人口的精神城市化。据此逻辑，将流动人口空间流变的结果分为三类：实体空间、行为空间和感应空间。实体空间是地理学和社会学意义上的空间，前者一般具有有形的地理边界，后者则以某种属性集聚的相似性为边界，形成一种亚文化区。行为空间主要依据行为—空间本体论的观点，围绕流动人口的居住、工作、通勤等具体行为活动而衍生相应的空间。感应空间是流动人口与城市管理者、本地人等不同群体发生互动交往，话题指涉空间占据、对抗和博弈等，多与城市认同、文化融入、精神城市化相关联。

（一）实体空间

1. 差异化的空间

1938 年，沃斯（Wirth L）在《作为一种生活方式的城市性》中提出人口规模、人口密度和社群异质性是城市性三大特征（Wirth L，1938：1 - 24）。可见，城市系统的差异性普遍存在。但在中国计划经济体制时期，这种差异性是相对的，城市的市民被单位这一大的容器所包容，"单位制"背景下，人际及社会阶层之间的同质性强于异质性，所不同的是，不同的人处于不同的单位而有所差别。市场经济转型期，"单位制"的相对瓦解①和市场机制在经济、社会领域的全面实施，差异性被逐步放大。其中，缘于流动人口群体的大量涌现，流动人口及其生产和生活的空间与本地人及其生产和生活的空间相比较，差异性表现得最为明显。以居住空间为例，流动人口居住集中地——城中村与本地富裕阶层的中高档住宅区就给人以强烈的视觉冲击，这种对比成为一些外地人核心的城市感知与体验。据悉，广州某些高校地理系在安排国外交流学生短期学习时，有门必修课——"广州两日游"，除二沙岛（曾经的殖民地）、北京路（广州传统商业街）、中信广场（广州 CBD 标志）、珠江夜游（珠江及两岸城市景观）外，冼村、石牌、康乐等典型城中村考察也是广州都市体验的内容。

差异化的空间在广州体现得尤为明显。对广州稍有了解的人都知道，

---

① 虽然单位制度作为一种制度已经退出历史的舞台，但笔者认为，很多情况下它在社会转型期仍然处于重要地位，从形形色色的社会经济事件中还可以找到影子，只是更加隐蔽、弱化而已。

在一些林林总总的高档办公空间或商业空间夹击中，总存在一些极其碍眼甚至破旧不堪的城中村，这两种在空间形态、高度、密度、功能、秩序等诸方面都存在着截然不同的运行逻辑，它们作为一种对比的空间（Contrastive space）而存在，在大体类似的同一微地域空间尺度下实现了空间并置性（Juxtaposition）。在广州，此类"对子"很多，如中信大厦与林和村、太平洋数码广场与石牌村、广州国际贸易大厦与杨箕村、珠江新城与冼村等。

从空间使用者角度看，差异性的空间也大量存在。单从城中村的本地村民和流动人口对比看，前者成为名副其实的食利阶层和有闲阶层，不工作也可以得到一笔相当客观的经济收入，除房租外，还可获利于村集体经济活动及其他形式分红。在城市更新背景下，很多人一夜成为名副其实的"暴发户"①。后者只能叹息自己命运多舛，任劳任怨也仅在狭小空间里艰苦生存。

2. 隔离的空间

差异的空间有其存在的客观性，隔离的空间则因为空间的人格化过程而赋予其社会性和文化性。在后现代主义背景下，城市成为"分割之城"（Divided cities），空间变得"碎片化"（Fragmentation of space）（Fainstein S. S, 2005：3-19；Fainstein S. S, 1992：46-52），由于空间使用者地位、身份、财富等的差异，这种差异给其占据的空间施加人格化影响，空间成为隔离的空间（Segmented space）。以广州的二沙岛和沙面为例，前者因其地理位置与自然环境的优越性成为广州高级社区的代言地，后者因其殖民时期的见证地和驻外机构集散地而被誉为广州内城的绿肺。空间不仅是所谓的物理地点，而升华为特定身份和地位的象征。从居住空间看，以金海湾、凯旋新世界、誉峰、中信君庭、珠江广场、珠江帝景苑、天河新作、嘉裕礼顿阳光、汇景新城为代表的高档门禁社区（Gated community）更是组成两极化空间的一极，另一极就是大量存在的以三元里村、冼村、沥滘村、石牌村、康乐村等为代表的城中村。前者多以身着制服的保安把守大门，外来人口严禁入内，是现代版的"紫禁城"（Forbidden city），后者多以村头牌坊为标识，行人随意出入。上述空间的区隔比较明显，一般人对

---

① 2012 年 11 月 27 日，"南方电视台"报道，因为珠江新城的开发和广州新 CBD 地位的确立，原猎德村村民平均每户分到 4~5 套住宅，价值超过 1000 万元。

于这种地盘意识的潜规则心知肚明，但为避免不同空间使用者偶尔发生空间使用上的错乱，一些高档住宅门口或本地游乐场所明确标注"非本村村民不得入内"等字样（图 1）。

图 1　隔离的空间（Ⅰ）　　　　图 2　隔离的空间（Ⅱ）

此外，上述既有的隔离逻辑在居住空间微观设计上亦有体现。调查过程中，笔者注意到一些城中村的住房在进门处设置有两扇门，房东（本地人）进正门，租客（流动人口）进侧门（图 2）。至于房屋内部的设计，空间隔离更为明显。本地人厨房、卫生间宽敞，装修豪华，流动人口厨房、卫生间面积狭小，很多时候厨房和阳台并置，住房构造上"房中房""屋中屋"的比例较高，甚至纸板或帘布就是流动人口居住空间的分割线。总之，隔离的空间普遍存在，因为流动人口的大量存在，隔离的普适性得到最直观的印证，隔离程度被不断放大和强化。

（二）行为空间

1. 福特制和"类信息社会"语境并存下的空间

社会制度总是与特定的经济制度相关联。机械化大生产背景下，工业社会与福特制度相联系，后工业时代背景下，信息社会与后福特制度相关联。但是这一规则对于中国大量流动人口的生产与生活实践不太吻合，后者的行为逻辑发生了某种错位，以广州为代表的珠江三角洲地区在新国际劳动分工和世界范围产业转移背景下工厂密集，成为"世界工厂"（World factory），这里有以千万计的流动人口在工厂、车间进行流水式作业，重演着 70 年前资本主义福特制下的生产和生活逻辑，按部就班、相对刻板的管理制度、日复一日的生产和加工着将要远销国外的产品是流动人口的日常体验。

另外，一些不在工厂工作的流动人口实践着完全不同的生产和生活逻辑，这里概括为"类信息社会"的模式，因为流动人口及其空间特征与信息社会某些特征有相似之处。表 1 列出了部分信息社会与工业社会的特征比较（顾朝林，2003：13）。以就业为例，很多流动人口的就业被视作与主流工作类型迥然不同的非正规就业（Informal economy），如钟点服务、接送学生、宠物托养、城汰乡售、调剂专卖、修理水电、织补衣袜、职业中介等。很多时候，他们的休息时间被大大压缩，工作时间很长，往往不固定，甚至本末倒置，一般人闲暇之时是他们忙碌之时。从居住形态看，他们不同于工业社会的专门化住宅区，往往选择混合型住宅区，工作和居住在空间上并置。可见，从就业形式、组织形式、居住形态、工作时间等方面看，流动人口具有"类信息社会"的某些特征。

表 1　工业社会和信息社会特征比较

比较内容	工业社会	信息社会
就业形式	以按部就班的常规就业为主	以非常规就业为主
组织形式	正式的	非正式的
居住形态	专门化住宅区	混合型住宅区
操作规程	专家操作	自己操作
工作时间	固定上下班时间	自由上下班时间

2. 压缩的空间

哈维（Harvey D）在《后现代的状况》中提出"时空压缩"（Time-space compression）（Harvey D，1991），工业社会向信息社会、现代性向后现代性转型框架下，他认为现代向后现代转型中最重要的变化表征是时间和空间的变化，体现为周转时间的加速（生产、交换和消费加快）和空间范围的缩减，"距离不再重要"。结合到流动人口居住和生活空间，笔者调研发现，在一些工厂宿舍，四人间、八人间乃至十人间很普遍；在城中村，一张床同时睡 3 个人的情形也司空见惯，他们的衣、食、住、行在常人难以想象的狭小空间中进行，空间被高度压缩，空间成为高密度的、共享的和毫无私密性的空间。同样是"空间压缩"，前者是在信息时代背景下催生的空间功能扩大，是生产力和生产方式升级的体现，后者是流动人口根据自身社会经济地位而选择的一种非常规的生产和生活方式；对于空间使用者而言，前者空间生存权和选择权扩大了，后者生存空间则受到极大挤压。

3. 弹性的空间

从空间功能看，弹性的空间主要与压缩的空间一脉相承。由于流动人口社会与经济地位相对低下，所能占有和使用的空间相当狭小，要求空间使用者要更加弹性和合理使用空间，流动人口不大可能祈求有类似本地人的专门性功能空间，有相互独立的客厅、卧室、客房、厨房、书房、健身房、卫生间、浴室等。对于城中村的流动人口，他们选择将除卫生间外的全部生活功能压缩到一个房间进行，所谓的卫生间往往是位于房间一角的更狭小空间，拥有某种唯一功能性空间的比例甚少，较多的是功能的多样性。比如一张桌子，吃饭时就是饭桌，小孩做作业时就是书桌，朋友间玩耍时就是牌桌或麻将桌，还可以是杂物堆积桌。为了尽可能增加房间有效使用面积，这张桌子一般可以折叠，以便收拣。在城中村的一些店铺，可以清晰地看到可供上至阁楼的梯子，阁楼就是他们的卧室（图3），店铺主人的工作空间、居住空间和大部分的生活空间在这一空间完成。这种功能多样化的空间不是一般意义上多功能的智能型空间，而是流动人口因为无法支付拥有更多专门性空间的费用而被迫选择的无奈之举，艰辛的现实生活要求流动人口不得不采取相对弹性化的空间使用方式。

4. 流动的空间

对于一般人而言，工作空间相对固定。但对于在街头贩卖小件物品的流动人口来说，他们的工作空间流动性极强。在广州的地铁口、广场等人流量大的地方，经常见到各种携带工作工具的流动人口，如蹲在地上卖饰品的妇女（图4）、卖羊肉串的小伙（图5）、卖烧饼的汉子（图6）、广场上卖唱的艺人（图7）等。由于从事行业的特殊性，这些人需要在人口相对密集的地方寻找工作空间，因为同一空间在不同时段具有不同的人流量，这些人需要不断转换工作地点。他（她）们的工作空间是流动的空间（Space of flows）。对于长期从事某种行业的人而言，上述流动性较强的工作空间也有其相对固定性，一是对周边环境较熟悉，二是可以节约因变换工作地点所耗的时间。可见，这种流动中的相对固定性有其理性选择的成分。

图3　工作和居住空间的并置

但来自流动人口管理层的管理举措加速了上述空间固定性的瓦解过程。因为基于城市层面的创建卫生城市等城市发展目标或基于城管局、卫生局等各级职能部门的美化市容市貌、规范街道秩序等目的的自上而下的监管决策的实施，他们的流动空间得到回归，城管人员和流动人口之间的捉迷藏游戏大都肇始于此。对于整个城市空间而言，流动的空间趋于见缝插针的布局，哪里人流量大、哪里城市（社区）管理相对较松，哪里就有他（她）们的身影。从流动人口自身看，为尽量逃避各种费税缴纳，流动的空间必须实现不停地流动，一旦被抓住，损失惨重，要么忍受吆喝、皮肉之苦，要么招来工商管理部门的重罚。但是，总体上看，流动的空间极大地丰富和方便了市民的购物选择，在保证商品市场整体有序的前提下，允许部分流动空间在特定地段适度存在，给予其一定生存空间。笔者认为，这在理论上是合理的，在实践上也是可行的。在流动空间表面性混沌和杂乱的背后，可以催生一些来自民间和草根的理性文化，对于拓展市民购物型生活空间、丰富和弘扬广州包容性文化内涵具有重要意义。

图 4　卖饰品的妇女

图 5　卖羊肉串的小伙

图 6　卖烧饼的汉子

图 7　卖唱的艺人

（三）感应空间

1. 犯罪的空间

犯罪空间并非一般意义上的因违法或犯罪而用于监禁犯人的监狱或劳教所之类的场所，而是特指收容或救助流动人口的收容所或救助站。它是一种问题空间，具有强烈的制度性倾向。1982 年，国务院颁布并实施《城市流浪乞讨人员收容遣送办法》，但具体操作过程存在较大问题，加上一些恶性事件（如"孙志刚事件"）的发生，这一长期针对流动人口的强制性措施于 2003 年 8 月 1 日废止，代之的是《城市生活无着的流浪乞讨人员救助管理办法》（以下简称《救助管理办法》）。《救助管理办法》实施以来，全国原有 832 个收容遣送站全部完成转制，北京、湖南等省市新设立救助管理站。从收容所到救助站的空间转变，自上而下的制度性痕迹明显，流动人口管理者的空间意图发生转变，功能上从强制转为救助，但民众对于这一空间认同却不会马上改变，先前针对弱势群体收容、遣送、拷问等非人性化管理方式不会马上消失。从社会文化学视角看，需要对谁是这一空间的策划者、管理者和使用者，有何种进入条件，社会对这一空间及其使用者何种社会认同等问题开展认真研究。一般而言，围绕救助站这一空间而产生的一套人际关系系统或管理系统不只是传统中国价值观中宣扬的助人为乐那么简单，很多时候，社会给进入或使用这一空间的人贴上了社会弱势群体的身份标签，基于犯人的那一套知识体系被有意无意转嫁到这种空间使用者身上。于是，救助站被赋予了象征性特征。故而，犯罪的空间虽然缓解了流动人口暂时的身体不适，从长远看却被铐上了弱势的社会性身份认同，加剧其精神负荷。①

2. 压制的空间

从政治经济学和制度学派看，流动人口还存在压制的空间（Suppressed space），其对立面是本地市民、城市管理人员、卫生员、公安或保安等。在日常生产和生活实践中，流动人口或多或少与上述人员发生接触，人际关系博弈使流动人口处于下层。由于其经济与社会地位相对低下，流动人口及其空间被压制，沦为压制的空间。尤其在城市决策层基于城市营销、城

---

① 笔者在此无意对城市救助站等空间进行好与坏的道德评判，只是对这一空间本身进行社会学分析。

市形象或阳光工程的感召下，保持良好市容市貌、优良卫生条件、较低人口犯罪率等成为城市发展目标，针对流动人口的种种打压成为重要举措。来自上面的特定阶段针对特定地区（段）卫生检查、创建卫生城市阶段性成果验收等措施使流动人口成为受害者，更严重的情况是某些工作空间被强制取缔。典型例子是广州市于 2007 年 1 月 1 日起实施的在主城区范围的"禁摩运动"，该运动在一定程度上使广州的"双抢"事件①发生率降低，维护了广州社会和经济的发展环境，提升了广州的安全认同感。但这一运动也抹杀了一大批以摩托车载客为生的流动人口的就业机会，后者生存空间被压制到极限。面对来自各方对于空间的压制，流动人口选择主动调整和转换，衍生出新的生存空间，后文将对此展开详细论述。

3. 再现的空间

对于"再现的空间"一词，最早由法国学者列斐伏尔（Lefebvre H）在《空间的生产》中提出，他通过对时间性、空间性和社会性相互关系的系统解读，创造性地提出了空间生产的 3 个层次：空间实践（Spatial practice）、空间的再现（Spatial representation）和再现的空间（Representation of space）（Lefebvre H，1991；包亚明，2003）。其中，空间实践指人们创造、使用和感知空间的方式，是空间的商品化、官僚化和殖民化过程和机制；空间的再现是构想的空间，产生于知识与逻辑（地图、数学、社会工程与都市计划等）的工具性空间，往往是企业、规划师和政客等通过抽象化、去除身体、可视化（奇观）与监控、空间科学与规划等方法与手段营造的空间，由于这些知识的技术性与理性兼备，通过权力、知识和空间性配布，支配性社会秩序铭刻其间且据以得到正当性，成为理所当然的认知方式。再现的空间是生活经历的具体空间，源自社会生活的私密与地下的空间，是具有社会特殊性空间实践的结果，是不正式或较为在地性的认知方式，是对抗性的空间（作为抵抗与对抗性论述的基地），它们或者还未被权力机器所捕捉，或拒绝承认权力，往往与日常生活世界、节庆与革命、空间的使用价值等相联系，既是那些被取代与压抑的部分，也是未来革命潜能之所系（Lefebvre H，1976，1979；Sayer A，1993：458-459；Shields R，1999；Soja E，1991：257-259；郭恩慈，1998：171-185）。从流动人口空间构建看，

---

① "双抢"包括抢劫、抢夺。2006 年前后在广州环市东路和东风东路、城中村经常发生针对妇女的抢劫和抢夺事件。

它从属于再现的空间之范畴。城中村、街头小商贩的工作空间等空间形态，具有自下而上的自发性空间形成机制，是容易被政府职能部门打压，有被取缔的危险。但是，出于对自身利益维系之考量，它们一直与主流的空间相抗衡，力图阻挠来自上层对于其生存空间的诸种入侵行为，拒绝接受或不轻易接受来自上层统治者的经过抽象化、技术化的一套行为逻辑。与此形成鲜明对比的是城市的开发区、大广场、大马路、会展中心等空间形态，这些空间属于空间的再现之范畴，它们往往经过精心策划和规划，最大限度地体现统治集团的意识形态，以一种经由技术化、专家化、抽象化处理过程的高姿态方式引导城市空间格局和凸显城市空间形象。

二　流动人口空间流变的隐喻

某种意义上，上述归纳是对流动人口空间边缘地位的表现的逐一剖析，更重要的问题是对流动人口边缘化空间社会构建过程的解析。

（一）流动人口空间流变过程

采用事件史的分析范式对流动人口空间建构过程进行分析。流动人口进城之前，他们是一定社会经济与文化的综合体。一是其自然人口属性，如出生地、年龄、性别、文化程度、婚姻状况。其中，出生地和文化程度至关重要。出生地是农村，对于城市而言是异域空间，其生产与生活逻辑完全不同于城市，前者以农业主导，经济发展缓慢，小农意识强烈，传统文化主导，后者以非农产业为主，经济发展迅速，市场意识发达，现代化和西方化文化意识形态主导。出生地对流动人口人力资本积累产生重要影响。文化程度方面，农村教育供给相对落后，流动人口文化程度相对低下，其融入城市主流文化体系需要调整和适应期。二是流动人口户籍属性，户籍制度不仅关乎出生地，还是在物理空间分异基础上叠加种种社会、身份、经济和文化等要素复合体。持有农村户口的人与持有城市户口的人存在巨大差别，城镇户籍往往与相对好的工作机会和待遇、居住权的优先选择、良好社会保障体系、良好的受教育机会等相联系，农村户口持有者基本与此无缘。出生地和户籍还具有恒常性和先天性特质，对流动人口产生极大影响。从城市本体论视角看，流动人口具有"外来的"特殊身份标签，"外来的"不仅是空间上的"外来"，更是经过社会化建构过程之后社会与文化上的"外来"。在此认知框架下，流动人口天生就与城市市民不一样，给人一种错觉，即流动人口在城市里混不好或遭受厄运都是注定的。上述宿命论思想无论对于流动人口本身还是城市市民都十分盛行。很明显，针对流动人口的先天性弱势的烙印，制度是罪魁祸首。

携带上述文化底色的流动人口怀着对都市生活的向往，最终实施迁移决策。进城后，寻找落脚点和第一份工作是首要任务。对于居住，有亲属或朋友关系的流动人口，可以暂时寄人篱下；对于没有任何社会资本的人而言，去城中村租房符合最理性选择，或住多人间的集体宿舍；对于伙食，形形色色的小餐馆或廉价快餐店是他们经常光顾的地方；对于工作，他们发现也不易找到，经常被骗或遭遇虚假的用工信息，还偶尔受到"外地户口免开尊口"之待遇。即使找到工作，发现工资也不尽如人意，工作时间却十分漫长。对比本地人殷实的生活，他们只是这座喧嚣和热闹都市的外来客。城市用一张无情的和充满歧视的社会制度网将其笼罩，这张网的主人有用工单位老板、地产商、城市管理者、本地市民，更有形形色色城市游戏规则的幕后操控者，他们都在殚精竭虑地实践着市场经济的规则，企业老板为了节约生产成本，疯狂延长用工时间，压缩休息时间；城市政府及职能部门为了实现"创卫""低犯罪率"等既定目标，驱逐流动人口以实现全城清洁、卫生、良好治安和投资环境的均质化、标准化；城市政府和地产商联合起来，为了更多土地开发收益和榨取更多剩余价值，大肆开发城市土地，尽可能挤压流动人口本来就寥寥的生存空间；普通市民在下岗等市场规则压力下，对流动人口抢夺工作机会的事实表示不满，生活中也对流动人口表现出有意无意的蔑视。

当前，城市政府正在着力推进社会主义市场经济转型，也致力于构建和谐社会，但市场经济运行逻辑在中国现有制度框架下发生了变形和扭曲。对当代中国社会各阶层和利益群体博弈过程进行系统考察，发现很多具体而微的做法有悖于市场，与其说是市场，不如说是原有计划、制度、规则的延续和变脸。所以，对于中国流动人口社会空间的形成机制，既有的制度惯性比基于城市生态论的市场机制更有解释力。多方利益博弈的结果是各方让渡或部分让渡各自利益，但整体对流动人口形成围攻之势，维系既有规则（潜规则）与制度是其共同目标。从空间视角看，流动人口空间生产的过程（空间流变的过程）是原有生产关系的再生产过程。最后，流动人口空间在整体城市空间中格格不入，形成明显"区隔"。

（二）流动人口空间流变的隐喻

将流动人口空间流变过程进行总结，见图 8。流动人口空间建构过程的解析就是对流动人口空间隐喻的揭示。

转型期的中国大都市也存在典型的西方隔离空间的翻版，流动人口的空间与城市本地人的区隔就是明显的例证，其区别在于中国的计划、制度成分影响更多，西方的市场主导机制（往往与经济地位等相联系）成分更多。中国流动人口不仅在制度、收入、劳动力市场、福利、人权等方面与本地人存在明显"区隔"，形成明显的二元结构。流动人口空间生产过程（空间流变的过程）是在城市空间基础上新空间的再生产过程，也是原有生产关系的再生产过程，是对既有社会各阶层序列、各阶层占有空间规则和秩序的继续维系和不断发展的过程。

流动人口空间在城市整体空间图谱中处于边缘化地位，它既是自身种种属性特征经过社会化建构过程后的必然结果，也是社会制度歧视、城市政府新自由主义倾向、对城市空间的激烈竞争、企业追逐利润、本地人排挤等共同作用的结果。

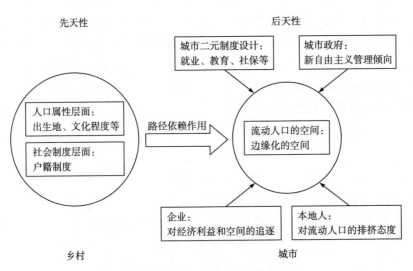

图 8　流动人口空间的建构过程

三　流动人口空间策略的实证分析

　　流动人口空间整体处于边缘化的弱质弱势地位，但流动人口没有选择轻易妥协，为了在城市中谋求自身生存空间，面对来自外界的压力，他（她）们不断调整自己的行为逻辑，不断流变出新的流动人口空间，与主流空间相抗衡。以广州市"禁摩运动"为例，分析流动人口面对压力时如何有效调整和流变新的流动人口空间。

　　2007 年 1 月 1 日之前，由流动人口驾驶的摩托车穿梭于广州大街小巷，是除公共汽车、地铁、出租车、自行车之外的主要交通工具，它极大方便了近距离但无公交线路覆盖的通勤行为，在广州各地铁站出口、商场出口、城中村村头司空见惯。但是，由于摩托车存在安全隐患、加剧堵车状况、污染空气等弊端，尤其在 2006 年前后，发生在广州市环市东路的连环抢劫事件严重影响了广州城市形象，广州市政府决定于 2007 年 1 月 1 日起在广州市区实施"禁摩运动"。起初，出于来自城管人员的检查和罚款的压力，一些人不得不进行"产业结构调整"，选择转行。另一部分人选择坚守，只是缩小工作空间，把工作范围从全市缩小为只在城中村经营，即把工作空间从全市范围内近域通勤缩减为限于在城中村内部与城中村村头之间通勤；部分人把运营空间从村头扩展到地铁口，只是工作时间调整为城管人员相对较少的晚间。可见，通过变通工作种类建立新的工作空间、保留原有职业，但进行基于工作时间不变的压缩通勤空间和基于工作空间不变的缩减工作时间是流动人口空间面对"禁摩运动"的第一次调整。但是，这次空间调整效果不理想，风险极大。一旦被城管人员逮住，要么接受重罚，要么没收摩托车。于是，一些人变卖摩托车，改为人力三轮车，很多三轮车穿梭于广州街头，给人以都市旅游的清新味道。通过基于工作时间和空间均不改变而降格工作工具是流动人口空间适应性策略的第二次调整。但这不是一次成功的调整，开三轮车耗费体力巨大、浪费时间。自然而然，第三次调整开始了，流动人口经过精心测算，设计了与人行道两个石柱间宽度相当的摩托车（图 9），把两轮改为三轮，后座改成座椅样式。适度的宽度可以保证其在街上畅通无阻，两轮改三轮再配以坐垫，专载残疾人等弱势者成为遮人耳目的借口，既体现了都市人文关怀的高尚品格，更宽大的座椅对于托运货物而言是赢得了更大工作空间。可见，基于工作空间不变和工作时间不变的创新性变革工作空间是流动人口空间适应性策略的第三次调整。图 10 是上述空间调适过程示意图。

图 9　新制的三轮车

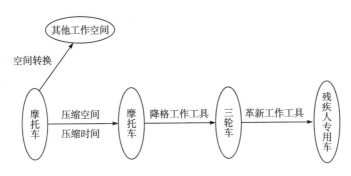

图 10　基于"禁摩运动"的流动人口空间适应性策略

　　上述流动人口空间适应性分析限于"禁摩运动"这一特定事件。事实上，流动人口空间面对来自各方压力时，总是不断调整其先前行为逻辑，不断对先前空间进行流变，以谋求新的生存空间。流动人口通过空间适应性调整，不断发展和演化着自己与城市之间的关系。流动人口空间适应性调整的终结，是流动人口完全都市化的开始。

四 结论

流动人口空间是在城市空间基底上叠加的具有流动人口特质的亚类空间形态，这种空间是在原有城市空间底质上经过流动人口的各种实践活动而人格化的空间，是一种流变的空间。从社会地理学视角对流动人口空间流变形式进行归纳，表现为差异化的空间、隔离的空间、福特制和"类信息社会"语境并存下的空间、压缩的空间、弹性的空间、流动的空间、犯罪的空间、压制的空间、再现的空间和边缘化的空间。

借鉴事件史分析方法对流动人口空间建构过程进行分析，挖掘流动人口空间的隐喻及意义所指，发现流动人口的空间总体上表现为边缘化的空间，这种边缘化的机制既包括自身种种属性特征经过社会化建构过程后的必然结果，也是社会制度歧视、城市政府新自由主义倾向、对城市空间的激烈竞争、企业追逐利润、本地人排挤等共同作用的结果。同时，流动人口空间流变的过程也是原有生产关系的再生产过程，还是对既有社会各阶层序列、各阶层占有空间的规则和秩序的继续维系和不断发展的过程。

通过对广州"禁摩运动"这一特殊事件的实证分析，揭示了流动人口空间在面对来自各方压力的时候所表现出的弹性化的适应性空间策略。流动人口通过对于空间适应性策略调整，不断发展和演化着自己与城市之间的关系。

参考文献

包亚明：《现代性与空间生产》，上海教育出版社，2003。

柴彦威：《以单位为基础的中国城市内部生活空间结构——兰州市的实证研究》，《地理研究》1996 年第 1 期。

陈吉元：《中国农业劳动力转移》，人民出版社，1996。

顾朝林、蔡建明、张伟等：《中国大中城市流动人口迁移规律研究》，《地理学报》1999 年第 3 期。

顾朝林、张勤、蔡建明等：《经济全球化与中国城市发展》，商务印书馆，2003。

郭恩慈：《空间，时间与节奏：列斐伏尔的空间理论初析》，《城市与设计》1998 年第 5 期。

辜胜阻、简新华：《当代中国人口流动与城镇化》，武汉大学出版社，1994。

黄平：《寻求生存——当代中国农村外出人口的社会学研究》，云南人民出版社，1997。

李培林：《流动民工的社会网络和社会地位》，《社会学研究》1996 年第 4 期。

李强：《当前我国城市化和流动人口的几个理论问题》，《江苏行政学院学报》2002 年第 1 期。

李若建：《广州市外来人口的空间分布分析》，《中山大学学报》2003 年第 3 期。

鲁奇、黄英、孟健等：《流动人口在北京中心区和近远郊区的分布差异的调查研究》，《地理科学》2005 年第 6 期。

王春光：《中国职业流动中的社会不平等问题研究》，《中国人口科学》2003 年第 2 期。

吴晓：《城市中的"农村社区"——流动人口聚居区的现状与整合研究》，《城市规划》2001 年第 12 期。

朱传耿、马荣华、甄峰：《中国城市流动人口的空间结构》，《人文地理》2002 年第 1 期。

C. Cindy Fan（2005）. Interprovincial Migration, Population Redistribution and Regional Development in China: 1990 and 2000 Census Comparisons, *The Professional Geographer*, 52 (2): 295–311.

Fainstein S. S（2005）. Cities and Diversity: Should We Want It? Can We Plan for It? *Urban Affairs Reviews*, 41（1）: 3–19.

Fainstein S. S, Gordon I, Harloe M. ed（1992）. *Divided Cities: New York and London in the Contemporary World.* Oxford: Blackwell. 46–52.

Harvey D（1991）. *The Condition of Postmodernity.* Oxford: Blackwell.

Lefebvre H（1976）. *The Survival of Capitalism: Reproduction of the Relations of Production.* New York: St. Martin's Press.

Lefebvre H（1979）. Spatial Planning: Reflections on the Politics of Space. In Richard P et al., *Radical Geography: Alternative Viewpoints on Contemporary Social Issues.* Chicago: Maaroufa Press. 339–352.

Lefebvre H（1979）. *Space: Social Product and Use Value.* In Freiberg J. et al., Critical Sociology: European Perspective, New York: Irvington. 285–295.

Lefebvre H（1991）. *The Production of Space.* Oxford: Blackwell.

Sayer A（1993）. Book Review: The Production of Space. *International Journal of Urban and Regional Research.*（3）: 458–459.

Shields R（1999）. *Lefebvre, Love and Struggle: Spatial Dialectics.* London: Routledge.

Soja E（1991）. Henri Lefebvre 1901 - 1991. *Environment and Planning*：*Society and Space*. 9：257 - 259.

Wirth L（1938）. Urbanism as A Way of Life. *American Journal of Sociology*，44（1）：1 - 24.

作者单位：*广州大学广州发展研究院*

都市报告

"衣在广州"：时空意蕴与集群拓展

杨运鑫

摘　要：衣食住行，衣为先（衣食住行之首）。"衣在广州"和"食在广州"有着同样的精彩。服饰被誉为人类形体美的外延，是"人的第二皮肤"，是"无声的语言"。新时期探寻"衣在广州"的历史轨迹，挖掘"衣在广州"的现实意蕴，聚焦"衣在广州"的理念设计，拓展"衣在广州"的品牌战略，有利于擦亮广州服饰品牌，提升广州城市形象和综合竞争力。

关键词：衣在广州　理念设计　品牌战略

"食在广州"已经众所周知，"衣在广州"其实也有着同样的精彩。2013年3月22日，就在出访俄罗斯的国家主席习近平和夫人彭丽媛携手踏出机舱的那一刻，得体雅致的广州服饰品牌又一次成功聚焦了全世界的目光。低调的广州服饰天才设计者和制作人，让世界看到了高调的广州设计。广州民族品牌"无用"及"例外"团队互相配合，专门设计定制了此次出访的部分服装，藏身海珠区晓园新村居民楼的"例外"广州总部热闹非凡，媒体和粉丝纷纷前来拜访，商店里相似的服装和包包被一抢而光，其服饰品牌顿时成为网络热词。衣食住行，衣为先（衣食住行之首）。服饰是人类生活的必需品，体现人类美的追求与享受，是人类智慧的外在物化，标志着人类开始摆脱原始蒙昧迈向文明世界，是人类物质文明和精神文明共同孕育的双重成果，是人类文化史上璀璨的篇章。服饰被誉为人类形体美的外延，是"人的第二皮肤"，是"无声的语言"。汉字"衣"是象形字，指穿在身上用以蔽体的东西，包括上衣下裳、内衣外衣、鞋帽围巾、衣饰箱包等。"衣联网"将"衣"分为"女装、男装、童装、内衣、衣饰、鞋类、箱包"等。本文探寻"衣在广州"的历史轨迹，挖掘"衣在广州"的现实意蕴，聚焦"衣在广州"的理念设计，拓展"衣在广州"的品牌战略，旨在擦亮广州服饰品牌，打造广州文化名片，寻找广府文化发展的支点，培育世界文化名城，提升广州城市形象和综合竞争力。

一 "衣在广州"的历史轨迹

服装是历史的一面镜子，服装是时代的反映（贾芸，1997）。从历史上看，广州历来是南方重镇，岭南广州也属于"南蛮之地"的一部分，岭南广州人的衣饰变迁是在古土著南越服饰文化的基础上，博采其他民族和地域服饰文化之精华，大体经历了唐以前的土著越人服饰、宋元明汉服饰、清代满服、民国中山装和西装、新中国成立初苏式化服饰、"文革"期间单一服饰、改革开放后港味十足的"奇装异服"、初具羽翼的多元化时尚化"自主品牌"服饰等发展阶段，经长期融合与创新，形成了不断向外传播的区域服饰特色和服饰文化体系。

岭南原始人在漫长的黑暗摸索中，渐渐懂得以树皮、树叶、蒲草、兽皮等作为围衣，用以抵御寒冷和风雨侵蚀、遮挡太阳炙烤、防止蚊虫叮咬和防御野兽侵袭，这种简单的围衣最初是将树皮、棕叶、植物的茎秆等经过拍打、撕扯、晾晒、编织等过程制成的。根据文献记载，古代的土著南越人用以制作衣物的纤维原料通常是蕉、葛、麻、棉、竹、蚕丝等，整体使用时间略迟于中原，但织麻为布、种棉织布却早于中原，用蕉、葛作为材料也很独特。生活在水滨的土著南越人还断发文身，利于水中作业和游泳，防止水中生物伤害。岭南气候通常温暖潮热，服饰多追求简单凉快，形式上比较裸露开放，一年四季服饰的变化不大，常穿短袖短衣和无裤裆的短套裤。简单的就是将一块布的中间剪出一个头洞，腋下用细长的布条拴紧。秦始皇军征岭南时，遣发中原15000名未婚女子迁入，带来的中原服饰样式影响了岭南古代服饰，派来岭南的朝廷命官的增多和中原人与南越人的通婚更加促进了南越与中原服饰文化的交融。由于广州作为重要的港口，交通上比较便利，能进入南洋，能到达印度洋，能到达非洲东岸，能沟通地中海南岸，能便利抵达朝鲜、日本，因此上述国家的外国人大量入驻广州等城市，导致服饰潮流的开放、艳丽、新奇，有的女子服饰"祖胸露臂"，大部分男子通常穿着"圆领袍衫"的服饰，还涌现了举世闻名的

228

"唐装"。南方盛产芒草，人们多用它编织草鞋，这种鞋轻便耐水。妇女们或身穿短衣小袖，或身着长裙，或肩披围巾丝巾。为了避免路人窥视，妇女们用藤席或竹篾做成帽形支架，用纱缀于帽檐，遮蔽脸容。

宋代服饰色彩较为单调，质朴、洁净和自然。这时城镇街市的成衣店坊大量兴起，广州成了贩卖中心。北宋末年，南宋初年，随着金人、元人相继大举入侵中原和宋高宗南渡，导致大量的兵士和灾民南下避难，有的流散到了岭南粤东、粤北一带，汉代的服饰文化逐渐开始在古越族人生活的地区传播开来。元代鼓励农桑，种棉与棉纺业获得了迅速的勃兴，传统吉祥图案的织绣技术有很大的发展。岭南劳动妇女因下地耕作，大部分不缠足，只有少数贵族妇女例外。这时棉花和棉布已成为主流的服装原料。明代首创的补子，不但是身份的象征，同时也反映出织绣技术的高超，广绣、广彩等已闻名天下。广州出口国外的绣花鞋成为绝妙的艺术品，岭南所产的棉、丝、麻、蕉、葛等种类繁多、花色鲜美的纺织品通过广州港口大量输往海外。

清朝满族在游牧民族的戎马生涯中形成独特的服饰文化，与汉人的服饰文化有较大的差异。为泯灭汉人民族意识，清朝时尽行剃发，强推满服禁穿汉装，服饰的形制比较庞杂。官员通常穿袖口狭窄、四面开楔的马蹄袖袍服和便于骑马的马褂等，戴红缨顶子帽。平民衣服多为蓝、黑两色和土布制作，男服有瓜皮帽、袍、挂、衫、裤等。男服通常有七颗布纽扣在正中央，女衫较长，宽大，右边有布纽扣。作为满族女装的"旗袍"，经过慢慢改进，已经变成岭南女性的流行服饰，再经过进一步发展，肥大的长袍变成了合体的长衫，逐渐成为中国传统女性的标准着装。清王朝后期，选派出国的留学生，在国外学习时，剪掉了自己的辫子和长发，穿上西装。这种服饰风格后来又传回国内，政府学堂的操衣和新军军服也开始仿照西方样式，西式的西装、制服、连衣裙、套裙等受到欢迎。因西风东渐和洋务运动，这些新服饰在广州首先流行起来。

民国建立之后，在西方有过生活经历的革命党人大都喜欢穿西服，西方服饰开始在广州传播。这时，服装呈现多元化状态，大部分长袍马褂，西服混穿其间。鉴于清代长袍马褂、瓜皮帽、黑布鞋与脑后那条辫子的丑陋形象，孙中山否定了"人分五等、衣分五色"的封建服饰制度，由国民自由选择服饰的样式、款式。富人多穿绸、缎、纱，贫户农民多穿土棉布。大礼服可用西式服装，常礼服可用中式服装。他潜心构制中山装，可以根据经济情况、个人需求和爱好，自由选择各种材质的布料、款式，单的、夹的、棉的、礼服、常服，四季咸宜，随处可穿，得到人民群众的欢迎。中山装用关闭式的立翻领，与西服领明显区别。前襟正中笔直对开，形成中轴线，左右襟对等对称，给人以稳重、整齐、安静的审美感受。纽扣推陈出新。后襟中间不分剪，整片构成。前襟 5 粒纽扣直线均匀排列，4 个口袋，2 个笔架形状袋盖。袖口 3 粒纽扣。这种服饰风行全国，成为"国服"，在华夏服饰流变中独领风骚数十年。19 世纪末期中国的维新和改良之风开始兴起，广州做洋服生意的店铺和坊间开始逐渐增多。当时广州的服装店坊达 604 间，从业人员 1.1 万人。广州成为仅次于上海、天津的第三大服装产销基地。广州的惠爱路（现中山五路）、双门底（现北京路）、四牌楼（现解放路）、第十甫和上下九一带的成衣店坊，不但承接量体裁衣的生意，还成批生产成衣出售；唐装长衫、马褂、披肩、裙等还出口到南洋、欧美等华人聚居地（许桂香、司徒尚纪，2006）。

中华人民共和国成立后，受军队服装影响，出现了蓝色、蓝灰色的干部服。青年学生首先开始仿效，长袍和西服开始改换成中山装或者军服，后来又出现了"人民装"，尖角翻领、单排扣和有袋盖插袋，既庄重大方，又简洁单纯，而且老少皆宜。这时崇尚的是服装朴素美，出现了"青年装""学生装""军便装""毛式服装"，实用、结实、朴素，形成了黑、灰、蓝时代。50～70 年代中山装作为中国的传统服装一直流行不衰，因为中山装恰恰是在特定时代能够符合人们生活、审美与政治需求的服装（陈蕴茜，2007）。60 年代以后，科技创新浪潮中出现的化纤布、涤棉布、毛绒及呢绒逐渐普及，男士服式有恤衫、西装裤、中山装、列宁装、青年装、国防装、人民装；女士穿正襟上衣和西裤，时兴改良便装。很少有人穿长袍，冬天就穿中式棉袄加一件罩衣。1956 年 1 月，政府号召美化人民的穿着。妇女和儿童首先响应，女青年们穿上了花布罩衫、绣花衬衣、花布裙子等，男子也普遍穿着春秋衫、两用衫、夹克衫、风雪大衣等。这是穿着上比较活跃的一个时期。

1966 年开始的"文革"10 年，西服、旗袍和人们欢迎的花色品种、服装面料、服装款式被指责为"四旧""追求资产阶级生活方式"，人们服饰审美受到压抑和批判，服装颜色是单一色的蓝、黑、白、灰，样式只有中山装、学生装、军便服，青年学生喜欢穿草绿色衣服，童装也是仿照草绿色军服式样。70 年代开始，化学纤维衣料比如涤纶、涤棉、维尼伦、毛纺、混纺等开始面世，棉布做的衣服不多了。

1978 年，国家为了搞活经济做出了实行改革开放的重大决策，1979 年春天，有一位老人在中国的南海边画了一个圈。广州与港澳毗邻，开放的风为广州吹来了异乡风情。多年不变的老款式服饰被打破，香港的羽绒服等奇装异服，英国的西装、夹克，美国的花花公子、牛仔裤，韩国的尼龙裙等各式服装琳琅满目，花样多、潮流新，令人目不暇接，女士们穿起了五颜六色、多姿多彩的"时装"。改革开放前，大多自己买布料，然后到裁缝店加工服饰。那时纺织业只生产布匹，没有现代化批量制造的服装产业，也谈不上服装的商业。改革开放后，服装加工产业如雨后春笋，服装彻底成品化，服装业成为许多地区的支柱产业。漫步广州街头，最引人注目的是卖成衣的地摊、小铺子、服装店等在大街小巷遍地开花、鳞次栉比，款式新、品种多、色彩艳，就连经营日用品和工业品的商店往往也附带着卖衣服，吸引了大批南来北往的过客、成包成批购买的顾客和从事批发业务的商人。广州服饰市场新款如潮，如太空楼、运动衣、西装、夹克、水磨牛仔装、风衣、T 恤、运动衫、呢大衣；女装有柔姿装、蝙蝠衫、百褶裙、水桶裙、套裙、短裙和背心等。用料由的确良、尼龙逐步扩展到凡立丁、华达呢、毛料、皮料、薄绒和丝织，视质料和款式差异，价格分为高、中、低档，悬殊增大。一套普通衣服二三十元，而一套薄绒西装价值却达千元以上。几千元的晚礼服普遍上市。除普通服装店外，还有很多专卖店，如佐丹奴、以纯、灰鼠、松鹰、富绅、真维斯、圣马龙、衣之纯、老铭人、阿达彪、纳琦、威利等（许桂香、司徒尚纪，2006）。西方文化的更多传入，使广州服饰文化逐步走向多元。

二 "衣在广州"的现实意蕴

作为服装行业高度发达的城市，如今的广州已拥有研究、设计、投料、生产、定制、引进、批发、销售等环节成龙配套的完整服饰产业链。服装业是最具影响力的九大支柱产业之一，对"出口创汇、解决就业、推动经济增长等起到举足轻重的作用"（吴俊、丁倩倩，2013）。广州的布料和生产成本比较低廉，是不少时装品牌的孵化地。广州也是南方最大的服装货源地，有着大大小小的服装批发市场和零售商场店铺，出售着各式各样独具特色的服饰产品。

（一）广州服装款式特点

广州服装的款式总的特点是新颖别致，时尚优雅，色彩亮丽，材质优良，造型雄浑，动感流畅。面料穿着舒适、视觉高贵、悬垂挺括、吸汗透气、触觉柔美。在造型和色彩的追求方面，尽量打破禁止、和谐、平衡、固化，凝结和显现在服装上的尽是优雅的美、动态的美、变幻的美、壮观的美、时尚的美。

服饰品牌丰富时尚，制作精致个性。围绕设计款式，在材料的使用上灵活变幻。制作同一种款式的服饰时，努力尝试不同色彩与不同材质的搭配组合及其服饰表现力。使用同一材质的料子制作服饰时，也尽量在理念、造型、色彩、款式、修饰等方面体现出创意和别致。由于现代服装厂都有专业的个性化设计，有生产流程，制作一般比较精致。当然也有一些适合远看，不宜细品，只求新颖，不求耐穿的服饰产品。

服饰设计变幻莫测，错落有致。设计服装时服饰各部分的大小、比例、宽度、样式、修饰、点缀等常常打破常规，不拘一格，令人眼前突然一亮。有的裤管和长裙一样大；有的裤管像干柴棒一样小；有的领子很高很挺；有的干脆没有领子；有的可以两面穿两面有口袋；有的一面是丝光一面是绒料；有的服饰袖子很小，小到恰好手臂能穿过去，衣袖根本没有办法挽起来；而有些衣服的袖子则宽敞到近乎夸张，比如蝙蝠衫。衣服的装饰一般体现在衣领、衣袖、下摆，而广州的服饰常常在意想不到的地方进行点缀，比如在肩膀与袖尾的交接处设计一些月牙形的突起，让肩膀变得更加有型，或在衣胸前用彩色丝线缀几个错落有致的彩色绣球，毛茸茸的煞是可爱，远远看去像成熟的荔枝果，又像空中飞舞的蒲公英。

服饰风格浓镶重揎，活泼多趣。服饰镶边手法多从生活中萃取原型，信手拈来，精心细致，匠心独具。有些青少年的服饰，在领口、袋口、袖口、领子、肩、对襟处、交接处等凡是有线缝的地方都会镶边，男装女装都镶，只是男装的镶边稍微暗淡一些，而且两层三层地镶，一片又一片地镶，横向纵向都镶，远看如孔雀开屏，近看似蝴蝶展翅。很有生活情调，富于审美趣味，生动活泼的少年形象跃然眼前，可亲可爱，充满活力和张力。

服饰色彩艳丽，视觉冲击感明显。服饰的图案多呈几何图形，也有引入文字元素的，平面构成和立体构成很有视觉冲击力和审美情趣。喜欢运用很宽的条形和很大的方格，似乎特别钟情于红白、黑白、红黑等强烈的色彩对比。各种款式图案相似的情侣服争奇斗艳，除了同色和近似色外，还有强烈色配合的女紫男黄、女白男褐、女红男绿、女橙男青、女白男黑等。西瓜红、玫红、橘色、雪青、绿松石的套装无时无处不在吸引着人们的眼球。颜色各异、造型有别、位置灵活的前襟饰花也显得粗犷有力。如果把这些装饰谱成乐曲，绝不是抚花弄月的绵绵之音，而是铿锵有力的迪斯科（路草，1985）。

（二）广州人穿衣消费习惯

广州人消费方面比较"实在"，非常理性，不会花费昂贵的价格去做一些无谓的事情。衣饰消费方面，只要衣饰休闲舒适就好，不一定非要名牌。一般土生土长的广州人，可能更多注重的是餐饮或者生活方式等其他方面的消费，对自己外部形象方面的塑造和消费相对来说没有那么重视。对时尚的理解可能就是休闲和舒适方面。由于广州地域太热，如果画个浓妆上班，半个小时后所化的浓妆就花了，真的比不化妆还难看。受香港文化的影响，大部分的广州人穿衣都很休闲，比如街头常见的衬衫、T恤、牛仔、平脚短裤、宽管中裤、拖鞋、凉帽等，甚至在喝早茶、吃中午饭的酒店宾馆里也可经常见到这种本土奇观。极其寒冷的可能就十几天，再寒冷的天气上身也只要穿一件毛衣加一件外套就行了，下身通常配牛仔裤，无论是中年、青年还是少年，男女都时兴穿牛仔裤，特别是正宗的LEVI'S品牌。可能是由于穿牛仔裤突出了修长的腿，臀部紧裹，质地耐磨的布料使人显得特别有精神，能够将南方人特有的活力、健美、气质、性格、情趣、涵养等充分地表现出来的缘故。

当然，由于地理位置毗邻港澳，接受时尚资讯比较便利，接触时间也早，广州人对时尚的感觉方面一直走在前列。比如，在广州，年龄五十开外的妇女时常愿意穿色彩鲜艳的小花套装，配上紫的、红的、蓝的或色彩相间的花哨的鞋子，显得既时尚又时髦。中年妇女一般比较注重服装的款式，通常短袖加薄外套，也喜欢套装裙，大多用料比较考究，色彩比较柔和，看上去清秀时尚，庄重高雅，渗透出中年妇女丰腴的体型美。青年女性的穿着一般喜欢随意休闲，有时穿很活泼的带荷叶边的白衬衫，有时衬衫上装饰红色小花或饰有立体层次感的胸花或彩色飘带用以掩饰身材的娇小和胸型的不足，有时喜欢带精致花纹的西装裙，外加金色腰带和时尚提包，尽显时尚浪漫。

广东是服装制造业大省，广州的布料和生产成本都比较低廉，是不少时装品牌的孵化地，因此很多品牌都在广州清理积压的库存产品，各种打折特卖场随处可见。在这样便利的环境条件下广州人买打折品的机会大大增加，昂贵的正品服装不及打折的库存积压清理产品实在实惠、吸引力强，就这样广州人逐渐形成了买衣服要平又要靓的消费观。

（三）广州本土知名服装品牌

据不完全统计，截止到 2013 年底，广州本土出产的自有服装品牌已达 1046 个之多，有 2800 多家生产企业。综合品牌知名度、美誉度和购买倾向的研究结果，在 2013 年度"最受消费者喜爱广州品牌 100 强"中，服装类有佐丹奴、歌莉娅、梦芭莎、哥弟、卡路约翰、古川崎、唐朝、梨人坊、例外、英格来思等，约占了 100 强品牌中的 10%。

（1）佐丹奴：以经营休闲服装为主，无论是休闲一派，上班一族或稚龄的儿童，都能在佐丹奴找到合适穿着的货品。国家质量技术监督局认定其为中国质量诚信企业。集团的零售市场遍及中国、韩国、东南亚、菲律宾、新加坡、印度、加拿大，以及澳洲、中东等全球 30 多个国家及地区，现已拥有 2100 多个销售点。佐丹奴集团旗下品牌有：GIORDANO（佐丹奴）服装、休闲鞋、休闲皮具、女装、童装、男装概念店、GIORDANO BSX。

（2）歌莉娅：源自英文"GLORIA"，意为"荣耀、颂歌"。歌莉娅获评 2013 年度"最受消费者喜爱广州品牌 100 强"服饰行业第 2 名和"最具成长性广州品牌"服饰行业第 1 名。从整个品牌标志来看，既有强烈的视觉冲击效果，也充分体现了歌莉娅独特的企业风格。品牌定位于自然元素、体贴的穿着触感，多种搭配组合，物超所值。品牌理念是坚持一种健康、充满朝气的品牌理念，传递一种拥抱自然、享受时尚的年轻生活态度。歌莉娅女孩用"生活就是旅行"的世界之旅丰富体验为中国竞争而忙碌的社会脚步拓展无限自由、提倡轻松舒适新生活。

（3）梦芭莎：作为中国领先的内衣品牌直销服务公司，梦芭莎成功地将国际先进直销理念与国内购物方式相结合，为女性提供健康、自然、舒适、时尚的内衣产品和服务，努力实践"让每一位中国女性更加美丽自信"的梦想。"梦芭莎"以数据库营销为核心将电子商务、商品手册和商品体验店有机结合，产生最大的价值链叠加效应，配合高效配送体系，传播美丽、自信的内衣新概念。

（4）哥弟（GIRDEAR）：广东哥弟时装实业有限公司现有四个品牌系列，哥弟白领阶层、阿玛施（AMASS）休闲个性、易俪（e-Li）加大尺码、梅（ma'am），物超所值，产品系列组合多元化，裤装尤负盛誉。哥弟文化，以观念为元，以人为本，以实践为根，以坚持为深。努力积累能力、持续努力、孜孜以求的不仅是时装品位，更是生活与人生的品位，共同传递着真、善、美。

（5）卡路约翰（CAROL JOHN'S）：CAROL 是西方圣经中的赞美诗。JOHN 在圣经中是大名鼎鼎的天神。1996 年，这个富有浪漫诗意及喻义的品牌，从大洋彼岸的美国漂洋过海来到中国，决心在中国的土地上绽放出绚丽的花朵。"卡路约翰"女装现已是中国南方的一个著名女装品牌，主要顾客是 18～25 岁的少女。在国内已开设超过 160 间专卖店及商场专柜，在广州市内有超过 27 间专卖店，会员超过二十万人，并被评为广州市十大著名品牌之一。"卡路约翰女士"是"卡路约翰"品牌的一个延伸品牌，主要顾客群是 25～40 岁的较成熟女性。

（6）古川琦：以时尚服饰为主导，集设计、开发、生产、销售于一体的服装企业。以连锁专卖、加盟经营为经营主要模式，以专业的队伍、严谨的管理、超卓的设备，着力打造时尚系列品牌。品牌以年轻化、时尚化、多样化的风格和优惠的价格立足于国内市场，成为众多年轻女性钟爱的品牌，是因为产品真正迎合现代女性的消费需求。在整个商品企划中，迎合现代女性不同的态度、喜好、要求而进行系列设计。设计风格定位于 18～30 岁的年轻女性，根据年轻女性对时装的不同追求，而设计出多样化、年轻化、充满活力的时尚休闲、简约的服装，其产品可系列搭配或单件组合，注重新型织物及独到的色彩体系。为新一代年轻女性带来青春、活力、愉悦、健康的新体验。

（7）唐朝：唐朝服饰于优雅中透出清新，简约而不乏灵动的飘逸风雅，并具古典美和现代感，洋溢着独有的文化气质，勾勒时尚元素，解析现代生活，以生动而灵性飞扬的思想诠释时尚美丽主义。以棉麻面料为主导，配合中式服装的款式和图纹，融合现代精细工艺技术，实践文化的本土性和时尚的世界性完美结合。优雅、时尚、自然，将民族风味与都市节拍相糅和。目标消费群是 25～40 岁追求优雅和自由的知识女性。唐朝追求的是一种心境，一种生活方式，为品位女性带来生活创意空间。

（8）犁人坊（LIREN VILLAGE）：产品包括服装、帽子、围巾等。是中国市场上唯一坚持原创田园风格的女装品牌。产品推向市场以来，以其古朴、田园、浪漫的风格，赢得众多知识女性的青睐。产品尽可能采用天然棉、麻、丝等天然面料材质，整体设计风格蕴涵了东方文明古朴、祥和的经典神韵，传达了天真自然恬淡娴静的生活方式及生活态度，彰显着浓郁的浪漫与时尚的气息。犁人坊每季服装都有一个主题，每件衣服都有她的故事。

（9）例外：是中国现存时间最长亦是最成功的设计师品牌。秉持创新的价值追求与传承东方文化，致力于将原创精神转化为独特的服饰文化以及当代生活方式。相信女人没有缺点只有特点，衣服是表达个人意识与品位素养的媒介，为当代中国女性展示一种现代的生活意识：知性而向往心灵自由；独立并且热爱生活，对艺术、文学、思潮保持开放的胸襟；从容面对自己、面对世界，懂得享受生活带给她的一切并游刃自如。凭借其特立独行的哲学思考与美学追求，成功地打造了一种东方哲学式的当代生活艺术，更赢得海内外各项殊荣与无数忠诚顾客的爱戴。例外的标识是反的，其内涵是外反内正，她反的是那些束缚在创新上的旧框框、市场上的惯性，她提倡的是反向思维，她更关注自身内在的正面需求，更注重对生命、生活、生态正面主张的坚守。

（10）英格来思（EGLUS）：云集了中国服装界顶尖人才，由中国十佳服装设计师林姿含领衔设计，由中国职业装领军人物整合管理，代表中国最有品位的服装设计和未来的时尚走向，代表最能体现人体美感的剪裁，代表最人性化的有效管理。集设计、加工生产、营销与售后服务于一体，致力于中高档职业服装、商务套装的市场拓展，着力为中国政界、商界、名流的高级个性化量身定做。

此外，比较知名的品牌还有马思图（MARCINO）、安蒂娜（Ann Taylor）、凯丹顿、铠琪（KAISERIN）、S&K 生活几何、贝尔顿（BEIERDUN）、卡佛连、心吻、百丝、蒙乐丝、十八淑女坊、高尼奥（CONIAO）、伊妙（ému）、爱辣、熊猫、芭尚婉客、安琪卓琳、浪登、美景（MAY KING）、天兰（TIANLAN）、柏琪（BAIQI）、火狐仙子（HUO-HUXIANZI）、灏域服装、天朗世家等。

（四）广州纺织服装行业精锐专业市场

广州的服装市场经历了从地摊到大棚再到商城的脱胎换骨的过程。广州人的穿衣消费因服装市场的存在而丰富多彩，创业者的财富梦想借服装市场的形态而得以实现，大批企业和服装品牌从服装市场脱颖而出，流转的产品最终在服装市场实现了价值。2012 年，广州红棉国际时装城、广州国际轻纺城、广州白马服装市场等入选中国纺织服装行业年度精锐 20 大专业市场。

表 1　广州商场化的专业服装市场

专业市场名称	定　位	地　址
广州红棉国际时装城	中、高档时尚潮流服装专业市场，质量有保证的欧韩服饰以及品牌首饰的现货批发中心，服装品牌连锁中心和时尚潮流发布展示中心，出口东南亚、欧美、西亚各地的重要基地	广州市越秀区环市西路 184 号（广州火车站对面）
广州国际轻纺城	集纺织品交易、展示、商务三大功能于一体，构筑面料、辅料的一站式采购基地（服装面料：棉、麻、丝绸、牛仔、锦棉、皮革、皮料等；服装辅料：吊牌、吊料、五金、纽扣、拉链、织唛、织带、花边等）	广州市海珠区新港西路 144 号
广州白马服装市场	中、高档不同风格的服装专业市场，现货批发、零售中心，也是服装品牌连锁加盟中心。批发零售、看样下单、专卖代理、连锁加盟等多种交易方式可供选择	广州市站南路 16 号（火车站右前方/省客运站对面/流花车站左边）
广州世贸服装城	以世界第 1 服装地产的起点高度，打造中国首个服装品牌 500 强基地	广州市荔湾区站前路站前一街 26、28 号（白马服装大厦正对面）
T.I.T 创意园	服装设计研发、流行趋势发布、新品展销、品牌推介等环节有机结合的服装产业资源整合专业平台，集聚服饰创意的高端要素，引领文化时尚走向世界	广州市海珠区新港中路 397 号
广州壹马服装广场	以男装、女装、精品三大品类为主，集贸易、展示、价格、信息、服务、电子商务等功能于一体，规划布局优化，卖场区域细分的国际服装交易平台，举办国际时尚荟萃和韩国面料展览会	广州市越秀区站南路 11 号

续表

专业市场名称	定 位	地 址
广州十三行服装批发市场	中低档服装批发为主，男装、女装、运动服装、睡衣、童装、日韩服装等名牌服装，每天进出货物上千吨，人流量达数十万人次，商业辐射面远至全国各地、俄罗斯以及东南亚地区	广州市荔湾区十三行路
广州新大地服装城	批发零售全国各地，特别是东莞、澄海等毛纺织品生产基地的大部分厂家的产品，销往俄罗斯及独联体国家、沙特、阿联酋、韩国、日本、美国、欧盟等国家和地区	广州市站前路 108 ~ 122 号
沙河服装批发市场	货源主要是中低档次的，价格便宜，自产自销型。有成人装以及童装两大批发市场。网络服装批发市场如火如荼，像女人街、大西豪等。淘宝上日销千件的商家都来这里托货	广州市天河区沙河濂泉路 1 号之一
广州白云石井服装市场	中低档男女四季服装，规模较大的外贸尾货集散地之一	广州白云区石井庆丰服装城

（1）红棉国际时装城：位于广州火车站对面，占据流花黄金地段，营业面积约 6 万平方米。红棉国际时装城云集来自泛珠江三角洲地区、长江三角洲地区，乃至全国各地及香港、澳门、台湾地区，以及日本、韩国、欧美等地的服装厂商，现有商户 1800 多家，是中高档时尚潮流服装以及品牌首饰的现货批发中心、服装品牌连锁中心和时尚潮流发布展示中心。红棉国际时装城，不仅成了全国最活跃的服装批销中心，而且成为出口东南亚、欧美、西亚各地的重要基地，服装市场名牌荟萃，精品如云，是充满物质欲望的潮流圣地。凭借时尚潮流、优雅舒适的购物环境，运用独特的经营手法，红棉国际时装城逐渐赢得商户、批发商和消费者的认同。商户从业服装行业经验丰富，实力雄厚，能在最短时间反映市场潮流，服装款式反应快、变化快，能适应各类市场的需求，是全国规模较大、经营中高档服装、首饰品种最全、生产厂商最多最集中的服装批发市场之一。有 Miss Qute、Another Things、西域铁马、例格服饰、后街男孩、INK、萝茜、DULL、沙宝、JS 等国际国内知名品牌，为红棉国际时装城注入了新的活力。

（2）广州国际轻纺城：位于广州市海珠区新港西路 144 号，是目前亚洲单体建筑面积最大的现代化纺织品批发市场，建筑面积 30 万平方米，商铺 4000 余间，目前汇集国内外 3000 余个面料、辅料品牌商家，以品种齐全、价格实惠、交易模式先进等优势，吸引越来越多的国际采购商，逐步成为国内外面料辅料买家采购的首选之地。广东服装纺织企业占全国 35% 左右，出口额、创汇额高居全国榜首。广州国际轻纺城集纺织品交易、展示、商务三大功能于一体，构筑面料、辅料的一站式采购基地。作为全球的面料辅料一站式采购中心，轻纺城与世界各纺织强国保持密切联系，每天迎接超过 20 个国家的采购商，还将韩国、意大利、法国的发展经验和时尚潮流引入中国。同时，前期的合理规划，为轻纺城创造了领先国际的优势条件：100 余部电梯和 100 多条楼梯构筑畅通垂直交通；16 米宽主干道，路路通车，户户街铺；14000 平方米光棚，光源充足，生意风雨无阻；中央空调自动调控，分户计量，还有先进的贸促手段、完善的客户服务为商户营造出优质的经营环境，全面提升了中国纺织在世界的地位。

（3）广州白马服装市场：位于广州火车站的站南路，现有建筑面积约 6 万平方米，有时装表演广场、商务中心、托运站等配套服务设施。是广州地区规模最大、装修最好、配套最完善、管理最规范、交易量最大的低中高档服装市场。市场经营的业户约 2000 多户，既有珠江三角洲地区、浙江、福建乃至全国各地的服装生产、销售企业，也有来自中国香港、台湾地区、以及韩国等地的商家。白马服装市场既是中、高档服装的现货批发、零售中心，也是服装品牌连锁加盟中心。具有批发零售、看样下单、专卖代理、连锁加盟等多种交易方式可供选择。男装品牌主要有名豪、高尼奥、金盾、天朗世家、亚迪斯、贝尔顿、越锐商行、盟仕等，女装品牌主要有奥特曼、天兰、羽琦、米豆朗、精の琢、独傲、欧妍、澳利雪等。已由 90 年代单纯的服装批发市场，发展成为融信息交流、贸易洽谈、流行趋势发布于一体的品牌汇集的综合平台。每日来自全国各地及海外的客商纷至沓来，日均客流量达数万人，年交易额均在 30 亿元以上，在广州地区超亿元市场评比中排名第一。

（4）广州世贸服装城：位于广州流花服装商圈，站南路白马服装商贸大厦对面，壹马服装广场旁边，是流花商圈的核心位置，也可以说是矿泉流花商圈中央的绝版地王，同时，该项目规模庞大，总建筑面积近 30 万平方米，内有大型物流场、停车场、展厅、酒楼等配套，该项目还是整个流花商圈中唯一拥有独立产权的项目，故吸引了大量毛织厂家的眼光。该项目以世界第1服装地产的起点高度，正与国家相关产业部门和广州市、区政府和相关资源部门合作，筹备打造中国首个服装品牌500强基地。

（5）广州TIT国际服装创意园：以广州2200多年的历史积淀与服装文化底蕴为背景；以紧邻的广州新电视观光塔的国际性吸引力为重要依托；以服饰、时尚、创意、文化、艺术为主题；以吸引国内外时尚界著名设计师、名模、名企、名牌进园发展为目标；以新产品发布、时尚设计、信息咨询、专业培训等多功能服务为纽带，集创意、艺术、文化、商业、旅游体验于一体，把具有传统纺织工业历史的老厂房着力打造为主题突出、品味独特的南中国现代纺织服装时尚业的高端服务名片。纺织服装博物馆集中展示"广绣""香芸纱""潮绣"等具有广东特色的非物质文化的代表作，使时尚服装与创意设计、岭南文化与当代文明、绿色生态与国际潮流有机结合，散发出集服饰创意、旅游文化、艺术时尚、绿色生态于一体的时代魅力。

此外，还有广州白云石井服装市场，几乎集服装面辅料、外贸尾货交易、纺织制衣机械、化工交易和制衣工业园等于一体，组成多功能产业链，其中的广大服装城、锦东国际服装城、庆丰服装纺织城、国大服装城、锦东服装城等逐渐形成一定规模的"尾货市场"，日渐成为一种新的商业模式，颇受那些喜爱淘货，寻找物美价廉产品的普通市民的欢迎。

广州十三行服装批发市场作为服装商圈，包括新中国大厦、红遍天大厦、东方红大厦，这些大厦周边还有故衣街等低档次的服装批发行档，以女装为主，男装为辅。十三行的大同坊国际服装批发城，主打中高端欧日韩潮流、时尚、休闲的男女服饰。大同坊有500多间旺铺，200多个车位的地下停车库，设独有的物流卸货区，其经营模式以批发为主，零售为辅，集餐饮于一身。

广州名牌服饰专卖店还有中国大酒店名店城、友谊商场一层、丽柏广场、花园酒店、中国大酒店、友谊商店、时代广场、天贸南大等。

三 "衣在广州"的理念设计

"衣在广州"所依托的广州服饰文化可分为三个层面：服饰理念层面、服饰制度层面和服饰产品层面。实践表明，具有理性信念的执着坚守者往往更容易接近成功，往往具有追求专业的态度与精神。近些年来广州市服装业发展迅速，但仔细观察会发现在发展的道路上弊病诸多。产品质量方面，面料的选择、加工设备的购置、款式的设计，再到服装的包装无一能做到尽善尽美。大量低档服装横行于市，产品同质化严重，款式相当一部分来自抄袭；生产过剩方面，服装企业多而杂，缺乏生产计划性，对市场需求的预测性较差，生产盲目性严重，最终造成库存积压，销售利润减少，品牌形象下降；品牌意识方面，虽然涌现了一批服装服饰品牌，但总体上仍处于为国外品牌代工的初级阶段上，品牌意识较为淡薄；产业集群方面，尚未出现真正强大的产业集群，不易使消费者对服装产地产生联想及信任；国际化道路方面，服装虽然销售到世界各地，但贴有自主商标的服装出口量并不是很大，在国外市场的销售渠道上也未深挖，虽然在面料、款式以及制作工艺方面具有一定优势，但是产品品牌并不被国外市场接受，缺乏创造品牌的意识（任颖，2012），主要以加工国外品牌谋取生存，而英国、法国、日本等发达国家以设计或生产高质量、高科技、高附加值的产品参与国际竞争，或采取虚拟企业运营全球知名品牌、控制市场渠道攫取高额垄断利润，导致我国服装业整体尚处于国际化的初级阶段。为了克服这些弊端，有必要从理念层面进行整体设计。

（一）本土化理念

一方水土养一方人，广州的服装产品需要立足本土文化，敏锐感悟和鉴赏本土元素，回归本土和纯真，挖掘本土服饰文化的闪光点，把服装的设计和制造与本土文化、历史、民族风情等融合在一起。关注现实本土生活方式的改变对服饰文化带来的影响和变化，对本土服饰规则进行拷问和重构，将优雅质朴的本土生活融入设计风格，将独特的个人风格完美融入本土风格，重视极度冲突又极度包容的本土视觉感受。适应市场需求细分，将更多优质服装品牌、设计师、服饰文化推向台前，从"为消费者设计"转化为"按消费者的生活方式设计"，使服装功能性与个性和时尚吻合，在具备服装品牌共性的同时强调品牌个性，缺乏个性的设计是不能给品牌带来增值的（骆灵英，2004）。需要以艺术化的视觉形象丰盈消费者的精神世界，满足消费者对个性、品质、尊贵服务的需求。不断开拓国内服装内销市场，根据城市和农村两大市场不同消费层次和消费特点，生产适应市场需求的各式服装，注重农村服装的培育和开发，同时稳步提高城市服装市场的应变能力。回归乡土，回归本真，回归可持续，寻找服饰本土生命质感。

（二） 时尚化理念

服装设计需要聚集服饰创意的高端要素，托起时尚创意，引领潮流文化时尚。特别要重视服饰消费的主力80后、90后人群，服饰设计方面要反映年轻消费群体不甘平凡的时尚态度、前卫精神以及勇于冒险的生活方式。设计师和客户共同参与，允许千差万别的客户发表不同意见，允许客户在生产中修改方案细节，尊重客户的兴趣、职业、爱好，在此基础上进行类别艺术加工、归纳、升华和设计，不断地学习其他五彩纷呈的艺术设计风格，充分利用棱角、层次、拼接、空间感和手工制作方式，形成特色鲜明的时尚设计风格和设计理念，重新认识服装的无限可能性。

服装集御寒、遮羞、装饰、舒适等功能于一身，服装发展到今天，审美、文化、时尚、科技、市场等因素都深刻地影响着服装设计，人们对其艺术性和技术性的要求也在不断提高。从国内到国际，服装都是一个永恒的时尚话题（马新敏、周志芳，2012）。

（三） 行业标准理念

服饰行业的高端发展越来越依赖相对清晰的行业标准，大量的服饰品牌自发地拓展市场形成了市场的混沌和紊乱，需要行业协会做出一些相对规范化的指引和管理，需要政府的监管，以便从消费市场、原材料供应、行业协会指引和政府监管的各种服务中获得足够的养分和重视。国家应该对市场秩序进一步规范，商场选国际品牌和国内品牌应该做到一视同仁，不要区分看待，保护服饰行业市场的可持续发展。

有质量标准才有市场，有质量标准才有品牌。独特的质以及精湛的加工工艺是消费者对高档服装的第一印象，也是消费者忠实于品牌的保证。服装纺织新材料的发展要求高科技的研究成果与时尚艺术融入服装，特有的面料和辅料可以增加竞争对手的仿制成本。服装无论怎么改进，无论用什么机器，都是劳动密集型，需要很多人手来做，在充分利用我国劳动力优势的基础上，整合服装企业的厂房、设备、技术、流程以及服装产品的市场定位、面料选材、款式、流行趋势等，从面料辅料的选用、颜色的搭配、图案的设计、产品包装的设计、产品橱窗店面的布置、导购的技巧、售后服务等全方位保证服饰产品的品质和形象，如 VANCL 除了选择优秀的供应商，还建立了严苛的跟单体系，在面料采购、服装生产、库房等各个环节都设置了专门的巡检员，产品进入库房后，质检人员按严苛的标准对每一件产品的袖口、扣子、线头等环节一一检查，完全符合要求的才能正常入库进行销售（吴晓波、白旭波，2010）。

（四）简约极致理念

服饰是有思想、有品位的，设计是情感的自然流露。纯净精致、简约利落、颜色鲜亮、线条柔美的服装设计是一种服饰艺术表现方式，也是一种服饰文化。千差万别人群的服饰需求决定了众多的艺术设计风格，采用简约主义的设计风格将使服饰更具生命力，同时也更符合现代人时尚和求静、追求自然明了的心态。服饰设计宜采用简洁而适于年轻人的风格，追求整体流畅的廓形、独特的面料和出新的织法，色彩选择上兼顾含蓄与彰显，造型上要大小得当，横竖交错生辉，在服装的"型"与"意"上赋予更多中式美学精粹。打造实惠制造的概念，把粗制滥造改造成实惠制造，兼顾金融危机和经济下滑的趋势背景。服饰不是真人扮演（cosplay），不是完美造型，而是纯净的表达内心世界。如习近平主席和夫人彭丽媛一同出访俄罗斯，迈出机舱时，"第一夫人"身着藏青色大衣，佩湖蓝色丝巾，手提黑色皮包，简单大方的装束颇受好评。

（五）文化创意理念

品牌附加值的实现需要高质量的物质产品，更需要品牌形象背后的文化内涵和文化创意。这就需要紧密结合服饰品牌与服饰文化创意，充分理解服饰文化和服饰创意元素美学成分，掌握和融化本国及世界历史文化、设计历史、美学知识，善于吸收西方文化和其他国家的先进文化，善于利用中国的文化元素，在中国传统文化的浩荡洪流中找寻设计密码，探索将服装设计、时尚、摄影、平面视觉传达等跨界与市场和品牌精神相融，尝试通过文化融合形成新文化，提取文化中的精华与现代诉求进行融合，在时间和空间上进行适度跨越，使古代元素与现代精神浑然天成。中华民族五千年的文化根深叶茂，需要不断挖掘提炼创新，让服装容纳更多文化含量和中国古老文化资源，随着文化含量和文化资源源源不断地进入服装业，服装产业就会成为有根的产业，服装产业的原动力大大加强，将推动服装产业从以销售产品向销售文化、销售创意发展。并通过服饰创意园这种形式打造服装文化和时尚创意平台推动服装品牌从低端到高端发展，实现经济效益和社会效益的双丰收。

（六）适度超前理念

时尚超前的服饰需要对服装设计的独到见解和前瞻力，需要融合东方智慧思维与西方剪裁手法，交织现代艺术与未来主义，通过时髦和实穿的虚实变换体现新鲜有趣的生活态度、天马行空的多元素碰撞、标新立异的先锋性和别具一格的时髦。服装专业市场通过品牌孵化，一批自主品牌初具羽翼，但在视野、底蕴、管理、思维、设计乃至文化方面等软实力上还面临障碍，应树立适度超前发展理念，永不满于现状，打破瓶颈，梳理拓展时尚趋势、前沿技术和产业链配套，不被暂时的利益和销量打动，创造更好的环境，使产品尽可能地展现在消费者的面前，提高品牌认知率，更上一个新台阶。例如红棉国际时装城引进意大利二、三线品牌，并与意大利权威时尚机构联手，推出针对成长型品牌的流行趋势发布。不断拓展欧洲品牌进驻中国的新渠道，并为国内成长型服装品牌与国际时装界的交流和沟通，搭建一个全新的平台。红棉独创"韩人治韩"机制，设立韩国馆，由韩国人进行管理，每年的韩国专场发布秀成为年度盛会；组织场内自主品牌经营者，前往米兰理工大学等高等学府进修；积极与娱乐界、体育界合作，传递"红棉时尚"。

（七）国际化理念

越是民族的就越是世界的，服装产业的不断国际化，需要逐步做到作为国家整体形象的良好国家品牌逐渐为世界大多数国家的公民所熟知，服装行业的产业品牌在世界范围内有良好的声誉和知名度，一批企业品牌逐渐获得世界范围的广泛认同。同时，借助和利用国际销售渠道和网络，与国外服装企业合资生产或进行其他合作，有效开拓国际市场。通过参与国际合作，逐步熟悉国际市场，培养锻炼通晓国际投资的专业人才，学习国外先进的技能和管理经验，提高国际竞争力，积累更多的资本反向投资于本国经济，促进经济的可持续发展；规避各类关税和非关税贸易壁垒，改善对外经贸结构，促进国际收支平衡。

我们正处在国家地位迅速提升的阶段，国家形象逐步完善，选择我们的品牌就是选择我们的生活方式和我国的文化，在研究世界文化和当代消费需求时，把民族服装的某些要素和西方的某些要素融合在一起，形成东西方更喜欢的样式、款式或文化。如董文梅等深入欧洲市场逐个研究国外的奢侈品牌，从国际品牌文化中找设计灵感，在广州以外的欧洲、美国和中国香港组建了三个合作设计研发机构，全方位、多角度地研究时尚潮流，围绕中国精英家庭生活需求，把奢侈品的时尚元素融入亲子童装设计中，采用简洁优雅、快乐浪漫、休闲个性的设计语言，淋漓尽致地演绎出家庭间的亲情和爱恋。

（八）"大数据"理念

时尚服装产业要搭建云平台、组建云基金、引进云精英、提供云服务、实现服装时尚产业云发展。整合信息、服务和技术，提供市场研究服务、营销咨询服务和数据库营销服务，协助服装厂商进行准确的产品定位、确定目标市场并进行有效的营销推广，发展持久和盈利的客户关系。建立管理、生产、销售一体的"信息化高速公路"，形成电子商务信息网络，实现内部资源共享和网络化管理，研发"大数据"分析平台，将"大数据"技术运用于服装生产销售企业，对海量数据进行分布式处理和专业分析，形成商业预判和商务决策。比如，下午就能得知上午全国各地的销售情况，然后通过对库存进行有效分析，切实落实以销定产，最终达到化解盲目生产的目的。

打造独具特色的市场潜力强大的服装品牌手机 APP 软件，集千万商机于一手，利用服装 APP 打造企业品牌，提高在移动互联网的知名度，锁定特定的目标人群，将产品及服务的品牌口碑传达到位，赢得更多消费者的青睐，挖掘更多网上客户，拓展更多业务，开展个性化定制服务，提高市场的占有率，夺得服装 APP 市场的第一桶金，在广州市场占得一席之地。

建设电子商务新模式，发挥集群产业型专业市场作用，从研发设计到原材料采购、从贸易洽谈到规模化生产、从采购到物流配送，一系列的商业模式集中在一个区域甚至一个商业体中完成，利用广州在时尚信息、产品设计、品牌经营和资源配套方面全国领先的优势和全国最大的服装服饰贸易集散地，在广交会的带动下，其影响辐射全球，成为贸易的龙头，为电商的发展提供更加完善的供应链与物流支持。

四 "衣在广州"的品牌战略

全世界三分之一的服装产自中国，广东拥有全国三分之一的服装生产企业，产量超全国的三分之二，拥有 26 个服装产业集群。广州作为全球服装集散地，拥有 30 余个纺织服装专业市场，毗邻港澳，辐射东南亚。2014年中国驰名商标排行榜中，服装类品牌 261 件，占总数的 10%，在中国驰名商标的 44 个类别中服装类品牌位于第二名。广东省有 373 件全国驰名商标，排名全国第二；广州市有全国驰名商标 58 件，全国城市排位第 11 名。但在中国驰名商标服装类十大领军品牌，也就是在童装行业、衬衫/衬衣/领带品牌、男装/男士休闲服装品牌、内衣品牌/文胸/塑身、内衣保暖内衣/内裤/睡衣品牌等五类 50 个领军品牌中，广州市一个也没有。因此，广州服装类品牌建设不容乐观。广州服装品牌一方面驰名品牌数量缺乏，另一方面忠诚度不够，缺少个性，品牌与产品未能良性地互动，对消费者购买影响力有限，缺少清晰的、恒定的核心价值，存在服装品牌的空洞化危机。品牌是消费者的一种记忆，品牌是价值的载体，品牌能占领市场和消费者。市场的全面开放、大量的国际品牌入局，市场竞争变得复杂而纷繁，服装品牌化经营将成为未来服装产业的主要发展方向，市场品牌创新将成为服装业发展的重要推动力量，在品牌当道的今天，有必要抓住和利用好这个机遇，进一步提升市场品牌的竞争力和影响力，在激烈竞争的国际和国内市场具有较强的适应能力和销售效益，从以产品为导向（功能性）向以品牌为导向转变，突出品牌企业、品牌产业和品牌园区，实现企业品牌到品牌企业的转变、产业品牌到品牌产业的转变、园区品牌到品牌园区的转变，通过软创新方式来创新品牌文化，树立自主品牌，实施"品牌战略"（Branding Strategy）。品牌战略就是将品牌作为核心竞争力，以获取差别利润与价值的企业经营战略。可在创品牌的初期选择单品牌战略；在品牌建立起相当的知名度和信誉后，可以选择综合品牌战略；如果综合品牌无法涵盖某个新的市场，可以选择多品牌战略。品牌战略其实就是差异化战略，通过某种被消费者认可的差异化特质来获得溢价的报酬。这种差异化体现为产品设计上的差异化、材料选择上的差异化、品牌理解上的差异化及形象识别上的差异化等。

（一）单品牌战略（Single Branding Strategy）

单品牌战略指的是在没有品牌的产品中建立起一个品牌产品的战略计划。品牌最初的英文单词是"Brand"或"Trademark"，指烙在家畜身上的烙印，用以区分不同的饲养者（苏同岳，2010）。服装品牌战略的本质就是谋求以品牌创造差异化竞争的战略抉择，打造企业的核心竞争优势，做到珍贵、独特，而且不可模仿、难以替代。

品牌的实质是产品与消费者和企业三者之间关系的总和，服装品牌竞争的关键是品牌核心价值的竞争。服装品牌核心价值能满足消费者深层次精神或心理的需要，具有长期性和稳定性，甚至永久不变，消费者心中的服装品牌核心价值地位越巩固，持续的竞争力就越明显，也是消费者忠诚于服装品牌的根本理由。服装品牌在实现自身价值的过程中不断为社会创造财富，从而不断强化自身的价值，服装品牌的轮廓、档次、特征、个性、品味、时尚和核心价值在消费者的心中越来越清晰统一，与别的品牌的差异化越来越明显，久而久之就会在竞争激烈的市场中形成对品牌的良好印象。即使服装品牌的表现形式稍微发生变化，消费者也会准确识别，因为核心的东西没有变化。提高消费者的忠诚度，需要增加服装品牌价值，关键是要提高技术含量和文化内涵。服装品牌核心价值提炼出来之后，服装品牌的各类战略资源便会以核心价值为中心，逐步形成名副其实的服装品牌。把品牌的概念跟消费者结合起来，把品牌和中国的文化、人民生活的习性、浪漫时尚结合在一起，用国家的好品牌作为企业好品牌的基础。

服装品牌价值的实现要靠准确的品牌定位来实现。通过品牌定位来满足小类目标消费群的短期需要。服装品牌定位是产品在类型、功能、价格、形象上的一系列组合，针对小类目标消费群的消费心理、个性特征、收入水平等因素而对产品自身进行系统的组合或修正，而不只是某一方面的定位。消费者对具体产品的需求是容易变化的，需要根据消费者的需求及时做出反应并进行调整。

服装品牌与消费者的有效对话和沟通类也很重要。如果塑造出来的服装品牌性格能在一定程度上符合消费者特定的生活方式、价值观念与消费观念，服装品牌就具有亲和力，就容易建立起与目标消费群的长期友谊。

因此，需要在深入分析社会环境、时代特点、行业特征、消费者需求、竞争对手、企业内部文化的基础上提炼服装品牌核心价值，然后明确大类目标消费群，通过服装品牌定位划分小类目标消费群，分析小类目标消费群的性格特征确定服装品牌性格，制定出整合营销传播策略，形成基于价值需求的服装品牌战略体系。

同时，创建服装品牌是一项系统工程，切忌急功近利，需要重视品牌资产（brand equity），关注服装品牌的知晓程度、使用时能联想或重现某种事物或情景、使感觉品质大于实际品质、重复购买倾向、专利/特许权/专有技术以及特有的销售网络或特有的顾客服务系统等。

作为无形资产的品牌，不再仅仅是企业信誉的象征，而成了一种承载着人生价值与意义的文化符号（胡萍，2010）。打造服装品牌必须将品牌运作上升到战略层面，进行战略规划，从战略管理的角度进行分析、规划、实施到评估与控制等科学管理。为品牌建设设立目标、方向与指导原则，为日常的服装品牌建设活动制定行为规范，对服装品牌现在与未来的属性、结构、范围、内容、愿景与管理机制等做出清晰的规划。承诺让顾客使用品牌时能从中获得功用和情感方面的利益。这些利益通过品牌名称、品牌说明、图形表述、品牌口号和品牌故事等来实现。90 天到一年不等的战略规划实施过程需要有高层管理人员介入，指定专门负责人，成立 3 ~ 10 个不同专业人员组成的品牌小组，聘请企业外的服装品牌顾问参与指导，时间表和工作计划每月一更新，定期撰写实施过程情况总结并上交到企业管理层，以书面材料形式总结服装品牌战略实施过程。

（二）综合品牌战略（Colligation Branding Strategy）

为了更好地利用品牌效应，打出服装品牌的市场知名度和影响力，摊薄品牌的建设成本，通过品牌效应获取品牌收益，有必要将倾力打造的知名品牌通过适度拓展放大开发出相关的系列产品或相关的多类产品，实行综合品牌战略。利用已经在市场上建立起来的原有品牌的信誉度、知名度和品牌的积极联想等，陆续推出相关的系列产品或多种产品，打造综合产品集群，满足顾客的多种需要，在市场上度过引入期，通过产品销售和包装袋的传播，进一步扩大品牌的知名度和影响力，推广新产品。借助原有品牌的影响力推进延伸产品迅速进入市场，延伸产品在市场中的良好表现又进一步促进品牌形象的提高。

如果一个服饰品牌旗下，能系列批量生产西装、衬衫、裤子、领带、皮带、皮鞋、帽子、箱包和其他休闲服装，那么这个服饰品牌就属于综合品牌。消费者在购买这个综合品牌的一款产品之后，经使用觉得产品品质很好，那么如果当他有意购买其他服饰类产品时，就会对感到满意的这个品牌存有深刻记忆并产生积极的联想，就会去寻找并购买这个品牌的其他系列产品。也即平常所说的爱屋及乌。同一个顾客购买这个品牌的系列产品多了的话，就会对这个品牌越来越熟悉，逐渐对品牌产生依赖，这样的顾客和消费者越多品牌的知名度和公信力就会越强，品牌的贡献度增加，企业的综合竞争实力就会变强。技术是品牌的内核（刘新伟，2013），综合品牌战略就是将那些已经成名的品牌继续拓展延伸放大，进一步将品牌价值做大做强，推动该系列的其他产品产生市场轰动，形成连锁集团倍增效应。

值得注意的是，在将品牌打造成综合品牌时也有可能发生这种情况：通过增加品牌种类和拓展品牌的功能来满足不同顾客的多种需要这种手法有可能达不到理想的效果，结果品牌因不再受欢迎而毁灭。因此，实施综合品牌战略必须对市场进行综合需求分析，一个综合品牌只能锁定一个细分目标市场，而不是覆盖所有细分市场，这就需要充分了解各个细分市场，用合适的品牌去满足各个细分市场消费者的合理需求，同时通过宣传推荐将部分消费者的差异需求转化到已有品牌的消费上，然后适度引导服饰消费新时尚和服饰新文化，激励消费者产生符合综合品牌战略需要的新的需求，然而当新的需求不能被原有品牌或品牌系列所满足时，就需要有勇气创造新的适销对路的品牌。

（三）多品牌战略（Multibranding Strategy）

多品牌战略是指企业在业已创建的一个知名品牌的基础上开发出多个知名品牌的战略计划，不同的品牌针对不同的目标市场，用不同个性、文化象征、风格和气质的多个品牌去满足不同细分市场的不同消费者的差异性需求，让消费者在多个品牌的比较中找到自己中意的品牌。多个品牌之间相互独立、相互竞争，但又存在一定程度的关联，分属于不同的品牌经理经营。这里的细分市场的变量是按照消费者的个性、形象、性格、性别、特殊需求等来划分的。

单品牌盈利的时代已经过去，需要多品牌来分摊风险。服装市场的需求越来越多元化，同样收入、不同职业的人会有不同的兴趣爱好，同一个人也会处于不同的状态，个性需求会越来越旺盛，需要更多的品牌去满足其个性化需求。单一品牌往往只能锁定于单一目标群体，单一品牌也可能集中风险。因为有的原有品牌不适合企业要进入的市场，或原品牌名和积极联想不利于企业进入产品新领域，或需要面对女性、儿童、外国人等新消费群体或出于品牌国际化的考虑，涉及文化差异、消费者心理等，这时就需要品牌多元化。但在哪个阶段，以什么方式来进行多品牌，需要战略制定者的智慧。

越来越多的消费者从追求服装的使用价值开始过渡到关注服装背后的内在价值，对服装品牌的文化内涵、文化底蕴和文化创意的需求越来越明显。因此，为了给自己的产品"镀金"，也可购买或租赁"洋品牌"。

市场无国界，品牌有归属。没有任何一个时期品牌的转型升级欲望如此强烈，市场的竞争已经白热化，但再强的品牌也不能完全垄断市场，广州服装品牌需要顺应细分市场，以市场为导向精确划分目标市场，深度挖掘消费者的心理需求，用广州服装品牌的个性文化去铸造多品牌战略。在技术开发、融资渠道、生产销售和税收征收等方面制定相应政策，引导服装生产企业将发展自主品牌作为企业战略重点，通过行销和广告在市场和消费者心目中所建立的产品形象和性格，综合反映产品的内在质量和外在特征，支持服装生产企业通过自主开发、联合开发、国内外并购等多种方式发展自主品牌背景下的多品牌。注重知识产权的保护，引导开辟本土品牌和民族品牌专卖店，争创世界名牌。

中国加入 WTO 之后，特别是金融危机以来，外国主流、甚至是二三流的洋品牌大举进入中国，通过卖 logo 和理念，利用中国的资源挤压、冲击甚至打垮了本土品牌服装产业。因此，广州品牌有必要整合自身优势，学习国外的品牌运作经验，站在更高的角度分析广州服装业的自身竞争优势、劣势、机会和挑战，更好地促进业界的交流，成为业界的镜子，有必要成立本土服装品牌联盟，因为产业集群的升级有利于形成核心竞争力（高辉辉，2011），通过研究和掌握高新技术，在扩大纺织服装出口规模、转变出口方式上起积极的引领作用，做大做强民族自主品牌。

参考文献

陈蕴茜：《身体政治：国家权力与民国中山装的流行》，《学术月刊》2007 年第

9 期。

　　高辉辉：《广东纺织服装出口情况 SWOT 分析》，《四川职业技术学院学报》2011 年第 8 期。

　　胡萍：《比较优势理论与广东纺织业发展》，《中国证券期货》2010 年第 7 期。

　　贾芸：《服装结构设计中的人文因素》，《美术学报》1997 年第 21 期。

　　刘新伟：《创造品牌价值》，《中国服饰报》，2013 年 7 月 12 日第 2 版。

　　路草：《美在新奇——广东服装一瞥》，《江苏商论》1985 年第 4 期。

　　骆灵英：《是什么阻碍了我国服装进入国际名牌市场》，《纺织信息周刊》2004 年第 47 期。

　　马新敏、周志芳：《服装艺术性与技术性的融汇》，《纺织导报》2012 年第 7 期。

　　任颖：《广东纺织品服装业出口贸易的 SWOT 分析》，《现代商业》2012 年第 26 期。

　　苏同岳：《RC 服装品牌定位分析》，《上海交通大学》，2010。

　　吴俊、丁倩倩：《广东省服装企业技术创新 SWOT 分析》，《化纤与纺织技术》2013 年第 3 期。

　　吴晓波、白旭波：《从 PPG 到 VANCL 网络服装销售的商业模式演进》，《管理案例研究与评论》2010 年第 10 期。

　　许桂香、司徒尚纪：《岭南服饰变迁历史》，《岭南文史》2006 年第 3 期。

作者单位：广州大学大都市治理研究中心，广州大学高等教育研究所

"食在广州":话语意境与品牌管理

陈 潭*

摘 要: 广州是有着2000多年悠久历史的文化名城,而"食在广州"的声名远播显示了广州源远流长的饮食文化与舌根记忆。作为海上丝绸之路的始发地,土著美食和外来风味的交融并汇更加凸显了广州饮食文化的承继性、包容性和时代性。从"十三行"到"广交会","食在广州"的内涵和外延不断扩大,商业话题从未缺席,一大批经历百年而不衰的老字号和新兴名店,名菜、名汤、小食、茶点、瓜果不胜枚举,让"中华美食之都"和"国际美食之都"名不虚传。本文通过耳熟能详的话语结构分析展示广州饮食文化的内涵和外延,加强"食在广州"的品牌管理,提升"食在广州"的品牌影响力,从而更好地反映广州国际大都市文化富有生机和蓬勃发展的一面。

关键词: 广州饮食 话语阐释 文化都市

民国曾有一段"生在苏州,住在杭州,食在广州,死在柳州"的民谣,一度勾起了人们对于"一生理想"归宿的向往与想象。随着电视片《舌尖上的中国》的热播,人们对于饮食的偏好和饮食文化的研究兴趣有增无减。对于名扬海内外、耳熟能详的"食在广州"来说,"舌尖上的广州"有着更为重要的价值和意义。众所周知,广州历来就有"美食之都"的美誉,广

---

* 本文系广州市社科规划2013年度重大项目"提升'食在广州'品牌影响力研究"(13Z03)的阶段性成果,致谢"食在广州"课题组成员李志红、林方、唐贤衡、胡项连、陈银成及其团队持续性的学术工作!本文写作过程中,广州大学松田学院陈银成和广州铁路职业技术学院林方作了不同程度的资料性梳理工作,特此致谢!

州的美食集聚了海内海外、大江南北的菜肴，大街小巷、街头巷尾弥漫着南国美食风味。秦始皇统一岭南之后，汉越文化和生活习俗融合，广州不仅成为岭南文化的中心地，而且其饮食文化在岭南饮食文化中亦独具特色。今天，"食在广州"不再是知名度的提升问题，而更为主要的是美誉度的提升问题，因此"食在广州"的品牌建设与文化营销尤为重要。

一 "食在广州"的话语意境

在《梦溪笔谈》卷二四中有道："大底南人嗜咸，北人嗜甘。鱼蟹加糖蜜，盖便于北俗也"，似乎说明了一个朴素的道理："一方水土一方味"，"一方水土一方胃"，"一方水土一方人"。我们知道，汉族饮食风味由于气候、地理、历史、物产及饮食风俗的不同，经过漫长的历史演变而形成了各地自成体系的烹饪技艺和风味各异的地方菜肴。在春秋战国时期南北菜肴风味就表现出差异，到唐宋时期，南食、北食各成体系。清代初期，鲁菜、苏菜、粤菜、川菜成为当时最有影响的地方菜，被称作"四大菜系"。至清末，浙菜、闽菜、湘菜、徽菜四大新地方菜系分化形成，共同构成了汉族饮食的"八大菜系"。位于南海边上的广州，饮食风格以粤菜为主，但今天的广州美食却几乎完全囊括了中国饮食的各个菜系。除"八大菜系"外，还能在广州寻觅到东北菜、本帮菜、赣菜、鄂菜、京菜、冀菜、豫菜、客家菜、清真菜等菜系的踪迹。日本、法国、泰国、印度、巴西等外国美食亦纷至沓来，世界各地的美食皆可在广州品尝到，"食在广州"的美誉名扬海内外。

众所周知，广州以其独特的自然资源、气候条件、地理位置、历史传承、社会文化等，形成了"食在广州"的话语渊源和独特意境。

从自然资源来看，岭南的自然资源呈现出山区地带、沿海地带和海域地带三个不同的地理空间和资源特征。山区地带自古高山密林，有着丰富的动植物资源，使得山珍野味取之不尽，荔枝、龙眼、香蕉、菠萝、木瓜、阳桃等果品资源丰富多彩；沿海地带和海域地带水产资源丰富，龙虾、对虾、石斑鱼、海鳗、牡蛎、海马、泥蚶、海带、紫菜等水产品多种多样。广州地区植物种类达数千种，野生动物有210多种，得天独厚的地理优势为"食在广州"提供了丰富的饮食资源。同时，广州所在水系珠江流域与广西、贵州、湖南、云南、江西等省区相连，这些地方都成了供应广州饮食物资的重要后方腹地。

从气候条件来看，广州地处北温带与热带过渡区，横跨北回归线，年平均温度 22℃，最热月平均气温 28.5℃，最冷月平均气温 13.3℃，年均降雨量为 1982.7 毫米，平均相对湿度为 68%。南亚热带季风气候，气候宜人，是全国年平均温差最小的大城市之一，具有温暖多雨、光热充足、土壤肥沃、夏季长、霜期短等特征，自然环境赋予了广州一个花山果海的世界。山清水秀、四季常青、滩涂浅海、湖泊相间，飞禽走兽在此栖息，鱼虾贝蟹在此繁衍，物种多样、生机勃勃的生态宝地为"食在广州"提供了源源不断的食材和货源。

从地理位置来看，广州是最古老最繁华的海港城市，地处交通要道，是古代"海上丝绸之路"的始发港，是华南交通体系的重要枢纽，陆运、航运、空运系统发达。广州是中国大陆三大国际航空枢纽机场之一，旅客吞吐量居全国第二、世界第十九位，是连接世界各地的重要口岸和国际航空枢纽；广州是中国第四大港口，是珠江三角洲以及华南地区的主要物资集散地和最大的国际贸易中枢港，现已与世界 170 多个国家和地区的 500 多个港口有贸易往来；广州拥有五个火车站，高铁、地铁、轻轨、公交系统发达。优越的地理位置，发达的交通体系，频繁的贸易往来，都为广州饮食的发展奠定了强大的物流基础。

表 1　中国八大菜系简略表

序	菜系	口味	烹制方法	主要菜品
1	鲁菜	咸、鲜	爆、炒、烤、熘	德州脱骨扒鸡、济南烤鸭、肉末海参、香酥鸡、家常烧牙片鱼、崂山菇炖鸡、原壳鲍鱼、酸辣鱼丸、炸蛎黄、油爆海螺、大虾烧白菜、黄鱼炖豆腐
2	苏菜	甜、黄酒味	蒸、炖、焖、煨炖、焖、叉、烤。	盐水鸭、彭城鱼丸、地锅鸡、清炖蟹粉狮子头、大煮干丝、三套鸭、水晶肴肉、有香菇炖鸡、咕咾肉、松鼠鳜鱼、鲃肺汤、碧螺虾仁、响油鳝糊、白汁圆菜、叫花童鸡
3	粤菜	原味、鲜、清淡	烤、焗、炒、炖、蒸	广州文昌鸡、龙虎斗、白灼虾、烤乳猪、香芋扣肉、黄埔炒蛋、炖禾虫、狗肉煲、五彩炒蛇丝、潮州卤鹅、潮州牛肉丸、水晶包、萝卜糕、猪肠灌糯米、豆酱鸡、护国菜、什锦乌石参、葱姜炒蟹、干炸虾枣

序	菜系	口味	烹制方法	主要菜品
4	川菜	麻辣	炒、煎、干烧、炸、熏、泡、炖、焖、烩、贴、爆	鱼香肉丝、宫保鸡丁、夫妻肺片、麻婆豆腐、回锅肉、东坡肘子
5	浙菜	鲜、荤油味、黄酒味、甜	爆、炒、烩、炸	龙井虾仁、西湖莼菜、虾爆鳝背、西湖醋鱼、冰糖甲鱼、剔骨锅烧河鳗、苔菜小方烤、雪菜大黄鱼、腐皮包黄鱼、网油包鹅肝、荷叶粉蒸肉、黄鱼海参羹、彩熘全黄鱼
6	闽菜	咸甜（南）、香辣（北）	醉、扣、糟	佛跳墙、鸡汤氽海蚌、淡糟香螺片、荔枝肉、醉糟鸡、太极芋泥、锅边糊、肉丸、鱼丸、扁肉燕
7	湘菜	辣、腊	炖、烧、蒸	东安子鸡、剁椒鱼头、腊味合蒸、组庵鱼翅、冰糖湘莲、红椒腊牛肉、发丝牛百叶、干锅牛肚、平江火焙鱼、吉首酸肉、湘西外婆菜
8	徽菜	酱香味浓	烧、炖、蒸	火腿炖甲鱼、红烧果子狸、腌鲜鳜鱼、黄山炖鸽

资料来源：根据网络资源所进行的表格化整理。

从历史传承来看，早在汉魏时期，一批批中原人向岭南迁移，既带来中原的饮食习惯，也带来了中原的饮食文化。唐宋时期，广州的对外贸易空前繁荣，各种海外珍异、名优特产等食材汇集，"戍头龙脑铺，关口象牙堆"①，"常闻岛夷俗，犀象满城邑"②形象地描述了当时食材品种繁多、交易繁华的盛况。作为重要的通商港口，商贾云集，物资丰富，食品众多，常年有大量的西方各国商人涌入，这也有利于中西饮食文化的交流和碰撞。

从社会文化来看，广州自古作为"列肆而市"的中外商贾聚居之地，密集的人口流动和周到的商业服务以及较为自由的市场和完善的贸易制度产生了兼容性、开放性、多样性、多层次性的广府文化。自秦朝始，广州一直是郡治、州治、府治的行政中心和岭南文化的中心，由于本地南越族文化呈现勇于接受外来文化的心态，能够吸纳自中原、江南

---

① 王建：《送郑权尚书南海》，《全唐诗》卷二九九。
② 殷璠：《寄岭南张明甫》，《全唐诗》卷四九二。

迁入本地的汉族文化，所形成的广府文化也得到了更新和发展。由于最早实施改革开放政策，大量外来人口进入，于是"新移民文化"更加丰富了广府文化的内涵。作为文化中的一部分，广州的饮食文化和消费文化自然也就越来越具有流动化、时尚化、多元化、包容化、大众化的趋势和特点。

作为中国的"美食圣地"，广州拥有着一批历经百年而不衰的老字号，背后的饮食典故、名人趣事、文化内涵却更让人垂涎。近年来，广州也产生了一批新兴名店，传统与创新并存、兼容并蓄的气量让广州餐饮业一直独领风骚。2010 年广州一举拿下了"食在广州·中华美食之都"和"国际美食之都"两个重量级奖项，使广州成为国内首个获得"双料"美食之都的城市。

二 "食在广州"的话语结构分析

广州食肆林立，源远流长，网点众多，分布合理，分工细致。酒家、茶楼、酒吧、甜品店、凉茶铺等，他们的经营各具特色，供应方式和服务对象具有一定的针对性，顾客可以根据自己的喜好和需要进行选择。随着时代的发展，广州食肆不断扩大、不断创新，越来越走向品牌化，这不仅赋予了"食在广州"新的内涵和活力，而且也扩充了"食在广州"的知名度和美誉度。

（一）"食在广州"的"食"

广州名菜

广州菜是粤菜的主体和代表。在长期的发展过程中，汲取了中西饮食文化之长，自成一格。注重烤、焗、炒、炖、蒸等烹饪技法，烹调素有用料广泛、选料讲究、制作精细、口味清淡、注重季节的要求，白云猪手、龙虎烩、白切鸡、白焯螺片是主要特色品种。八宝冬瓜盅、广式烧乳猪、上汤焗龙虾、白切鸡、红烧乳鸽、老火靓汤、香滑鱼球、脆皮烧鹅、清蒸海河鲜、糖醋咕噜肉被评为"广州十大名菜"。其中，烧乳猪是粤菜最具代表性的传统菜式，广州烧乳猪的历史悠久，1400 年前已经很有名，古人曾用"色如琥珀，又类真金，入口则消，状若凌雪，含浆膏润，特异非凡"的词语赞誉"烧乳猪"。广州人好吃鸡，有"无鸡不成宴"的饮食风俗。据说，鸡类制作有 500 多种款式，稍有名气的饭店、茶楼、酒家，无不纷纷推出自己的招牌鸡，如清平饭店的"清平鸡"、广州酒家的"文昌鸡"、东方宾馆的"市师鸡"、北园酒家的"瓦罐花雕鸡"、泮溪酒家的"金鼎白切鸡"、大三元酒家的"太爷鸡"、大同酒家的"脆皮鸡"、莲香楼的"莲香双喜鸡"、爱群大厦的"爱群香汁鸡"、广东迎宾馆的"迎香脆皮鸡"、南园酒家的"豆酱鸡"等。坊间流传的"广州菜，顺德厨"的说法说明了顺德厨师在广州菜制作上的贡献和分量。

广州果蔬

广州自古就有"岭南之俗，食香衣果"的佳话。广州蔬菜种植范围广泛，品种众多，还盛产很多地方特色的蔬菜，如绰菜、白花菜、优殿、石花菜、千岁蕨、石耳、南华菇、葛花菜、海毛菜、纸菜、绿菜、地肾等。由于气候原因，广州人也偏爱吃一些苦瓜之类性凉的蔬菜。广州四季鲜果不断，水果品种众多，是著名的水果之乡，荔枝、柑橘、香蕉、菠萝被誉为"岭南四大名果"。在广州周边地区，一些地方流传着反映瓜果季节性的歌谣："正月瓜子多人溪（嗑），二月甘蔗人喜溪（啃），三月枇杷出好世（适时），四月杨梅排满街，五月绛桃两面红，六月荔枝会捉人（惹人爱），七月石榴不上眼，八月龙眼粒粒甜，九月柿仔圆车圆（滚圆），十月橄榄不值钱，十一月尾梨（荸荠）赶祭灶，十二月桔仔赶做年。"

广州小吃

广州的风味小吃不仅种类多，而且制作精细、外观雅致。由于酷暑炎热时间长，广州人在饮食方面多以清淡为主，所以粥是广州小吃中极富地方特色的小吃，如及第粥、艇仔粥等，相传及第粥是因明代广州状元伦文叙而出名的。粉店、面点也非常多，其中沙河粉是有名的小吃。据说沙河粉有着上百年的历史，相传是位于白云山东麓沙河镇人用白云上泉水，加上独特的技术而做成，具有爽、韧、滑等特色，可用于干炒、湿炒、泡食、凉拌等。云吞也是面店的有名小吃，源自北方的"馄饨"，用鲜虾、猪肉、韭菜等剁烂拌和做馅，再配上大地鱼、猪骨汤就形成了广州自己所独有的云吞风格。广州小吃各具特色，花样百出，如拉肠、双皮奶、鸡公榄等也都是广州有名的小吃。此外，在大街小巷都可以闻到的飘着独特香味的萝卜牛杂，也别具风味。

表 2 广州部分"土著"美食

序	店名	美食地址	推荐美食
1	达杨炖品	越秀区文明路 160 号-1	炖鹌鹑、椰子炖乌鸡
2	九爷鸡	越秀区文明路 103 号	油鸡、叉烧、白切鸡
3	百花甜品	越秀区文明路 210 号	红豆沙、芝麻糊、凤凰奶糊
4	老西关濑粉	越秀区文明路 216 号	濑粉、斋烧鹅、水菱角
5	银记肠粉店	越秀区文明路 199 号	牛肉肠、牛肉拉肠、艇仔粥
6	肥妈牛骨汤	越秀区惠福东路中街 2 号	牛骨汤、大碗粉
7	蛋挞王	越秀区惠福西路甜水巷 7 号	蛋挞
8	大头虾	越秀区西湖路 63 号光明广场 8 楼	大头虾
9	巧美面家	越秀区惠福东路 401-403 号	五宝云吞、五宝云吞面
10	风味馆	越秀区越秀南路 161 号	牛三星汤、牛腩粉、牛杂粉
11	南信	荔湾区第十甫路 47 号	双皮奶、牛三星汤
12	荔湾名食家	荔湾区第十甫路 99 号首层	德成咸煎饼
13	西关人家	荔湾区德星路 9 号荔湾广场南塔 4 楼	雪影豆沙、炸酱面
14	广州酒家	荔湾区文昌南路 2 号	文昌鸡、拉肠、虾饺
15	陶陶居	荔湾区第十甫路 20 号	凤爪、虾饺、榴莲酥
16	向群饭店	荔湾区龙津东路 853-857 号	葱油淋鸡、黄鹅肠、酿炸面
17	陈添记鱼皮	荔湾区宝华路十五甫三巷 2 号之 3	鱼皮
18	宝华面店	荔湾区宝华路 117 号	鲜虾云吞面、金牌猪手面
19	顺记冰室	荔湾区宝华路 85 号	香芒雪糕
20	泮溪酒家	荔湾区龙津西路 151 号	泮塘五秀、艇仔粥
21	开记糖水	荔湾区多宝路 219 号	绿豆沙、芝麻糊
22	伍湛记	荔湾区第十甫路 99 号 1 楼	及第粥、艇仔粥
23	林林牛杂	荔湾区第十八甫路 36 号	萝卜牛杂
24	云吞面世家	越秀区庙前直街 10 号	蟹子云吞面
25	周生记太爷鸡（烧腊店）	越秀区龟岗大马路江岭东路 4 号龟岗市场第二档	太爷鸡、猪手
26	穗银肠粉店	越秀区东川路 94 号之一	牛肉肠、艇仔粥、鲜虾肠

资料来源：根据"广州生活美食圈"等微信和朋友圈资料进行的非完全整理。

广州靓汤

"汤"在广州人的饮食生活中占有重要的分量，地道的广州人没有不喜欢喝汤的，不管是家里做的还是大小馆子里卖的，煲汤和喝汤文化独具特色。"饭前喝汤"成了一种传统，"无汤不饭"，无论在哪吃饭，他们首点菜必定是汤。靓汤具有健脾胃和美容养颜等功效，"天上第一汤"名潮"鸽吞燕"、老火靓汤等尤为有名。老火靓汤一般的习惯做法是，夏天冬瓜煲排骨加扁豆、赤小豆降火，冬天花旗参煲鸡祛寒。八宝冬瓜盅也是广州夏日佳肴，始传于清代，深受皇室喜爱，一般做法是先将去瓤的冬瓜煮透用清水冷却，然后用由鸡骨和田鸡骨一同熬成汤水，接下来加热炒锅，将瑶柱、蟹肉、鸭肉、瘦猪肉粒、虾仁、鲜莲子、鲜菇等放进去，倒入汤水，加入调料，以大火烧沸后倒入冬瓜盅内，再将夜来香花、火腿茸洒在冬瓜盅的圆口上，汤水清新而美味。

广州早茶

土壤湿润，温暖多雨，十分适宜茶树的生长，岭南是全国的重要产茶区，长期以来，生活在这里的人们也把饮茶的作为了一种生活习惯。饮茶了成为广州的一种时尚，茶点、茶楼也越来越多。茶楼颇具特色，大厅高宽，楼梯宽大，红木家具和名人字画点缀，古色古香风味明显。广州有早茶、午茶和晚茶之分，一般来说，数早茶最为兴旺，尤其是节假日，各茶楼均是座无虚席。"宁可百日无肉，不可一日无茶"，广州人对饮茶、品茶非常讲究，也形成了自己独特的饮茶风俗——"功夫茶"。功夫茶是饮茶文化之大成，需要高深的泡茶、品茶技艺，有着严格的程序要求，同时对茶叶、茶具、水质、泡茶、品茶都有较高的要求，真所谓"茶里乾坤大，壶中日月长"。

（二）"食在广州"的"在"

"食在广州"有特色的美食街。"食在广州，味在西关"，具有浓浓老广味的西关美食街是一条承载着广州千年历史文化的食街。它从上下九路一直延伸到第十铺路，传统粤菜的代表聚集于此，众多老字号店如"莲香楼""陶陶居"也落户于此，西关美食街就汇聚了几十家食肆。最具国际化的美食街要数环市东国际商务美食区，它位于广州最繁华的商业中心，周边星级酒店、高档会所云集，粤菜、川菜、湘菜、日本料理、越南风味、意大利菜、泰国菜等中外美食荟萃于此。沙面美食街是广州最有欧陆风情的地方，作为第二次鸦片战争时期的租界，琳琅满目的欧陆建筑保留至今，沙面因为这些建筑所赋予的异域风情衍生出不同国家和地区的风味餐厅。近些年来，广州市政府对广州美食进行了统一规划，对周边公共设施和交通设施进行了配套建设，形成了"广州美食园""惠福美食花街""番禺美食大道""中森食博会"等十大餐饮集聚区。

表 3　"食在广州"的部分地方菜

序	店　名	菜品	地　址	推荐美食
1	西湖公馆（杭州龙井虾球）	浙菜	越秀区先烈中路 85 号浙江大厦西湖公馆	龙井虾球、东坡肉、狮子头、松鼠桂鱼
2	海门鱼仔（潮州海鲜）	潮菜	天河区燕岭路 120 号金燕大厦	潮汕海鲜
3	成隆行（上海黄油蟹）	江浙菜	越秀区庙前直街 31 号	清蒸野生黄油蟹
4	凤园椰珍椰子鸡主题餐厅	海南鸡	天河区天河南二路 34 号	海南椰子鸡
5	湘庆土菜馆	湖南血鸭	天河区广州大道北（兴华路口公交站旁，近万事达酒店）	新宁血鸭、剁椒鱼头、酸萝卜炒大肠
6	汉正街一号楚味私厨	湖北藕汤	天河区中山大道 299 号大舜丽池酒店三楼	九孔莲藕
7	渝风楼	重庆毛血旺	海珠区新港中路 304 号新港商业城二楼	香辣虾、烤鱼、香辣田鸡粉丝、蕨根粉、莲蓬扣肉
8	陇上行	甘肃羊肉	天河区珠江新城华利路 2 号 2 号楼（富力爱丁堡 2 楼）	烤羊排、酸菜肥牛、钵钵牛杂、干锅土豆、牛肉面
9	蒙古人	蒙古烤全羊	天河区华师北门翰景路 56 号	蒙古绵羊
10	河南老家	豫菜（洛阳水席）	天河区黄埔大道西 688 号赛马场汽车城内食街 2 档口	羊肉烩面、道口烧鸡、古法烤七骨羊肋
11	鑫桂园	云南菜	白云区云城东路 505 号万达广场 3 楼 312-313 铺	汽锅鸡、小锅米线、黑松露牦牛肉酱饵丝
12	博格达美食乐园	新疆菜	天河区天河北路 76 号新疆大厦	熏马肠、恰玛古勒羊肉汤
13	山东老家	鲁菜	黄埔区丰乐中路 50 号香柏酒店	孔府御鸡、萝卜丸子、砂锅四季豆
14	西贝西北菜	西北风味	番禺区南华路奥园广场二期 4 层	砂锅莜面鱼鱼、羊三香、大拌菜
15	洞庭土菜馆	湘菜	越秀区环市中路 304 号肇庆大酒店 2 楼分店	鸳鸯鱼头王、霸王猪脸、土鸡汤

序	店　　名	菜品	地　　址	推荐美食
16	同湘会	湘菜	海珠区新港西路 181 号 3 楼分店	手撕包菜、干锅田鸡、攸县香干、猪蹄粉丝煲
17	东北人	东北风味	越秀区人民北路 668 号	谢大脚农家一锅贴
18	食赣佳瓦罐煨汤馆	江西菜	越秀区东风东路 750 号广联大厦二楼	南昌啤酒鸭、瓦罐煨汤系列

　　资料来源：根据边度公众微信号（biandocity）"最佳美食指南"等资料进行的非完全整理，整理时间截止到 2014 年 8 月 5 日。

　　"食在广州"有特色的名店

　　广州受饮茶传统和民俗文化的影响，因而所有名店都很重视茶市，名店茶市的建筑格局多样，或中或西或中西结合，无论是偏重于传统特色还是模仿西洋古典风格，都博雅达观。既体现广州市井风情风采，又体现出饮食文化特色。店内装潢布局多为岭南传统情调，门面讲究，力求高端大气，让人一看就感觉上档次。大厅均为普通茶位平价消费，雅座包厢也提供陈藏普洱、新雨龙井甚至大红袍等名茶。店内点心多样丰富，既吸取了中西美点之长，又形成了自家的风格，使每个来过人赞叹不已。对广州茶楼的流连忘返，也就有了毛泽东的"饮茶粤海未能忘"和郭沫若"北园饮早茶，仿佛如到家。瞬息出国门，归来再饮茶"的诗句。在食肆方面，在"全国餐饮百强"的评选中，"广州酒家""绿茵阁"等名店连续多年入选，近百家餐饮企业通过了国家级酒家的评审。

　　"食在广州"有特色的烹饪

　　其烹饪特色主要表现在如下五个方面。一是食材。食材选料是舌尖美味的基础，讲究的是用料鲜活：肉类要求现宰，海鲜要求鲜活，蔬果要求当天摘。对同类食材的选配也如同西餐的牛排一样，用不同部位的牛肉做成菲力牛排、西冷牛排、肋眼牛排、T 骨牛排，不同位置的取材而口感味道也不尽相同，这就要求厨师不仅会分辨食材更要因材施技。二是搭配。"好花还需绿叶衬"，一道菜色会因调料的不同而千变万化，广州的煲汤最能体现搭配组合的精彩之处。广州菜色搭配不仅是在讲究调和口感的基础上追加补充疗效的效果，也同时追求着"色、香、味"中的异色艺术搭配。三是刀工。所谓刀工就是运用各种刀法将食材做成适合烹饪的形状，更加追求食材的艺术造型，在"色、香、味"的标准上又增加"形"这一高度。四是火候。烹饪会根据食材性质与口味要求采取文火、武火、中火、微火来保证食材的营养物质不被破坏或入味。五是口味。口味不仅体现在口感味道上，还应反映在菜肴的温度上，此所谓"可口"，正如长沙有一家叫"57 度湘"的概念饭店，经过大量的厨师和食客研究调查发现饮食的最佳味道温度就是 57 度，作为更加追求美食的广州也就更加在乎口味的存在感了。

"食在广州"也体现出特色的保健效果

其保健特色主要表现为三个方面。一是食材博杂、选料鲜嫩、清淡原味、追求自然。食物新鲜幼嫩确保了摄入营养物质的优质和因为食物时间过长病变而产生有害物质，而清淡原味的菜肴才更会原汁原味、勾人食欲，从而可能发挥食疗的最大保健作用和菜肴的营养价值。二是粗料细作、粗精搭配、饮食科学、富于创新。在广州人眼中，烹饪是很重要的，即使是低档粗制的材料，也要尽最大可能地挖掘采用和搭配，制成美味的精品而登上大雅之堂。三是除湿健脾、调精理气、药膳食疗、讲究实在。"万丈红尘三杯酒，千秋大业一壶茶"，广州茶文化就蕴含着其中的道理，除去粥品、汤品外，各种药膳佳品的出品既勾人食欲又具有食疗保健功效。

（三）"食在广州"的"广"

广州汇集了世界各地、五湖四海的名菜和美食，可谓"众星拱粤""百家争鸣"。作为新中国改革的桥头堡，国外许多成熟的餐饮品牌连锁企业纷纷踏上这块开放的土地，无论是现在满大街代表欧美的"麦当劳""肯德基""必胜客"，还是来自东南亚泰国的"蕉叶"，以及日韩系的"六本木""元禄回转寿司"。港澳台地区的"稻香""上岛咖啡"均已早早进入广州市场。越秀区小北是外来人口的聚散地，这里生活着各种肤色的人种和少数民族。众多的外国人开的西餐厅、穆斯林餐厅、印度风味餐厅也如雨后春笋般地冒出。不仅带来了中国没有的食材，诸如夏威夷果、甜豆、北极贝、东南亚的时蔬瓜果以及日本的人造食品，更带来了各种烹饪技术，使得全球美食和技艺在广州共冶一炉，这种"跨界交流"为"食在广州"不断地注入新的活力，让"食在广州"更加繁荣兴盛。

表4 "食在广州"的部分外国菜

序	店 名	风味国别	地 址	推荐美食
1	特其拉墨西哥餐厅	墨西哥	建设六马路 11 号 2 楼	鸡肉卷、脆皮塔可、科比沙拉
2	兄弟船日本料理	日本	体育东路六运五街 56 号	家常菜、寿司、清酒
3	泰趣	泰国	文明路 65 号金宫商场 3 楼	甲猜煮鱼、香茅腌田鸡
4	景福宫	韩国	远景路 168—170 号时代新都会 2 楼	家常菜、炒年糕、烤肉、泡菜
5	IL MATTO	意大利	珠江新城华利路保利香槟花园首层 22 号	Pizza、面包、家常菜
6	1920 Restaurant and Bar	德国	建设六马路 1 号 4 楼	咸猪手、大盘肉、香肠
7	阿根廷主题餐厅	阿根廷	西湖路 13 号 2 楼北京路广百新翼对面	烤肉（Ssado）
8	拉丁餐厅	巴西	建设六马路 29—31 号荣建大厦 3 楼	烤肉、寿司、虾婆、凉拌菜
9	赛萨格尔素食餐厅	印度	麓景路黄田直街 1 号广信商业中心酒店三楼	印度素食
10	长隆怀石料理	日本	番禺区迎宾路长隆酒店 B 区 4 楼	天妇罗、手打乌冬面
11	芽庄越式料理	越南	越秀区建设六马路 3—7 号一建大厦 2 楼	虾膏炒通菜、藕苗鲜虾沙律、软壳蟹卷
12	四季酒店—意珍	意大利	天河区珠江西路 5 号四季酒店 72 楼	意式烩饭、意式焗面、托斯卡纳风味海鲜汤

资料来源：根据 2014 年 7 月 26 日腾讯网专稿进行的非完全整理。

众所周知，"食在广州"把食料和烹饪上升到了艺术的高度，不仅吸引了世界各地游客齐聚广州，也吸引了全球的名菜"驻扎"广州，游客和市民不仅可品尝到广州美食，更能感受到独特的岭南饮食文化。改革开放 30 余年来，粤菜始终引领中国饮食文化的发展潮流，让"食在广州"享誉全国、走向世界，从而丰富和促进了广州经济、社会、文化的发展。

三　"食在广州"的品牌管理

品牌是一种错综复杂的象征，由品牌属性、名称、包装、价格、历史、信誉、广告等有形、无形的方式构成。品牌管理是建立、维护、巩固品牌的全过程。品牌管理可有效监管、控制品牌与消费者之间的关系，形成品牌的核心竞争力和竞争优势，从而使品牌价值与精神赢得消费者的忠诚。根据《关于培育世界文化名城的实施意见》的文件精神，广州市将重点打造"海上丝路""广交会""十三行""北京路""广州花城""食在广州"等 6 张"城市名片"。通过"城市名片"的打造，全方位地展现广州的特色经济、历史文化、旅游资源、城市建设和未来发展，争取在 21 世纪中叶建成世界文化名城。作为城市名片之一，"食在广州"既是广州的文化品牌，又代表了广州的城市形象。因此，需要多层次、全方位、高水平地加强和改善"食在广州"的品牌管理。

第一，构建"食在广州"的形象识别系统。目前，"食在广州"的品牌资源与整体形象开发和利用不足，因而要从理念识别（Mind Identity）、行为识别（Behavior Identity）、视觉识别（Visual Identity）三个维度构建"食在广州"的整体形象识别系统。理念识别系统主要展示"食在广州"的文化哲学、价值观和饮食风尚，反映广州餐饮企业、产业链与饮食文化的精神和灵魂。行为识别系统是围绕"食在广州"而开展的生产、经营、流通和管理过程中表现出来的动态识别形式。视觉识别系统体现"食在广州"的静态识别形式，可以让企业名称、标志、标准色、LOGO、广告、酒水设备、灯光装饰等通过视觉系统传递给消费者的。针对"食在广州"的整体形象识别系统构建，完整的系统创意能够将"食在广州"的经营理念、管理特色、文化个性，通过动态和静态的传播方式展示出来，从而能够增强消费者的有意注意和无意注意，不断提升"食在广州"的品牌影响力，让消费者产生对"食在广州"品牌的信赖和忠诚。

第二，确立"食在广州"的品牌发展战略。开展产品和市场的大数据分析，实施多元化、规模化、大众化、全球化发展战略。根据内部及外部的环境变化，开展对消费者、竞争对手、合作者、供应商的动态分析，充分了解消费者的规模结构、消费心理、消费偏好以及行业发展动态。其中，多元化发展战略是维系和提升"食在广州"品牌影响力的主要方式，只有多元化的业态发展才能紧扣市场，只有紧扣市场才能赢得消费者的青睐。规模化发展战略是整合资源、打造品牌的重要方式，也是增加利润率的必要途径，没有规模的产出也就难有利润和效益。大众化发展战略是占领消费市场的不二法则，质量、口味、价格、服务是赢得消费者忠诚的主要因素。全球化发展战略不仅要通过市场方式把洋菜和洋品牌"引进来"，同时也要鼓励本土的品牌企业"走出去"，积极开拓"食在广州"的国内市场和国际市场。需要说明的是，"走出去"的不仅是粤菜企业和品牌，也包括驻穗的其他菜系品牌和企业。

第三，建立全流程的质量管理监控体系。广州饮食业不仅注重量的发展，更需要注重质的提高。既要加强餐饮业及其服务业的质量监控，又要加强餐饮业延伸产业的质量监控。既要注重美食的精美包装，更要注重美食制作过程的卫生安全，对美食的每个环节严格把关，追求"安全美食、绿色美食、健康美食"的饮食理念。严格遵守《中华人民共和国食品安全法》，建立和完善进货索证索票制度、食品进货查验记录制度、库房管理制度、食品销售卫生制度、食品展示卫生制度、人员健康检查制度、安全知识培训制度、用具清洗消毒制度、卫生检查制度，加强食品生产加工、流通环节的日常监管，严厉查处生产、制造不合格食品及其他质量违法行为。

第四，创新"食在广州"的现代经营方式。作为劳动密集型行业，餐饮业兼有商品消费和服务消费的双重功能，具有吸纳就业人员多、产业关联度高的特点，它能有效带动种植业、畜牧水产养殖业、加工业、装饰装修业等行业的发展以及带动文化娱乐、旅游休闲等方面消费。例如，星巴克不仅提供美味的咖啡，同时经营各种杯子、季节性产品和游戏、音乐、厨房用品等。同时，适当建立由企业出资、农户养殖、政府支持的"企业+基地+农户"餐饮原材料基地模式，促进以蔬菜、海鲜、牲畜、家禽为重点的农产品的发展，形成以餐饮企业为龙头的延展服务网络。积极探索和实践餐饮业的连锁经营、网络营销、集中采购、统一配送等现代经营方式，发挥品牌、网络、技术在开拓市场中的作用，加快传统餐饮业向现代餐饮业的转变步伐。据悉，白云区江高镇中央大厨房项目将建设一批全方位的餐饮服务供应系统，实现加工配送与中央大厨房进行功能对接。

第五，实施全媒介的整合营销策略。"食在广州"的营销传播需要采用整合营销手段将饮食的品牌名称、符号、产品，以及饮食文化内涵、历史意境、价值观念等方面开展信息传播，通过建立品牌认知，在消费者头脑中产生强有力的、偏好的和独特的品牌联想，促使消费者形成正面的判断和感受。通过报纸、广播、电视、网络和其他信息接收终端，推出"食在广州"系列宣传片，积极推介"广州名菜""特色小吃""岭南瓜果""魅力凉茶""异域饮食"。通过举办公益活动进行事件营销，定期举办美食节和食博会等活动，创办"食在广州"高峰论坛，邀请世界各地名厨、美食家、专家学者、企业领袖共同论剑广州。改善消费者体验，增强美食趣味性和娱乐性，有条件的餐饮企业尽量把点餐系统全面接入互联网和移动互联网，能让消费者"在来店路上也可下单"。

作者单位：广州大学大都市治理研究中心

"住在广州"：空间呈现与人居地理

吴志峰*

摘　要：广州地处水热条件充沛的华南地区，是一座兼具人文历史传统与现代经济社会特征的大都市，自然地理环境、人文历史传统与现代经济发展，推动广州城市人居空间结构不断演化，不同时代特征的居住形态与空间单元共同构成了复杂的广州城市人居环境。本文选取骑楼、城中村以及珠江新城作为广州几类有代表性的人居环境案例，从建筑特征、道路通达性、环境绿化等方面分析其居住空间结构特征，为理解广州城市人居文化，开展都市治理提供依据。

关键词：广州人居　空间呈现　人居地理

广州简称"穗"，别称羊城、花城，地处中国大陆南方、广东省中南部、珠江三角洲核心地带，从秦朝开始，广州一直是郡治、州治、府治的行政中心，两千多年来一直都是华南地区的政治、军事、经济、文化和科教中心；与北京、上海并称"北上广"，是国家定位的三大综合性门户城市之一。30多年来，广州一直作为改革开放的排头兵形象呈现在人们面前，提及广州，留给人们印象最深的除了经济发达、外来人口众多外，就是难懂的方言和"食在广州"，承载着1300多万常住人口的城市人居环境似乎缺少个性与魅力，然而，当你停下匆匆的脚步，深入这个城市的不同空间单元，你才会发现，这里不但有中西混杂的建筑风格，也有城乡交错的人居环境。"住在广州"，原来是那么的不简单，值得去深入探访。"住在广

---

* 本文写作获益于广州大学大都市治理学术团队的学术策划，写作过程中研究生冯尧聪作了资料收集等方面的基础性贡献，特此说明和致谢。然遵循学术惯例，文责自负。

州"，你可以选择历史悠久的骑楼建筑，也可以踱步广州新 CBD "珠江新城"，感受现代与奢华，抑或深入"城中村"，体验城市"村民"与外来"打工仔"的生活点滴。全面解读和阐述"住在广州"这一命题不是那么容易，需要从自然地理、人文历史、社会经济、规划管理等不同的视角展开研究，本文挂一漏万，仅仅选取了骑楼、城中村与珠江新城三类特殊的居住空间单元，从建筑特征、人口、道路通达性、绿化等方面解构其空间形态特征，寻找属于这个城市的人居环境记忆，以期为理解广州城市人居文化，开展都市治理提供一个独特的视角。

一　骑楼：千年商都的文化"壁柜"

骑楼是近代以来中国南方尤其是岭南城镇普遍存在的街道模式以及建筑现象，广州骑楼由 20 世纪初开始出现，形式多样，保存完整，是粤派骑楼的代表，原型来自 19 世纪末两广总督张之洞主持修建的铺廊，目的是效仿西方街道形式，振兴广州商业，20 世纪 20 ~ 40 年代骑楼建筑达到兴盛时期。

广州骑楼的特点，不同于其他建筑注重单体结构，骑楼比较注重多个建筑连续组合后形成的街道景观，每栋建筑首层接近马路一面架空 3 ~ 5 米进深作为人行道，即把门廊扩大串通成沿街廊道，廊道上面是楼房，下面一边向街敞开，另一边是店面橱窗，顾客可以沿走廊自由选购商品，楼上一般住人。骑楼如此设计不仅扩大了二层的居住面积，而且为楼下沿途逛街购物，出入商铺的途人挡雨遮阳，避风防晒，特别适应岭南亚热带高温多雨的气候，骑楼内的店铺则可以借用柱廊空间，便于敞开铺面、陈列商品以招徕顾客。

广州骑楼建筑在第十甫路、上下九路、中山路、解放路、人民南路、一德路等商业街道较为集中，而西濠口一带的骑楼最为壮观，新亚酒店、南方大厦、爱群大厦等为广州初期骑楼建筑中的代表，如今的广州骑楼主要分布在西关地区（位于广州市荔湾区，北接西村，南濒珠江，东至人民路，西至小北江，明清时广州城西门外一带的统称）。虽然有着"中西合璧"的建筑风格，但由于骑楼作为民间商住功能的建筑形式，商人们一方面为了迎合顾客的崇洋心理，另一方面为了标新立异，常常采用"洋式店面"。其设计建造者大都不是职业建筑师，而是普普通通的工匠，面对西方建筑，除了吸收一些结构方式和布局方式外，他们看到的更多是各种装饰。

工匠们凭借丰富的实践经验，按照自己的理解加以"模仿"，采取放任自由的"拿来主义"态度。这种对西方建筑创造性的模仿和大胆的改良就形成了广州骑楼活泼而有特色的建筑风格。

骑楼建筑是中西建筑文化交融的结晶。它汲取了西方敞廊式建筑的特征，并跟中国内地传统的"檐廊式"建筑相融合，形成独一无二的岭南建筑景观，是研究岭南文化的"活化石"。广州骑楼的建筑风格，可归纳为以下六种：

（1）哥特式。北京路新华书店和爱群大厦可为代表。北京路新华书店以强烈的垂直线条和拉长的拱形窗表现了明显的哥特装饰意味。爱群大厦（图1）则将哥特风格加以灵活运用和改良，立面以垂直构图为主，设以仿哥特式窗，底层骑楼柱廊也处理为仿哥特式窗形式，使人感觉到浓郁的哥特风格。

图1　爱群大厦　　　　　　　图2　新华大酒店

（2）古罗马券廊式。这种形式骑楼在其他城市较少出现，在广州却能找到不少实例。位于长堤的新华大酒店就是其中的代表作（图2）。底层骑楼为券柱式，券心处以漩涡装饰，风格雄伟，线角明朗而细部丰富。一些部分还运用简化了的罗马柱式，因而具有浓厚的古罗马风格。

（3）南洋式。即在女儿墙上开有一个或多个圆形或其他形状的洞口，其原意是预防台风的袭击，减少建筑物的负荷，从而形成了一种独特的建筑艺术形态，广州的文明路、海珠路可见到，代表作是文明路186号（图3）。

（4）仿巴洛克式。广州骑楼的巴洛克式装饰既不同于古典式的严谨，也有别于17世纪巴洛克风格的烦琐、追求曲线、动感，而是在构图稳定的

图 3　文明路（南洋式）

基础上，加以巴洛克装饰，在广州骑楼中，巴洛克装饰多用在山花装饰及女儿墙的曲线中。在上下九路、万福路、龙津路都有这种骑楼（图 4）。

图 4　万福路（仿巴洛克式）

（5）现代式。多建于 20 世纪 80 年代以后，在结构、材料、造型风格等处理与传统骑楼有明显区别。一般来说，在骑楼的立面处理上舍弃了复杂的装饰，运用了简洁、明快、实用主义的手法，这在泰康路一带可以看到（图 5）。

图 5　泰康路（现代式）

（6）中国传统式。延续了我国南方传统居民的特点，底层沿街挑出，长廊跨越人行道沿街布置，楼层正面墙上，并排着两三个窗户，立面基本无装饰，代表作是德政路 139 号（图 6），而在南华路、同福路、万福路、起义路等，或多或少有些保存。

图 6　德政南路（中国传统式）

骑楼的产生与形成演化，有其特定的自然因素与历史人文背景，骑楼的作用是商住行的各种人居需求综合作用的结果，由于当时广州受外来文化和思想的影响较为突出，中西文化交融，得开放通商之便利，洋为中用，这种建筑风格深刻影响着近现代广州的人居环境特征。

骑楼的一大功用就是交通通行，由于人行道被覆盖在骑楼之下，实现了人车分流，因此骑楼建筑的道路通达性可以从骑楼外的马路与骑楼内的人行道两方面考察。由于骑楼建筑都位于广州的老城区，因此街道都比较狭窄，通常为双向两车道，道路宽度为 6 ~ 8 米，交通空间相对比较有限，对机动车辆限制尤为明显，这也是后来对老城区进行改造不得以拆除部分骑楼的原因之一，出骑楼的外马路交通在现代交通压力下，通达性较差的弊端尤为凸显；骑楼实现了人车分流，提高了人行道的安全性，同时遮风避雨，对步行十分有利，但是骑楼下商铺经常占道经营，使供人行走的道路路面大大减少，因此骑楼下经常出现"人满为患"的现象，骑楼下的商铺以小型个体户居多，多以海味店、五金店、小食店为主，所以每当商铺进货时货车只能停泊在马路旁，加剧了交通拥堵情况。

骑楼紧邻马路，因此缺少道路绿化空间，为了弥补这一缺陷，人们在骑楼下摆放盆景植物，在一些骑楼的外墙里面，进行了攀缘植物的垂直绿化，增加绿化面积，改善人居环境。总之，骑楼这一非常具有广州特色的人居模式经历上百年历史风雨的考验，遭受现代化、城市化运动的强烈冲击，至今还留存在广州中心城区，不能不说是一个奇迹。在今后的旧城改造过程中，如何改善人居条件，同时保留这座城市的历史记忆和文化传承，是摆在我们面前的一个待解之题，不能单纯追求城市交通的便捷、商业运营的繁华而一切推倒重来，骑楼这种独具魅力的广州人居建筑模式需要从文化、历史等更高层面上去加以保护，提升其多功能价值。

二 棠下：变革时代的城中村"卧室"

"城中村"是我国城市化进程特定时期的空间聚落形态。"城中村"，是指在城市高速发展的进程中，由于农村土地全部被征用，农村集体成员由农民身份转变为城市居民身份后，仍居住在由原村改造而演变成的居民区。城市化进程不断加快，城市扩张吞噬和包裹着原来处于城市边缘区的乡村，城郊村庄农用地和农村居民点逐渐被城市建筑区包围，形成了如今的城中村。

"城中村"作为一种特殊的空间单元具有高度的异质性，从1978年开始改革开放后的30多年里，广州城市的建成面积迅速扩张，原先分布在城市周边的农村被纳入城市的版图，被鳞次栉比的高楼大厦所包围。2000年，广州市政府城市规划管理部门曾将城中村定义为"城市规划发展区内的行政村"。在学术界，李培林（2002：169）认为城中村是存在于城市与村落之间的混合社区。张建明（2003：23-46）则将城中村定义为城市中位于城乡边缘带（城市规划区内），一方面具有城市的某些特征，也享有城市的某些基础设施和生活方式，另一方面还保留着乡村的某些景观，以及小农经济思想和价值观念的农村社区。

"城中村"是城市的一块"夹缝地"，这种独特的地位和现象，必然会带来一系列的社会问题：（1）人口杂乱，"城中村"由村民、市民和流动人口混合构成；流动人口成为主要犯罪群体，治安形势严峻；（2）城市规划滞后，违法违章建筑相当集中，"一线天""握手楼""贴面楼"风景独特，由于房屋密度高、采光通风条件差，村民居住环境差；（3）基础设施不完善，卫生条件太差，各种管线杂乱无章，排水排污不畅，垃圾成灾，街巷狭窄、拥挤，存在严重消防隐患；（4）土地使用存在诸多问题，宅基地、工业用地、商业用地相互交织，非法出租、转让、倒卖，管理混乱。"城中村"不仅影响城市的美观，也阻碍城市化进程，制约着城市的发展，已成为困扰许多城市发展的"痼疾"（图7）。

图7　广州"城中村"

棠下村位于广州市经济社会发展最为迅速的天河区，它不同于珠江新城改造过程中逐步消失的猎德村，也不同于位于城市边缘区的龙洞村，作为一个典型的"城中村"案例解剖非常具有代表性。该村东邻棠东村，西接科韵路，南部中山大道穿过村域范围，北靠广园快速路，面积约 1.2 平方公里，周边高楼林立，交通发达（图 8）。

图 8　广州典型"城中村"棠下村遥感影像

棠下村演变为城中村主要发生在 20 世纪 90 年代。在演变为城中村前，棠下村是广州普通的传统村落，传统的农耕经济是村民的主要收入来源。1997 年，广州市人民政府成立棠下街道办事处，棠下村成为棠下街道办事处的行政村。90 年代开始，由于广州城市化的东移，棠下村外围大量农田被迅速征用，村域与村民聚落区融为一体。由于大量密集型劳动产业以及中小型商业在棠下村附近发展，村民在宅基地上规模性建立廉价出租屋，满足外来务工人员的需求。从此棠下村成为流动人口较多的城中村。棠下村内部的建筑密集而又无序，与周围的城市建筑十分不协调，反差很大，很容易被区分出来。

棠下村的土地利用类型分布特征基本上是村落内部以住宅用地为主，村域东北部住宅为商品楼，楼距较宽，分布比较有序。工业与商业用地分布在村域的边缘，或者是靠近道路的地方，其中中山大道沿线都为商业用地。公共服务设施用地零星分布。绿地主要分布在村域边缘，且靠近主干道路较多，村落内部极少绿地分布（图9）。

图9　棠下村土地利用、建筑高度和交通条件

　　棠下村土地利用结构如图9所示，棠下村住宅用地多而且密集。用地面积所占比例最大，占68%；其次是工业与商业用地，占13%；绿地面积占7%；公共服务设施用地和道路用地各占4%；河流与其他用地各占2%。从土地利用结构比例看来，棠下村的住宅用地面积已经超过土地总面积的一半，而其他类型用地的比例都十分小。

　　棠下村研究区域内的所有建筑可分为三类：第一类建筑为近年新建，建筑类型较好的建筑，为钢筋混凝土结构；第二类建筑为有一定建造年份，建筑类型一般的建筑，为钢筋混凝土结构或混合结构；第三类建筑则是临时建筑以及破损程度大的建筑，为砖木结构。本文统计棠下村建筑总数为1996栋，建筑类型比例如表1所示。第二类建筑占了总建筑的93.9%，第一类建筑占了5.3%，第三类建筑只占0.8%。由此可知，棠下村建筑总体质量一般，村民住宅基本上属于第二类建筑，工业与商业的建筑类型较好，多数为第一类建筑，公共服务设施建筑类型以第一类和第二类为主，但仍有第三类建筑，例如祠堂。也有乐观的情况，第三类建筑为数不多，只剩下祠堂等少数历史建筑，加以修缮基本可以消除安全隐患。

　　建筑高度按照3层以下、3~6层、7层及以上三个等级制作了棠下村建筑高度示意图（图9），城中村村民住宅建筑相对比周边建筑明显低矮，一般为3~6层。工业与商业建筑由于经济实力强，楼层相对偏高，一般在7层以上。在分布特征上，棠下村建筑呈现中间低两边高的现象，而且高层建筑沿道路和河流分布。棠下村以3~6层建筑为主，占93%，3层以下的建筑占3%，7层及以上的建筑占4%。由此可见棠下村建筑绝大部分为低层建筑，高层建筑寥寥可数，与周边的城市建筑高度落差太大，极不协调。

表1 棠下村建筑类型统计表

	住宅建筑（栋）	公共服务设施建筑（栋）	工业与商业建筑（栋）	合计（栋）	比例（%）
第一类建筑	66	5	34	105	5.3
第二类建筑	1862	5	7	1874	93.9
第三类建筑	13	3	1	17	0.8
合计（栋）	1941	13	42	1996	100

棠下村周边的道路系统主要有南面的中山大道与西面的科韵路两条一级主干道，北面的棠德南路一条二级道路以及若干条村落内部的三级道路，如图9所示。一级道路方面，中山大道以及科韵路作为广州的主要道路，都是双向八车道，路宽大约50米，而且中山大道还有BRT线路，公交站就在棠下村村口牌坊位置，可见一级道路的通达性良好。棠德南路作为二级道路，属于双向四车道的普通市政道路，但因为附近有棠德花园小区，私家车较多，在上下班时期会出现拥堵现象，因此道路通达性一般。村内道路作为三级道路，由于村民住宅过于密集，原本不宽的村中街道被楼房重重包围，主要道路大概有6米宽，但一些宅间路仅有一米宽，只能勉强行人。同时宅间路分布极不规范，弯弯曲曲，四处分叉，而且存在多处断头路，如果非本村村民根本无法辨认走向。由于村内人口密度大，无论是村内的主干道还是宅间路时时刻刻都挤满了人，这样不仅阻碍上班一族的出行时间，而且为扒手作案提供机会。更重要的是如此狭窄拥堵的道路不利于消防车的进入，一旦发生火灾后果不堪设想。因此棠下村三级道路的通达性是极差的。

棠下村的绿地分布非常少，绿地面积仅占总用地面积的7%，而且绝大部分绿地是路边的绿化带和城市道路景观。村落内部的绿地仅仅是几个小公园，而且分布零散。如此低的绿地面积与生态城市绿地达标率38%相距甚远。

三　珠江新城：繁华都市的商住"客厅"

珠江新城，是广州现代化与繁华的代名词，位居天河、越秀及海珠三区的交接处，东起华南快速干线，西至广州大道，南临珠江，北达黄埔大道，总规划用地面积 6.44 平方公里，核心地区约 1 平方公里，商建面积约 450 万平方米，规划将容纳 17 万 ~ 18 万居住人口，提供近 30 万个就业岗位。作为广州 CBD 的珠江新城，正承担着广州总部经济核心的地位和责任。珠江新城是广州中心商务区的组成部分，同时也是中央承认的三个国家级中央商务区之一（另外两个为北京商务中心区与上海陆家嘴金融贸易区），未来将发展成为国际金融、贸易、商业、文娱、外事、行政和居住区，是广州 21 世纪的城市客厅和核心商务区（图 10）。

图 10　广州珠江新城夜景

珠江新城是广州人居环境条件最好的地带之一，以冼村路为界，分东、西两区，东区以居住为主，西区以商务办公为主，两区以珠江滨水绿化带和东西向商业活动轴线贯通。区内高楼林立，许多广州市的地标建筑与高档商品房位居于此，商业建筑楼高平均在 50 层以上，住宅商品房楼高平均在 30 层以上，是名副其实的寸土寸金的地方。代表性建筑有：（1）广州国际金融中心，俗称西塔，超甲级商务写字楼，是珠江新城六大标志性建筑之一，位于珠江新城核心商业区，楼高 430 米，共 103 层，建筑面积达 44.8 万平方米。（2）广州周大福金融中心，俗称东塔，超甲级商务写字楼，目前还在建设当中，规划建设高度 539.2 米，共 112 层，建筑面积达 40 万平方米。东塔与西塔形成对称布置，互相呼应，建成后是广州又一地标建筑。（3）广州塔，俗称小蛮腰，总高度 600 米，其中塔体高度 450 米，天线桅杆高度 150 米，是世界第三高塔，中国第一高塔。广州塔全运用钢结构建造，是广州的地标建筑之一（图 11）。

图 11　广州塔

　　珠江新城作为广州的 CBD（中央商务区），要求良好的道路交通条件。位于北部的黄埔大道是广州横向主干道之一，双向八车道，路宽 50 米。位于南部的临江大道也有双向六车道，而且建设多个立体交通设施，保证交通顺畅。珠江新城内的道路都在 21 世纪初得到重新规划与修建，因此大多数为双向四车道，沥青路面，交通灯设置完善。珠江新城同时也有地铁3号线与5号线经过，并在此设置交通换乘，旅客自助捷运系统APM贯穿珠江新城的中轴线，为路面交通减少压力。

花城广场是珠江新城的中轴广场，位于黄埔大道以南，华夏路以东，冼村路以西，临江大道以北，总面积为56万平方米。花城广场种植了约600棵树木，并四季种植鲜花，而且建有人工喷水池、休憩长椅、灯光广场等。位于珠江新城的住宅小区都属于广州市高级住宅，十分注重小区绿化面积。因此住宅小区的绿化面积比较适宜。

四 结束语：并非仅仅"住"

广州，是一个极具个性和魅力的城市，兼容并蓄是这座城市的本质特征与文化内涵，生活在广州这座城市，衣食住行是每个居民日常生活必不可少的元素，其中"住"的载体就是这座城市最为坚实的物质基础，各种城市单元与建筑空间在这里交汇融合，构成了复杂的广州城市人居环境。

正如路易斯·芒福德（2009：374）在《城市文化》中所言："对于地球和城市两者而言，区域规划的任务是使区域可以维持人类最丰富的文化类型，最充分地扩展人类生活，为各种类型的特征、分布和人类情感提供一个家园，创造并保护客观环境以呼应人类更深层的主观需求。正是我们这些认识到机械化、标准化和普遍化的价值的人，应该敏感地意识到需要为另外一套互补的行为提供同样的场所——野生的、多样的、自发的、自然的和人类的形成互补，个体性的和集体性的形成互补。规划一个可以为人类差异微妙的不同层次的感觉和价值，形成一个连续背景的栖息地，是优雅生活的基本必需。"住在广州，首先是生存和生活的基本必需的满足，更是个体和集体在历史和现实的发展中的妥协。古老的骑楼如今依然古韵飘香，时代产物"城中村"还继续为打工一代提供便宜的藏龙之地，繁华发达的珠江新城充分体现着羊城的发达与繁华。野生的、多样的、自发的、自然的广州一直都在，也一直都在不断地发展，以适应我们羊城人民的需要。

住在广州，住的可以是历史，可以是奋斗，同样也可以是享受。

参考文献

李培林：《巨变：村落的终结——都市里的村庄研究》，《中国社会科学》2002 年第 1 期。

刘显仁：《广州竟有三个棠下村》，《广州日报》2007 年 7 月 3 日。

路易斯·芒福德：《城市文化》，北京：中国建筑工业出版社，2009。

彭长歆：《"铺廊"与骑楼：从张之洞广州长堤计划看岭南骑楼的官方原型》，《华南理工大学学报》2006 年第 6 期。

饶展雄：《漫谈广州骑楼文化》，《粤海风》2010 年第 3 期。

唐孝祥、娄君侠：《广州西关骑楼建筑的文化特色及其保护发展——以上下九骑楼商业街为考察对象》，《小城镇建设》2010 年第 3 期。

谢璇、骆建云：《广州骑楼街区保护与改造现象剖析》，《建筑》2001 年第 4 期。

姚一民：《城中村的管治问题研究：以广州为例》，北京：中央编译出版社，2008。

袁奇峰：《蜕变珠江新城，从新城市中心到中央商务区》，《房地产周刊》2006 年第 9 期。

张建明：《广州城中村研究》，广州：广东人民出版社，2003。

郑静：《广州骑楼街空间分布特征及保护措施》，《规划研究》1999 年第 11 期。

朱伯强：《广州西关民居建筑——西关大屋、骑楼和茶楼建筑》，《中外建筑》2002 年第 6 期。

作者单位：广州大学大都市治理研究中心，广州大学地理科学学院

"行在广州"：空间流动与都市治理

谢　颖[*]

摘　要：当今世界，城市人口空间流动主要依靠城市交通，然而随着城市化飞速发展，交通拥堵、环境污染等城市病随之产生。本文在揭示广州交通发展现状、概括人口空间流动特征和分析交通拥堵、交通事故频发和交通污染等交通问题分别由"六个不匹配"、"驾驶员内、外因"和"污染源内、外因"导致的基础上，提出解决交通拥堵问题可采取"公交优先""三限""拥堵收费""绿色出行""调整城市布局和完善管理"等措施；减少交通事故可采取"加强交通法规教育""加强交通安全教育""加强城市道路交通管理""加强交通安全设施建设"等措施；遏制交通污染可从"改善车辆质量""科学规划道路网络""限定个人交通""完善公交体系"等方面进行治理。

关键词：广州交通　空间流动　交通问题　治理措施

近年来随着广州社会和经济的快速发展，广州城市交通建设取得了巨大的成就，但由于受城市化和机动化的影响，城市交通问题也日益突出，严重影响市民生活和城市经济的发展。因此，城市治理迫在眉睫。

一　广州城市交通的基本状况

交通为人和物提供空间位移，因此，人口的空间流动是依靠交通来完

---

* 本文写作受益于广州大学大都市治理研究中心的学术策划，写作过程中，梁祖荣、杨玉敏做了大量的基础性工作，在此说明并致谢。然遵循学术惯例，文责自负。

成的，空间流动的发展也必然体现在流动方式的发展即交通的发展基础之上。交通是城市经济的血管，是城市竞争力的重要组成部分，是城市文化的核心载体，也是城市形象的最直观表达。近三年来，广州地区的交通投资建设得到了快速发展，取得了巨大成就，已初步形成了由高速公路、城市快速路、地铁、大容量快速公交系统（BRT）、国际机场、各等级公路、市政路、"村村通"农村公路等组成的多位一体、无缝换乘、高效便捷、相对完善的立体交通格局。广州区域内的通行效率和外部联系出口通道均得到了较大幅度的提高和改善，为广州国际大都市的全面建设和发展提供理论基础性支撑和保障，而且使得人民群众的出行满意度也得到了较大幅度的提升。

广州现存的交通格局如下：

（一）轨道交通

1997 年，广州开通地铁 1 号线，是继北京、天津和上海之后第四个拥有地下铁道系统的中国大陆城市。目前已开通 9 条线路，总长度达 260 公里（见图 1）。计划到 2020 年，广州地铁将运行 15 条线路，总长度增至 500 公里。[1]

（二）常规公交

2010 年引进的广州快速公交系统（Guangzhou Bus Rapid Transit），属世界第二大快速公交系统。目前 BRT 通道的 32 条线路日均客运量超过 80 万人次，最高日客流量达 96 万人次。BRT 通道内平均运营速度约 23 公里/小时，比开通前提高了近 84%。

（三）航空

广州白云国际机场位于花都区，2004 年 8 月 5 日正式投入运营[2]，属中国交通情况第二繁忙的机场。该机场取代了原先位于市中心的无法满足日

---

[1] 《数说未来地铁最"红"（2011）》，大洋网－羊城地铁，http：//news. sina. com. cn/c/2004-08-06/01193307040s. shtml。

[2] 《白云机场新跑道预计 2014 年底运营（2013）》，新快报（网易财经），http：//money.163. com/13/0601/02/908HQGEO00253B0H. html。

图1　广州地铁交通示意图

益增长航空需求的旧机场。目前机场有两条飞机跑道，第三条正在拟建中。①

（四）铁道运输

广州是京广铁路（北京—广州）、广深铁路（广州—深圳）、广茂铁路（广州—茂名）、广梅汕铁路（广州—梅州—汕头）的终点站。2009 年年底，武广客运专线（广州—武汉）投入运营，多单元列车覆盖 980 公里（608.94 英里）的路程，最高时速可达 350 公里/小时（217 英里/小时）。② 2011 年 1 月 7 日，广珠城际铁路（广州—珠海）投入运营，平均时速可达

---

① 《白云机场新跑道预计 2014 年底运营（2013）》，新快报（网易财经），http：//money. 163. com/13/0601/02/908HQGEO00253B0H. html。

② 《武广高铁正式运行（2009）》，凤凰网，http：//news. ifeng. com/mainland/special/wuguang-gaotie/。

200 公里/小时（124 英里/小时）。①

（五）连接香港

广州铁路、长途汽车和渡轮直达香港，广九直通车从广州东站开出，直达香港九龙红磡站②，总长度约 182 公里（113 英里），车程在两小时内。繁忙的长途汽车每年会从城市中的不同载客点（主要为大酒店）把旅客接载至香港。

（六）轮渡服务

南沙码头和莲花山码头间每天都有高速双体船往返，渡轮也开往香港中国客运码头和港澳码头。③

二　人口空间流动特征

（一）人口空间流动目的多样

城市的一切出行活动都是有目的的，如工作、看病、访友。不同目的的出行，反映了城市居民的日常活动。

流动的目的反映个体出行需求，包括通勤（上班、上学、公务）和非通勤（购物、餐饮娱乐、社交等）两大类。2011 年广州居民出行以通勤为主，约占 35%（加上回程约占 70%）；通勤出行中，以上班为主，占 28.44%。非通勤出行约占 15%（加上回程约占 30%），接近欧美及日本等发达国家最低平均水平（邓毛颖、谢理，2000：45-49）；非通勤出行中，以购物为主，约占非通勤出行的 2/3。与 2003 年相比，通勤出行下降了 6.65%，主要表现在上学比例上；非通勤出行上升了约 10%，特别是购物比例上升明显。受样本构成和数据结构影响，2011

---

① 《广珠城际铁路将正式开通 车票提前开售（2011）》，中新网，http://www.chinanews.com/cj/2011/01-05/2766618.shtml。

② 广九直通车时刻表（广州—香港）（2014），广九直通车售票中心，http://www.020ztc.com/。

③ 黄裕勇：《香港赤鱲角机场开通广州南沙港渡轮航线抢客》，大公报（民航资源网），http://news.carnoc.com/list/138/138746.html。

年调查的是居民全日所有出行的平均量，故生活性出行的反映更加全面；同时，社会经济水平提高，人们更多从必需性活动中解放出来，生活方式更趋向于多样化。

（二）人口空间流动次数增多

出行次数反映居民在日常生活中参与各项活动的需求情况，其多少受个人社会经济特征和城市外在环境的影响。2011年广州居民人均日出行次数为2.40次，略低于发达国家3.0次的最低平均水平。日出行次数以2次为主（1个来回），占80.93%；其次是4次（2个来回），占16.58%；最后是6次（3个来回），占1.62%。总的来说，日出行次数比1984年（2.14次）和1998年（2.11次）都有所增加（江海燕、孙泽彬、朱雪梅，2014）。原因在于：首先，经济、生活和交通配套水平比二三十年前都有了大幅提高，尤其是最近十多年以来信息和交通技术的发展，使人们在时间上获得更大的自由度，在空间上产生更多样化的主动出行需求；其次，城市规模扩张、空间结构改变、单位制解体和住房制度改革等改变了人们居住与通勤模式，出现职住分离、空间错位和日常活动广域化等分化趋势，使人们被动出行迅速增加。

（三）人口空间流动时效较低

居民空间流动在不同时段上的分布，客观上反映了城市居民的生活节奏和交通需求在时间上的分布，是分析、解决高峰小时交通问题的重要参考依据。根据统计，目前已公布指数的广州市中心城区以及天河、越秀、荔湾、海珠、白云等五个老城区，呈现以下规律：全天四个交通高峰，分别出现在8时30分、11时、15时、18时，各自维持半小时到一小时的较为拥堵情况；全天最高峰出现在18时15分，拥堵指数超6.0，为中度拥堵。总体上早高峰不明显，晚高峰明显。此外，早高峰天河区最为拥堵，晚高峰越秀区最为拥堵。① 解决交通问题其实就是要解决好高峰小时问题，把高峰小时问题处理好了，其他时段的问题也就迎刃而解了。调查数据表明，广州市早高峰出行目的中，上班、上学占有绝对

---

① 《广州交通拥堵指数：早高峰不如晚高峰拥堵明显（2014）》，广州交通，http://jt.gz.bendibao.com/news/2014124/149781.shtml。

优势，占总量 82% 左右，说明广州市交通急需解决居民上班、上学问题，除了就近安排就业、上学外，错开上下班时间是解决道路高峰时拥挤的最原始又很有效的方法。

（四）人口空间流动时耗增大

出行耗时表示居民一次出行从起点到终点的行程所花费的时间，主要受出行距离交通方式制约，不同的单程出行耗时，居民相应会采取不同的出行工具。广州市居民的单程出行耗时调查结果表明，20 分钟以下的出行以步行和自行车为主，21~40 分钟的出行以自行车、公交车、步行、摩托车为主，41 分钟以上的出行以公交车、单位车、自行车、步行为主。其规律基本符合各出行方式的特点。自行车自始至终在主要出行方式中占有一席之地，与其灵活方便、运营成本低廉有密切的关系。2013 年 7 月广州市社科研究院发布的报告显示，从 2005 年到 2010 年，广州市民上班在路上花费的时间，从 28 分钟增加到 58 分钟。[①]

（五）人口空间流动方式多元

出行方式是反映出行效率的核心指标，其比例结构综合反映出城市交通发展战略和个体的机动能力。2011 年广州居民出行以公共汽车、私家车、步行和地铁为主，分别占 28.79%、25.32%、24.22% 和 12.88%（江海燕、孙泽彬、朱雪梅，2014）。一方面，从近三十年的趋势看，交通方式比例显著上升的有公共汽车、地铁、私家车和出租车，这是广州实施"大力推行公共运输（公共交通+地铁）、谨慎支持小汽车（不限制小汽车）"交通发展策略的结果，如优化公共汽车线路站点规划、改善公共汽车设施条件、增建 BRT 线路和地铁轨道线路等。但不限制小汽车的政策和经济的快速增长也使得小汽车比例迅猛增加，造成广州中心城区不堪重负。2012 年，广州市政府推出《广州市中小客车总量调控管理试行办法》，对新增汽车采取"环保+摇号+竞价"的指标分配模式，向限制小汽车迈出了实质性的第一步。另一方面，交通方式比例在三十年间显著下降的有步行、自行车、摩托车及轮渡等。其中，自行车下降与政府在 1993 年起实行严厉限制有关，

---

① 《广州上班出行时间 5 年内增加半个小时（2013）》，广州资讯，http://gz. bendibao. com/news/2013712/content129362. shtml。

摩托车下降与政府自 1991 年"限摩"到 2007 年全面"禁摩"有关；限制自行车是基于对影响整体交通效率的考虑，而限制摩托车则是出于效率和治安的考虑。近几年在低碳生活方式的倡导下，自行车作为健康、无污染的交通工具，与步行一起纳入旧城慢行交通系统改造和新城规划，以适应城市发展转型、提升人民生活品质的需求，其比例有望止跌回升。

（六）人口空间流动空间拓宽

居民出行空间分布（O—D 分布）通常是指出行量的愿望线分布而不是实际路径分布。出行的空间分布反映了居民出行空间的流动规律，居民出行的空间分布特征，主要取决于人口密度分布特征和城市布局规划特征。

1. 人口密度分布

广州中心城区的人口密度为 6626 人/平方公里，分别是新城区（天河、番禺）和两个县级市（从化、增城）的 5.3 倍和 14.6 倍。此外，据 2014 年最新广州各区人口密度数据图显示，广州越秀区的人口密度达到了 52834 人/平方公里，位居全球第四。[①]

2. 城市布局规划

（1）城市布局从单中心向多中心过渡

基于广州市第五次和第六次人口普查中的常住人口数据，运用空间分析法、单中心密度模型和多中心密度模型分析法对广州市人口空间分布和多中心城市空间结构进行研究。结果表明，研究时段内广州人口空间动态变化表现为"内圈层（近郊区）快速增长、外圈层慢速增长、核心圈层（核心区）和外圈低速增长"，核心圈层 的人口继续增长并向四周扩散，表明广州人口变动的郊区化现象明显，已呈现多中心特征，由 2000 年的"1 个中心（人民公园）2 个次中心（白云区的新景街和海珠区的凤阳街）"演变至 2010 年的"1 个中心（人民公园）4 个次中心（白云区的同德街、海珠区的凤阳街、天河区的棠下街和沙河街）"，次中心的人口集聚功能逐渐增强，对城市人口分布影响逐渐增大（蒋丽、吴缚龙，2013：147-155）。

---

① 《2014 年最新广州各区人口密度数据图 越秀全球第 4 挤（2014）》，广州资讯，http：//gz. bendibao. com/news/2014523/content160314. shtml。

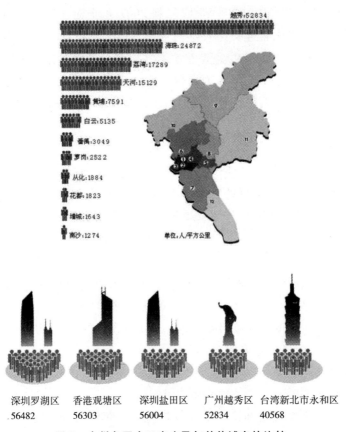

图 2 广州各区人口密度及与其他城市的比较

（2）广州"一二三"城市功能布局

广州市规划局发布了"一二三"城市功能布局规划。两个新城区和三个副中心将共同承接新增长的 480 万人口。其中，两个新城区南沙滨海新城和东部山水新城将承接新增长的 230 万人口，三个副中心承接新增长的 250 万人口。①

六个功能区

●一个都会区

包括越秀区、荔湾区、海珠区、天河区、黄埔区、白云区南部、萝岗

---

① 《广州"一二三"城市功能布局规划重点一览（图）（2012）》，广州资讯，http：//m. gz. bendibao. com/news/108641. html。

区的南部地区和沙湾水道以北地区。

● 两个新城

南沙滨海新城，包括南沙区和沙湾水道以南地区；东部山水新城，包括萝岗区的北部地区和增城市的中新镇、朱村街道。

● 三个副中心

花都副中心、增城副中心、从化副中心。

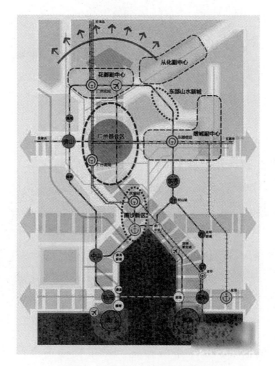

图3 广州市六个功能区图示

（3）25个功能组团

在"一二三"总体框架基础上，将划分25个功能组团。① 包括山地生态功能组团、休闲度假功能组团、先进制造业功能组团、综合服务功能组团、临空产业功能组团、高新技术产业功能组团、生活科教功能组团等。

_____

① 《广州"一二三"城市功能布局规划重点一览（图）（2012）》，广州资讯，http：//m. gz. bendibao. com/news/108641. html。

图 4　广州市 25 个功能组团图示

三　空间流动存在的问题

交通是城市的血液，是城市的命脉。城市交通为生产和生活提供特殊的使用价值，即提供人和物的空间位移服务。随着广州城市化的飞速发展，广州城市交通问题也日益突出。

（一）城市交通拥堵问题

进入 21 世纪，中国城镇化、机动化进程不断加快。2000～2009 年的 10 年间，中国城镇化率由 36.2% 提高至 46.6%，年均增长约 1.2 个百分点，城镇人口由 4.6 亿人增至 6.2 亿人，净增 1.6 亿人；北京、上海、广州、成都、杭州、深圳等一批城市的机动车保有量先后超过百万量级，全国民用汽车保有量从 1609 万辆增至 6281 万辆，净增 4672 万辆，年均增长 16.3%。

在这一大背景下，以交通拥堵为代表的城市交通问题开始成为困扰中国大城市的普遍难题。交通拥堵首先出现在几个特大城市——北京、上海、广州、成都等，并在短短几年间迅速蔓延至百万人口以上的大城市，甚至一些中小城市也出现了严重的交通拥堵问题，且愈演愈烈。

广州交警部门公布了全市拥堵点调查结果，经过为期两周近万名市民投票参与，从交警部门公布的98个拥堵点中，产生了得票最高的前20路段。金沙洲大桥、罗冲围路口、内环增槎放射线金沙洲出口得票名列前三，成为市民心中最堵的路段。从所公布的拥堵路段得票情况来看，主要分布在越秀、天河、白云区三个区以及内环路，其中天河区有7个得票前20的路段，成为全市拥堵点最为密集的区域，越秀区有5个，白云区有3个，内环路也有3个，剩下的海珠有1个，荔湾有1个，同时还发现，除了白云区的3个堵点主要集中于广州的西片区外，其余的堵点主要集中于市区中心地带的主干道路和内环路，比如中山大道、广州大道、黄埔大道、东风路、天河路、环市路等，而在高架桥方面，则以东濠涌高架拥堵最为典型。[①]

（二）城市交通事故频发问题

由于我国城市车多路少，加上我国的城市交通管理手段比较落后，严重缺乏确保交通安全的交通管理和交通工程设施，以及城市道路网上的交通混合使我国的交通事故有增无减。交通事故一旦发生，后面的车辆往往束手无策，进退两难，只好咬在一起，严重影响了交通的正常运行。广州的交通事故基数较大，交通事故造成人员伤亡、财产损失的情况仍十分严重，严重危害了群体利益，引发了大量影响社会稳定和市民幸福的不稳定因素。2010年，广州市共发生一般以上道路交通事故3582宗，造成1018人死亡、4252人受伤、直接财产损失1109.2万元，分别占广东省总数的11.8%、16.4%、11.6%、13.8%（董皞、李俊夫、冼伟雄，2012：225）。在交通出行需求与道路资源供给不足的矛盾日益凸显的大环境下，道路交通事故预防的压力很大，预防道路交通事故的工作任重而道远。

---

① 《广州交通拥堵指数：早高峰不如晚高峰拥堵明显（2014）》，广州交通，http：//jt. gz. bendibao. com/news/2014124/149781. shtml。

（三）城市交通污染问题

城市交通是城市环境恶化的主要原因：城市环境中的噪声有 70% 左右来自交通噪声；在大气污染物排放总量中，来自机动车船等的有害物质占有相当大的比重；流动污染源高度分散，其有害物质的排放和噪声、振动等能力的传播直接危害人体健康。

四　城市问题出现的原因

任何事物的发展都处于因果联系的链条之中，有因必有果，有果必有因，城市交通问题的出现也必然是由一定原因而导致的。

（一）城市堵车的原因

城市堵车的根源可归纳为以下六个不匹配（董国良、张亦，2005：11-12）。

1. 道路交通特性和车流特性不匹配

随着汽车拥有率的提高，城市道路上车流密度出现了质的变化，由以往的间断性车流变成了连续性车流，即车流的特性是连续流的特性，而城市道路（除快速路外）为间断流交通特性，两者的特性是不匹配的。因此，只有将城市道路所能提供的交通方式，由间断流交通方式（即每到交叉路口需要停车等待绿灯）改造为连续流交通方式（无红绿灯，无冲突点，途中无须停车），才能实现道路交通特性与车流特性相匹配。

2. 交通需求密度与交通供给密度不匹配

随着汽车拥有率的提高，繁华市区交通需求密度将提高至 50000 车·公里/（平方公里·小时），而现行的城市道路交通模式，所能提供的交通供给密度只能在 10000 车·公里/（平方公里·小时）左右。交通供给密度与交通需求密度严重不匹配。目前城市市区道路的通行能力只发挥了 20% 左右，这是造成交通供给密度远远小于交通需求密度的根源，也是微循环堵车永远无法解决的根源。必须寻求一种方法，将市区道路通行能力的潜力全部挖掘出来，进而将交通供给密度提高至 50000~80000 车·公里/（平方公里·小时），才能实现交通供给密度与交通需求密度相匹配，才能从根本上消除市区内的堵车现象。

3. 城市道路的级配理论造成各路段的交通特性不匹配

产生于 60 年前的城市道路级配理论应该看作间断流交通向连续流交通的一种回归，其中的快速路"回归"为连续流交通，但是这种回归只是部分的，是不彻底的。进入汽车时代以后，城市交通出现了新的规律，可以概括为速度趋同定律和密度趋同定律。这种新的规律使得快速路和其他道路永远处于不平衡状态之中，在逻辑上表现为一种悖论，可以称之为交通悖论。多年以来，不少城市交通始终处于悖论中艰难地挣扎的局面。

城市道路分为四级（快速路、主干路、支干路、支路）的级配理论，是造成城市必然堵车的过时的理论。城市在进入汽车时代以后，汽车将遍及大街小巷，那种希望通过几个大的道路工程来解决全市交通拥堵的想法，显然已经不合时宜了。只有把目光从几条线上转到"面"上，即把目光转到提高整个路网中所有道路的通行能力上来，设法使全市路网中所有的道路都变成快速路。对汽车时代的城市道路交通系统参数进行全面分析计算后，可以得到一个重要的理论结果：在城市道路面积率为 20% ~ 25% 的前提下，而且仅当市区道路全部实现连续流交通，平均车速为 60 公里/小时左右，才能实现建设真正紧凑型不堵车城市的目标，在人口密度为 15000 人/平方公里和汽车拥有率为 600 辆/千人的情况下，不出现交通拥堵现象。

4. 城市交通规划的思路与城市交通发展的客观规律不匹配

目前奉行的以年限的长短确定交通规划目标的方法是不科学的，其结果是"规划赶不上变化"，道路的改造赶不上车辆增加的速度。科学的规划方法应该以规划所必须遵循的刚性约束条件为规划目标。犹如给小孩子盖房，也要以成人的高度作为依据、作为刚性约束条件一样，城市道路交通规划的刚性约束条件是：城市汽车饱和拥有率 600 辆/千人，城市人口密度 15000 人/平方公里，同步建设行车、停车和步行三个系统，即在城市中不存在交通拥堵和停车困难并有遍布全市的、宜人的步行系统，并能实现快速公交等。

5. "一重两轻"造成动态交通设施与静态交通设施不匹配，造成快行系统与慢行系统不匹配

这里的静态交通设施指停车系统，慢行系统指步行和自行车道路系统。目前，随着城市道路的不断改造，停车及步行系统的困难却越来越大；反过来，又加剧了道路通行的困难。行车、停车和步行三个系统的匹配，如果不能彻底解决，城市交通的可持续发展将面临越来越大的困难。

6. 道路间断流交通特性与快速公交不匹配

在城市交通拥堵日益严重的今天，必须在城市全面实现连续流交通的前提下，依靠公交优先行驶的政策来实现快速公交。

（二） 城市交通事故频发的原因

1. 驾驶员内部原因

（1）驾驶员职业修养和行车素质不高，酒驾、醉驾屡屡出现。

（2）驾驶员驾驶技术不熟练。据统计，因驾驶员驾驶技术不熟练而造成的交通事故，占我国交通事故总数的 30% ~40% 。

2. 驾驶员外部原因

（1）道路状况问题。道路技术等级总量较低，同时，各地城市不同程度的道路拥堵现象增加了交通事故发生的概率。

（2）车辆管理的问题。目前各地城市车辆的使用缺乏统一、规范的管理方案，超负荷车运输的现象普遍存在。

（3）交通管理问题。在交通安全管理、车辆待业管理、运输售货员管理及交通道路管理等方面仍不完善。

（5）交通的拥堵问题。塞车时有些司机耐不住性子容易抢道，制造交通上的不和谐气氛，甚至造成交通事故（蒋作君，2010：6）。

（三） 城市污染加重的原因

随着广州汽车保有量的不断增长，21 世纪无论从产业的发展来讲，还是从现实社会的经济发展水平来看，汽车进入家庭都成为一个毋庸置疑的趋势，这就使本来已经非常严峻的交通污染问题更是雪上加霜。

1. 污染源内部因素分析（尹利、赵强，2001）

（1）汽车生产技术落后。目前，世界几大汽车生产厂家考虑的是如何减少排放，增加安全性和可靠性，如新型奥迪旅游轿车和丰田汽车公司已研制出混合动力装置，装有液压柴油机和电动机，加速时使用柴油机，平时使用电动机驱动以减少污染排放。而我国还在提高发动机的动力性、经济性和可靠性上下功夫。正是由于我国汽车（包括小汽车和公共汽车）制造水平低，单车排放量相当于国外同类产品的 5 ~10 倍。因此，发动机改造尤其是改进发动机燃烧性能是减少汽车排放污染最基本的一步。

（2）汽车燃料质量差。现在奔驰公司正在努力使氢气成为汽车燃料，只有水是最终产物，从而不产生任何污染物。而我国高污染燃料仍普遍使用，70 号低标号汽油还在大量使用，目前生产和消费占市场 50% 左右的汽油、柴油质量达不到要求。因此，燃料质量的改善也是减少交通污染有力的措施之一。

（3）汽车尾气净化技术不成熟。国内目前对汽车尾气的净化处理还没有成熟的、有效的、较经济的和可以普遍推广的技术。这是造成汽车污染难以控制的另一个重要因素。

（4）汽车报废制度不严格。车辆维修保养和日常检查制度不健全、报废制度不严格使得超标超期服役车辆不断增加，也是造成汽车污染严重的重要原因。相反，美、日、欧等国则制定了严格的报废制度，回收废车。

（5）汽车尾气排放标准低，监管缺乏力度。我国机动车排放标准太低，仅相当于国外 20 世纪 70 年代末期的水平，现在美国的机动车排放标准要比我国高 3 ~ 15 倍，日本的标准要比我国严格 10 ~ 20 倍。我国出厂新车的排放污染物大大超过国外。

2. 污染源外部因素分析

（1）交通结构不合理。广州市区客运交通结构中，公交车承担客运总量比重和出行量比重呈下降趋势，而小轿车相应比重则呈上升趋势。这种结构本身就加重了交通污染。

（2）交通拥堵问题。交通拥堵导致塞车，塞车浪费汽油，因为即使汽车停滞不前，发动机仍在工作，并且还产生尾气污染环境。几百万辆汽车塞车，每天要浪费数不胜数的汽油，排放的尾气数量也比没塞车时多得多。

（3）交通废气扩散能力弱。道路两旁高大建筑物接连不断，阻碍了自然通风，大大减弱了城市中空气的对流和交换，从而影响了汽车尾气的及时扩散、稀释。同时主要路段两旁的绿化程度又比较低，空气净化能力很差，汽车尾气的累积就形成了大气污染。所以，对道路沿线建筑的高度进行严格限制和管理同时进行"绿色走廊"建设，对汽车尾气的净化扩散都是十分重要的环节。

五　对城市进行治理的战略措施

城市治理理论的兴起，主要源于新时期城市发展的需要。随着城市化的加速推进，城市社会高度分化，利益多元化趋势也随之加剧，政府单一主题的管理变得越来越不合时宜。人们也因此开始将目光转向当时公共管理领域流行的"治理"理论，意图通过寻求城市管理模式的变革，实现城市的良性运行和可持续发展。城市治理是城市政府与非政府部门相互合作促进城市发展的过程。实质上城市治理是在广州的环境中，政府与其他组织和市民社会共同参与管理城市的方式。当今社会，由于城市化飞速发展，交通拥堵、环境污染等城市问题凸出，因此解决城市问题，更好地治理城市已成为当务之急。通过对广州市居民流动调查的比较分析，得出居民流动特征规律，在此基础上提出以下几方面广州市交通治理的对策。

（一） 应对城市拥堵的战略措施

在总结国内外城市缓解交通拥堵经验和比较分析广州 2011 年出台的《广州市关于改善中心城区交通状况的工作措施》（以下简称《措施》）的基础之上，结合广州的实际提出以下几方面的对策（董皞、李俊夫、冼伟雄，2012：333）。

1. 落实公交优先战略，建设"公交都市"

《措施》中也提出了"公交优先"战略："加快轨道交通网络、公交战场和港湾站的建设，推进分时公交专用道的设置，进一步优化交通信号，加强公共交通与其他交通方式的无缝接驳。"然而，根据国内外城市发展"公交优先"的措施，广州还应该补充完善以下措施，以更好地落实"公交优先"的战略。一是加大投资建设的力度。目前广州已经初步形成由轨道交通、BRT 和公共交通构成的交通网络，但还需要完善轨道交通建设，新建地铁环线和规划的地铁线路；另外，公交与地铁换乘以及地铁枢纽周边接驳设施还不完善，给巨大的地铁客流量换乘造成很大不便。因此，广州市首先要建设布局合理、四通八达、密集联网的城市公共交通网络，尤其是加大轨道交通的建设；其次要建设方便快捷的换乘枢纽，努力实现公共汽（电）车、大容量快速攻击、轨道交通之间的方便快捷换乘，加强对出租车运营停靠和机动车、自行车的停车管理，特别是应加强换乘枢纽自行车停放处的建设和管理。二是设置分时公交专用道。现在广州中心城区已经在部分路幅较宽和公交线路较密集的主干道上推行分时公交专用道，但还没有形成网络，没有充分发挥专用道的系统功效。三是优化公交信号。目前广州中心城区已有近 80% 的路口纳入 SCATS 系统（悉尼自适应交通控制系统），控制下一步广州应该完善剩余的近 20% 的公交路口的系统配置。

四是合理配置公交之间以及与其他交通方式的无缝接驳。

2. 实施拥堵收费政策，提高机动车使用成本

广州在《措施》中已经实施"优化调整停车场差别性收费"，但只是提出"研究运用经济手段调节交通流量的可行性"，还没有实行对进入中心区域或者重要区域的车辆进行收费的措施。广州中心城区集中了行政办公、教育、医疗、休闲娱乐等多项城市功能，是交通拥堵的高发地段，广州应该借鉴新加坡、伦敦和斯德哥尔摩等城市运用经济手段征收拥堵费，分时段分地区进行收费的方法（董皞、李俊夫、冼伟雄，2012：334-360）。

3. 调整城市空间布局，减少交通流量

广州在国内外城市调整城市空间布局经验的基础上，要做好三个方面的工作。

（1）构建多中心的城市结构。广州在《措施》中提出了要构建东部山水新城和南沙宜居滨海新城两个新城区和提升花都城区、增城城区和从化城区三个外围城区，也就是构建多中心的城市结构。

（2）建立以公共交通为导向的城市土地开发模式。今后广州应在城市规划上下功夫，建立"公交村落"，即在便利的公共交通设施如地铁站周围建立基础设施齐全的居民区，购物、娱乐、就医、上学甚至工作都在"公交村落"内进行。

（3）改善道路网络结构。广州在《措施》中提出了"打通断头路、拓宽瓶颈路段、改造重要交叉口、加快建设城市高快速路，推进居住小区封闭市政道路对外开放"等措施，但是没有提出道路用地面积在城市用地面积中的具体比例。

4. 完善交通管理体系，引导机动车有序增长

根据国内外城市在交通管理方面的经验，广州还需加强以下三个方面的措施。

（1）优化道路单向交通组织。广州应该根据美国和日本的成功经验，根据广州道路网络结构和交通流向特点，根据需要将道路改造成单向交通，达到简化交叉口交通组织，提高整个道路网运行效率的目的。

（2）加强对停车的管理。广州可以参照巴黎和伦敦的做法，在街道的两侧划建停车位，安装自动收款机，不同地段收取不同的金额，以减少在交通拥堵地段的停车。

（3）实施"弹性工作时间"政策。广州可以根据美国圣何塞市和国内

北京、重庆的错峰上班时间，合理调节机动车的流量。

5. 倡导绿色出行

（1）提倡自行车出行。广州应该采取欧美国家和韩国的经验，建立自行车专用道路网络体系和停放场地，开辟自行车专用道，允许自行车上公共汽车和地铁，向市民免费提供自行车，在工厂内修建自行车专用车道等措施。

（2）鼓励步行出行。广州应该采取欧美经验，设置四通八达的绿色林荫步行道系统，在城市中心区公交发达、商业繁华的地区开辟"交通绿岛"。

（二）治理城市交通事故多发的战略措施

交通事故是汽车的伴随物，涉及人、车、路，以及法规政策等种种因素（龙光，2008），要完全消除交通事故是不现实的，但通过有效的管理和实施相应的对策，减少事故的发生量，降低交通事故的严重程度是可以实现的。为了降低城市道路交通事故和事故损失，提出以下相应对策：

1. 加强城市道路交通管理

（1）加强政府领导，逐步使交通管理走向社会化。

（2）改善道路基础设施，缓解混合交通的矛盾。广州城市道路纵横交错，机动车、非机动车混行较多，大大增加了发生事故的概率，建议在所有宽阔的城市道路中间设置分道栅栏，使机动车、非机动车各行其道。

（3）加强交通管理法制建设，健全交通法规，提高管理水平。在交通事故中，车辆冲撞形式分布以左转弯冲撞，追尾冲撞，超、会、让车中的侧面相撞为多，约占 80%，而其中左转弯相撞约占 25%。左转弯和超车、会车运动均为交汇干涉运行，发生冲撞的机会多，而追尾冲撞多为跟车太近，车速太快或制动不及时引起。为减少左转弯事故的发生率，大城市应对主要的交叉口实施左转弯单行的交通管理措施。

2. 加强交通安全设施建设

根据广州城市内道路拥挤且多为混合交通的状况，加强交通安全设施建设的工作是非常必要的。在交叉口应根据交通情况设分隔带或交通岛；人流、车流交叉比较严重的地方应架设人行天桥；为了夜间行车的安全，路灯照明较好道路上应该装有防晕设施，在某些缺少路灯或灯光不好的城市道路上应有视线诱导标志；另外，最好能建立交通信息系统，做到由点控制线，由线控制面（郭斌峰、梁峻峰，2011）。

（三）治理城市污染的战略措施

交通污染因其与城市环境状况的特殊关系和问题的日益恶化而引起人们的深切关注。逐步解决这一问题的基本策略至少有以下四个方面。

1. 提高车辆生产质量，开发生产清洁机动车

交通污染的致污源就是汽车，在汽车制造技术和工艺上，车辆动力的能源使用上寻找解决问题的办法是人们首先考虑解决城市交通污染问题的基本对策。我国国产机动车的质量水平与汽车工业发达国家相比有很大差距，新车的尾气排放和噪声合格率很不理想。

2. 科学规划道路网络，完善管理设施

科学、合理的城市道路网络系统和完善的管理设施是满足交通需求的基础条件，也是提高运行效能和城市整体运力，减少无效交通流，减少污染的重要对策之一。科学、合理的道路网络可以提高城市交通的整体速度，提高通行效率，减少阻塞，减少绕路，从而降低交通污染。与此相关对减少交通污染具有重要作用的是完善的交通管理设施、防治交通污染的措施。交通管理设施是一种重要交通语言，具有交通指挥和服务功能。因而完善交通管理设施是交通有序的基本保证手段，也是防治交通污染的重要管理方法之一。除此之外，还有许多具有防治污染功能的管理措施和方法，如隔音墙、绿化带、屋顶绿地、墙体绿化等，以此来减少噪声和尾气污染。这些措施和方法不仅有利于交通污染的治理，也大大美化了城市环境（王康、易幼平，1996）。

3. 划定城市清洁交通空间，限制个人交通工具

城市交通污染具有的特殊性，是交通污染治理面临的特殊困难，在相对意义上解决这一困难的办法之一就是划定城市清洁交通空间，限制个人交通工具。这一办法的基本内涵就是确定城市的某个区域为个人交通工具（小汽车等个人机动交通工具）限制通行区域，以此达到减轻这一区域交通污染程度，创造清洁空间，提高区域环境质量，保护人们身心健康的目的。从人类生存发展可持续战略的要求来看，个人交通工具并不是未来交通的支柱，人类的主流交通活动方式必然从个体交通转向公共交通。而在这一步实现以前，我们可以从这一原则精神出发，在城市的中心区域划定一个空间，采取多种措施限制小汽车等个人机动交通工具的通行，以发展公共

交通等方式满足人们交通的需求，这样可在一定程度上实现交通污染与城市功能的分离，解决交通污染时空分布的特殊性等问题（张霞，1999）。

4. 建立和不断完善优质水平的公共交通体系，提高公交的优势和地位

建立和发展高水准的公共交通系统，是减少城市汽车交通总量，提高城市交通服务功能的重要对策，因而也是防治交通污染的基本对策之一。因此，只有建立和不断完善优质水平的公共交通体系，提供优质便利的服务，使公交具有较好的吸引力，才能更好地服务于城市的发展（王康、易幼平，1996）。

交通问题是关系群众切身利益的重大民生问题，也是各国大城市普遍遇到的难题。由于广州城市化和城市机动化飞速发展，不仅导致城市人口的膨胀和城市生活空间的紧张，而且导致更大的交通需求和出行问题。当前，广州城市机动车保有量呈线性增长，空间流动加快，诸如交通拥堵，交通事故频发，交通污染大等一系列交通问题突出。然而，广州市交通问题并非无药可救，抓住历史时机，大力发展公共交通，果断出台交通需求管理政策，加强交通执法力度，培养市民文明出行意识，可以重新建立和谐人车关系，有效缓解城市交通拥堵。

参考文献

邓毛颖、谢理：《广州市居民出行特征分析及交通发展的对策》，《城市规划》，2000，24（11）。

董皞、李俊夫、冼伟雄：《中国广州城市建设发展报告》，广州大学广州发展研究院，2012。

董国良、张亦：《畅通城市论——21 世纪城市交通与城市规划》，中国建筑工业出版社，2005。

郭斌峰、梁峻峰：《减少我国城市交通事故的对策》，《价值工程》2011 年第 30 期。

江海燕、孙泽彬、朱雪梅：《广州居民交通出行的分异趋势对交通公平的启示》，《城市规划》2014 年第 1 期。

蒋丽、吴缚龙：《2000—2010 年广州人口空间分布变动与多中心城市空间结构演化测度》，《热带地理》，2013，33（02）。

蒋作君：《论拥挤》，商务印书馆，2010。

龙光：《城市交通事故道路因素分析及预防对策》，《工程与建设》2008 年第 5 期。

王康、易幼平：《城市交通污染及其控制》，《河北工业大学学报》1996 年第 4 期。

尹利、赵强：《实现中国大城市绿色交通论》，《环境科学动态》2001 年第 4 期。

张霞：《论城市交通污染及其防治》，《江苏省公安专科学校学刊》1999 年第 6 期。

作者单位：广州大学大都市治理研究中心

南国书评

变革时代的制度张力

——再读《单位身份的松动》

蒋红军

　　"现行人事档案制度产生于以政治出身为依据的政治身份等级体系、以城乡户籍和所有制为依据的社会身份等级体系、以平均主义为依据的单位系统内资源分配等级体系"（陈潭，2007：61-62）。在半个多世纪里，人事档案制度作为"在场的政策"建构了一个个人依附于单位组织、服务于国家利益的稳定政治秩序。然而，在当今的大流动时代，牛皮纸袋中的人事档案对于中国公民而言意味着什么？不同的人群有着相异甚至相反的体验和认知。数亿农民与农民工认为他们与人事档案是两个世界，互不关联，人事档案对他们的生活影响微不足道；大学生与干部职工则因体制的纽带始终与人事档案捆绑在一起。一份辉煌的人事档案代表着被组织认可的优秀个人履历，人事档案顺理成章地成为他们获取工作与职位升迁的敲门砖和垫脚石。不过，伴随着社会主义市场经济发展、国家转型与社会变迁，对他们特别是那些 20 世纪八九十年代出生的人而言，传统人事档案对其生活与工作的影响力在不断减弱。近年来，人事档案管理中的"死档""弃档""假档"等尴尬现象也与日增加。档案世界中的现实变化表明传统的人事档案制度已经进入转型进程，正遭遇着多重现实困境，需要进行制度创新和政策再造，才能适应中国政治现代化需要。

　　当人事档案制度改革在人才强国的政策语境中成为一个亟待破题的政治议题时，陈潭教授的著作《单位身份的松动：中国人事档案制度研究》敏锐地捕捉到该议题，站在大历史的高度，博采多学科理论知识，以公共政策变迁为理论视角，清晰再现人事档案政策的在场、固化与再造历程，指明人事档案制度转轨的深层逻辑与未来方向，其观点既富有历史洞见，引人入胜，又深具现实关怀，发人深省。

一 人事档案制度呈现的三幅面孔

自中国在人事管理领域建立人事档案制度以来，人事档案制度便在社会变迁过程中呈现出下面三幅面孔。这三幅面孔的依次转换，既反映出人事档案制度从"在场"到"固化"再到"再造"的现实需要和变迁图景，又深刻地展现出公共政策变迁的内在逻辑过程。

首先，人事档案制度作为管理工具而存在，是其呈现的第一副面孔。从传统人事档案制度的起源来看，该制度演化始于延安时期的干部考核制度，从一开始就具有很强的管制性和保密性，体现出对敌斗争的需要和保障党组织安全的需要。"1949 年中华人民共和国成立后，人事档案制度得以全面推广，迟至后来纸质化、文本化的人事档案的功能不断地放大，成了人们出国、升学、评职称、调动、晋升、结婚、生育等方面的'人生硬件'"（陈潭，2007：67）。因而，在新中国成立后很长一段时间内，传统人事档案制度与单位制度、户籍制度、干部制度、计划经济制度一起建构了国家的统治秩序，成为政府管理和控制干部职工以及配置人才资源的重要工具。

其次，人事档案制度作为政策手段而存在，是其呈现的第二副面孔。在单位制时代，人事档案制度是公共权力机构制定和发展出来的一个非常重要的公共政策，表现出明显的分配性和象征性功能，即人事档案在国家管理公共事务过程中成了重要的身份标杆和政治地位象征符号，拥有人事档案的干部职工能吃"国家粮"，享有充足的福利供给，而没有人事档案的农民则处于资源和价值分配的底层。通过人事政策，国家维系着资源分配和人员流动的封闭性，建构了稳定的政治基础和政治忠诚。进入后单位制时代，随着社会主义市场经济的逐步完善，市场配置资源的基础性地位越发重要，人事政策也亟须转型。然而，人事档案制度由于存在政策时滞，不仅政策本身未能跟随经济转轨的宏观背景进行相应调整而出现明显的负功能，而且在政策执行过程中各种管理乱象、执行缺陷等进一步放大了政策的负效应，使得人事档案制度与社会发展现实越来越不协调，产生公共政策失范。与户籍制度一样，此时的人事档案制度在众多底层民众心中逐步沦为维护不平等的封闭等级秩序的"制度符号"。

最后，人事档案制度作为信用文本而存在，是其呈现的第三副面孔。现代经济学认为，信用是人们在多次重复博弈中建立起来的。一个良善的制度能够增进人们的相互信任，抑制个体的个人机会主义行为，长久且稳定的信任机制往往体现为社会不同层次的制度（徐贲，2005）。改革开放前，国家通过人事档案制度建立了个体对单位组织进而对国家的普遍信任，尽管这种普遍信任是在社会主义意识形态和其他社会制度等诸多"信任替代物"的共同作用下发展起来的。"在那个时候，虽然档案内容中也存在着这样或那样人为的信息失真，但人们对国家及其生产的制度是充满着高度敬意和高度信任的。"（陈潭，2007：85）改革开放后，随着人事档案制度变革滞后于经济改革，人事管理领域中的寻租行为、败德行为和信任风险尽数显露出来，原来建立起来的体制信任也面临着严重危机。为了降低这种信任危机、信任赤字引起的系统风险，激活传统人事档案制度的正功能，将其转变为现代的"社会信用"符号，是重新建立普遍信任和良性的公民与国家关系的重要前提。

二 人事档案制度变迁遭遇的三重困境

改革开放后，作为维护传统封闭等级秩序的制度符号，人事档案制度正在经历一场恢宏的强制性制度变迁，由政府主导进行人事档案制度变革以适应经济现代化和政治现代化的发展要求。在这个大流动时代、协同共治时代和公民权利时代，该变革进程正遭遇着三大突出困境，但挑战和机遇并存，风险和机会同在。

（1）流动性困境。改革开放特别是20世纪90年代以来，中国社会进入一个开放的大流动性时代，这是人事档案制度遭遇的最大外部挑战。人事档案制度依附于单位制、官僚制和身份制而存在，是基于当时国家统治需要而发展出来的人事管理技术和制度，目的在于建立一个由国家高度控制各种资源的封闭政治经济秩序。在此种秩序中，人的主体性受到抑制，人的工具性则得到张扬。每个人都是社会主义的一颗螺丝钉，固定在国家权力机器上。然而，这种国家配置资源的逻辑受到社会主义市场经济的巨大冲击。社会主义市场经济的深入发展要求确立市场在资源配置中的基础地位，要把工具性的人从政治控制中解放出来，并树立以人为本、人力资源、双向选择等用人育才观念。为推进经济改革，进入 21 世纪之后，中央提出人才强国战略，要求不断消除人才流动的体制性障碍，进一步驱动人才在不同单位、不同行业、不同地区、不同所有制之间的合理流动。由此，人事档案制度作为一个妨碍人才合理流动的政策壁垒，唯有深化改革才能回应社会现实需求和国家转型的政策期待。

（2）社会化困境。为了建立人尽其才的用人机制，消除妨碍人才合理流动的体制与政策障碍，2003 年召开的全国人才工作会议强调"发展人事代理业务，改革户籍、人事档案管理制度……探索建立社会化的人才档案公共管理服务系统"。① 社会化是人事档案制度变迁的未来方向，制度创新的关键选择，"要求围绕人事档案工作所开展的人事认定、人事争议、人事流动、档案保管等必须让渡给拟建或已有的社会中介机构——人事事务所、人才交流中心、公民文件中心等，让公共权力机构或公共事业单位与公共雇员'袖手旁观'，从而充分实现社会的'人事代理'和公共管理"（陈潭，2007：200）。然而，近年来人事档案制度社会化改革之路仍然举步维艰，在改革深度和广度方面都面临困境。就改革深度而言，现有的人才交流中心等提供的管理和服务距离建立起"社会-文化档案"体系和"公民文件中心"的设想相距甚远；档案作为个人信用凭证和信息记录的社会功能未得到有效的发掘和应用；中介机构的服务内容和服务方式也比较单一等。从改革广度来看，人事档案社会化服务仍未扩展到全体公民，不仅相当部分公民没有建立起自己的档案，部分公民的档案成为死档、弃档，而且国家机关、事业单位等的档案管理工作仍未全部实现社会化管理。传统人事档案制度社会化改革过程中遭遇的困境，亟须国家建立高级别的议事协调机制，通过顶层设计、自上而下地整体推进才能有效克服。

（3）公民权困境。平等的公民身份权利是现代民主国家有效运行的基石。中国从传统国家向现代国家转型的进程将以主权和民权的双重确立为根本标志（徐勇，2006）。基于此，任何主权国家的国家制度与公共政策均应保护公民的基本权利，制度变迁与政策变革的社会政治过程也应以促进公民权利发展为己任。然而，起源和发展于传统制度背景下的人事档案制度却在现代社会中面临严重的公民权困境。一方面，人事档案制度与户籍

---

① 《中共中央国务院关于进一步加强人才工作的决定》，2003 年 12 月 26 日。

制度一样，其设计初衷在于维护干部职工与普通群众之间、城乡之间的不平等秩序，是否拥有档案在那时是一个人获得充分社会福利权利的重要保证；另一方面，由于人事档案制度实行封闭的运行和管理模式，其纪律"要求'组织意见'和整个人事档案必须是'封闭'的，人事档案的当事人是无权'介入'的"（陈潭，2007：151），造成人事档案制度在运行过程中对于公民个体的知情权、参与权、申辩权、批评建议权等权利伤害巨大。故而，人事档案制度未来变革的基点在于如何使国家公开宣布的公民权利落地，并改变一个国家内部不同群体特别是干部职工与普通群众之间的权利享有的差异性。

三　人事档案制度再造与国家治理的转型

伴随着中国转型进程渐次深入，国家、社会、市场与私人四大领域的边界越发清晰，彼此间的互动也在向法治化和民主化迈进。在此背景下，人事档案制度的变革方向逐步凸显出来，即通过强化人事档案制度的第三副面孔功能，带动国家、组织与个人关系的政策再造。因此，陈潭教授通过对人事档案制度进行历时性研究之后认为，立足于人事档案的契约化、电子化、社会化和法制化规则，改革目标应是以人事档案为载体建设"信用中国"。

为实现"信用中国"这个终极目标，传统人事档案需要向"信用档案"转换。"信用档案是个人诚实守信情况的真实记录，它能真实客观地反映当事人的历史和现状，它蕴涵着档案最本质的'真'及信用制度的诚信、信用约束这三层特殊含义。"（陈潭，2007：192）因而，信用档案要改变传统人事档案过于重视个人政治履历的状况，"要在人事档案中增加反映个人综合能力、素质和有权威部门认定的业绩考核材料，并且把人事档案与建立市场经济条件下的个人信用体系联系起来，建立以职业生涯、职业能力和信用记录为主要内容的新型人事档案"（陈潭，2007：193）。基于此，"信用档案"建设的主体将从单一的国家人事档案部门向多元的社会中介机构扩展，进而在实现人事档案工作社会化的基础上，通过网络化、电子化和法治化建设来完善信用档案的管理和运行模式。这将改变过去只有干部职工才拥有人事档案的不平等身份体系，形成所有公民都拥有的以平等契约与自由合同为基础的信息记录和信用记录。如此一来，"信用档案"就变成了国家、组织与个人之间互动的调节"信号"，指导和规范群体和个体的日常行为，促使中国社会的信任结构从特殊信任走向普遍信任。

在理论层面，社会转型中的人事档案制度因政策时滞而出现政策失范，以及经由政策转轨向信用档案制度变迁的过程，从一个侧面反映出制度化政治的运行逻辑。"制度化政治是一种均衡—非均衡—均衡的递进演化的政治形态。"（陈潭，2007：217）聚焦于人事档案制度，在其建立和早期运行阶段，"人事档案制度建构了中国特殊的制度化政治形态，为一定时期内的干部管理、国家安全、社会信息做出积极的不可磨灭的贡献。然而，在全球化、市场化、信息化加速的今天，刚性固化的人事档案制度显然已经越来越不适应人才流动和社会发展的要求……这种过高的制度成本已经成为转型期中国下一步的主要体制障碍及其改革回应的焦点"（陈潭，2007：218），因此，通过改革能够消除当前人事档案制度的非均衡及制度化政治僵化形态，建构稳定、均衡和符合社会转型方向的新社会政治秩序。

制度化政治与政治制度化是现代政治运作的一体两面，反映出政治现代化的适应性、复杂性、创新性和理性化的要求，从根本上决定了政治现代化的制度化方向和制度化水平。然而，纵观人事档案制度变迁的历时性过程，其制度变革的政治现代化内涵还有另外一层深意，即在制度化之外，政策变迁的公民化意涵逐步显露出来。我们可以使用查尔斯·蒂利建构的交易解释框架来分析该转型过程的公民化含义。作为一个中观解释框架，"关系、边界、共享故事与身份共同构成蒂利交易解释理论框架的四个要素，它们是相互联系的，其中任何要素的变化，都会影响到其他要素"（蒋红军，2009：178）。从这些要素的构成来看，传统的人事档案制度作为一种阶级身份区隔制度，在干部职工与普通群众之间建构出了权利、身份边界，其主要承载的关系发生在拥有人事档案人群与单位组织及国家之间，他们共享着单位制下"档案人"的各种生存故事。而传统人事档案制度向现代信用档案制度的动态转型过程，将逐步破除原有的权利、身份边界，进一步发展普遍的平等公民身份，在公民与国家、市场直接互动的多元关系中建构和共享着各种"信用人生"的故事。换言之，人事档案制度变迁过程表明，中国政治现代化将是一个从阶级政治向公民政治转变的社会政治过程。

参考文献

陈潭：《单位身份的松动：中国人事档案制度研究》，南京大学出版社，2007。

蒋红军：《社会与政治过程的交易解释》，《公共行政评论》2009 年第 6 期。

徐贲：《承诺、信任和制度秩序》，《社会科学论坛》2005 年第 2 期。

徐勇：《"回归国家"与现代国家的建构》，《东南学术》2006 年第 4 期。

作者单位：广州大学公共管理学院
广州大学南方公务员教育中心

走出"方寸之间"的纠缠

——重读《单位身份的松动》

刘祖华

公共政策作为人类建构与改造社会的重要工具，对于人类的生存和发展无疑具有基础性的制度框架意义，它在一定程度上影响甚至决定着人类的生存和发展。在每个个体生命运行的程序中，都不可避免地留下公共政策塑造的痕迹。

美国著名评论家詹姆森曾经说过："讲述一个人的故事和经验，最终包含了对整个集体本身的经验的艰难叙述。"个人的历史从来都不纯粹是个人的，而国家和民族的历史，从来都属于个人。个体生命所凝聚包含的国家和民族历史的烙印，为我们从微观个体的生命历程来阅读与把握国家宏观政策的历史演化和转轨社会的制度秩序提供了可能。

南京大学出版社 2007 年出版的《单位身份的松动：中国人事档案制度研究》，就是这种从个体命运剖析政策生命的尝试。就像看一部叙事深沉的电影小说，它讲述着一个人的坎坷命运的抗争史，却从一个细小的微观层面勾勒出一个宏大时代的背影。通过对个体命运的现实写照，探究公共政策创新的途径、模式和特点，抽象宏观的公共政策变迁过程，就像重温一部经典电影一样，让人身临其境地触摸和理解一项公共政策生命周期与个体生命状态之间那千丝万缕的牵连。

一 如影随形的"命运之符"

"毕业鉴定一句话，坎坷经历二十年。"《单位身份的松动》从汤国基的人生遭遇的"艰难叙述"开始，以剥洋葱的方式，一层一层揭开主人公颠沛流离命运背后的制度根源，考察检视人事档案制度之成败得失与变迁路径。理论叙述随着主人公命运的跌宕起伏而渐次展开、层层深入，步步深挖、吹糠见米，理论关怀与理论主张也水到渠成、跃然纸上。

汤国基曾经是一位满怀理想、才华横溢却又桀骜不驯的青年大学生。然而，在1980年那个大学生还是稀缺人才资源的年代里，当他手持大学毕业文凭，踌躇满志踏上社会准备报效祖国时，却并没有像其他的同学那样顺利地找到工作单位，哪怕是一份乡村中学炊事员的差事都不让他干！就像希腊神话里被谶语诅咒的"西西弗斯"，他的人生命运从此被一个无形的魔咒玩弄折腾：几次调动，几次被退，几次考研，几次被拒，多次交女友，多次告吹，直到40岁，他仍未能品尝到男欢女爱的人伦之乐与夫妻生活的真情温暖。

20多年来，汤国基一直没有正式的工作单位，以自由撰稿为生，就像堂吉诃德般与命运的"大风车"艰难抗争着。他在国内外报刊上发表小说、散文、报告文学等300余万字，成为一名小有名气的青年作家，渐渐从人生的地狱里爬了出来。直到一位正直人士悄悄地向他住所的信箱里投进了3份复印件：处分决定、毕业鉴定和精神病司法医学鉴定书，当他看到大学期间人事档案中"平时很少参加政治活动，经常不请假旷课，胸襟狭窄，多疑善嫉，经常扬言报复杀人……有时精神有反常现象"的档案评语时，才真正明白导致他20余年的坎坷流离命运的"魔咒"，原来是一份并非属实的档案评语所形成的"污点档案"及其背后的操作者们。

这样的人生遭遇，就像电影的故事和桥段，总能引起新闻记者的兴趣。汤国基的遭遇因其典型性和传奇性，成为媒体关注的"公共事件"。然而，在现实生活中还有多少人，因为人事档案制度这只隐藏在人才流动背后的"无形之手"的捆绑而改变了人生轨迹呢？通过深入调查和资料收集，书中展现了大量因人事档案制度而陷入人生困厄的真实案例。

经历过"文化大革命"的一代人，对这样一种现象可能再熟悉不过：不管是什么群众组织，不管到什么地方，一是抢公章，二是抢档案。表面上看，档案只是一个一尺见方的牛皮纸袋，加上袋子里的材料，也不过一斤重。然而，它却承载着一个人的历史，从某种意义上甚至决定着一个人的命运，因为它关系到每个单位人的政治生命，甚至是基本生存资源的分配。一个人安排就业、工作调动、职位升迁都和那一代人事档案的卷宗联系在一起。在那个特殊的年代，档案作为政治的紧箍咒，让多少人的命运坎坷沉浮。

二　牛皮纸袋背后的体制魅影

一尺见方的牛皮纸袋，何以具有如此巨大的威力？几页薄薄的纸张、几句短短的鉴定，何以决定着人们的命运？理论的力量，正是在这种步步叩问之中彰显出来。

人事档案制度是一项管理国家公共事务的基本工具，是一个国家致力于稳定、秩序和有效管理所实施的公共人事政策派生物。从一定程度上来说，人事档案制度是官僚制度、单位制度、身份制度作用于社会场域当中的政策产品，同时它又反作用于社会场域，更加强化和巩固了官僚制度、单位制度和身份制度，成了国家实现政治控制、经济配给和社会管理的重要手段。通过经济控制权力和国家行政权力融为一体的单位组织将社会成员统合进国家控制网络，建构起个人依赖于单位、单位依赖于国家的递进式管理控制体系，形成了一种国家利益湮没个人利益的整体性社会结构。人都是单位人。单位对人管理和控制的一个重要手段，就是记录、保管和控制着人的人事档案。档案在中国过去的"单位社会"中被赋予了特殊的意义。

从计划经济向市场经济的改革使中国进入了转型时期，社会转型与社会制度的变迁总是紧密联系在一起。与苏联和东欧的创世纪式的激进改革不同，我国实行的是渐进式改革。这种改革以保证政治体制和意识形态的连续性为前提和基础。这样一种改革策略造成了一种特殊的所谓"转轨体制"：一方面经济领域逐渐市场化，自由活动空间与自由流动资源持续扩展，社会交往和流动的不断加剧；然而在上层建筑方面，却在很大程度上延续了计划经济时期形成的高度集权的治理体制和制度体系。这种转轨体制在公共政策领域中，表征为计划经济时代的公共政策文本与市场经济时代的公共政策语境，在同一时空条件下相生相存、相互碰撞的"二元治理"格局。

正是这种"双轨格局"，让传统的人事档案制度正在陷入尴尬状态：市场化改革空前解放了人们长期被束缚的思想和个性，推动了社会身份从"单位人"向"社会人"的历史性转换，公共政策语境由过去以国家为中心的"国家主义"向注重人的自由和全面发展的"人本主义"转变；而作为上层建筑的人事档案制度却仍停留在计划经济时期的单位身份制的襁褓之中，枷锁般捆绑和阻隔着人才的自由流动和市场化配置。人才流动的经常化与"人档合一"的捆绑式管理必然产生极大的冲突，由此引发了一场个人与组织之间在制度平台上展开的非合作弈局。一方面档案成为人才自由流动的最后一块壁垒，"死档案难倒活人才"，滋生以档案为中介的权力寻租活动，出现"人质档案""虚假档案""档案克隆"等制度寻租问题；另一方面档案在许多人心目中呈现一幅"说起来重要，排起来次要，用起来需要，忙起来不要"的尴尬图景，"死档弃档""人档脱节"等现象有增无减。

不可否认，人事档案制度作为建构中国特殊制度化政治形态的方式，曾经为一定时期内的干部管理、国家安全、社会信用做出积极的不可磨灭的贡献。然而，在全球化、市场化、信息化加速的今天，刚性固化的人事档案制度显然已经越来越不适应人才流动和社会发展的要求，成了人才市场化流动浪潮的坚硬壁垒和社会政治秩序改革进程中的"体制阑尾"。传统人事档案制度正在走向失效，原有固化的公共政策认知正在走向迷失！这个熟视无睹却又如影随形的"命运之符"，这个容量较小而局限较大的"信任之物"，随着时间的耗损，逐渐成为人力资源优化配置的瓶颈。传统人事档案制度成为继户籍制度之后，又一个束缚人自由全面发展的"制度牢笼"。

三　以自由看待改革发展

党的十八届三中全会在理论上的一个重大突破，是提出使市场在资源配置中起决定性作用。从"基础性"到"决定性"，体现的是对经济社会发展规律认识的深化。怎样更好地发挥市场在人力资源配置中的决定性作用？《单位身份的松动》所要给出的答案，归结起来就是两个字：自由。这似乎与诺贝尔经济学奖获得者阿马蒂亚·森的成名作《以自由看待发展》有着异曲同工之妙。

自由流动是合理配置人才资源的前提，也是经济社会发展的重要内生动力。有人把30多年改革开放的过程，归结为打破人才自由流动制度障碍的过程，正是人的自由流动，创造了中国令世界瞩目的经济奇迹。30多年的改革开放过程中，出现了两次大规模的人才流动。第一次是改革开放之初，一批富有企业家才华的农民、知青、党政机关工作人员等的流动，以创办大量乡镇企业为标志，并且带动大批农民、知识分子流向沿海城市和城镇；第二次是 20 世纪 90 年代初，一大批知识分子和国有企事业单位、党政机关工作人员的流动，以创办大量民营企业为标志。研究员柳传志在中关村一间小房子里带领 13 个人，把联想办成了世界 500 强企业；教书匠马云在杭州西湖之畔，缔造出阿里巴巴的产业神话。每次大规模人才流动的背后，都伴随着思想的解冻、体制的破冰、政策的释放。

人是发展的中心，人是发展的终极目标。无论走得多远，我们都不能忘了为什么出发。一个优越的社会制度，就是要为所有人的全面发展创造条件，让每个人的才能和价值得到充分尊重和发挥。而这一切，都有赖于自由，自由地活着、自由地成长、自由地流动。人事档案制度虽然只是 20 世纪 70 年代末到 21 世纪初期，发生在世界东方古老国度中的一次伟大的、波澜壮阔的社会转型中的一个小的片断，但它与人们的生存和发展休戚相关。毫无疑问，自由应该是人事档案制度改革的根本价值取向。因此，必须实现由注重身份到注重信用、由管制模式到服务模式的转变；必须突出人事档案的公共服务功能，改变原有的政治控制和身份依附关系；必须强化人事档案的信用管理功能，避免当前的制度危机和管理困境。

但是，当下的人事档案制度变革函数还缺少相当多的变量，比如强烈的"导火索"、利害相关人的持续诉求、媒体的广泛注意力、意识形态压力等。更主要的是，任何一项制度变革都会面临"思想斗争"、"利益阻止"以及沉淀成本的考虑。干部档案、企业职工档案、流动人员档案以及学生档案牵涉多个部门，多头管理下的利益冲突也在所难免，一些部门还以各自掌管的户口派遣、职称评定、失业登记、社保办理等权力为档案托管争夺撑腰。"触动利益比触及灵魂还难"。在改革成为最大的政治的今日中国，抽象地谈改革几乎所有人都赞成，甚至慷慨激昂，但一旦改革涉及自身现实利益，往往是改别人不改自己，躲躲闪闪甚至负隅顽抗。人事档案制度变革的复杂性和艰巨性，也正或明或暗地隐藏在这种利益纠结之中。

"历史的道路不是涅瓦大街上的人行道，它完全是在田野中前进的，有时穿过尘埃，有时穿过泥泞，有时横渡沼泽，有时行经丛林。"不论如何，人事档案制度变革的趋势是不可逆转的，但是制度改革每向前一步，都要勇于冲破思想观念的障碍和利益固化的藩篱，需要“敢于啃硬骨头、敢于涉险滩”的精神。

正是从这个意义上说，阅读《单位身份的松动》，就不仅仅是触摸和赏析一个学者学术操练的思想旅程，更是一次为我们今天推进全面深化改革、寻找理论灵感和现实药方的探宝之旅。

作者单位：中国组织人事报社

流动性时代的人才壁垒

——对话《单位身份的松动》

叶 俊[*]

在事业单位与机关单位，人事档案长期以来是公务员的"命运之符"，与个人的调动、入党、提干、升迁、晋级、评职称等都密切相关。

种种迹象表明，中国现行人事档案制度已无法适应时代转型和社会进步的需要，其弊端与缺陷越来越明显。

传统的人事档案制度是否已近黄昏？普通人员的人事档案是否还有必要保留？

我们沿着国内第一本人事档案制度研究著作《单位身份的松动》的思路去寻找答案！

——采访手记

一 "制度鸡肋"抑或"制度阑尾"

记者：中国的人事档案制度是如何形成的？该制度对社会发展有何重要作用？

陈潭：中国人事档案制度是一项管理国家公共事务的基本工具，是中国致力于稳定、秩序和有效管理等社会主义实践的伴生物。从一定程度上来说，人事档案制度是官僚制、单位制度、身份制度作用于社会场域当中

* 本文采访部分内容原载于《民主与法制时报》2013 年 11 月 4 日总第 1208 期，发表时有删节，斯为盛学社学术协理胡项连进行了录音和文字整理，特此致谢！

的政策产品，同时它又反作用于社会场域，更加强化和巩固了官僚制、单位制度、身份制度，成为中国政治管理、经济配给和社会管理的特有场景。实际上，人事档案成了官僚制、单位制、身份制的实物性载体和制度性表达，它有效地型构了公共人事管理的人事技术、组织规约和身份记忆，成为个人、组织、国家链条中必不可少的环节。人事档案制度作为一项常规性的公共政策工具对中国的信用建设、干部管理、国家安全、福利分配等方面做出了不可磨灭的制度性贡献。其历史变迁主要经历了以下三个阶段。

延安时期（1935～1948 年）：人事档案制度最早开始于延安时期。在1940 年 7 月 15 日中央发布的《关于审查干部问题的指示》一文中提出：干部的品质是否纯洁，干部工作是否分配恰当，对于保障党的路线之执行，具有决定意义。并指出，我党过去在审查与考察干部方面，重视程度不够，要求全党今后必须加以严重的注意。尽管由于革命战争形势严峻，人事档案制度未能得以正式建立，但当时中央要求各中央局、省委、地县委和各部队政治部、组织部之下"建立健全而有能力之干部科"，对干部的表格、履历、证明书等人事材料进行整理汇存，使得干部档案得以普遍建立。由此可见，当时的人事档案制度是为了适应党对干部的考核而设立的，干部档案就是人事档案，它不仅是一个人的履历记录，而且还是政治生涯的体现。

计划经济时期（1949～1977 年）：1956 年 8 月，第一次全国干部档案座谈会制定了《干部档案管理工作暂行规定》，推动了我国人事档案工作的进展，标志着我国人事档案朝着制度化方向迈进。随着人事档案制度的全面推广，纸质化、文本化的人事档案的功能不断放大，成了人们出国、升学、评职称、调动、晋升、生育等方面的"人生硬件"。总体来看，在计划经济体制时期，人事档案制度是公共管理的载体与凭证，作为一项常规性的公共政策，主要发挥了以下不可替代的功能与作用：人事档案制度作为人事制度的附属物，成为中国干部管理的一个不可或缺的信息载体和考核性工具；人事档案制度作为严肃性和规范性制度，有效地保障了组织安全和国家安全；人事档案制度随着功能的扩大成了"计划中国"的信用依据和凭证。

改革开放时期（1978 年至今）：1987 年颁布的《中华人民共和国档案法》明确了档案机构及其职责，规范了档案管理，并对档案的利用和公布做出了相关规定；1996 年中共中央组织部、人事部下发《流动人口档案暂行管理办法》。从人事档案管理日趋精细化来看，这与中国实行改革开放政策，并逐步转向市场经济体制有关。伴随着改革开放的深入，众多政策变迁导致单位制度和其他支撑计划经济体制的基本制度逐渐走向解体，人事档案制度的政策语境发生了重大转换。人们对档案文本中"组织意见"的重视大不如从前，档案的意识形态功能也越来越淡化，单位人的"符号化政治"局面逐步走向瓦解。在一般化政治语境或政治语境一般化的过程中，人事档案的生存处境正在悄悄地发生变化。

记者： 改革开放以来，社会经济已经发生了巨大变化，在此背景下，您如何看待中国当前的人事档案制度？

陈潭： 1949 年以来，中国为了利用有限的资源推进现代化建设并同时实现高度的社会控制和社会整合，实行了严格的"单位制"。生活在单位制下的人，基本上是以单位作为其生存的原点，生活所需的一切资源，只能在单位中才能得以满足。单位作为"小福利国家"，向单位人提供了最基本的生活福利保障，由此发展出来的传统人事档案制度也依此而生。改革开放以来，随着社会发展的变化，所有制结构也出现重大变化，社会流动越来越频繁，尤其是社会主义市场经济体制的确立，取代了高度集权的计划经济体制，这些都使得"单位制"失去了生存的土壤，在生活中人们对单位的传统观念已经逐渐地改变，单位已不再是唯一选项。单位也不是原来意义上的单位了，单位制存在的前提条件不断丧失。

因此，改革以前，我国单一的公有制经济确保了把所有的职工都纳入单位制之中。改革以后，非公有制经济迅速崛起而形成的多种经济成分并存的所有制格局和公有制产权的明晰化，使得国家用指令性计划配置所有资源的局面一去不复返。非公有制经济的发展，使得体制外出现了自由流动资源，从城市资源配置的角度看，实际上是原来由国家直接控制的社会资源已经走向了向社会发散和转移的过程。随着体制外新型经济运行机制的形成与发展，市场机制逐步向体制内渗透，最终必然冲击、消融僵化的旧体制。而面对市场，无论什么等级的单位组织，都必须遵循市场规律和市场规则。单位依附于国家、个人依附于单位的传统生存格局势必发生较大程度的变迁。从计划经济体制到社会主义市场经济体制的过渡，使"单位制"的运行基础明显发生了改变，逐步过渡到"后单位制时代"，并产生了以下后果：单位对个人政治调控的功能日渐弱化，专业功能逐渐加强；社会流动性加剧，单位人的身份意识日渐式微；以单位作为基本单元的社会结构逐渐趋于消解，人们可以在单位外寻求满足自身资源需求的空间与机制。

由此可见，随着改革开放的进程加快和社会主义市场经济的纵深推进，传统人事档案制度的身份性和体制性弊端显露无遗，"死档弃档""虚假档案""人档脱节""档案克隆"等现象日益增多，二元化人事体制结构所形成的"人才壁垒""单位封闭""制度交易""身份阻隔"等负功能愈加显现。在一些人的心目中，人事档案已经沦为"鸡肋"——食之无味却弃之可惜，制度性生存越发尴尬。人事档案制度成为流动性时代除户籍制度外的又一个人才壁垒。

二 不可避免的困境与改革

记者：伴随问题的出现，改革呼声不断高涨。我国人事档案改革呼声是什么时候出现的？现在是否具备改革的各项条件？

陈潭：作为官本位意识和计划经济体制的特有产物，作为单位制下一种强有力控制的不对称的典型政治化符号，当下中国人事档案的信任赤字在不断扩大，改革的呼声也随之产生。

2005年，中国人事科学研究院发布的《中国人才报告》就提出，我国人事档案制度改革举步维艰，大大落后于干部人事制度改革的整体进程。

我认为，当下人事档案制度变革函数还缺少相当多的变量，比如强烈的"导火索"、利害相关人的持续诉求、媒体的广泛注意力、意识形态压力等。更为主要的是，任何一项制度变革都会经过"思想斗争""利益阻止"以及沉淀成本的考虑。干部档案、企业职工档案、流动人员档案以及学生档案牵涉到组织部门、人事部门、劳动部门、教育部门和综合档案部门等多个组织，多头管理下的利益冲突不可避免。

尽管《流动人员档案管理暂行规定》明确规定流动人员的档案由人事部门下属的人才服务机构管理，但为了"分得一杯羹"，劳动部门的职介中心、各行业成立的人才中心、外企人才服务机构以及教育部门的就业分配和留学服务机构等，都参与到利益的争夺当中。一些地方的人事部门和劳动部门还以各自掌管的户口派遣、职称评定、失业登记、社保办理等权力，为争夺档案托管撑腰。组织部门、人事部门、劳动部门等的档案管理专职人员配置以及专门的档案管理部门的从业人员都不愿意"革自己的命"，人事档案制度变革的系统性、复杂性和艰巨性可以想见。但是，不论如何，人事档案制度变革的趋势是不可逆转的。

记者： 阅读完了您的著作《单位身份的松动》，您认为人事档案制度需要如何改革？

陈潭： 信息记录才是人事档案最基本、也是最重要的功能。这种以信息记录为主形成的档案材料，将是真正了解个人的依据和载体。加强信息的真实记录和进行规范化的管理，不仅能增强公民的档案意识，还能提高档案的使用频率，更能显示它的价值。而档案价值越大，人们对档案也就会越发重视。人事档案制度改革必须突出人事档案的公共服务功能，从而改变原有的政治化管理和身份依附关系；须强化人事档案的信用管理功能，从而避免当前的制度危机和管理困境。人事档案制度改革需要在以下四个方面开展具体工作。

第一，明确人事双方的权利与义务，强化契约化管理。我们知道，经过市场经济 30 年的发展，在企业和其他私营部门已经基本上按照《劳动合同法》开展人事雇佣工作了。而在公共部门和事业单位人事制度的改革明显滞后。因此，公共人事管理必须明确公共权力机构与公共事业单位人员的公共雇员地位，取消原有的干部身份，强调权利与义务的对称。建立真正的公共雇员制度，单位组织与单位成员签订具有法律效力的雇佣合同，以确保获得报酬权利、磋商谈判权利、申请辞职权利、要求培训权利、司法救济权利等以及服从命令义务、保守秘密义务、限制兼职义务、保守信用义务和其他需要承担的相应法律法规。通过不断完善《公务员法》，逐步在公共领域推行契约化管理制度。

第二，建立人事档案信息数据库，实施电子化管理。众所周知，纸质型人事档案内容上的信息不对称与信息不充分、形式上的非公共性与易作假性，导致个人信用体系非健全化、个人身份过分政治化、档案内容的神秘化、操作的非正当化。加之，纸质型人事档案传递过程中的人为性，也可能导致因磨损而毁坏乃至个人信息失真的现象。建立全国联网的、公开的、可检索的个人信用数据库，对不涉及个人隐私和国家机密的人事档案信息进行数字化、电子化处理，制作人才档案信息库，可以作为开放式的人才信息网络平台的主要信息源。同时，设计一套人事档案信息的数字化管理软件，实现对人事档案信息的集约化、动态化管理和维护。在此基础上，运用信息网络技术建立开放式的人才信息网，从而实现强大的信息服务功能。例如把档案中人员按照年龄、学历、专业、职称、职务等进行分门别类，编制成不同的检索工具，把每个人的基础信息制成电子文件，加强技术处理（如每个人的档案设置一个个人密码），达到保密目的，通过全国联网使人事档案的利用、查阅、档案信息的添加更加方便快捷，在全国范围内实现"资源共享"。人事档案的电子化可以实现 IC 卡形式，IC 卡储存个人的基本资料，可以由个人持有，转换单位的时候立刻就可以输进计算机。而用人单位要查询应聘人员的数据，只要通过网络便可了解到此人的相关记录。人事档案管理的电子化意义就在于采信真实、规范管理、节约成本、减少风险、建构信用。

第三，建立人事代理制度，推动社会化管理。政府人事部门的人才交流机构或社会中介机构根据国家有关政策法规，接受用人单位或个人委托，代为管理单位或个人的人事业务。各社会组织在平等享有人事档案服务的同时，必须承担定期向人事档案管理中心送交其所使用人员在使用过程中所形成的各类档案数据，由人事档案管理中心进行整理后向社会公开。而人事档案工作所开展的人事认定、人事争议、人事流动、档案保管等必须让渡给拟建或已有的社会中介机构——人事事务所、人才交流中心、公民文件中心等，从而充分实现社会的人事"代理"和"公共"管理。人事工作的认定与仲裁交给人事事务所，人才的开发与流动由专门的人才交流中心完成，人事档案由专门建立的公民文件中心保管。人事档案管理的社会化意义一方面在于规范人事工作、严肃人事档案内容，杜绝因人事档案产生的种种失范现象，克服现行人事档案制度所出现的"既无法把人往坏里写的问题，也无法解决把人往好里写的问题"，使人事档案制度走向公平、公正；另一方面极大地节约各种社会成本，减少各个单位琐碎的、复杂的"人事臃肿"，从而把更多的时间、精力用于其本职工作。此外，社会化管理的意义还在于打破城乡、区域、部门、行业、身份和所有制的限制，推动人力资源由"单位所有"转变为"社会所有"。具体设想为：（1）将现在的人事档案从各地区、各部门手中解放出来，由国家统一设立一个人事档案管理中心。该中心的主要职能是负责公务员人事档案的统一管理和开发利用，与人事管理和人事变动无任何关系。（2）人事档案管理中心向所有合法的社会组织开放人事档案。凡需利用人事档案资源的人力资源部门，均可在"人事档案管理中心"查阅。（3）各社会组织在平等享有人事档案服务的同时，必须定期向人事档案管理中心送交其所使用人员在使用过程中所形成的各类档案数据，由人事档案管理中心进行整理后向社会公开。

第四，建立社会征信体系，健全法制化管理。所谓"法制化"，就是必须按照宪法及《公务员法》《保密法》《档案法》等法律进行人事制度改革和人事档案管理。即人事档案及其管理必须遵循宪法和相关法律规定，充分维护公民的尊严、人格和权利。因此，在不断加大档案立法、执法力度的同时，要敢于、善于运用法律手段来指导和监督档案工作在各行各业的建立和发展，用法律手段约束和规范档案行政工作，用法律手段来解决人事矛盾带来的档案"后遗症"和发展中的突出问题。逐渐克服档案法规体系不完善、社会档案法制意识不强、依法行政和档案行政执法水平不高、档案违法案件得不到及时发现和查处等不足。有鉴于此，国家应建立和完善信用法律体系，从法律的角度对信用档案的归档范围、整理方法、鉴定标准、管理规范、利用程序等做出规定。对信用档案数据库的建立、使用及保管期限做出规定；对失信违约行为做出制约，明确惩罚条款，明确监管范围。既要保证提供信用服务，又要保证个人的合法权益不受侵害，使信用档案有法可依、有章可循，维护信用档案的客观性、公正性和权威性。只有以法律作为坚强的后盾，信用档案才能显示出其应有的价值和威力。

三　向"信用档案"转化

记者：制度的改革离不开法律的保障。在人们要求改革人事档案制度的时候，修改《档案法》呼声也开始出现。您认为，档案法是健全法制化管理的主要问题吗？

陈潭：我国现行的《档案法》于 1987 年颁布，1996 年进行了修改。随着社会的发展，档案主体的多元化，档案载体的多样性和群众对档案信息的新需求，尤其是信息化进程的迅猛发展，导致档案法的一些规定与当前档案管理的要求不相适应。

比如，《档案法》只规定了在国家档案馆毁损、丢失国家所有档案的处罚，而损毁、丢失档案的违法案件大都发生在机关档案室，很难依法给予处罚和保护。还有，以数字化形式出现的电子档案份额在不断增加，这就需要加强电子文件和电子档案的管理。

记者：在目前条件下，我国《档案法》最需要解决的是什么问题？

陈潭：我认为，修改档案法最迫切的是建立社会征信体系。人事档案在人才市场和名牌大学文凭一样，在具有其自身应有特性的同时，还具有信息的一般特性，因而也有信号传递功能，是个人进入人才市场的一张名片。但正如高学历不一定意味着高能力，文凭可以造假一样，人事档案由于存在单纯注重"政治身份"、虚假档案、内容雷同、缺乏个性、"以档谋私"、"以档整人"、"以档卡人"等诸多问题，不仅个人把档案视为可有可无的"身外之物"，使"弃档"现象愈演愈烈，用人单位也开始"不拘一档降人才"，竞相抛出"档案再造"的法宝招贤纳士，至此档案机关门可罗雀、空守"死档"，人事档案制度原有功能不断架空和肢解，作为公共产品的人事档案制度陷入失范运行状态。

因此，弱化传统人事档案制度"身份政治"功能，强化档案的"社会契约"作用，依靠法律制度来建构以普遍信任为核心结构的"信用中国"，将是传统人事档案制度创新的主要目标。我们要把现行人事档案所具有的"政治管理性档案"特点逐步转化为"信用档案"。为此，必须实行个人资信档案登记制度，建立主要包括个人基本履历、履约能力、履约诚信状况、社会责任意识、不良记录等方面信息的实时和历史的信用档案；大力扶植和监督信用中介服务行业的发展，使信用管理机构或专业公司能够合法、真实、迅速、完整、连续、公开地获取用于制作企业或个人资信、信用的有关数据，并允许合法地传播或经营经过处理的征信产品。

另外，信用管理行业范围应当包括企业资信调查、消费者个人信用调查、资产调查和评估、市场调查、资信评级、商账追收、信用保险（放心保）、信用管理顾问、通过电话查证票据服务等。所以，还应当制定《社会信用法》《公正信用报告法》等，规范企业和个人行为，引导市场主体诚信交易、守法经营、有序竞争。

作者单位：《民主与法制时报》社

行家访谈

公共管理研究的中国贡献：
对话夏书章先生

熊美娟　杨　芳

2014 年 2 月 24 日上午，《广州公共管理评论》编辑部一行在中山大学政治与公共事务管理学院对中国公共管理学界的泰斗夏书章先生进行了专访，希望从目前已 95 岁高龄的夏老对中国当代独有的历史记忆中找寻公共管理学科的发展轨迹，发现公共管理学科的现实问题，并聆听他对公共管理研究的未来发展的期冀。

熊美娟：夏老，听说您对古训"上医医国，其次医人"非常认可，面对国家的内忧外患，决心学习"公共管理"这门医国之术。能为我们讲一下您当时选择政治学这个专业的背景吗？

夏书章：说来话长，当时我高中毕业要考大学，考虑进什么专业的问题。过去中学不分文理科，这个办法很好，现在分了，影响很大。很多高中文科生自然科学知识较差，不少理科生则人文历史基础不好，现在听说有新的改革，会怎么样，还不知道。我当时数理化、外语成绩都很好。抗战时期，最吃香的专业是理工科，有技术，经济学也是比较流行的学科，其他学科几乎都属于冷门。当时家长、老师都不管，完全由我自作主张。大学高考时我选了政治学，所以当时很多人都很奇怪。

我是 1919 年出生的，到抗日战争时期（我）深深感觉到国家衰弱了，日本侵略者来欺负我们这个大国。现在他们仍不承认侵略罪行，可是当年他们想先占领满蒙，再继而侵略全中国，最后到全世界，简直疯狂到极点。我开始读初中时就碰到了"九一八事变"，东三省就没有了。现在还记得那首流浪在关内的东北青年唱的歌，"我的家在东北松花江上"。后来张学良为什么搞"西安事变"，当然直接与此有关。

初中时我印象很深，上海"一二八"抗日，我们扬州中学的同学上街募捐，慰问前方战士，所以我们这一代人从小就觉得很压抑，认为中国非强起来不可。回想周恩来 13 岁在南开读中学回答为什么读书时，即说出"为中华之崛起而奋斗"。那时候中国人被称为"东亚病夫"，被人家瞧不起。第一次世界大战中国虽算是战胜国，巴黎和会上却把德国侵占中国的权益转让给日本，真是岂有此理！选择政治学，当时的想法比较单纯和天真，是想怎么救国，希望通过研读政治学，学会治理国家、振兴民族的本领。

进了政治学系，学了共同基础课以后，我们所有学生分为三个组，即国际外交、理论历史和行政。我想来想去，觉得行政实在、具体点，讲的是政府工作，西方文官制度如何如何，所以选择了行政。

熊美娟：夏老，您当时怎么有机会去哈佛大学读书的呢？

夏书章：1943 年大学毕业后，一时工作都找不到。当时很乱，没办法，一所私立中学缺英语教师，我就去教英语。在那里不满足于学的东西，觉得不够，应该把行政学研究得深些。当时，国民党政府不让文科生出国，认为没什么必要，其实是怕影响到自己的反动统治，理工科就可以出国，于是引起了国际舆论的议论。因此，后来就对文科生稍微放松了一点，即可以申请购买当时的官价外汇出国，那是因为官价较低。不然，穷小子怎么可能有钱去读书呢？因怀特（L. D. White）教授当时在美国芝加哥大学，他是白宫顾问，是最早编撰《行政学》教材的学者，我们学的就是他的英文原著，没有中文译本。因此，当时我的首选是芝加哥大学。

我各方面的规定、要求、口试都通过了，手续也办好了，但当时去美国也很难。北太平洋全被日本占领了，地中海不通航，唯一的路是从中国到印度，我就从重庆坐飞机到昆明，又坐飞机到加尔各答，坐火车到孟买等船，再从孟买经过澳大利亚的悉尼，从南太平洋、印度洋坐船过巴拿马运河，到大西洋，最后到波士顿，是很怪的一条路。上岸后，知道哈佛大学就在附近，我就先去那里看看。原来哈佛大学在 20 世纪 30 年代已经有公共管理研究生学院了，他们看了有关资料后也同意录取我，我就在那里读研了。到了 60 年代肯尼迪被刺，肯尼迪家族在波士顿，他又是哈佛大学的毕业生，为了纪念他，（哈佛大学公共管理学院）就改成肯尼迪政治学院。

我 1944 年进入哈佛大学，1946 年初拿了硕士学位，本来可以接着读博士的，并已办了相关的手续。但是，由于 1945 年日本被打败了，抗战胜利了，我着急回国，就离开了哈佛。直到 20 世纪 70 年代末才恢复联系。80 年代初受聘为客座教授去教了一年，因已被任命为中大副校长，便赶回来工作，谢绝了其他大学的续聘。

熊美娟：夏老，现在我们国家的政治学、公共管理专业是何时开始存在的？又经历了怎样的发展历程呢？怎样更好地理解"公共管理"这个概念呢？

夏书章：新中国成立初期，在原高校政治学系这门学科（当时叫行政学院）是存在的，1952 年院系调整，莫名其妙地被取消了。很奇怪，行政学是值得改进、研究的，为什么不要了呢？当时，法学、政治学、社会学等都没有了，很多老师被调到武汉大学、中南政法学院，我被留下来教政治课，（我）学习马列主义基础、中共党史，以求打好理论基础。行政学的恢复则等待了整整 30 年之久。1982 年我在《人民日报》发表文章《把行政学的研究提上日程是时候了》，是因为邓小平发话了，我们过去没有重视，现在要赶快补课。政府非常重视这个学科，学科发展很快，原来只有少数几个学校有这个专业，现在很多大学都有，不光是本科、学士、硕士、博士、博士后，还有（教育部人文社科研究）重点基地等，接着是国家行政学院、省市行政学院的相继成立。

这个专业名称引进时是 Public Administration，本来也可以译为公共管理的，但因该学科从研究政府开始，所以当时日文、中文都略去"公共"二字叫"行政学"，后来称行政管理学。Administration 英文本来就是个多义词，我们的翻译有历史原因。例如 MBA 叫工商管理、企业管理，政府则叫"行政"，原因很简单，立法、司法、行政，过去老辈翻译者重简练，Public 就省略了，不完全翻译，因为不在话下，当然是公共的（行政），后来有人加上"公共"，也没有问题，可以说是同源异译，但两者都是可以的。如 Public Finance 叫财政学，也可以叫公共财政学。Kennedy School of Government，很多人翻译为"肯尼迪政府学院"，《参考消息》翻译力量比较强，称为"肯尼迪政治学院"。Government 是政府，在讲学科时，则是政治学。还有，将"Public Management"译为公共管理而将"Public Administration"译为公共行政的认识和做法应该慎重。"Public Management"和"Public Administration"两者是并存而非代替的关系。

中国引进了 MPA 这个公共管理硕士专业学位，国务院学位办便将公共管理定为一级学科，而将行政管理定为二级学科之一，专门讲政府管理。

过去行政管理一向有狭义与广义之分。狭义是指政府部门的行政管理工作，广义则同时包括非政府机构中的具有行政管理性质的工作。现在不光政府的管理是公共管理，社会管理也是公共管理。也就是说公共管理的领域已大大拓宽了。

熊美娟：夏老，您从哈佛大学回国以后，发现从西方学到的东西和中国实际相差太远。今天我们这些研究公共管理的学生、老师对此也深感困惑，总觉得学到的公共管理理论和现实是两张皮，难以融合，您对此如何看待呢？公共管理理论与实践的研究应如何深入呢？

夏书章：公共管理理论怎样结合实际，怎样本土化，以免"不服水土"或"消化不良"是个大问题。我们（公共管理）是应用学科，讲怎么用，什么时候用，什么地方用，为什么用，达到什么目的等。教条主义照搬照抄，那是最容易，也是最糟糕的事。连马克思主义这种放之四海而皆准的真理，都不能简单照搬。中国将马列主义本土化了，才取得一系列的革命和建设的伟大胜利。毛泽东思想、邓小平理论、"三个代表"重要思想、科学发展观、"中国梦"等，都是从中国实际出发，针对中国国情不断创新获得实践验证和一脉相承的理论成果。

国外有很多人现在慢慢看懂了，十月革命一声炮响送来了马克思主义，没错，但问题是不能照搬，俄罗斯革命在城市武装起义后向全国推进，中国照搬的结果是失败了，用农村包围城市的办法才对路。后来反"围剿"为什么失败？长征是逼出来的，遵义会议请曾"靠边站"的毛泽东出来，因为他是对的。星星之火可以燎原，二万五千里长征剩下多少人？只有保存火种搞下去，埋头苦干，才能建立根据地，才有解放区和后来的胜利。

公共管理不本土化行吗？为新中国服务，要建设中国特色社会主义的公共管理学。现在学术界存在很大的问题，如博士论文不引用或少涉及马列主义、毛泽东思想之类，这很难理解，好像洋（马列以外）的才是或才算理论，土的不是或不算理论一样。我们有诸子百家，外国也有孙子兵法学派。他们把全世界各国的经典都研究了，发现没有哪个国家的经典讲了管理问题，最后发现了《孙子兵法》内容是讲打仗的，也可以用于管理。西方出现了孙子兵法管理学派。但我们没当回事。有个在中国人民大学的韩国学者（李文永），就写了《〈论语〉、〈孟子〉和行政学》。传统文化的东西，我们自己不重视，人家却讲得很起劲，现在哈佛大学讲的最热的是《孟子》《论语》。（我们很多人）崇洋崇得很厉害，不是不要学，但要洋为中用，要建设中国特色社会主义，光讲外国的一套能行吗？

熊美娟：夏老，在公共管理研究方面，您一直非常注重把握国家需要和学科发展规律，并能与时俱进地看待学科的发展问题，从而形成公共管理的学科特色。那么公共管理学科的主要特点是什么呢？

夏书章：公共管理学科要很好地发挥作用，不要忘记它是应用学科，要讲此时此地，具体情况怎么样，讲实际效果。现在面对全面深化改革，最好是针对实现"中国梦"的要求进行治理。没有合乎中国需要的公共管理，中国梦如何实现？我们学术界应该考虑这个问题。

要弄清楚什么是中国梦？我们要根据目标、愿景，使美梦成真。中国梦是中国人民的梦，我们要富强民主。是什么样的民主？美国那一套又是什么样的民主？美国的所谓两党制，十年二十年也是闹来闹去没个准儿，我们的重大决策则能坚持下去。我们有真正的人民代表大会，各族人民都有代表。同时我们的发展对全世界人民有利，不会去欺侮和压迫别人，追求的是平等互利、合作共赢。

我在美国任教时，给美国学生讲课，说到有的少数民族人数很少也有一个全国人大代表，他们很惊讶。他们实行的是比例代表制，因此美国没有的，但中国是有的。我曾强调，中国的现代化不是美国化、苏联化、日本化之类，而是有中国自己特色的符合国情的现代化。在美国人心目中，现代化就不过是汽车、洋房等而已，我们中国梦的性质是中国人民的梦，是符合全民利益的梦。说到我们要考虑的，就要注意这个主题。

杨　芳：夏老，十八届三中全会公报发布以来，最近一段时间，我们国家在很多方面都提出了全面深化改革的新举措，尤其是公务员自律方面的措施和制度日益完善，社会、国家层面也都掀起了反腐的新浪潮，您对这些趋势如何看待呢？

夏书章：公务员自律问题很重要，要将制度、教育、培训结合在一起。反贪污，不反行吗？恶势力，如四川打掉了姓刘的那个恶势力，大快人心。有问题解决就是了，干部队伍尽管出现了腐败，但应该说主流是好的，否则怎么会有今天中国的发展呢？但贪污（问题）不能不注意，之前我们党在新中国成立之初就有过这样的事，当时犯贪污罪的天津地委书记2人，被批准枪毙。对恶势力，要让他怕，不敢存妄想。许多事老年人经历过，有个比较，如新中国成立前夕的恶性通货膨胀，早晚物价差几倍，几百万的钞票都像是废纸，拎在手上，都没人抢。现在人民币也是国际货币了，周边很多地方人民币比美元还吃香。

最近（十八大）提出的"国家治理体系和治理能力的现代化"，外国的长处也要学，但根本是为我所用，建设中国特色社会主义，经过消化变成对自己适用的东西。习近平在这方面很有说服力，他讲"道路自信、理论自信、制度自信"，但不等于保守、故步自封，不是守旧，而是创新，（开）创中国梦的"创"、建设新中国的"新"。

（话）不是因为哪个人讲的，而是看讲得对不对。"空谈误国，实干兴邦"。可不是吗？谈的再起劲也好，不解决任何问题会失时误事。现在我们提倡的好"家风"，有利于社会和谐，我们要讲物质文明、精神文明、政治、经济、文化、社会、生态等方面的文明。最近记者常问："你的时间到哪去了？"问得好。尤其是"官二代""富二代"等，乱花钱害了他们，实际上不少西方资本家对孩子教育很严。所以我们要研究现实问题，也不要忘记理想、远景。中小学教科书要引进社会主义核心价值观，富强、民主、文明、和谐，自由、平等、公正、法治，爱国、敬业、诚信、友善是我们都要牢记的要点。

中华人民共和国，其中"人民"两个字很重要，人民政府、人民法院、人民银行、人民币，人民的地位高，不要忘记为人民服务，现在有些人走样了，我们要想办法解决。有个笑话说得好，他们哪里是为人民服务？是为人民币服务！所以我们要多了解三中全会精神，外国也有人担心"改革改不下去"，怕有阻碍，有既得利益者不高兴，我们要心中有数。

杨　芳：夏老，您认为今天我们在进行公共管理研究时，应如何选取研究方向，找到自己的研究特长呢？

夏书章：我有过两本书，一本是《管理·伦理·法理》，一本是《管理·心理·医理》。那就一是德治和法治都很重要；二是治国如医国，包括"心理治疗"。有病看医生，要望闻问切，要对症下药，现在为什么又重视中医呢？中医看病，南方人和北方人不同，生活环境不同，用药的分量也不同。科学和艺术是连在一起的，表面上一样，但中国人和西方人体质不同。医人和医国其理相同，都是解决问题，要先会分析判断，是用猛药还是用温和的药。

在研究方面，我们也要与时俱进，要有中国特色，古为今用，洋为中用，要"知己知彼，百战不殆"。解决问题也是，要知道是什么性质的问题，要有针对性。比如吃盐吃多少，厨师也要了解顾客的胃口。

我认为，文官也要懂些艺术、兵法的书，现在老祖宗的东西我们学得比较少，我写过的书如《从"三国"故事谈现代管理》《新加坡行（市）政管理》等，邓小平就很推崇新加坡的管理，认为管得不错。我们都可以洋为中用，古为今用，自己的宝贝自己要知道，要以我为主，以现在的需求为主。

我们现在文化自信很重要，要加强，对洋的东西要吃透，才能为我所用。十八届三中全会很重要，搞人文社科的人要看报，我几十年来都看的两份报纸，一是《参考消息》，里面有其他国家报道的一些正反两面消息；一个是《光明日报》，是以知识分子为主要对象的报纸。原来有的外国报上都是讲的"中国威胁论"等，现在有的则改为讲中国模式、中国经验、中国民主了，那是因为他们看到中国治理工作确有成效。如救灾之类，是某些发达国家没办法比拟的，非常迅速，及时到位，等等。

熊美娟：夏老，现在公共管理学科已经发展到了一定的程度，您认为当前形势下，公共管理教育应如何深入？学生培养又应该如何深入开展？您认为公共管理这门学科的研究对我们国家有哪些方面的重要贡献呢？

夏书章：公共管理研究今天是大有可为的。很多问题都值得研究。所以真正研究公共管理的人不是太多，而是太少。历史研究、综合研究、专题研究，都说不清，需要大家合作，发动研究公共管理的力量，真正发挥作用，就会大有可为。过去讲 Public Administration，联合国的援助项目中就有很多个项目是有关公共管理的。我们现在研究的数量不少，但质量有待提高。

国家发展水平和质量怎样，公共管理是一个极其重要的环节。在学科发展史上，工商管理是先有的，即 Business Administration，但资本主义发展到了一定程度就会碰上政府管理问题，所以企业界呼吁政府要改革，政治和行政分开，要研究行政管理。公共管理弄得不好，会妨碍国家全面发展，包括经济、社会、文化、教育，包括德、智、体育等。例如国民党统治时期奥运会拿回来的是"鸭蛋"（零），不要说金牌，就是银牌、铜牌也通通是零。现在则不同了，中国在洛杉矶奥运会就见证了中国体育事业的发展。

我们的专业是有基础的。100 多个大学办 MPA，有行政管理专业的也有一二百个，前已述及的国家行政学院，各省市地区也都有行政学院，说明政府非常重视公共管理。但培养的学生数量还不够，我们 MPA 培养学校不少，但质量要上去。美国公务员有 5% ~ 10% 是 MPA，我们有几百万公务员，二三千万公共管理人员，MPA 还大有发展的余地。专业学位和学术学位不同，更应当注重学以致用。我们博士生数量超过美国，但质量要提升，要博也要专，不能样样通样样松。对某些当官的败类拿学位当"垫脚石"或"敲门砖"的事，应当引起各有关方面的注意和深思。

杨　芳：夏老，公共管理研究发展到今天，不同学院有不同的研究特色和特长，我们广州大学公共管理学院则准备在城市管理方面进行更全面和深入的研究，目前也已经和广州市政务中心、广州市城管委等政府机构有了较为深入的合作，包括派青年教师挂职锻炼，进行项目合作研究等。您是我们国家首先提出要进行市政管理研究的人，并写过《新加坡行（市）政管理》（中山大学出版社，1992）和《市政学引论》（中共中央党校出版社，1994）等书，不知您对此有何建议？

夏书章：我的研究方向也是城市管理，市政学可以说是我最为钟情的分支学科，我出版的一些书，还有如《市政管理八议》（山西人民出版社，1986）、《中国城市管理》（知识出版社，1990）、《香港行政管理》（光明日报出版社，1991）等。

城市是国家的缩影，各种管理事务，几乎应有尽有，现在大城市、特大城市二三千万人口，千头万绪，吃喝拉撒睡，什么都要管。比如交通、轨道、道路问题。原来我们要撤掉有轨电车，但现在又回来了，原来我们有单车道，但后来又撤销了，现在看发达国家大力提倡单车，我们也又开始觉得今是而昨非了。

研究城市的很多，中大有研究机构，各地也有城市研究机构，地学院也有城市规划、城市设计等，内容各异，但基础要打好。要像金字塔一样，基础要厚，然后再专。你们学院要在这方面办出特色来的设想很好。人们常把"北上广"挂在口边，广州是一个很值得和应该好好研究、以求发展得更好的中国重要大城市。

熊美娟：夏老，非常感谢您这次接受我们的访问！我们从中受到了很多启发，希望下次有机会再次聆听您和中国公共管理研究的故事。

作者单位：《广州公共管理评论》编辑部

走进广州政务服务：对话郑汉林先生

冯嘉敏　徐　凌

广州市政务服务中心是广州市政府为方便企业和市民办事而设立的政府集中服务场所，是基于 24 年前全国第一个专门为外商投资服务的专业机构"市外经贸一条街"的基础上，广泛参考其他城市行政服务中心先进经验升级转型而成。如今全广州市有 32 个委、办、局和相关单位约 700 多名工作人员进驻市政务服务中心，设置服务窗口 210 多个，办理政府服务 776 项，由广州市政务管理办公室管理。广州市政务中心在"集中办理、统一管理、公开透明、信息共享、便民高效"的原则下提供"一站式"和"一条龙"服务。

2014 年 4 月 16 日上午，广州大学中国政务研究中心和《广州公共管理评论》编辑部一行在广州市政务管理办公室对郑汉林主任进行专访，听取广州政务改革的经验。

冯嘉敏： 郑主任，您好。根据监察部网站的消息，截至 2011 年底全国政务中心共有 2912 个，其中省级中心 10 个，市（地）级 368 个，县（市）级 2534 个。在您看来，广州市政务中心与其他的政务中心有何区别？有什么创新之处？对于其他政务中心具有怎样的借鉴意义？

郑汉林： 广州市是最早做集中服务的城市，但不是最早做政务服务的城市。广州市政务中心总体上与其他政务中心没有太大差别，大家的目标明确而统一：通过集中服务为公民提供公开透明、规范高效的服务模式。

但是广州也有自己的特色，主要表现在内部整体服务和业务创新两个方面。就内部整体服务管理模式而言，具体体现为三个方面。（1）精细化管理模式。整个大厅集中服务之后，几十个不同的部门、几百位工作人员、900 多项服务内容整合在一起。如何让多部门、多式样的服务按照统一的标准、达到服务的要求，是我们这几年一直思考的问题。人工管理有限，我们更多的依靠制度管理，利用信息化手段管理进驻部门、进驻人员以及大厅服务等。例如对所有进驻的部门，我们建立通报制度，通过相对人一对一的评价，使整个政府服务置于公众监督之下。从原来每个月一张表的质量通报制度到中间的两张表到现在变为三张表，所有进驻部门，让各级领导甚至是市领导通过一张表就可以了解老百姓对进驻部门服务的评价，具体做得怎么样，哪个部门做得好，哪个部门做得差。我们实行的是一套具体、简单、实用的制度，从开始到现在坚持了 6 年，这套机制对促进政府职能转变、改变服务作风、提高服务效能，都有直接的促进作用。接下来我们计划把这套服务评价监督体系推广到其他的专业服务大厅、其他区的政务中心、街道的政务中心。

（2）数字化手段为大厅服务管理提供技术支撑。这几年大厅最大的发展就是所有对外服务都朝着一个低碳、无纸化的方向前进。我们去其他城市的大厅也许还会看到大量的文件、单张，但我们大厅除个别时期以外，基本的服务指南都是通过信息化系统提供，市民可以通过政府网站、大厅终端直接查到相应的公示信息，既便利又节约。我们一年花在单张的印刷上都要十几万，现在通过信息化系统的途径，既可以节省这部分费用，也为政府信息公开提供便利。内部管理也全部实现无纸化办公，所有内部人员通过 OA 系统实现内部事项的申报、文件的流转等。精细化管理、大厅无纸化低碳办公是我们较大的特色。

（3）量化考核进驻部门。制定和完善一套量化的考评指标，我们通过这一套指标的建立以及完善后，以分数的形式反应每个人的业绩，这种形式也为工作人员提供一个公平竞争的平台，谁做得多、谁做得好、谁做得快，在这个系统里面都有清晰的计算，让大家很清晰地看到自己的工作成效和排名，真正做到"多快好省"。对个人方面的考评，如每个月服务之星、年度的服务标兵以及标兵窗口的评比都是简单而科学的。在信息系统里面，绝大多数指标都直接反映出来，避免了四十多个部门之间由于人为因素产生的误差、偏差而引起争议。所以实际上政务中心近五六年的尝试也为客观评价政府公务人员的工作探索出一条比较科学可行的道路，实现了管理的简单化和有效化。我觉得不仅对广州市政务服务中心有意义，对其他部门、单位及同行也有很好的参考价值。

就业务创新而言，我们在不断探索如何打造一个更好的、多部门集中的服务中心，如何更好地理顺跨部门事务、更简单高效地提供服务？广州市政务中心这几年也做了不少探索，在两件事情上初显成效。（1）建设工程联合审批。优化建设工程审批流程应该是全国所有同行这么多年一直探索的一大难题。政务审批的大难题，就是建设工程联合审批，这一块涉及多个部门，而且专业技术性很强。我们从去年开始，努力在这方面改革创新。（2）商事登记制度改革。我们也在不断探索如何让企业注册登记更加便利的办法。我们从去年9月份试行到今年1月份全面推开，目前取得了不错的成效。

冯嘉敏：商事登记制度试行半年以来主要出现了哪些问题？商事登记制度的推广将对广州的政务管理产生怎样的影响？

郑汉林：商事登记制度改革的目的，在于改变过去政府对企业设立登记的"严进"状态。过去企业要登记相当困难，前面走了很多的部门才能领到一个工商营业执照。这次的改革就是宽进严管，具体的措施是从过去的先证后照变为现在的先照后证。过去要先领各种各样的批准证，然后才到工商领取营业执照，现在只要符合相关规定的注册登记都可以直接向工商部门申请领取营业执照，有一些需要专业性的经营内容需要到相关的专业部门申请批准证书才能营业。另外，实行认缴资本金制度，过去是实缴，现在是认缴，采取认缴之后承诺在一定时期内资金到位的方法。这样大大降低了注册企业的登记门槛，效果非常显著。今年一个季度大概全市新增的注册企业比去年同期增长了60%，确实释放了民间投资的活力。

商事登记制度改革取得效果的同时，也为政府监管带来了一系列难题。过去是先把关再发证，现在是先发证再把关。这将涉及两个问题。一是内部管理问题。工商部门与其他政府部门在审批信息的互联互通和沟通渠道是否顺畅？能否确保前后动作连贯？政府管理在某种程度还有点各自为政，但因为过去是有了部门先批再到工商，所以每项工作、每一个想开办企业的人都不得不主动跑完其他部门才到工商。现在变成跑了工商，再去其他部门，实际上有没有去其他部门，工商不知道，所以内部管理上如何进行顺畅的沟通，是管理即将面临的巨大挑战。二是投资者的自觉性问题。如果申请领取工商执照的投资者不按相关规定做后续的审查、审批工作就营业，政府部门能否监管到位？这也是我们在外部管理上面临的挑战，所以商事登记制度改革确实是一个较大的改革。

为此我们专门开发了商事登记信息管理系统和公示平台。这个信息管理系统为政府内部审批信息的互联互通提供信息化通道。工商登记之后，后续的部门基本能够看到申报投资者的信息，如果需要后续审批，他们会联合跟进。我们总共有 300 多个政府部门在这个统一平台上实行工商信息的互联互通，这为我们的管理提供了一个信息化手段。同时我们还要预防下一步的问题，就是在这一过程中出现的管理不到位、信息处理不及时的问题，这个需要政府部门做好相应的工作。在对外管理方面，我们采取建立诚信制度自我约束办法。我们把所有开办企业的登记信息在这个平台上向社会公开，所有人都可以通过手机扫描企业二维码等互联网途径，连接到政府数据库，查看企业经营范围和经营情况。这其中最有广州特色的是处罚信息公开制度，如果投资者在经营过程中发生违规行为被政府部门处罚，处罚信息直接在系统中进行公示。这样有个好处，当别的企业或个人要与这个企业做生意的时候，直接扫描二维码就可以查清该企业的经营状况，如果经常被政府处罚，就要考虑其诚信状况。通过这种途径建立一种社会制约机制。当然这也不是唯一的办法，我们还需要政府部门加强自身的监管、行业的监管、对经营者进行事后的管理。现在这个平台初显成效，有些银行主动找我们，要求他们的系统跟我们的系统对接，以便企业申请贷款的时候他们可以直接查看该企业在政府数据库中的情况。社会诚信体系的建设，为商事登记制度提供保障。

徐　凌：今年 1 月份，广州市政务中心打造了 12345 热线服务平台，这个平台具体是怎样运行的呢？

郑汉林：12345 热线服务平台是广东省统一的工作部署，要求不同的服务热线整合在一个统一的号码，统一受理、督办案件，改变过去政府服务热线很多但老百姓记不住的情况。将来的目标是所有跟政府相关的非紧急事务都通过 12345 热线提供服务，紧急事务如：110、120、119 仍然作为紧急热线保留，所以 12345 热线严格定义应该是非紧急政府服务热线。非紧急事务都统一到这个号码确实带来很大的便利。

就广州市而言，仅是各个政府部门的服务咨询热线就超过 70 条，再加上社会的公共服务热线，实际上超过 100 条热线，即超过 100 个号码，这对所有人来说都是一个非常麻烦的事情：有事不知道怎么找电话。号码统一集中之后，确实为老百姓跟政府之间的业务往来提供了便利。将来我们的口号是"12345，有事找政府"，老百姓也很容易记住。通过 12345 热线平台，进行业务接收、受理、转办、督办。（该热线平台）今年 1 月份已经开始对外服务，第一期整合 27 个部门，效果比较明显，现在每天的业务量都在 7000～8000 个电话，多的时候接近 10000 个电话，工作量非常大。后面还有几十条热线要整合进来，现在市民也不管那么多，没整合的事项也往这个号码打，老百姓记不住也不去记其他的专线号码，找政府的都打 12345，证明了这个号码好记、好用。这项服务为政府与市民之间的服务提供了一个最直接的平台，这个平台集政府咨询、民生诉求、政民互动、投诉举报 4 个功能为一体，基本涵盖了市民与政府之间正常的业务范围，他们去办业务的时候，原来不清楚的、如何办的业务也可以打这个电话咨询，他们的诉求、意见和建议甚至他们对政府工作的投诉举报，也可以通过这个平台进行，这的确为老百姓找政府提供了一个最直接便利的渠道。

广州市（政务中心）现在的业务量跟北京、上海的差不多，将来我们所承担的业务数一年有几百万，也要增加相应的热线服务人员。我们也希望通过新的热线能真正打造一个最大的公共服务平台，实现市民与政府最直接、最便利的沟通，当然我们也会相应地建立一整套管理制度，努力做到打得进、办得好，做到事事有原因、件件有结果，这需要一个不断进展的过程，通过这个过程真正树立一个服务型政府的形象。

冯嘉敏： 郑主任，我国行政审批改革在落实过程中一直遭遇较大的阻力，广州市在这一方面面临怎样的阻力？广州市的建设工程项目审批走在全国前列，在这一过程中遭遇了怎样的困境？

郑汉林： 政府审批制度改革，首先直接触碰的是政府部门自身。中国从计划经济迈向市场经济，在计划经济时代做大量的审批工作，政府部门及工作人员习惯做审批工作，在以审批为主要工作这样一个背景下，逐步解放出来，转为以服务为主要工作确实很不容易。所以事实上，改革最大的障碍首先是思想政治障碍：如何正确认识和运用公权力？每一个政府部门及公务人员首先必须在思想上突破，改革才能往前走。多年的改革过程实质是思想解放的过程，没有思想解放，改革难以进行，所以要改革首先要大家清晰认识到改革是时代发展的要求、是国家自身发展的需要，所以才愿意改革。从接受改革、愿意改革到主动参与改革，这样的改革才能往前走。

第二方面的阻力就是原有的体制遗留下来的管理模式。如何变革审批模式？这涉及两个方面：一是部门自身的改革，二是跨部门的审批改革。部门自身的改革就涉及数量的减少、房间的减少以及审批优化。过去审批非常多，如何减少过时的、不适应市场经济发展要求的、不该由政府主动作为的审批？是多年来一直寻求突破的点，即减审批。广州市经历五轮审批制度改革，其中最大的工作内容就是减少审批，把不该设立的、政府不该参与的审批都减少、下放、转移。现在问题是减少审批之后，下面的审批如何减少环节、优化服务？这也是每个部门必须面对的问题。过去一个审批项目从受理到科员、科长、处长、主管领导到主要领导，往往经过五六个人的手，而且这还不包括部分审批内容内部是跨处室审批的情况，需要另外一个处室的一批人进来，这种情况过去比较多、比较普遍，如果内部环节不减少，审批效果难以提升。我们这几年竭力推行减少环节、规范统一环节，尽量使审批事项不超过受理、审查、审批三个环节，使大多数项目能在这三个环节处理完。原来的内部审批权限划分也有很多不科学的地方，其中最大的问题是审批太分散、权限太分散、参与审批的人太多，监管比较困难，所以这几年全国都竭力推进审批相对集中制度，每个部门的审批能够相对集中到一个部门中，由这个部门统一对外，实施审批服务。

第三方面的阻力就是内部的审批标准和审批规范问题。如何实施审批的规范化和标准化？其中一点是让审批要素清晰，特别是审批的自由裁量权问题。如何能够变得少自由和不自由？这是广州一直在攻克的难题。因为自由裁量权确实是多年来行政审批中最令人难受的事情，因不同的理解，产生不一样的标准，结果因人而异，使相对人无所适从。所以现在广州市在推动审批自由裁量权标准化工作，目的就是使每一个单位、个人的自由空间被限制到最小，都必须依统一的规范和标准来实施审批，而非依个人的标准来实施审批，所以最后的监督焦点应该集中到没办法再量化和标准化的范围里，量少而集中，便于监管。

在跨部门的层面上，这个改革更多地涉及权力的重整问题和跨部门的审批如何配合协调的问题，这两大问题一直影响政府审批项目。首先是权力的重整问题。很多权力的划分，往往是同一类审批事项分散到两个以上的部门，这样会造成同一类事情的规定、规范、要求、理解不一样，导致重复提交资料、重复审查资料，不同行业的管理规范、不同行业的主管部门制定的行业管理不一样、权力的结构不合理，为审批带来了许多障碍，所以这方面需要重整、规范，通过不断改革将权力适当集中、科学分类，尽量减少同类项目、同类内容在多个部门审查、审批，这是机构改革要面对的一个问题。

其次是跨部门的配合协调问题，也是我们在审批改革中遇到的一个难题。政府部门习惯各自为政，基建领域的项目往往是多个政府部门之间互相需求的审批过程，这涉及前置后置的关系问题，如果不把这些关系处理好，让企业和个人不断在多部门之间奔跑，耗费很多时间。如何建立一个有效的跨部门的协调联动机制，这是大家探索的问题。其中最常用的办法是改串联为并联，进行联合审查、联合勘探等，这在国内一直在酝酿，也取得了不错的效果，但实际上如何更好地进行权力的审批，如何打造一个更加科学合理的优化路径，确实需要我们不断地去努力。

冯嘉敏：广州市在较早之前已经公开权力清单。权力公开是为了明确各方面的责任，信息公开更是便于市民和社会监督。您如何看待这一问题？广州市政府在信息公开方面还需要做哪些努力？

郑汉林：信息公开是政务公开的重要表现形式，广州市在这方面确实一直走在全国前列。从公开审批信息到公开政府预算再到公开的深化、具体化，我们一直在进步，为市民了解政府、监督政府提供便利的途径，这样的公开结构为规范、透明政府自身的工作提供了最直接的动力，所以应该说政务的公开、信息的公开对政府施政、对各个部门及人员都是直接的约束，使公权力的运用逐步摆在阳光下，是逐步建立高效透明政府的催化剂。

我们现在的信息公开做得不错，但仍面临着很多问题。例如在审批信息的公开方面，我们有太多官话，习惯用官方语言表达审批信息公开的内容，特别是里面的要素、要求等，具体的办事人员和市民并不容易直接意会这样的表达。为什么还有那么多人需要打电话和面对面咨询？因为很多人不是长期从事这项工作，甚至绝大多数人都是首次做这个工作，他们对这种语言很陌生。审批信息的公开，改用老百姓能了解的语言，改官话为民话，需要我们付出很大的努力。这次我讲的只是审批信息的公开，还有很多非审批方面的信息公开。另外是公开如何更深化、更具体化？如何让老百姓关注的问题都知道？政府也要往这方面努力。

冯嘉敏：我国地方政府改革一直是改革过程中的热点难点，尤其是十八届三中全会公报发布以来，地方政府改革进入了一个新拐点，做大做好电子政务平台是信息化时代的要求。广州市政务中心自2008年创立至今，在地方政府改革方面遇到哪些问题？

郑汉林：广州市政府一直努力推进电子政务的建设，投入了大量的人力物力。在办事便利化、网上办事等方面初显成效，特别是个人事务，如出入境事务、交费等大家也慢慢体会到电子政务的便利，政府内部办公基本都采取 OA（Office Automation，自动办公系统）的方式进行处理，信息化程度逐步提高。

政府在电子政务对外服务方面投入不少，但成效与投入不相适应。现在多数企业与市民办事还是主要通过大厅面对面的方式来完成，这说明电子政务还有很大的努力空间。这几年在推进电子政务过程中我们确实遇到了多方面问题，如入口不便捷、实际工作基础不足、认证基础政治信息的工具还不成熟。由于无法保障入口安全性，很多应用难以推进，递交资料、双向信息的互动是否便利简单也是推进（电子政务）过程中经常遇到的问题，这其中的原因也包括审批的要素和要求表达得过于官话，很多市民看不懂，难以递交资料。所以首先要简化准备材料，第二还必须让市民能准备好，第三是在这个过程遇到的、在公开的信息里面查找不到的问题，如何建立有效的互动？市民的问题能否得到及时准确的回应？这影响市民能否在网上顺利提交申请资料，但我们在这几个方面尚不完善，所以很多人还是采取直接去大厅办事、问事的方式，因此电子政务的应用受到限制。

当然还因为有些项目技术性难度高，电子政务应用不容易推进，特别是基建领域方面，都遇到这样的问题。除了入口是否便利、申请的准备资料是否简单、互动能否畅通这些问题，政府部门自身也存在太多的"信息孤岛"。这么多年来各部门都投入人力物力建设各自的审批应用系统，但跨部门的信息共享机制仍未能很好地建立起来，因此当政府部门审批需要其他政府部门审批结果的时候，没有共享出来。一方面给政府的网上审批带来困难，另一方面也增加了相对人准备相关审批材料的工作量，所以信息孤岛、信息不互联不互通是我们在推进电子政务过程中遇到的最大障碍。如何破除孤岛，建立一个真正有效的、及时的、互联互通信息共享机制，成为当前推进电子政务的关键。

另外，作为相对人而言，电子政务的运用并不等于政府有了就能用得好。市民的应用习惯也是一个很大的障碍，有些人习惯直接面对面的服务，觉得这个看得见摸得着，多花点时间也无所谓，很难养成应用电子政务的习惯，还有一些难题就是由于网上互动机制还没完善、政府供给能力不足，使大家的反应没有直接到大厅这么直接快速，所以很多人有网上工具、电子政务应用也不用，有问题直接到大厅问，直接递交资料。并不是有了电子政务就一定快，当面对具体的事情时，政府提供的便利能否实现是推进电子政务的重要基础。另一方面是还有大量的弱势群体、劳作群体或者没有条件应用电子政务的群体，必须面对面的大厅服务才能满足他们的需求。所以电子政务和大厅服务两者是相互依存、互为一体、互相补充、互为衬托的关系，而非相对立的关系。我们希望通过电子政务的发展不断减少面对面的服务，使社会运作更加低碳、低成本，但不等于有了电子政务，就不需要大厅。从同行的信息我们了解到，目前全世界电子政务运用得最好的国家，也大概只能完成 40% 的工作，还有 60% 的工作仍需要在大厅通过面对面服务方式来解决，所以更不要说我们还是一个发展中国家。所以电子政务很重要，要努力推进，但也要清楚看到服务性质，政府是服务型政府，政府应该提供多种服务途径、多种便捷的服务模式，给市民选择，而不是简单强调一种选择。

徐　凌：您能否跟我们分享一些您在团队管理的过程中琢磨到的最有效的方法、方式、手段或制度？

郑汉林：一个好的领导最起码要满足以下几个要求。

首先，好的领导要想干事、能干事。一个好领导意味着是能够带领一个团队一起工作的人，当然一个好领导的前提是：想干事、能干事。领导本身需要有业务能力，必须天天熟悉业务，特别是主要的、核心的业务。有时候领导要关注具体的每一个细节，从关注中、从参与中找到思路。

其次，好的领导必须是能够公正公平地管理。太多的私心杂念，难以树立领导权威；遵循自己的利益需求施政，难以领导团队前进。其实领导一个团队，首先要"打铁需要功夫硬"，所以从政这么多年的经验是领导自身要经得住诱惑，放下私欲才能把事情做得更好。

第三，很好地规划如何才能让一个团队发挥作用。领导所面临最大的困难就是所面临的团队成员性格特点、工作能力方法、个人想法、个人精神状态都不一样。一个简单的办法，只能管理某些人，不能管理所有人，做好领导最大的考验就是方法是否科学。行政机关的领导最大的约束是没有任何直接的手段，既没有经济手段也不能随意解雇员工。所以这几年我在想应该用一套共同的规则、科学的办法使团队每个人的作用发挥到极致。所以我们尝试不用简单的评价办法，而是通过工作重要程度、相关服务对象对他的评价等多种要素来评价干部，根据工作业绩用人，让大家看到要埋头走路、埋头干活，而不是整天盯着领导。一个好的管理机制，一定是每个人都集中精力做执行者，而非跟领导搞好私人关系，达不到工作要求，评先进、提拔任用没机会。团队不能要求每个人的能力、想法跟领导一致，但如果在团队里面有一股主流力量往前走就能够带动其他人，工作也容易展开。

第四，要有足够的耐心，不能急于求成。这是一个摸索和建立的过程，想法也不是一开始就是完整的、科学的，一些错的想法还必须在实践过程中不断调整、慢慢完善。例如我们服务之星的评比、考评办法的修订，年年都在进行，要根据实践过程中遇到的问题不断修订，慢慢科学化、系统化。

冯嘉敏：非常感谢您这次接受我们的访问！我们从中学到了很多，希望下次有机会继续聆听广州市政务改革的经验。

作者单位：广州大学中国政务研究中心

Guangzhou Public Administration Review (Vol. 2)

Introduction

Chen Tan

Academic Frontiers

A New Look at Comparative Public Administration: Trends in Research and an Agenda for the Future

Jody Fitzpatrick, Malcolm Goggin, Tanya Heikkila,

Donald Klingner, Jason Machado and Christine Martell.

Abstract: Intensified globalization, especially the necessity to learn more about how administrative reforms work effectively in different cultural contexts, requires public administration research to embrace comparative perspectives. How well is the field advancing in that direction? This article presents the results of a content analysis of 151 comparative public administration articles from 2000 to 2009. Results indicate that comparative research is building on theory and empirical research, making use of purposive samples, and using a mix of causal, descriptive, and exploratory methodologies. Subject matter varies widely, but most research focuses on European, Asian, and North American countries. Comparative research is primarily qualitative, making extensive use of existing data. The authors recommend enhanced application of mixed methods, increased use of culture as a key concept, and integration of a broad range of social sciences to encourage more students, practitioners, and scholars to think and work comparatively.

Three senior comparative scholars respond, sparking a fascinating and insightful dialogue on this seminal topic in public administration.

Keywords: comparative public administration   Empirical Research   content analysis

Research on Classes and Strata: Western Theoretical Spectra and Chinese Picture

Liu Xingyun

Abstract: The concept of class has multiple distinct meanings because of different academic standards or positions. Since the Second World War, there have been many influential theories in academia such as Neo-Marxism, Neo-Weberian, Neo-liberalism, Post-Durkheim and so on. These theories had a profound and extensive impact on Chinese academic circle, and related research in contemporary China has been extensively investigated driven by strong problem awareness. By searching related literature in CNKI database and reviewing, comparing and analyzing major works at home and abroad, the paper endeavors to examine in broad stroke paradigmatic evolution of class research in contemporary China. On top of that, the paper demonstrates its blueprint in China, especially since the Reform and Opening up.

Keywords: classes or strata   theoretical spectra   domain of discourse

Public Policy

The Relationship Between Social Policy and Economic Policy: Constructing the Public Burden of Welfare in China and the West

Alan Walker, Chack-kie Wong

Abstract: The purpose of this paper is to explore the public burden's characterization of welfare in two very different economic and cultural settings. Long familiar in the West its causes, none the less, have not been examined. Moreover, as we demonstrate, an identical orientation to welfare is also found in China. To understand this apparently universal construction of a negative relationship between social policy and economic policy we employ a novel tripartite framework. This analysis starts with economic ideology but concludes that two additional explanatory factors are necessary: institutional or regime differences and, in the case of China, the level of economic development.

Keywords: social policy　economic policy　public burden

The Three Federalisms Reexamined: Social Policy and Intergovernmental Decision-Making

Keith G. Banting

Abstract: Canada is a federal state, but the relationship between the central and local government has never adopted a single and standardized model. This state has lived with three distinct models of federalism—three federalisms in one country, each with its own decision rules and intergovernmental processes. These three models are classical federalism, shared-cost federalism and joint-decision federalism. Social policy reflects all three particularly well. Throughout the history of the Canadian welfare state, federal and provincial governments have designed different social programs according to different intergovernmental rules and processes. More precisely, at critical historical junctures, exactly the same federal and provincial governments were shaping different social programs according to different models of federalism, with differing policy outcomes. Canada therefore constitutes a natural laboratory in which to analyze the implications of different models of federalism. The distinctive incentives and constraints inherent in the different models help explain a number of puzzles about the Canadian welfare state, including the striking contrast between the limited nature of the country's income security programs and the more universalist character of its health care. Moreover, in recent decades, the three models help explain the highly uneven impact of retrenchment on different social programs.

Keywords: federalisms　social policy　Canada

Government Affairs in China

Belief Transformation and China's Reform

Li Xiangping

Abstract: The concept of "belief", based on the researching method of sociology of beliefs, is the most widely used word which also is the one of the most ambiguous in the current Chinese society. As a result, people in criticizing the social phenomenon, expecting in-depth reform, often focus on belief, so that made the political and other social problems associated with Chinese beliefs, finally there are three kinds of ideological trends such as national populism, nationalism, fundamentalist in party belief. It has constituted the "bottle neck" problems of contemporary Chinese reform and made the belief problems of China. According to the article, the presentation of the ideological trends from beliefs, is mainly resulted from the mode of revolutionary party belief, which has not been completed to turn into the mode of governing party belief, difficult to practice the belief based on constitutional democracy. Therefore, in order to settle belief problems of the most complete in China, the core beliefs of public power should be rationalized after disenchantment, beyond the model of believing politics", in the last, to construct the party national belief in law and constitutional government and complete the transformation of belief model.

Keywords: Chinese reform crisis of beliefs ideological trends transformation of belief

Study on theReform of China Administrative Examination and Approval System: Based on Papers Searched from CNKI and Important Treatises from 2000 to 2013

Wei Qiong

Abstract: The reform of China administrative examination and approval system is always the focus of China government system and experts and scholars also pay close attention to it. The essay analyzes the stage of development, main areas and trend of development based on papers searched from CNKI and important treatises from 2000 to 2013, shows the research situation of the reform of china administrative examination and approval system more than 10 years. Under the background of the new round on changing the functions of government which emphasizes streamline administration and institute decentralization, the research of the reform of China administrative examination and approval system should be further strengthened on academic review, theory analysis and practical guidance.

Keywords：administrative examination and approval system　political reform　literature research

Local Governance

The Global Nonproliferation Regime：the Efficacy and its Limitation

Li Xiaojun

Abstract：In essence, MTCR is a multilateral governance regime for containing missile technology from a supply-side, regime regulation, technology denial and political pressures is the path to achieve regime target, there is also a regulation limits including non-treaty status, political pressure limitations, regime limits between regime guidelines and conflict of interest among member state. The Brazilian case shows a successful example about MTCR regulations. Under the joint action of regime regulations, technology denial and changes in domestic and international environment, the Brazil eventually renounced the programs of rocket and ballistic missile, and eventually join MTCR. However, India's missile program highlights the limitations of regime regulation. India's ability to absorb and introduce innovative technology path, the more stringent the missile export control regime, the proper way to respond on MTCR regime regulations, a skillful escape of technology denial, so that India has successfully developed ballistic missile program. Even India announced to join MTCR, the reality of India as one of the world's great powers missiles will not be changed by MTCR.

Keywords：missile proliferation　governance regimes　efficacy　limitations

A Policy-Making Politics Study of U. S. ' Selection Between Idealism and Realism：A Case Study of George Bush's Policy to Hong Kong

Shen Benqiu

Abstract：Idealism and Realism are U. S. ' diplomatic traditions. But when will Realism prevail and when will Idealism speak? The study makes an analysis of George Bush's policy-making politics in its policy to Hong Kong. It concludes that when policy-makers in White House are pressed by the international system and attach importance to the stability of U. S. ' hegemony, they will adopt realism; but when policy-makers in White House are pressed by domestic politics and attach importance to values and domestic interests, they will adopt idealism.

Keywords: United States   idealism   realism   international system   domestic politics

Local Governments Autonomy and Politics of Watershed Management: An Analysis of Construction of Poyang Lake Hydro Project, Jiangxi Province

Zhou Yu

Abstract: The purpose of watershed management is the protection of local people's interests, sustainable usage of water resources, and support to a sustainable local economy and social development. In order to find a solution, previous literature of watershed governance focus on solving administrative problems of watershed management. This paper follows the political sociology approach, trying to observe the process of watershed management from a contestation political process, including the motivation of local government's water control strategy and negotiation and renegotiation process. This paper takes the Construction of Poyang Lake Hydro Project as an example. From the research, I found that local government of Jiangxi Province has a motivation of domination of economy development. The local government uses national planning as leverage, and cede power and interests, through which they promote the Poyang Lake Hydro Project. I call it as a phenomenon of power upside-down. At the end, this paper tries to start from the power inversion phenomenon, proposes policy advices, in order to solve the upside-down power of watershed management.

Keywords: local government   watershed governance   contestation politics strategy   power upside-down

Spatial Reproduction of Floating Population: A Social Geographical Perspective

Yao Huasong

Abstract: Social space of floating population is a reproductive space impersonated of their natures and activities based on urban roots. Firstly, this paper inducted the forms of spatial reproduction, which included physical space, behavioral space and cognitive space (differentiated space, segmented space, space under fordism and information age, compressed space, flexible space, space of flows, problematic space, suppressed space, representational space). Secondly, tapping event history analysis, the paper discussed the construction process of social space of floating population. It is found that social space of floating population is indicative of marginalized space, which resulted from socialization of their natures, social discrimination of related regimes, ne-liberalism of urban governance, fierce competition for urban space, profits-seeking of entrepreneurs, exclusion of local citizens. Spatial reproduction is also the process of reproduction of original production relations. Lastly, facing pressures from other groups, they tend to alter their spatial adaptability, pushing forward their relations with cities where they live.

Keywords: floating population   social space   spatial reproduction   production relations

Urban Report

Dressed in Guangzhou: Space Time Implication and Cluster Development

Yang Yunxin

Abstract: Among many necessities, clothing has been regarded as the most paramount one for common people's life. Clothing and fashion in Guangzhou are as wonderful as cuisine in Guangzhou. Clothing has been described as an extension of human body beauty with the names of "second skins of human" and "soundless language". In the new era, the exploration of its historical track and realistic implication, the concentrations on its designing concepts and the expansion of branding strategies will be of benefit not only to polish clothing brands in Guangzhou, but also to enhance Guangzhou's image and its overall competitiveness. Therefore, the investigation of development of clothing and fashion industry will be of great significance to build Guangzhou into an international metropolis.

Keywords: well dressed in Guangzhou   design concepts   branding strategies

Fine Cuisine in Guangzhou: Discourse Conception and Brand Management

Chen Tan

Abstract: Guangzhou is a famous cultural city with a long history of over two thousand years. The name of "Eating in Guangzhou" has been widely known, showing that the dining culture in Guangzhou and the taste memory of Guangzhou have a long history. As the starting point of "Silk Road on Sea", the marriage of local food and external flavor highlights the succession, inclusive and contemporary features of cuisine culture in Guangzhou. From "Guangzhou Thirteen-Trades Monopoly" to Guangzhou Trade Fair, the connotation and denotation of Eating in Guangzhou keeps expanding. There are always business topics on a large number of time-honored brand and new famous restaurants and countless well-known dishes, soup, snack, dim sum and fruit. All makes Guangzhou gain the reputation of Gourmet Capital of China, even of the world. The paper tries to display the connotation and denotation of cuisine culture of Guangzhou through familiar discourse construction and provides some insights into strengthening brand management of Eating in Guangzhou and boosting brand influence of Eating in Guangzhou, which helps to properly reflect the lively and booming cosmopolitan culture in Guangzhou.

Keywords: cuisine in Guangzhou discourse illustration cultural city

Dwelling in Guangzhou: Spatial Display and Living Environment

Wu Zhifeng

Abstract: Located at South China with abundant rainfall and strong solar radiation, Guangzhou is a metropolis with a marriage of rich historical and cultural history and modern economic and social characteristics. Physical geographical environments, human tradition and modern economic development push the changes of dwelling spatial structures. Complex dwelling environments are structured by different forms and spatial units with different characteristics of the times. This paper, taking the arcade-house, village-in-city and Pearl River New Town as study cases, analyzes and describes the spatial features of Guangzhou dwelling, from the perspectives of building structure, accessibility and greening environment. This paper also aims at providing some insights for understanding the living culture and urban governance in Guangzhou.

Keywords: dwelling in Guangzhou　Spatial display　Living environment

Transportation in Guangzhou——Spatial Mobility and Urban Governance

Xie Ying

Abstract: In today's world, population spatial mobility in the cities largely depends on urban transportation. However, with the rapid development of urbanization, the problems such as traffic congestion and environmental contamination are growing and breeding. The paper first explores the situation of Guangzhou transportation development, interprets the characters of population spatial mobility and analyzes the "six mismatching", "internal and external causes of the driver" and "internal and external causes of the pollution sources" which are the root causes of the traffic problems such as traffic congestion, traffic accident and traffic pollution. On top of that, the paper argues that "bus priority", "three limitation", "congestion charge", "eco-friendly travel" and "adjusting the urban layout and perfect the urban governance" are the key solutions to traffic congestion. Moreover, the paper proposes that traffic accident reduction should be handled by "strengthening the traffic regulations education", "strengthening the traffic safety education", "strengthening the traffic governance of urban roads" and "strengthening the facility construction of traffic safety". Finally, the paper contends that traffic pollution can be well tackled by "improving the automobile quality", "planning the road nets scientifically", "limiting personal transportation" and "perfecting bus system", etc.

Keywords: Guangzhou transportation　spatial mobility　traffic problems　urban governance

Book Review

Loosening Control of Danwei Membership: The Personnel Dossier System in Contemporary China, *by Chen Tan*

Tensions in the System during the Reform Era

Jiang Hongjun

《广州公共管理评论》稿约

培育公共精神 创造健康社会

广州大学公共管理学院倾力出品

【辑刊宗旨】

培育公共精神，直面转型中国，诠释社会热点，扩展学术深度，贴近重大需求，服务地方发展。

追求本土化、专业化、个性化、国际化的办刊方针，崇尚原创研究、微观研究、深度研究的学术精神。

【辑刊形式】

《广州公共管理评论》（*Public Administration Review in Guangzhou*）学术辑刊创始于 2013 年，是由社会科学文献出版社出版的学术连续出版物。第 1 辑、第 2 辑已于 2013 年、2014 年分别出版。从 2015 年起，每年出版 2 辑。

【辑刊栏目】

栏目设置有"学术前沿""政务中国""公共政策""地方治理""广州报告""南国讲堂""珠江书评""行家对话"等。每个栏目发表 2~5 篇文章，每篇文章字数设定在 5000~15000 字。

【投稿须知】

投稿以中文为主，可直接用电子邮件投稿，被录用的外文文章由编辑部负责翻译成中文，由编辑部审查定稿。本刊编辑部有权对来稿作一定的修改或删节。作者如不同意，请在投稿时声明。仅接受首发稿件，不接受一稿两投。编辑部在收到稿件之后三个月之内给予作者答复。作者须遵守版权法规，文责自负。

本刊系公共管理类研究辑刊，自筹研究经费设立，热忱欢迎社会各界的资助和支持，同时编辑部声明不向作者支付稿酬。

【联系方式】

通讯地址：广东省广州市大学城外环西路 230 号文逸楼 520 室广州大学公共管理学院《广州公共管理评论》编辑部

邮政编码：510006

稿约邮箱：*gdgzpar@ 163. com*

《广州公共管理评论》编辑部

2014 年 9 月

图书在版编目（CIP）数据

广州公共管理评论. 第 2 辑/陈潭主编.—北京：社会科学文
献出版社，2014.12
ISBN 978-7-5097-6707-8

Ⅰ.①广…　Ⅱ.①陈…　Ⅲ.①地方政府-公共管理-广州市-
文集　Ⅳ.①D625.651-53

中国版本图书馆 CIP 数据核字（2014）第 263278 号

广州公共管理评论（第 2 辑）

主　　编/陈　潭

出 版 人/谢寿光
项目统筹/宋月华　袁清湘
责任编辑/孙以年　郭白歌　于占杰

出　　版/社会科学文献出版社·人文分社（010）59367215
　　　　　地址：北京市北三环中路甲 29 号院华龙大厦　邮编：100029
　　　　　网址：www.ssap.com.cn
发　　行/市场营销中心（010）59367081　59367090
　　　　　读者服务中心（010）59367028
印　　装/北京季蜂印刷有限公司

规　　格/开本：787mm×1092mm　1/16
　　　　　印张：23.25　字数：380 千字
版　　次/2014 年 12 月第 1 版　2014 年 12 月第 1 次印刷
书　　号/ISBN 978-7-5097-6707-8
定　　价/79.00 元